KB097612

불확실한 날들의
철학

불확실한 날들의
철학

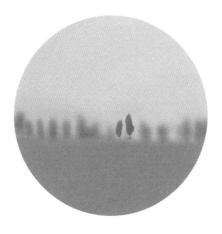

과도기의 무한한 가능성을 탐색하는 아름다운 지적 여정

나탈리 크납 지음 | 유영미 옮김

어크로스

⟨Deep in fog⟩ Eleni Papaioananou, 2011

모두들 이런 말을 하지
허송세월해서는 안 된다고
이 순간을 붙잡으라고
하지만 난 모르겠어
오히려 거꾸로인 것 같아
순간이 우리를 붙잡는 거지

〈보이후드〉 리처드 링클레이터, 2014

차례

우리에게 주어진 가장 시적인 시간

과도기는 쉽지 않은 시기다. 변화의 시기, 익숙한 삶에서 잘 알지 못하는 삶으로 문턱을 넘어야 할 때, 우리는 긴장하고 불안해한다. 무슨 일을 겪게 될지, 이때를 어떻게 넘겨야 할지 모르기 때문이다.

불안하고, 불안정한 시기. 그러나 가끔 그런 시기에 예감하지 못했던 힘이 솟는다. 사실 그런 시기는 우리 인생의 특별하고 소중한 시간이며, 창조적 잠재력을 간직하고 있기 때문이다.

과도기는 새로움을 동반하는 창조적인 시기다. 과도기에는 종종 평소에 알지 못했던 생명력이 발휘되고 더욱 강렬하게 느껴진다. 과도기는 인생 중에 만나는 '시적인 지대'다. 과도기를 어떻게 보내느냐에 따라 우리 삶의 질은 무척이나 달라진다. 과도기에는 삶이 그동안 몰랐던 깊은 차원으로 들어갈 수 있고, 잠재력이 발휘될 수 있으며, 이런 잠재력이 뒤이어 오는 안정기에 계발되고 다져질 수 있기 때문이다.

창조적인 과도기를 보내기 위해 어떤 조건과 전제가 필요한지는 자연을 보면 잘 알 수 있다. 들과 숲이 교차하는 이행대의 식물계는 특히나 풍성하다. 그런 생태적 경계지대는 자연과 자연이 만나는 창조적인 장이다. 이쪽 서식지와 저쪽 서식지의 동식물이 서로 만나고, 이런 지대 특유의 조건에서만 생겨나는 특이한 생물들도 번성한다. 친환경농업을 해온 사람들은 오래전부터 이런 경계지대는 새로운 것이 생겨나는 요람이며, 자연에 무척이나 소중한 가치를 지닌다는 것을 알고 있었다. 그리하여 기본적으로 이런 지대를 가꾸고 돌보는 것을 원칙으로 삼았다. 이런 경계지대에서 나타나는 생물 다양성과 또 그런 지대들이 종종 위험에 빠지는 것을 보면 우리 역시 삶의 예외적인 지대를 특히나 조심해서 다루어야 함을 알 수 있다.

나는 이 책에서 먼저 자연에서, 공간적·계절적 변화에 대처하는 자연의 능력에서, 개별 생물과 전체 생물권의 변화에서 무엇을 배워야 할지를 보여주고자 한다. 자연만큼 오랫동안, 아주 다양한 모습으로 검증된 시스템은 없기 때문이다. 그러므로 자연을 유심히 관찰하면 우리 스스로 삶을 어떻게 살아야 할지 좋은 힌트를 얻을 수 있다. 자연은 개인적·사회적으로 우리 영감의 원천이 되어주며 현대 문명의 복합적인 요구에 좀 더 현명하게 대처할 수 있게 해준다. 우리는 우리의 생명이 자연의 거대한 순환과 맞물려 돌아간다는 것, 자연의 순환과 아주 밀접하게 엮여 있다는 점을 잊지 말아야 한다. 미국의 생물학자 에드워드 O. 윌슨은 이렇게 썼다. "생물권은 지구를 막처럼 두르고 있는 생명 전체다. 인류는 생물권에 속한 수많은 생물 종 가운데 하나일 따름이다. 우리는 생물권을 교란할 수 있다. 그러나 스스로 멸망당하지 않고는 생물권을 파괴할 수도, 떠날 수도 없다. …… 우리가 내딛는 부주의한 걸음걸음 탓에 우리 종은 결국 탐탁지 않은 대가를 치르게 될 것이다."[1]

그리하여 요즘 지혜로운 사람들은 현대의 복잡한 문제 앞에서 자연을 거스르는 대신 자연과 더불어 일하는 법을 배우고 있다. 그 방법이 영리하고 지속적이라는 것을 알았기 때문이다. 이런 방법들은 50년도 더 전부터 다양한 지역에서 시도되고 미래지향적인 성과를 거두었다.

각자 인생의 어려운 시기 가운데, 또한 기후변화나 불안정한 금융 시스템, 세계화의 폐해 등 모두가 함께 극복해나아가야 하는 사회적인 위기 앞에서 우리는 그러한 인식을 바탕으로 새로운 통찰을 얻을 수 있을 것이다. 개인적인 변화의 시기와 사회적인 변화의 시기는 구조적으로 비슷하다. 이런 불안한 시기들이 우리의 인생에 주는 의미를 깨닫고 이런 시기가 우리 인생에 꼭 필요하다는 것을 안다면, 우리는 그 시기들을 다른 태도로 보낼 수 있다. 그리고 그 시기에 동반되는 부수적인 일들에 훨씬 편안하게 대처할 수 있다.

모든 과도기는 개인적이며 저마다 독특하다. 그러나 한편으로는 우리 모두에게 나타나는 공통의 유형이 있으며 그 유형을 앎으로써 과도기를 살아내는 데 도움을 받을 수 있다. 때로 고통스럽고 힘든 과정을 의식적으로 경험하고 창조적 잠재력을 펼치게끔 하는 것은 좋은 일이다.

　나는 이런 불안정한 시기에 우리에게 내재한 창조성을 일깨우고 그것과 연합하여 살아가라고 용기를 북돋우고 싶다.

1부

변신

자연의 이행

1

봄의 메시지

희망은 어떻게 다시 오는가

존재하기 전에 무언가가 시야로 들어온다.
미래에서 움틀거리며 나오는 그것은
원인이다.
그렇다. 원인은 미래에 있다.
원인이 미래에 있을 때
그 결과가 현재에 나타나는 것이다.[2]

요제프 보이스

새벽 어스름, 미처 눈이 떠지기 전에 나는 그들의 노래를 들었다. 밝고 경쾌하고 정열적인 지빠귀들의 지저귐. 즐겁게 노래하고, 자신의 목소리를 느끼고 다가오는 봄을 맞이하는 것 외에는 중요한 일이 아무것도 없다는 듯……. 이제부터 세상은 다시 밝아지고 따뜻해지고 푸르러질 것이다. 부드럽지만 사무치는 지빠귀들의 노래가 칙칙한 겨울 풍경에 생명을 불어넣는다.

이른 봄은 일 년 중 가장 눈에 띄는 변화의 시기다. 봄은 겨울 동안 안쪽에 정체되어 있던 자연의 힘을 바깥으로 작용하게 한다. 겨울에 생명의 진수를 보호하기 위해 힘을 한껏 안쪽으로 그러모았던 자연은 이제 운동 방향을 바꾸어 사방으로 힘차게 뻗어나간다. 씨껍질을 뚫고 싹이 나오는 것과 동시에 자연은 자신의 창조력을 펼치기 시작한다. 이런 전환점을 이룰 힘은 어둠과 빛, 차가움과 따뜻함 사이의 자연스러운 '밀당'을 통해 생겨난다. 이런 힘은 기온이 올라가고 일조 시간이 길어지면서 빠르게 분출되어, 방금 전까지 땅속이나 겨울 거처 속에 꽁꽁 숨겨져 있던 충만한 생명이 이제 빠르고 압도적으로 우리 앞에 펼쳐진다. 아침저녁으로 새들의 지저귐이 우리 귀에 들리고, 이어 하양·노랑·분홍·빨강 등 색색의 꽃봉오리가 풍기는 부드러운 향기가 우리의 코끝을 스치며, 갓 돋아난 연둣빛 새싹들이 우리의 눈을 즐겁게 하고, 따스한 햇살이 우리의 얼굴에 와닿는다. 우리는 새삼 살아 있다는 사실을 즐거워하며 만물의 소생에 참여하는 기쁨을 맛본다. 봄을 알리는 신호와 함께 우리는 그동안 익숙했던 두꺼운 외투를 벗어버리고 집을 나서서 가벼운 걸음으로 햇살 속으로 나아간다. 정원을 가꾸기도 하고, 노천카페에 앉아 수다를 떨기도 하고, 꽃이 핀 들판이나 깨어나는 숲을 생각에 잠겨 거닐기도 한다.

겨울을 보내며 언젠가 새봄이 되면 따뜻한 햇살이 비치고 자연이 다시금 소생하리라는 것을 알고 있었음에도 봄이 되면 우리는 깨어나는 자연을 보며 매번 새롭게 놀란다. 그 생명력에 감탄한다. 막 깨어나는 생명의 힘은 우리가 어두운 날들에 상상했던 그 모든 것을 능가하기 때문이다.

희망을 품는 것이 합당한 일이다. 이것이 봄의 메시지다.

그러나 한 해의 첫 과도기인 새봄은 우리에게 또 다른 것을 알려준다. 그것은 바로 자연의 아름다움은 그 유용성과는 별개로 우리를 감동시킨다는 것이다. 부드러운 벚꽃 봉오리는 앞으로의 운명과 무관하게 그 자체로 매력을 발산한다. 버찌가 열릴지 열리지 않을지 모르는 상태에서 말이다. 벚꽃은 버찌로 변신한 다음에야 아름답게 느껴지는 것이 아니다. 수정되기 전 밤 서리를 맞아 먹을 수 있는 열매를 맺지 못한다 하여도, 벚꽃은 그 자체로 완전한 것이며, 그의 일을 다한 것이다.

이런 생각은 우리가 인생의 과도기를 보낼 때 큰 의미를 지닌다. 그럴 때 우리는 이런 벚꽃과 비슷하기 때문이다. 우리는 미래를 알지 못하며, 훗날 우리가 스스로 또는 주변 사람들이 만족할 만한 수확물을 낼 것인지도 알지 못한다. 그런 순간에 우리는 연약하기 짝이 없다. 첫아이를 낳은 뒤 부모 역할을 잘 감당할 수 있을까? 사랑하는 사람을 잃은 슬픔을 견뎌낼 수 있을까? 중병을 이기고 살아남을 수 있을까? 실직한 뒤 새로운 직업을 구할 수 있을까? 은퇴한 뒤 새롭게 시작할 수 있을까? 불확실한 상태는 우리를 불안하게 한다. 우리는 실패할까 봐 두려워하고, 잘못된 결정을 할까 봐 두려워한다. 너무 무리수를 두는 건 아닌지, 아니면 너무 소극적으로 임하는 건 아닌지 두렵기만 하다. 그러나 두려움을 느끼는 것은 정상적인 일이다. 두려움은 우리의 주의력이 고양되었다는 표지다. 유명한 등반가 라인홀트 메스너도 두려움은 살아남는 데 아주 중요한 감정이라고 말하지 않았는가.

그러므로 문제는 두려움이 아니다. 교육학자 라인하르트 카를의 말처럼 문제는 우리가 두려움을 어떻게 받아들여야 할지 모르다 보니 두려움이 우리를 마비시킨다는 사실이다. 라인하르트 카를은 전에는 아이들이 전혀 두려움을 느낄 필요가 없는 학교가 좋은 학교인 줄 알았는데, 지금은 아이들이 두려움을 느낄 수 있지만 그런 아이들과 함께하며 아이들을 도와주는 학교가 좋은 학교라고 확신하게 되었다고 말한다.[3]

우리 역시 적절한 도움이 있었더라면 두려움을 조금 다른 시각에서 바라볼 수 있었을지 모른다. 그랬더라면 두려움이 우리를 깨어 있게 하며 예리한 감각을 지니게 하지만, 그것이 결코 우리가 지금 잘못을 저지르고 있거나 잘못을 저지르기 직전임을 보여주는 표지가 아니라는 점을 알았을 것이다. 엄밀히 말해 사람은 과도기에는 결코 잘못을 저지를 수가 없다. 옳고 그름을 가릴 수 있는 것은 종종 반복되는 상황에서만 가능한 일이기 때문이다. 단순한 수학문제에서는 정답과 오답을 가릴 수 있다. 그러나 유일무이한 인간의 유일무이한 상황과 관련해서는 결코 옳고 그름을 판별할 수 없다.

그러므로 우리가 지금과 다르게 살았더라면 더 나았을지는 아무도 판단할 수 없다. 우리가 가지 않은 길이 어떤 결과로 이어졌을지 그 누구도 알 수 없다. 다른 선택으로 말미암아 지금보다 더 마음에 들지 않는 상황이 빚어졌을지도 모른다. 삶에는 늘 우연과 예기치 않았던 일들이 작용하기 때문이다. 우리는 과거를 돌아보며 그때 다른 선택을 했더라면 더 좋았을 거라고 생각하면서, 아무런 돌발 사건도 없고 일이 복잡하게 얽히지도 않는 단순하고 이상적인 상태를 상정하는 경향이 있다. 우리가 다른 치료를 택했더라면 더 건강해졌을 거라고 누가 그러던가? 다른 배우자를 만났더라면, 다른 직업을 구했더라면, 다른 삶을 살았더라면 더 행복해졌을 거라고 누가 그러던가?

철학자들은 예부터 이런 생각을 거듭해왔으며, 그리스 철학자 헤라클레이토스는 이와 관련하여 "같은 강물에 두 번 발을 담글 수 없다"고 말했다.[4] 그로부터 2500년 뒤 철학자 한나 아렌트는 모든 사람은 세상에 단 하나밖에 없는 새로운 존재라면서, 우리와 같은 삶의 상황에 놓인 사람은 오직 우리밖에 없으며, 인생에서 실망스러운 결과를 만난다 해도 그것이 꼭 우리의 잘못 때문에 비롯된 것만은 아니라고 강조했다. 그런 결과들은 그 자체로 지금 주어진 삶과 새롭게 대화할 수 있는 기회를 제공하며, 오히려 스스로 계산하지 못하고 예측할 수 없었던 일이 어우러짐으로써 매 순간 우리에게 행동의 여지를 마련해준다고 했다. "인간이 새로 시작할 수 있는 존재라는 사실은 그가 모든 계산 가능성과 예측 가능성을 벗어날 수 있다는 뜻이기도 하다. 개연성이 없어 보였던 일이 어느 정도 개연성을 띠게 된다는 뜻이며, '이성적으로는', 즉 계산 가능하다는 의미에서는 결코 기대할 수 없는 일을 희망해도 된다는 뜻이다."[5]

따라서 우리가 지금 주어진 수단으로 진정 노력하고 있다면 (결과와 상관없이) 우리가 늘 잘하고 있다고 봐야 한다.

이것을 인정하기란 쉽지 않다. 그러나 우리가 우리 자신, 그리고 우리의 현재 상황과 화해할지를 결정하는 것은 결과가 아니라 태도다. 불가피한 것을 받아들일 때만이 우리는 열린 사람이 되며, 아직 알 수 없는 미래를 향해서도 손을 내밀 수 있다. 오늘 우리에게 불행으로 여겨지는 것이 며칠 뒤 또는 몇 년 뒤에는 행복한 섭리로, 인생의 결정적인 전환점으로 드러날 수도 있는 것이다.

삶에 던지지 말아야 할 질문들

"이 관계에서 나한테 남은 게 대체 뭐지?"

일 년 넘게 연애하다가 남자친구와 헤어진 친구가 그렇게 탄식했다. 그녀는 이 관계에 많은 노력과 정성을 쏟아부었는데 이제는 모두 물거품이 되어버렸다는 것이었다. 인간관계가 무슨 이익을 가져다주어야 한다는 생각을 언제부터 하게 됐는지 묻자, 그녀는 결국 마지막에는 늘 이해득실을 따져봐야 하는 것 아니냐고 대답했다.

현대사회에서는 "내게 뭐가 남지?" "내가 여기서 무엇을 얻을 수 있지?" 또는 "이게 무슨 이득이 있지?"라는 질문이 모든 사고의 중심에 있는 듯하다. 우리는 정말로 어느 시점이 되면 이자와 복리이자까지 따져서 삶을 결산해야 하며, 이런 결산은 당연히 행복으로 이루어져 있어야 한다고 생각한다. 내 친구가 그렇게 탄식했던 까닭은 끝나버린 관계가 그녀의 '계좌'에 마이너스로 작용했다고 보기 때문이었다.

그렇지만 삶의 총계를 내는 것으로 말하자면 삶은 행복으로 구성되는 것이 아니라 우리가 살아온 삶으로 이루어지는 것이리라. 내가 친구에게 사랑의 이익은 사랑을 느끼는 데 있고, 기쁨의 이익은 뭔가를 기뻐하는 데 있으며, 삶의 이익은 우리가 정말로 살아 있다고 느끼는 데 있는 것 아니겠냐고 하자, 그녀는 고개를 갸웃하더니 잠시 생각을 더듬는 듯했다. 그녀는 그를 진심으로 사랑했고, 스스로 기뻐했고, 진정 살아 있음을 느꼈다. 한순간 친구의 표정이 밝아졌다. 그러나 다음 순간 친구는 고개를 가로저으며 말했다. "맞는 말이긴 하지만, 이런 생각을 한들 무슨 소용이 있겠어?"

친구는 생각의 소용돌이에 빠졌다. 그녀는 여태껏 미래에 부가가치를 약속하는 경험만을 가치 있는 것으로 여겨온 것이다. 미래에 더 많은 돈이나 더 많은 부를, 더 많은 여행이나 사랑을, 무엇보다 행복을 안겨줄 것들을 말이다. 뭔가 특별한 경험을 한 것만으로는 충분하지 않았다.

이런 식의 사고는 우리 문화에 깊이 뿌리박고 그림자처럼 우리를 따라다닌다. 우리의 경험은 습관의 영향을 받기 때문이다. 우리는 오랜 세월 원금과 이자의 범주로 사고해왔기에, 늘 모든 가치를 그것이 앞으로 더 불어날지를 잣대 삼아 평가한다. 벤저민 프랭클린은 1748년에 이미 "시간이 돈이라는 걸 생각하라"고 권면했다. 일을 해서 하루에 10실링을 벌 수 있는 사람이 반나절을 한가롭게 산책이나 하거나 방에서 빈둥거린다면, 이런 즐거움에 지출한 비용이 6펜스밖에 안 될지라도 이것만 계산해서는 안 된다는 것이다.[6] 그는 추가로 5실링을 지출, 아니 내팽개친 셈이라는 것이다. 프랭클린의 이런 권고는 그 무렵 젊은 상인들을 대상으로 한 것이었지만, 이런 생각은 그동안 우리 전체 사회에 피가 되고 살이 되었다. 우리는 거의 언제나 젊은 상인들처럼 사고하며, 삶의 가치는 삶 자체에 있지 않고, 우리에게 뭔가 이익을 가져다주는 삶이 가치 있는 삶이라고 믿고 있다. 그저 삶을 경험하고 체험하는 것은 뭔가 손해 보는 장사로 보인다. 그리하여 우리는 이득을 기대하는 가운데 몇 년씩 봄이 왔다 가고 꽃이 피고 져도, 봄을 한 번도 만끽해보지 못한 채로 보낸다. 날이 밝으면 일을 하고, 주말에는 피곤하다. 우리는 심지어 그래야 한다고, 그것이 옳다고 믿는다.

철학자 프리드리히 니체는 1882년에 이미 어떤 일을 다른 사람보다 더 빠른 시간에 해치우는 것이 새로운 미덕이 되고 있는 세태를 탄식했다. "오, 즐거움을 누리는 일들은 이리도 자꾸만 의심스러워지고 있구나! 일을 하는 것은 점점 더 좋은 것이 되어가고, 즐거움을 누리고 싶어 하는 것은 이미 '회복을 향한 욕구'라는 명목일 뿐 스스로를 부끄러워하기 시작했구나. '건강도 좀 챙겨야 하지 않겠나.' 소풍 나왔다가 들키면 그렇게 둘러대는구나."[7]

다소 예스러운 어투만이 이런 문장이 쓰여진 지 130년도 넘었음을 상기시킬 뿐, 내용상으로는 당황스러울 정도로 현대적인 비판이다. 우리는 아무것도 돌아오지 않아도, 아무것도 얻지 못해도 꽃의 아름다움을 만끽하고, 산책을 즐기고, 친구들과 좋은 만남을 마련하는 일을 그 자체로 즐기지 못한다. 우리는 아무 쓸모없어 보이는 즐거움을 부가가치를 약속하는 재충전이라고, 그다음 일을 더 잘하기 위한 휴식과 회복의 일이라고 변호한다. 사랑마저도 그런 잣대로 계산한다.

하지만 그런 순간들을 소중하게 만드는 것은 재충전으로 인한 이득, 행복으로 인한 이득, 사랑으로 인한 이득 그런 따위가 아니다. 그런 이득과 무관한 현재의 아름다움이 소중하다. 존재의 아름다움은 가장 부드러우면서도 가장 강렬하게 우리를 기쁨으로 채운다. 그것은 우리의 마음을 움직인다. 우리로 하여금 자신의 아름다움을, 자신의 연약함과 힘과 생명력을 떠올리게 하기 때문이다. 이런 아름다움은 늘 시간 속의 특정 순간과 연결되어 경험된다. 이런 아름다움은 되돌아오지 않는다. 순간순간 그런 아름다움을 경험해야만 그 아름다움은 꾸준히 우리를 동반하며 스스로를 펼쳐나간다. 물질적인 이익, 또는 물질적이지는 않더라도 미래에 떨어질 어떤 이익을 기대한다면, 우리는 그 아름다움을 잃게될 것이다. 봄은 오래지 않아 져버릴 화려한 꽃봉오리들의 아름다움을 통해 이런 사실을 상기시킨다.

이런 생각에 동의한다면, 당신은 이제 내 친구처럼 때때로 익숙한 질문을 던지지 않게끔 노력해야 할 것이다. 방금 읽은 것을 활용해 어떻게 내 삶을 '개선'할 수 있을까? 이런 생각이 내게 무슨 '이득'이 될까? 그것들이 나를 '더 행복하게' 만들어줄까? 이런 질문들은 우리의 내면 깊이 뿌리를 내리고 있어서—그런 질문들이 도움이 되지 않고 오히려 해로울지라도—우리는 그런 질문들을 쉽사리 떨쳐버릴 수가 없다. 따라서 우리는 그런 질문들을 의미있는 방식으로 통합하고자 한다. 그러나 그러려면 시간이 좀 필요하다. 과도기는 유익하고 유용하지만, 그것은 우리가 미래의 유용성을 따지는 질문을 현재로 옮겨놓을 때만 그러하기 때문이다. 지금 내 삶은 얼마나 충만하게 펼쳐지는가? 내가 지금 경험하고 있고 지금만 경험할 수 있는 특별한 것은 무엇인가? 평소 우리는 마지막 결산에서 무엇이 남을까를 따지느라 본질적인 것을 놓쳐버린다. 순간순간 경험할 수 있는 것들을 진정으로 깊이 있게 경험하지 못한다. 우리가 경험하지 못하는 탓에 또한 경험에서 새로운 것도 나오지 않는다. 현재를 개선해야 하는 결핍상태로 보고 미래의 보상을 기대하는 한, 우리는 진정한 충만을 경험할 수 없다.

사이의 지대에서

"내 발을 허공에 디딘다. 공기가 나를 받쳐준다."

과도기의 대가라고 할 수 있을 유대인 서정시인 힐데 도민은 그렇게 썼다. 힐데 도민은 서로 다른 언어를 쓰는 세 나라에서 22년이 넘게 망명생활을 했다. 나치가 정권을 잡을 무렵 이탈리아에서 일자리를 언어 생계를 꾸려가다가 1939년 마지막 순간에 영국으로 피신했고, 1940년 다시 그곳을 떠나 캐나다를 거쳐 도미니카 공화국으로 갔다. 어딜 가든 그녀는 새롭게 시작해야 했고 발이 공중에 붕 뜬 상태가 되어야 했다. 그녀는 독일어를 가르치고 남편의 작품을 번역했다. 그러다 마흔 살이 넘어 시인이 되었다. 낯선 나라, 낯선 땅에서 서로 다른 언어와 문화 사이에서 이리저리 흔들리며 한 발 한 발 옮기는 동안 그녀의 내면에서는 과도기의 언어가 자라났다. '사이between'의 언어가 말이다. 그녀는 고향을 상실한 붕 뜬 상태가 어떤 기분인지를 언어로 옮기기 시작했다. 날카로운 동시에 무디고, 정확한 동시에 부정확한 언어로 말이다. 그녀는 이러한 시적 언어의 발견을 거듭남에 비유했다. 그녀는 뛰어난 직감으로 이런 붕 뜬 '사이 지대'에서 움직일 수 있었고, 이런 상태를 글을 통해 다른 사람들에게 보여줄 수 있었다. 독일로 돌아온 지 몇 년 되지 않은 1957년에 발표한 첫 시집에다 그녀는 '장미 한 송이를 받침대 삼아'라는 제목을 붙였다. 새롭게 시작하는 시기를 신뢰하는 것이 얼마나 중요한지를 노래하는 그녀의 시는 그녀 스스로뿐 아니라 많은 사람들에게 고향을 선사해준다. 그녀는 장미 한 송이를 받침대 삼아 자신의 발을 허공으로 내디뎠고, 공기가 그것을 떠받들어주었다.

과도기에 우리를 받쳐주는 바닥은 한 발 한 발 조심스레 내딛는 걸음과 더불어 생겨난다. 미지의 세계로 내딛는 우리의 발걸음이 그것을 자라게 한다. 과도기에 우리는 경험을 토대로 미래를 계획할 수 없다. 현재의 순간과 그 가능성 말고는 다른 것에 의존할 수 없다. 우리를 기다리는 미래는 아직 정해져 있지 않다. 그러나 우리가 지금 하는 모든 경험이 우리에게 새로운 토대가 되어준다. 우리의 현재는 우리가 받침대로 삼을 수 있는 장미다. 그것은 탄탄한 콘크리트 바닥이 아니다. 그러나 진한 향기를 풍긴다.

봄의 벚꽃을 보면서 우리는 과도기의 흔들리는 현재와 화해할 수 있다. 벚나무는 비바람이 몰아쳐도 굽히지 않고 여린 잎을 낸다. 이렇게 위험을 무릅써야만 그 아름다움을 펼칠 수 있다. 그러나 우리는 대부분 이런 기회들을 흘려보낸다. 흐르는 강물 속 개봉되지 못한 유리병 편지처럼 말이다.

봄의 벚꽃을 보면서 우리는

과도기의 흔들리는 현재와 화해할 수 있다

벚나무는 비바람이 몰아쳐도

굽히지 않고 여린 잎을 낸다

이렇게 위험을 무릅써야만

그 아름다움을 펼칠 수 있다

〈봄, 벚꽃〉 박규진, 2015

벚꽃이 이 계절에 피어나는 것은

봄의 아름다움은 여름의 결실과는 무관하다. 봄의 아름다움이 보여주는 것은 희망을 품을 수 있다는 메시지가 아닐까? 희망은 인생에서 중요한 역할을 하는 진정한 힘이다. 희망은 미래의 빛을 현재로 비춘다. 그리고 우리에게 걸어갈 만한 길을 보여준다. 희망을 이득에 대한 기대와 혼동해서는 안 된다. 희망은 미래가 아니라 벌써 현재에 효력을 펼치기 때문이다. 희망이 이루어지지 않는다 해도 그 빛은 우리의 삶을 밝게 비춘다.

봄은 희망을 품는 것이 합당한 일임을 보여준다. 어두운 겨울에도, 미래의 열매가 보이지 않는 시기에도, 무엇보다 불확실한 과도기에도 말이다. 그것이 합당한 까닭은 희망이 인생의 가장 중요한 추진력이기 때문이다. 중병으로 죽음을 앞둔 사람들과 오랜 세월 함께해온 의학심리학자 롤프 베레스는 "희망은 원초적 생명력이며, 그 자체로 정신적 생명력 같은 것이다"라고 말한다. 치료되리라는 희망은 없을지라도, 사랑에 대한 희망, 동행에 대한 희망, 통증에서 벗어나는 것과 그 밖의 많은 것에 대한 희망이 중환자들에게 도움이 된다고 한다.[8]

꼭 이루어지지 않아도 희망은 효력을 발휘한다. 희망은 넓은 가능성의 장에서 힘을 길어낸다. 희망은 미래에 있을 수 있는 원인이 현재에 미치는 결과다. 그로써 희망은 시간적 역설이다. 미래는 현재를 야기한다. 미래가 현재에서 생겨나는 것은 바로 이런 현재가 이미 가능한 미래의 빛에서 힘을 공급받기 때문이다. 현재는 시간의 원이 완결되는 장소다. 시간의 모든 차원이 현재에서 만난다. 과거는 변화하고 새로운 것이 만들어진다. 우리의 희망은 이런 시간적인 만남에서 배태되는 힘이며, 우리가 무엇을 희망할 것인가 하는 물음은 정말로 중요하다. 그리하여 철학자 이마누엘 칸트는 그 물음을 대답하기는 힘들지만 삶에서 반드시 물어야 하는 철학의 네 가지 중요한 질문 속에 포함시켰다. 내가 무엇을 알 수 있을까? 내가 무엇을 해야 할까? 내가 무엇을 희망할 수 있을까? 인간이란 무엇일까? 하는 것이 바로 그 네 가지 질문이다. 과도기에는 이 모든 질문이 중요하다. 그러나 희망에 대한 질문은 특별한 가치가 있다. 그것이 우리로 하여금 허공에 발을 디디면서 새로운 발판을 만들어낼 수 있게 하기 때문이다.

벚나무의 희망은 봄꽃 속에서 형상화하며 벚나무는 봄꽃을 통해 자신의 잠재력을 감각적으로 표현한다. 벚꽃은 여름의 빛을 봄의 현재에 비추며 희망의 패러독스를 구현한다.

벚꽃은 맛난 버찌가 되기 위해 피어나는 것이 아니다. 이 계절에 피어나는 것이 합당하기에 피어난다. 생물학적 물질주의자들은 벚꽃은 그저 주어진 생물학적 프로그램을 따를 뿐이라고 말할 것이다. 그렇지만 잘 살펴보면 벚나무는 그의 생물학적 소질로써 자연의 다양한 관계망에, 그리고 주변의 모든 자극에 답하고 있다. 벚꽃은 세상과 만나기 위해 세상에 자기 자신을 내준다. 이런 만남에서 미래가 탄생한다.

철학적으로 볼 때 벚나무의 시급한 과제는 버찌를 생산하는 것이 아니라 살아 있는 생물의 희망, 미래에 대한 벚나무의 희망을 표현하는 것이다. 꽃이 흐드러진 나무는 '희망을 잉태하고' 있는 것이다.

생물학적으로 볼 때 꽃은 나무의 번식을 가능케 한다. 그러나 한 번 핀 꽃은 의무를 다한 것이다. 꽃은 더 이상 실패할 수 없다. 왜냐하면 꽃은 수정에도, 맛에도, 다음 몇 달 동안 잘 익어갈 열매의 수에도 영향을 끼칠 수 없기 때문이다.

꽃은 계속하여 버찌로 발달해갈 것이고, 모든 성장기는 다음 성숙기를 위한 전제다. 나무는 현재의 희망 속에서, 그리고 그 희망을 바탕으로 미래의 가능성을 펼쳐나간다. 지금은 자랄 때이고, 지금은 꽃을 피울 때이며, 지금은 성숙할 때다. 나무는 계절의 순환 속에서 이렇게 희망의 시간적 역설을 실현한다.

나무는 자신의 발달과정을 오롯이 혼자서 감당하지 않는다. 흙, 물, 벌, 벌레, 새, 개미, 박테리아, 인간 등등 풍성한 네트워크의 도움을 받는다. 그는 모든 발달 단계에서 릴레이 주자처럼 그에게 막 주어진 가능성을 붙잡고 더는 필요로 하지 않는 모든 것을 넘겨준다. 그의 풍요로움은 교환과 관계의 풍요로움이며, 그의 희망은 함께 이루어가는 일이다.

나무에게서 배운다는 것은 현재의 살아 있는 네트워크와 강하게 연대하면서 미래를 만들어나간다는 뜻이다. 억지로 네트워크를 만들어나가는 것이 아니라 지금 자신이 있는 곳에 그냥 있고, 지금 자신이 경험하는 것을 가능하면 온전히 경험하며, 삶이 우리에게 예비하는 것을 진정으로 받아들이면서 말이다. 따라서 지금 진정으로 일을 하고, 지금 진정으로 사랑을 하며, 지금 진정으로 반항을 하고, 지금 책임을 감당하고, 지금 친구들을 초대해 음식을 나누면서 말이다. 그러면서 늘 받아들이고 내주면서 말이다. 그렇게 미래의 빛은 현재의 순간들을 살찌우고 진정한 미래를 만들어낸다.

그것이 우리에게 그토록 중요한 가르침인 이유는 무엇일까?

삶의 모든 시기는 바로 그 순간에만 취할 수 있는 특별한 가능성을 제공하기 때문이다. 한편으로는 우리 개인적인 삶의 여정을 펼쳐나가도록, 다른 한편으로는 우리 모두가 함께 이루고 만들어가는 훨씬 더 큰 삶의 네트워크의 본질적인 부분으로서 말이다. 삶의 모든 시기는 저만의 가치가 있다. 그것은 미래의 결과로 측정되지 않으며, 우리가 이 순간들에 삶이 우리에게 예비해준 것을 포착하는가, 그것을 우리에게 맞게 변화시켜서 다시금 내주는가가 중요하다. 아이가 아이인 것은 성공적인 직장인이나 훌륭한 음악가가 되기 위해서가 아니다. 아이로 세상을 경험하고 세상을 풍요롭게 하기 위해서다. 전철에서 아이가 방긋 웃어주면 대부분의 사람들은 그 아이를 보며 미소 짓는다. 아이의 웃음은 지빠귀의 노랫소리처럼 사람을 매혹한다. 아이는 우리를 밝아지게 한다. 아이들의 웃음이 없다면 우리의 삶은 얼마나 황량할까.

아이들은 희망의 메신저

아이가 아이인 것이 단지 성장해서 어른이 되기 위해서라면, 어른이 되어 사회적으로 성공할 때까지 아이의 삶은 의미 없는 것이 될 것이다. 성공하지 못하거나 어려서 세상을 떠나는 경우, 우리를 그렇게 매혹했던 미소도 가치 없는 것이 될 것이다.

과연 그런 것일까? 독자들도 뭔가 맞지 않다는 점을 알 것이다. 아이가 아이인 까닭은 어른이 되기 위해서가 아니라, 우선은 아이로 살기 위해서이기 때문이다.

어린 자녀를 잃은 부모는 그 아이 앞에 펼쳐질 수 있었던 찬란한 미래가 없어진 것 때문에만 슬퍼하는 것이 아니다. 그저 세상에 하나밖에 없었던 사랑하는 이의 존재, 그의 빛나는 존재를 그리워하고 슬퍼하는 것이다. 살아 있는 것 자체로 벌써 의미가 있었기 때문이다. 아이는 웃을 때만이 아니라 소란을 피우거나 화분을 넘어뜨리거나 아플 때도 의미 있는 존재였다. 그 자체로 중요했으며, 부모에게 중요한 존재였으며, 우리 모두가 속한 '전체'의 일부로서, 우리가 예감할 수는 있지만 결코 온전히 다 알 수 없는 그 '전체'의 일부로서 의미 있는 존재였다.

아이는 전체의 생명 네트워크에 희망의 힘을 상징한다. 아이는 미래의 빛을 현재에 비춘다. 따라서 우리는 아이를 위해서뿐만 아니라 전 사회를 위해서도 아이가 아이로 살 수 있게 해야 한다. 그럴 때 아이는 자신의 삶을 위해서도 봄의 메시지를 내면화할 수 있을 것이다. 너는 생명을 이루는 전체에서 나온 유일무이한 표현이야. 희망을 품어도 돼.

아이는 이런 메시지를 이해하고 다른 모든 생물에게 전하기 위한 최상의 전제조건을 갖추고 있다. 이 나이 때의 이성은 아직 직선적·논리적으로 그리 연마되어 있지 않기 때문이다. 아이는 현재를 미래의 전 단계로 오해하지 않는다. 아이는 결코 오늘 오후의 일이 앞으로의 경력에 도움이 될지, 열일곱 번을 계속 똑같은 미끄럼을 탄 것이 뭔가 이득을 가져다줄지 하는 생각을 하지 않는다. 아이들은 매 순간을 그냥 그 자체로 경험하는 능력을 안고 있다. 자신이 있는 바로 그곳을 말이다. 지금은 지금이다. 이렇게 현재에 사는 것은 간혹 휴가를 떠나거나 해서 오랫동안 자동차 안에서 참아야 할 때 부모를 힘들게 하기도 한다. 그러나 그것은 아이가 어려운 기술을 터득하고 연습할 때는 꽤 도움이 된다. 몇 시간씩 서핑 보드에 올라탔다가 다시금 물로 떨어지는 것이 아이에게는 지루하지 않다. 단선적인 시간의식이 없고, 그 때문에 비교하고 판단하는 잣대 또한 없기에 어린 시절은 참으로 세상을 아주 집중적으로 경험하는 시기다.

가장 중요한 경험들은 대부분 예기치 않게 부수적으로 일어난다. 거의 넋을 잃다시피 하는 망아忘我의 순간들. 어떤 증서도, 지위도, 성공도, 돈도 없이. 서로를 기뻐하는 생명 사이에 생명으로서 존재하는 것.

다 큰 어른들이 어린 시절 안 좋았던 기억의 파편 속에서 이렇듯 살아 있음을 느꼈던 소중한 경험을 일궈내는 것을 보면 정말 감동적이다.

닭들과 놀던 기억이건, 나무를 타던 기억이건, 구름을 올려다보던 기억이건, 친절한 이웃 아주머니와 레모네이드를 마시던 기억이건 간에 태양, 비바람, 동식물, 또는 사람과 적절한 시간에 적절한 장소에서 적절한 방식으로 만남을 갖는 것. 특별한 용건이 있어서가 아니라 그냥 존재 자체를 위해 다른 대상과 온전히 함께하는 것. 이것은 존재의 가장 중요한 경험이다. 그런 경험을 해보지 않은 사람은 없을 것이다.

그러나 현란한 광고판, 깜박이는 컴퓨터 모니터, 행복에 대한 틀에 박힌 생각이 가득한 세상 한가운데에서 우리는 그것을 쉽게 잊어버린다. 돈이나 쇼핑, 기술, 성공, 매력, 위대한 사랑에 견주어 살아 있는 한순간의 완벽함은 마치 재투성이 옷을 입은 신데렐라처럼 아주 하찮겠없고 단순해 보인다. 하지만 우리의 내면 깊은 곳에서 이런 소소한 기억들이 우리에게 얼마나 자양분이 되는지를 의식하면 그것은 결코 하찮지 않다. 그런 기억들은 혼란스럽거나 위태롭거나 불안정한 시기에 인생을 신뢰할 수 있는 토대가 되어준다. 이런 단순한 일들을 반추해보면서 바라는 미래의 빛을 현재에서 알아볼 수 있기 때문이다.

위기 가운데에서는 무대를 바꿔 뛸 수 있는 힘조차 없기 때문에, 그런 기억들이 우리로 하여금 가장 단순하고 본질적인 경험으로 돌아가 그곳에서 다시 시작할 수 있게끔 도와준다. 우리에게 겨울이 필요한 것은 봄을 기억하기 위해서다.

우리가 특히나 어린 시절에 강렬한 생명력과 살아 있음 그 자체를 누리는 것은 자연의 신비라 할 수 있다. 사실 어린 시절에는 갓 피어난 봄꽃과 마찬가지로 예견할 수 없는 자연의 상호작용에 무방비로 노출되어 있다. 추위와 우박, 기분 나쁜 자동차 운전자, 스트레스가 극에 달한 선생님, 거칠고 자기중심적인 주변 사람들.

아이들은 힘이 없다. 돈도 없고 교육도 별로 받지 못했다. 하지만 그들은 자연스럽게 현재를 사는 것 말고도 또 하나의 장점이 있다. 아이들은 자신들이 매 순간 보호해주고 먹을 것을 주고 함께 해주는 다른 생명들에게 의존해 살아간다는 것을 어른들보다 훨씬 뼈저리게 경험한다. 아이들은 삶이 네트워크 속에서 이루어진다는 것을 생생하게 직감하며, 그것이 삶의 기본 지식이 된다. 그러다 보니 아이들은 생명과의 교감과 나눔을 통해 존재의 의미를 경험하는 능력이 탁월하다. 아직은 인생의 가장 중요한 지혜에서 멀어지지 않은 상태라고 할 수 있다. 그러므로 어른이 어른들의 잣대로써 성공적인 미래를 위해서라는 명목으로 아이들에게 부담을 주고 아이들의 하루를 어른 시각에 유용해 보이는 일정으로 꽉 채우면, 아이들은 자기들 본연의 과제를 더는 수행할 수가 없다. 봄의 메신저가 되어 전 사회에 생명력을 선사하는 과제 말이다.

인생길이 생각과 다르게 흘러갈 때에야 비로소 우리는 어린 시절 경험했던 그 특별한 삶의 느낌을 의식하곤 한다. 병에 걸렸을 때, 계획이 빗나갈 때, 또는 사랑하는 사람을 잃었을 때. 앞으로 어떻게 살아야 할지 몰라 눈앞이 캄캄할 때.

더 이상 예전의 법칙이 통하지 않고, 새로운 법칙은 어떤 모습이어야 할지 알 수 없을 때, 우리는 어떻게 살아야 할지 몰라 다시금 자연스럽게 어린 시절의 경험에 가까워진다. 이런 존재의 순간, 삶은 새로워진다.

2
창조적 오아시스

숲이 들을 부르는 곳

인생의 영광은 늘 모든 사람 주위에
충만하게 마련되어 있다.
그러나 아주 깊숙이 보이지 않게 감추어져 있다.
하지만 그곳에 있다.
적대적이지 않으며 마지못해 있는 것도 아니고
무감각하게 존재하는 것도 아니다.
적절한 단어로 부르면
올바른 이름으로 부르면, 그것은 온다.
그것은 마법과 같아서
만들어내는 것이 아니라 불러야 한다.[9]

프란츠 카프카

　　　　　　　　　　　　　"와우, 아주 멋진 들판이네요!"

파릇파릇한 풀과 나무, 관목, 덤불에 앞다투어 피어난 봄꽃이 만발한 풍경 앞에서 나는 그렇게 외쳤다. 어디를 보아도 신선한 초록으로 빛났다.

"이건 들이 아니에요. 이행대예요." 나와 함께 산책을 나갔던 생물학자이자 철학자인 안드레아스 베버가 그렇게 말했다.

"이행대가 뭔데요?" 나는 어린이책에 나오는 아기 돼지 피겔디가 된 기분으로 그렇게 물었다. 피겔디는 늘 아주 쉬운 질문으로 큰오빠인 프레데리크를 당황하게 한다. 베버의 대답 또한 프레데리크의 대답처럼 놀라웠다.

"이행대란 숲이 들을 부르고 들이 숲에게 대답을 하는 곳이랍니다."

순간 나는 숲과 들이 나누는 대화를 엿들을 수 있을 듯한 기분이 되었다.

이행대(에코톤^{ecotone})는 그리스어에서 온 말로, 집을 뜻하는 '오이코스oikos'와 탄성을 뜻하는 '토노스tonos'를 합친 말이다. 따라서 이행대는 생태학적 긴장의 공간이다. 무용수가 힘차고 우아하게 공간을 누빌 때 특히나 몸을 탄력 있게 움직이는 것처럼 이행대는 특별한 생태적 탄력을 띤다. 이행대는 두 지대를 잇는 다리처럼 경계지대의 식물들로 하여금 서로 교류하게 한다.

숲은 식물, 동물, 다른 유기체들이 서로 엮여 서로에게 의존하며 살아가는 공동체다. 가족처럼 장기간, 또는 최소한 일시적으로 생활공동체를 이룬 생물들의 집단이다. 이런 공동체는 생물학적으로 서로 조화를 이루어 자기 집단만의 개성과 특별한 위계질서를 만들어간다. 고목들은 균류와 식물이 무성한 땅속으로 깊게 뿌리를 드리워 어린나무들이 목마를 때 이용할 수 있는 주유소가 되어준다. 고목의 두꺼운 줄기는 수많은 동물에게 보금자리를 제공해준다. 이런 나무들을 베지 않을 때에만 숲은 꾸준히 유지되고 발전해나갈 수 있다.

이웃한 들판에는 다른 원칙이 통한다. 들은 빛과 움직임을 필요로 한다. 정기적으로 풀을 베어주고 가축들로 풀을 뜯게 할 때, 또 많은 곤충의 먹이 터전으로 존재할 때 들은 들로 남는다.

이런 두 생활공동체 사이에 놓인 이행대는 두 생태계에 새로운 자극을 준다. 그러나 이행대는 그 자체로 특별한 가능성을 띤 독자적인 생활공간이기도 하다. 숲의 가장자리에 이르면 나무들은 숲 한가운데보다 듬성해진다. 작은 식물들이 빛을 더 많이 받아 무성해질 수 있도록 말이다. 하지만 이런 가장자리 지대에서도 나무들은 아직 비바람을 막아준다. 그리하여 이런 이행대는 울창

한 숲에서도 열린 들판에서도 편안함을 느끼지 못하는, 이런 특별한 환경에서만 번성할 수 있는 생물들의 서식처가 된다. 마치 서로 경계를 이루고 있는 생물계가 자신들의 가장자리 지대에서 그 풍부한 에너지와 긴장을 활용해 공동으로 숙박업소를 운영하기라도 하는 것처럼 말이다. 지나가는 동물들은 씨앗, 과일씨, 또는 꽃가루 같은 새로운 자극을 자기 털가죽이나 몸속에 품어 숲공동체나 들공동체의 가장자리로 들여온다. 그리하여 이행대에서는 간혹 희귀한 난초라든가 나비 같은 특별한 동식물도 볼 수 있다. 이행대는 전체 생물계로 하여금 유연성을 띠게 하고 지속적으로 변화하고 새로워지게끔 한다.

서로 다른 생활조건이 맞물림으로써 초래되는 영향을 생물학에서는 가장자리 효과^{edge effect}라고 한다. 가장자리 효과는 '상반되는 환경의 영향이 중첩되면서 생태계에 나타나는 효과'를 말한다.[10]

그리하여 기후변화의 시대에 생물 다양성을 유지하는 방법을 알아내려 하는 연구자들은 가장자리 효과에서 힌트를 얻고자 한다. 생물 다양성을 증진하는 것은 생태계 안정에 매우 중요하기 때문이다. 기후변화 때문에 어떤 식물의 번식 속도가 느려지면 다른 종의 식물이 그들이 하던 과제를 떠맡을 수 있어야 한다. 그러나 야생에서 새로운 종의 탄생을 관찰하기란 쉽지가 않다. 경계를 이루는 생태계의 영향으로 새로운 생물이 탄생하는 중요한 순간은 보통 인간의 눈에 가려져 있다. 숨어 있음과 신비로움은 이런 창조 행위의 본질적인 특징으로 보인다. 그리하여 과학자들은 계속 가장자리 효과를 연구하고 기록하고자 노력하는 반면,[11] 생태농업에서는 벌써 몇십 년 전부터 이런 효과를 시험하고 실제 농업에 활용하고 있다. 한편 생태농업에서 이행대와 관련하여 축적된 인식은 우리로 하여금 인생의 이행기, 즉 과도기를 새로운 방식으로 바라볼 수 있는 토대를 마련해준다. 그러므로 먼저 독자들에게 생태농업의 특별한 방식을 소개하도록 하겠다.

아무것도 하지 않는 삶의 경작법

지금부터 약 80년 전 일본의 미생물학자 후쿠오카 마사노부는 어느 날 밤을 꼬박 새운 끝에 갑자기 이상한 생각에 이르렀다. 그는 지금까지 자신이 생명과 자연에 대해 알고 있던 개념들은 모두 날조된 것이라는 생각을 하게 되었다. "내가 굳게 확신했던 모든 것, 내가 믿었던 모든 것이 바람과 함께 사라져버렸다."[12]

그때까지 미생물학자로 세관의 식물 검사과에 근무하며 동식물의 병균과 질병을 퇴치하기 위해 노력하던 마사노부는 그날로 직장에 사표를 제출했다. 이성적으로는 이해가 가지 않고 논리적으로 정리되지도 않았지만, 이 새벽의 경험이 그를 완전히 흔들어놓았기 때문이다. 그는 이제 자연 자체를 연구 대상으로 삼고자 했다. 그리고 자연을 거슬러서가 아니라 자연과 더불어 일하고자 했다.

마사노부는 이런 작은 생각에서 출발하여 훗날 현대의 유기농법인 이른바 '아무것도 하지 않는 농법'을 개발했으며, 일의 대부분을 자연에 맡겨두고서도 농기계와 살충제·인공비료를 쓰는 산업형 농업과 같은 수준의 수확을 거두었다. '아무것도 하지 않는 농법'이라지만 모든 것을 손으로 하므로 당연히 일이 많았다. 무엇보다 수확할 때는 말이다. 그러나 농기계를 쓰지 않는 것은 엄청난 이점이 있었다. 농기계를 구입하느라 공연히 큰돈을 들이지 않아도 되고 토양을 혹사하는 대신 토질을 개선해 후대에게 선사할 수 있기 때문이었다. 그러나 젊은 미생물학자의 이런 단순한 통찰이 정말로 과일 농사와 곡식 농사에 적용되기까지는 오랜 세월이 필요했다.

처음에 그는 처참한 실패를 맛보아야 했다. 사표를 낸 뒤 아버지의 농장으로 돌아간 후쿠오카에게 아버지는 과수원을 경작하라고 내주었다. 귤나무에는 이미 귤이 풍성하게 달려 있었고 나중에 열매를 수확하기 쉽게 가지치기가 된 상태였다. 후쿠오카는 나무들을 그냥 내버려두어 귤이 자연스럽게 익어가도록 하려고 했다. 그런데 그동안 아버지가 늘 쳐주었던 가지들이 그냥 내버려두자 서로 마구 얼기설기 얽히기 시작했고 과일들은 죄다 벌레가 먹어서 8천 제곱미터나 되는 과수원의 귤나무들이 순식간에 말라죽고 말았다. 과수원은 쑥대밭이 되었다. 그때가 1939년이었다. 2차 세계대전이 시작되었고, 아버지는 후쿠오카더러 다른 일을 찾아보라며 농장에서 내쫓았다. 후쿠오카는 '아무것도 하지 않는 농업'이 생각만큼 간단하지 않다는 것을 뼈저리게 깨달았다. 무위농법이 실제로 가능하려면—그 뒤에도 여전히 확신했던바—땅을 세심하게 한 걸음 한 걸음 준비시켜야 했다. 그냥 아무것도 하지 않고 자연에만 맡겨두는 것으로는 불충분한 게 틀림없었다. 후쿠오카는 이어 일본 고치 현의 농업시험장에서 연구실장으로 근무했다. 2차 세계대전이 계속되면서 식량생산량을 늘리는 법을 알아내는 것이 그의 임무였다. 그는 "사실 나는 그 8년간 '학문적' 농업과 '자연적' 농업 사이의 관계를 숙고했다"고 말한다.[13]

전쟁이 끝난 뒤 그는 이런 생각을 실전에 적용하고자 두 번째 도전장을 던진다. 다른 농부들이 수확량을 늘리려면 무엇을 더 해야 할까 고심하는 동안, 후쿠오카는 같은 목표에 도달하기 위해 무엇을 더 하지 말아야 할까를 생각했다. 결국 자연에 최소한으로 개입하는 것이 더 나은 결과를 가져오리라고 믿었기 때문이다. 후쿠오카는 땅을 가는 것과 비료와 살충제 사용을 차츰차츰 중단했고, 퇴비조차 만들지 않았다. 땅을 유심히 지켜보는 가운데, 현대적인 기술에 의지하면 땅이 점점 망가지고 그로 인한 폐해를 무마하기 위해 더 많은 기술이 필요해질 뿐이라는 사실을 깨달았다.

30년 동안 실험한 끝에 후쿠오카는 겨울 곡식과 쌀을 시기 적절하게 번갈아 재배하는 방법을 알아냈다. 이 방법은 씨뿌리기와 수확만 사람이 담당하고 나머지는 자연에 맡겨두는 일을 가능하게 해주었다. 중요한 것은 예컨대 씨뿌리기를 하는 적절한 시점을 알아차리는 것이었다. 그로써 곡식이 잡초보다 더 먼저 싹을 내어 잡초보다 한발 먼저 자라도록 말이다. 잡초는 중요했다. 잡초는 땅에 양분을 공급해주고 땅이 마르지 않도록 보호해주는 구실을 했다. 다만 수확에 해를 끼치지 않게끔 적절한 리듬으로 자라야 했다.

자연이 일하는 방식을 알아감에 따라 후쿠오카는 개입을 점점 더 줄여나갈 수 있었다. 더 많이 알수록, 신체적으로 해야 할 일은 차차 줄어들었다. 무위농법에서 점점 커지고 새로워져야 하는 것은 바로 농부들의 의식이었다. 후쿠오카는 우리가 자연에 대해 알고 있는 바는 늘 불완전한 것임을 의식하는 것도 중요하다고 생각했다. 후쿠오카는 '진정한' 자연을 거대하고, 복합적인 전체로 상상했다. 우리가 어떤 식물은 이름을 알고 어떤 식물은 이름을 모른다면 자연에 대한 상은 일그러지고 만다. 앵초나 지렁이의 이름을 불러주는 것만으로 이미 다른 생물들은 찬밥 신세가 되는 것이다. 이에 후쿠오카는 "전체와 분리해서 보는 사물은 진정한 사물이 아니다"라고 했다.[14]

그리하여 그의 관찰방식은 늘 임시적인 결과만 낼 수 있을 뿐, 살아 있는 것의 가능성을 온전히 길어낼 수는 없었다. 관찰하고 기록하는 사람은 필연적으로 자기가 관찰하는 것을 전체에서 분리하기 때문이다. 그러나 이 점을 겸손하게 인정하고 절대로 잊지 않는 한, 한 발 한 발 조심스럽게 더듬어나갈 수 있었다. 후쿠오카는 도저히 극복할 수 없는 자신의 무지를 알고 있었고, 그의 시스템은 조금씩 개선되어갔다.

후쿠오카의 주요 인식 가운데 하나는 땅을 뿌리, 작은 동물, 벌레, 잡초, 미생물의 도움을 받아 스스로 재생하는 생물로 관찰한 것이다. 그리하여 결코 땅을 갈아엎거나 파서 일구지 말아야 한다고 보았다. 그는 수고롭게 일일이 씨앗을 심지 않고, 씨를 흙으로 동그랗게 감싼 다음 밭에나 그냥 던져놓았다. 그래서 씨앗은 새들에게 먹히지 않으면서도 힘들이지 않고 스스로 퍼져나갈 수 있었다.

세월이 흐르면서 수많은 학자들이 후쿠오카의 성공적인 무위농법을 연구하기 위해 찾아왔다. 그런데 학자들은 언제나 자기가 보고 싶은 면, 즉 자기 분야와 관계되는 면만 보고 나머지는 무시했다. 이를테면 곤충 전문가는 후쿠오카의 밭에서 거미들이 벼룩을 잡아먹는 것을 보고는 '아하, 벼룩을 없애기 위해 거미를 활용하면 되겠구나' 생각했다. 그러나 후쿠오카는 그해에만 유독 거미가 많아서 벼룩 잡아먹는 일을 담당했다는 사실을 알고 있었다. 다른 해에는 개구리나 두꺼비가 벼룩을 상대했고, 내년에는 또 뭐가 이런 과제를 맡을지 알 수 없는 노릇이었다.

자연은 똑같은 문제라도 날씨와 개체군의 발달 조건에 따라 다양하게 해결하곤 한다. 그러나 연구분야가 특화해 있을수록 이런 거대한 관계망을 파악하기가 어렵다.

농부는 끊임없이 전체를 조망해야 하고 가능하면 많은 생물에게 좋은 조건을 마련해주어야 한다. 오랜 세월에 걸친 후쿠오카의 관찰과 경험은 불완전한 것이었지만 성공의 가장 중요한 부분이었으며, 학문적인 접근으로는 대신할 수 없는 것이었다.

한 농부의 인식은 같은 지역과 같은 기후대의 다른 농부들에게 중요한 자극을 줄 수 있다. 그렇지만 결코 무조건적으로 똑같이 적용될 수는 없다. 땅마다 특성이 전부 다르며, 자연은 계속 변하는 것이기 때문이다. 게다가 농부마다 모두 저만의 특성이 있어서, 그 농부가 그 땅에 살며 경작하는 한 그 역시 땅의 일부라고 할 수 있다. 그리하여 후쿠오카는 늘 제자들에게 자신을 모방하지

농부가 그 땅에 살며 경작하는 한

그 역시 땅의 일부라 할 수 있다

모든 토양이 그렇듯 모든 삶도 저마다 다르다

〈삶의 공간 속에서〉 유영, 2015

말라고 했다. 그의 무위농법은 단순한 비법이 아니라, 오히려 자기 자신과 자기 땅을 더 잘 알아가라는 요구다.

후쿠오카가 일본에서 그의 농법을 다듬어가는 동안 다른 곳에서도 비슷한 실험이 이루어졌다. 농부, 정원사, 토착문화를 일구어가는 사람들과 여러 학자들은 어떻게 하면 기술이나 돈을 들이지 않고 토양의 비옥도를 높이는 한편 후세대에게 기름진 땅을 물려줄 수 있을지를 열심히 궁리했다. 그들은 모두 후쿠오카처럼 자연을 거스르지 않고 자연과 더불어 일하고자 했다. 기계화·기술화한 농업으로 식량생산량을 늘릴 수 있기는 하지만, 그 와중에 땅은 점점 더 황폐해진다는 것을 익히 보아온 터였기 때문이다. 이런 식의 농업은 언젠가는 자신의 토대를 무너뜨리게 될 것이었다.

모든 삶은 저마다 다르다

오스트레일리아의 생물학자 빌 몰리슨은 오랜 세월 숲에서 일하며 숲의 자연스러운 효율성을 관찰했다. 그는 숲이 얼마나 똑똑하게 구성되는지를 보고는, 숲의 자연적인 디자인 원칙을 식량 재배에 활용하고자 했다. 그의 구상은 바로 '먹을 수 있는 숲'이었다. 농업에서 이루어지는 단일경작과 대조적으로 숲에서는 층별로 다양한 식물이 동시에 성장한다. 맨 아래쪽에는 이끼와 균류가 자라고, 그다음에는 양치류와 꽃들이 자라며, 그 위로 관목과 나무들이 자란다.

동물들도 숲에서 다양한 지역에 서식하여, 어떤 동물은 땅 깊숙이에 살고 어떤 동물은 나무 꼭대기에 산다. 좁은 공간에서 아주 생산적인 삶이 이루어지는 것이다. 인간이 개입하지 않아도, 그리고 숲의 토양이 고갈되지 않고서도 말이다. 시들거나 죽은 생물들이 양분으로 작용하며, 쓰레기는 나오지 않는다. 먹고 먹힌다. 식물, 동물, 미생물의 다양한 생활주기life cycle가 서로 맞물리고 서로를 뒷받침한다.

몰리슨은 이런 식의 공생적 성장이 노동집약적인 단일경작 보다 훨씬 더 좋다고 생각했다. 공생적 성장은 토양 아래 위로 0.5미터씩만을 활용하며 게다가 토양을 약화하지 않았다. 1차원적인 옥수수밭이 아니라 다층적으로 구성된 먹을 수 있는 숲을 조성할 수는 없는 것일까? 몰리슨은 자신의 제자 데이비드 홈그렌과 함께 숲에서 일어나는 자연적인 작업방식을 자기 정원에서 모방할 수 있는 디자인 카탈로그를 만들었다. 살충제를 쓰거나 다른 방식으로 자연을 훼손하지 않고 유용식물들로 스스로 유지해나갈 수 있는 시스템을 만들고자 했다.

몰리슨과 홈그렌은 이런 농법을 '퍼머컬처permaculture'라 일컬었다. 영속적인permanent 농업, 즉 지속 가능한 농업이라는 뜻이었다.

이런 농법을 현실에서 얼마나 완벽하게 실현할 수 있는지는 농부들의 지성과 창조성에 달려 있었다. 영속농업의 두 가지 기본 생각은 다음과 같다.

1. 사는 데 정말로 필요한 만큼만 자연자원을 소비하기. 자원은

유한하며, 결국 모두에게 충족되어야 한다.

2. 존재하는 자원을 여러모로 활용하기, 따라서 아무것도 버리지 말고, 농기구를 나누어 쓰고, 모든 것을 고쳐 쓰기. 숲에서 모든 것을 재활용하듯, 모든 물질을 창조적으로 재활용하기.

영국의 영속농업 전문가 패트릭 화이트필드는 이렇게 말한다. "영속농업은 전체를 고려하는 과정이다. 구성요소들 사이의 연결을 보고, 모든 것이 더 조화롭게 협력할 수 있도록 이런 연결을 어떻게 변화시킬 수 있는지를 숙고한다."[15] 몰리슨 스스로는 영속농업에서 중요한 것은 "부분부분을 최대화하고자 노력하는 것이 아니라, 전체를 최적화하는 것"이라고 말한다.[16]

이행대의 특별한 창조성 또한 이런 전체에 속한다. 몰리슨의 동지인 데이비드 홈그렌은 영속농업의 원칙을 서술한 최근의 입문서에서 "가장자리를 활용하고 가장자리에 있는 것들을 소중히 여기라"고 권한다.[17] 생명력이 펼쳐지는 것은 다져진 길에서가 아니라 눈에 띄지 않는 경계지대에서다.

해안선에서 바다에 이르는 경계지대는 물고기, 산호 등 여러 종의 생물이 서식하는 곳이다. 육지 생물들은 해안의 얕은 물 속에서 바다 생물들을 만나고, 두 생활공간의 가능성을 활용한다. 햇빛은 물속으로 스며들어 바닷말과 다른 식물들을 자라게 하고, 그렇게 해서 물고기와 새들의 먹이가 예비된다. 유입되는 민물은 대양의 무거운 염수 위로 흘러들고, 밀물과 썰물은 영양원이 빙빙 돌면서 확산되게 한다. 홈그렌은 고대에 바닷가와 강가 또는 산기

늪에 큰 도시가 생겨난 것은 우연이 아니었다고 말한다. 산들도 자신의 동식물, 암석, 시냇물, 빙하를 가진 특별한 생태계를 이룬다. 두 지대 사이의 경계지대는 생명이 전개되기에 유리한 출발점이다. 경계를 이루는 두 지대의 자원을 활용할 수 있으니 말이다. 경계지대에서는 물질이 교환된다.

인간의 폐와 장도 이런 가장자리 효과를 활용한다. 폐나 장은 주름이 많다 보니 표면적이 매우 넓어 교환능력이 뛰어나다. 또한 피부는 신체 외부와 내부를 경계 짓는 기관으로, 우리의 가장 중요한 의사소통 기관이자 신진대사 기관이다. 피부는 감각적인 자극을 받아들이고 그것을 전달한다.

마지막으로, 지표면 윗부분 또한 경계지대로 볼 수 있다. 지표면 윗부분은 무수한 생물들의 서식공간이다. 이런 생물들은 미네랄이 풍부한 흙을 대기와 연결해준다. 이런 살아 있는 대지는 지상 최대의 서로 연결된 경계지대다. 이런 대지를 전 지구를 포괄하는 생물체이자 이 지구의 창조적인 중재 센터로 보는 관점도 틀리지 않을 것이다.

프랑켄 지방에서 유기농업을 하는 프란츠 아운코퍼에게 이런 시각은 아주 당연한 것이다. 그는 몇 주 전 다뉴브 강의 홍수가 휩쓸고 지나간 자기 밭에서 짚단 위에 앉아 있다. 아운코퍼의 밭에는 이미 키 큰 해바라기가 자랐고 그 옆으로 메밀이 잘 자라고 있다. 경험 많은 유기농사꾼 아운코퍼는 "건강한 땅은 빠른 속도로 회복되지요"라고 말하며 조심스레 흙을 만진다. "땅은 여유가 있어야 해요. 생물들이 서식해야 하고, 특이한 냄새가 나야 합니다."

주변의 많은 밭을 둘러보니 아무것도 자라지 않고 있다. 아직 홍수에서 회복되려면 먼 것 같다. 아운코퍼의 말에 따르면 3년만 단일경작을 해도 땅속의 생물이 크게 줄어들어 땅이 스스로 회복하는 데 시간이 많이 걸린다.

건강한 땅에는 내부의 의사소통 체계 같은 것이 있다. 균류, 뿌리, 미생물로 이루어진 땅속 네트워크가 경고 신호를 전달하고 도울 동물들을 불러 모으고, 좋은 관계를 유지하게 한다. 미국의 연구팀은 누에콩 실험에서 이런 메커니즘을 발견했다. 자신들에게 잘 번식하는 세균의 공격을 받은 콩과 식물은 지하 균류 네트워크를 통해 이웃한 동종 식물들에게 이 사실을 전달했고, 이들은 채 몇 시간도 안 되어 자연적인 면역체계를 가동함으로써 세균의 공격으로부터 스스로를 지킬 수 있었다.[18] 정말이지 인터넷에 비견할 만한 네트워크였다.

광물성 비료나 살충제를 사용하는 가운데 단일작물을 재배했던 땅은 서로 연결된 생물 다양성이 크게 줄어들고 땅속 네트워크가 파괴된다. 단일경작은 그로써 근친상간과 비슷한 결과를 초래한다. 재배가 한 종류의 곡식으로 제한되어 다양한 동식물 간의 교류가 일어나지 않으면 지력은 빠르게 쇠퇴한다. 땅속의 관계망은 파괴되고, 위급한 경우 사용할 수 없고 만다. 그러면 땅은 의사소통망이자 경계지대로서의 능력을 잃고 만다. 트랙터와 무거운 농기구도 땅속 생활을 혹사한다. 프랑크 지방의 농사 전문가 요제프 암베르거는 이렇게 말한다. "땅이 비명을 지를 수 있다면, 많은 농부들이 자기 밭에서 더 이상 견딜 수 없을 거예요. 엄청나게 무거운 트랙터가 땅 위로 지나가자마자 토양은 죽어버리거든요."

땅속 균류 네트워크의 중요성에 대한 연구는 아직 미진하다. 그러나 그 네트워크가 생명의 성장에 엄청나게 중요하다는 것은 분명한 사실이다. 데이비드 홈그렌의 결론은 "경계지대에서 생명이 전개된다"는 것이다. 홈그렌에 따르면 이것은 생물학적 조직뿐 아니라 사회적 조직에서도 마찬가지다. 도시에서는 쇼윈도가 바깥 사람들을 가게 안으로 끌어들이고 그럼으로써 경제가 꽃피게끔 하는 역할을 한다. 쇼윈도는 공적인 공간과 사적인 상점 공간 사이의 경계지대인 셈이다. 시내의 비싼 임대료를 견디지 못한 예술가와 신생 기업들이 도시 변두리의 빈집이나 영락한 집들에 들어가 새로운 문화를 꽃피워가는 것도 그런 사례다. 다양한 삶의 반경이 넘나드는 곳에서마다 움직임이 생겨난다. 창조성은 경계선을 따라, 늘 명백하게 규정된 영역들의 중간지대에서 펼쳐진다.

데이비드 홈그렌은 이제 '퍼머컬처'라는 개념을 본래 생각했던 것보다 훨씬 더 넓은 의미로 사용하고 있다. 농사부터 상수도시설, 건축, 사회관계, 경제체계에 이르기까지 모든 삶의 영역과 관련하여 꾸준히 적용할 수 있는 문화적 실천으로서 말이다. 이런 퍼머컬처에서 주변지대와 경계지대의 가치는 중요하게 부각되고 있다.

이런 인식을 농사 또는 정원 가꾸기에 적용하면 다양한 생활공간과 생물의 교환이 일어나도록 울타리에 식물을 심고, 연못을 조성하고, 용수로를 만드는 등 가능하면 경계지대를 많이 조성해야 한다는 소리다. 비트를 심을 때도 서로를 뒷받침해주는 다양한 식물과 함께 자라게 하면 단일재배보다 훨씬 낫다. 벽이나 닭장이 줄 수 있는 경계효과를 이용해도 좋다. 벽에 볕이 내리쬐면 한겨울에도 온기가 만만치 않기 때문에 벽에 붙여서 온실을 짓거나 온기를 좋아하는 덩굴식물들을 심거나 할 수 있다. 서로 경계를 이룬 생활공간들이 서로를 뒷받침할 수 있을 때만이 긍정적인 경계효과가 나타난다. 그러므로 충분한 수확물을 얻으려면 어떤 동물, 식물, 환경, 날씨, 미생물들이 서로 연대할 수 있고 서로 뒷받침할 수 있는지를 인식해야 한다. 오스트리아의 퍼머컬처 농부 제프 홀처는 해발 1300미터 고산지대의 농원에서 최소한의 노동을 들여 몇십 년 넘게 키위·복숭아·버찌를 수확하고, 겨울에도 무를 수확하고 있다. 일본의 후쿠오카 마사노부가 무위농법을 개발하는 동안 홀처는 오스트리아에서 가장 추운 지역에 자리 잡은 자신의 외딴 농장을 높은 수확을 거두는 작은 파라다이스로 만들었다. 단순히 자연을 관찰하고 그곳에서 시너지, 순환, 경쟁, 최적의 생물학적 자기 조절이 이루어질 수 있게 하면서 말이다.

홀처는 열악한 조건에서 많은 자본과 인력 없이도 자연의 창조성을 일깨우고 활용할 수 있다는 사실을 보여주었다. 1990년대 중반 퍼머컬처라는 말을 처음 들을 때까지 그는 자신의 방법을 '황야농법'이라 불렀다. 오스트리아의 생물학자 베른트 뢰치는 홀처를 두고 "다양한 식물 종 사이의 상호적 장려(또는 저지)에 관한 지식만으로도 이미 박사학윗감"이라고 말한다. 고슴도치·족제비·참새올빼미가 번성할 수 있게 하는 많은 기술, 불개미 관찰, 습지 비오톱(다양한 생물 종의 공동 서식공간을 의미하며 특히 도심에서 자연적·

인공적으로 최소한의 생태계를 이루는 경계지대 역할을 한다―옮긴이)에 대한 심오한 통찰도 놀랍다. 그러나 뢰치의 말마따나 이런 깨달음은 자연과 더불어 사는 삶에서 비롯되는 것이지 '실험실의 삭막한 공기' 속에서 얻어질 수 있는 것이 아니다.[19]

그렇다면 이 모든 것이 독자들의 삶과 도대체 무슨 관계가 있을까? 정원을 가꾸는 사람이나 자연 애호가들에게는 관심 있는 내용이겠지만, 독자들은 생태농업에 관한 논문을 읽고자 한 것이 아니라 인생의 과도기를 더 잘 이해하고자 했던 터인데 말이다.

그러나 이런 우회는 우리의 본래 주제에도 소중하다. 자연 속의 경계효과가 인생의 경계지대, 즉 과도기의 특성을 밝혀 드러내주기 때문이다. 퍼머컬처의 선구자들은 우리에게 관계들을 가꿔나가고 잘 다져진 편안한 길을 떠나 새로운 것이 생겨날 수 있게 하는 법을 보여준다. 그들은 늘 경계지대에 살면서 연구했다고 말할 수 있을 것이다.

그들은 경계지대, 즉 과도기를 소중히 여기고 활용하는 것이 가능할 뿐 아니라 아주 중요하다는 사실을 깨달았다. 그들의 이야기가 우리에게 특히나 용기를 주는 까닭은, 그들의 인생여정이 직선으로 이루어진 성공가도가 아니라 시험하고 관찰하고 좌절하고 배우는 과정으로 점철되어 있었다는 점 때문이다. 후쿠오카가 아버지의 귤농장을 쑥대밭으로 만든 뒤 그냥 포기해버렸다면 어떻게 됐을까? 아마도 자연과 더불어 협력하여 비옥한 결실을 맺는 데는 무슨 특별한 기술이 필요한 것이 아니라 겸손과 신뢰, 인내, 관찰력을 키워나가는 것이 중요하다는 점을 증명하지 못했으리

라. 우리에게도 바로 이런 능력이 필요하다.

인생의 과도기는 우리에게 생태적 경계지대와 비슷한 것을 요구하기 때문이다. 과도기는 유쾌한 놀라움도 선사하지만 불쾌한 놀라움도 불러일으킨다. 생물학적인 발달과정이 가져다주는 과도기든, 예기치 않은 사건으로 우리가 익숙한 삶에서 튕겨나가게 되면서 비롯된 과도기든, 과도기는 삶에서 익숙했던 규칙이 무력화하는 시기다. 그런 시간들은 직선적으로 전개되는 틀에 박힌 삶의 반경에서는 전혀 끼어들 여지가 없었던 경험과 깨달음과 느낌을 우리에게 안겨준다. 그리고 새로운 것이 생겨날 여지를 열어준다. 생태적 영역에서와 비슷하게 삶의 과도기를 다루는 데서도 간단한 비법은 없다. 모든 토양이 그렇듯 모든 삶도 저마다 다르기 때문이다. 그러므로 우리는 우리 자신을 위해, 우리 삶의 반경과 우리가 사는 세계를 위해, 더 나은 '감感'을 개발해나가야 할 것이다.

2부

시련

인생의 과도기

3

탄생이라는 모험

모든 것이 시작되는 시간

삶으로 밀려들어오는 것
형태도 없고 이름도 없는 아주 비밀스러운 것
동경하는 동시에 신뢰로 가득 찬 확신 가운데
충족될 수 없음을 아는 것
그로써 늘 다시금 일어나게 될 것
실패가 참담할지라도 존재하는 것.
그리고 존재하게 될 것.[20]

안드레아스 베버

나는 아버지의 빛나는 얼굴을 본다. 앨범을 펴면 맨 처음 보이는 사진에서 아버지는 갓 태어난 나를 안고 있다. 그리고 감동한 눈빛으로 나를 바라보고 있다.

살아오면서 나는 이런 얼굴을 여러 번 보았다. 평소에는 이성적인 학자이거나, 야심찬 운동선수이거나, 고집스러운 예술가이거나, 성실한 요리사이거나 빈틈없는 사업가였던 사람들이! 이들의 얼굴이 얼마나 오래 빛나게 될지, 언제 빛나게 될지는 예측할 수 없다. 그러나 늦건 빠르건 그들은 빛을 뿜는다. 이제 막 엄마 아빠가 된 그들! 어떤 사람은 몇 분간 빛이 나고 어떤 사람은 며칠, 몇 주 또는 몇 달간 빛이 난다.

어떤 사람들은 자기가 그랬다는 걸 거의 느끼지 못하고 곧 그 상태를 잊어버린다. 어떤 사람들은 그 상태를 계속해서 경험하고 싶어 한다.

"중독되지 않게 조심해야겠어." 한 친구는 넷째 아이의 엄마가 되고 나서 내게 그렇게 말했다.

막 첫아이가 태어나 갓 아빠가 된 한 친구는 이렇게 말했다. "정말 형언할 수 없는 느낌이야. 나 자신을 통해 생명이 활동하게 되는 느낌이랄까. 아내가 출산할 때 내가 할 수 있는 일은 그냥 옆에 있어주는 것밖에 없었지. 그런데 나는 우리보다 훨씬 강한 힘이 작용하는 걸 느꼈어. 조마조마하면서도 무척이나 행복한 시간이었어."

대부분의 부모는 아이가 태어나기 전 또는 태어나는 도중 그 어떤 순간에 이런 특별한 느낌에 사로잡힌다. '내가 새로운 생명을 세상에 오게 했어, 나는 우주의 일부로 탄생과정에 함께했어' 하는 깨달음. "그냥 이성적으로 보면 당연한 일일지도 몰라. 하지만 그걸 모든 세포로 느끼는 것은 전혀 다른 문제지. 탄생의 순간에 나는 창조에 일조하는 경험을 했어." 친구가 감동 어린 목소리로 말했다. 그는 평소 매우 실용주의적인 사람이고 감성적이거나 감정적인 사람은 아닌데, 아빠가 되는 경험이 그를 적잖이 압도한 모양이었다.

철학자들도 예부터 이런 '창조적 시작'의 순간에 매력을 느꼈다. 아주 특별한 과도기, 삶의 전환점이자 예기치 않았던 기회가 되는 시간에 대해서 말이다.[21] 철학자이자 신학자인 아우구스티누스는 "인간은 시작하기 위해 만들어졌다"고 썼다.[22] 한나 아렌트는 "이런 시작은 언제 어디에나 있다. 언제 어디에나 준비되어 있다"며, "그의 연속성은 중단될 수 없다. 그것은 모든 인간의 탄생을 통해 보장되기 때문이다"라고 썼다.[23] 탄생과 함께 늘 새로운 인간들이 삶으로 들어가고 그들의 행동을 통해 세계를 변화시킨다. 세상에서 믿음을 안고 산다는 것, 세상에 대해 희망을 품을 수 있다는 것을 "한 아기가 우리에게 났다"[24](성경에서 예수 그리스도의 탄생을 이르는 말—옮긴이)라는 말보다 더 적확하고 멋지게 표현할 수는 없을 것이다.

철학자 아르투르 쇼펜하우어는 물론 자신의 탄생을 선물로 여기는 것을 단호하게 거부했다. 그에게 탄생은 오히려 부담하지 않을 수 없는 짐이었고, 세상살이의 고통을 안겨주는 것이었다. 존재의 목적은 우리가 태어나지 않았으면 더 좋을 뻔했음을 깨닫는 것이라고 이 불퉁스러운 사상가는 말했다.

그러나 신생아가 훗날 자신의 삶을 선물로 여길지 짐으로 여길지는 사실 부차적인 문제다. 변하지 않는 사실은 창조는 놀라운 사건이라는 것이다. 생명이 잉태되는 순간 수정된 난자는 새롭게 태어나는 생명의 가능성을 상징하며, 그로써 스스로 창조적인 과도기의 주역이다.

1990년대에 이스라엘의 바이츠만 연구소가 발견한 사실에 따르면 난자는 화학 신호를 보내 정자를 유인한다. 난자 주변의 따뜻한 기운이 정자에게 길을 알려준다.[25] 이스라엘 연구자들은 '정자가 자신의 과제를 수행하기 위해 어디로 헤엄쳐가야 하는지를 어떻게 알까?' 하는 의문을 품고 연구하던 중 그러한 사실을 밝혀냈다.

정자가 난자 속에 들어가자마자, 즉 아버지의 영역과 어머니의 영역이 결합하자마자 새 생명의 잠재력이 생겨난다. 두 영역에서 각각 유전적 재능을 선사받아 창조적 자극으로 무장한 태아는 과도기의 장소가 된다. 그의 개성과 인격은 나중에 타인들과 사회적으로 접촉함으로써 비로소 성숙될 것이다. '나'와 '세계' 사이의 대화 속에서 말이다. 그러나 정확히 보면 나와 세계라는 두 극은 서로 고립되어 있지 않다. 서로 끊임없이 영향을 주고받기 때문이다.

우리는 스스로가 아주 개인적이고 자율적이라고 생각하며 세상은 우리 외부 '바깥 어딘가'에 있다고 생각하지만, 사실 나와 세계는 역동적인 하나를 이룬다. 처음부터 인간은 관계 속에서 자라가고, 자라면서 주변 세계에 영향을 끼칠 능력을 안고 태어난다. 주변 세계와의 커뮤니케이션은 이미 엄마의 배 안에서 시작된다. 엄마 배 속에서 자라가는 태아는 바깥의 목소리와 음악을 들을 뿐아니라, 생화학적 전달물질을 통해 엄마의 감정까지 일일이 전달받는다. 엄마의 걱정, 흥분, 사랑의 감정을 전달받는 가운데 배 속에서 발로 차거나 움직이며 태동을 통해 자신을 알린다. 생명은 살아 있는 것이고, 서로 관계를 맺고 물질을 교환하고 서로 마찰을 빚고 함께 성장해가면서 새로운 생명을 배출하는 것이기 때문이다. 나와 세계 사이의 경계는 서로 넘나들 수 있게끔 되어 있으며, 그렇게 창조적 사이 공간을 이룬다.

생명이 시작될 때 이런 경계는 엄마 배 속에 존재한다. 그러다가 출산과 함께 밖으로 옮겨진다. 시인 라이너 마리아 릴케가 '세계-내-공간^{Weltinnenraum}'이라고 일컬은 곳으로 말이다.

자녀의 탄생은 부모에 따라 아주 다르게 경험된다. 그러나 그들의 경험은 심한 두려움과 완전한 신뢰, 견딜 수 없는 고통과 커다란 기쁨을 맴돈다. 어떤 여성은 진통 중에 황홀한 행복감을 맛보며, 어떤 여성은 부담감과 우울감을 경험한다. 개인의 감정 상태는 서로 맞물린 다양한 요소들, 즉 엄마의 몸 상태, 태아의 몸 상태, 출산을 돕는 사람들, 무의식적·감정적·신체적인 기억들, 주변 환경과 문화 등에 좌우된다. 이런 복잡한 상호작용의 결과는 조절할 수 없고 예견할 수 없으며, 주어지는 대로 받아들여야 하는 것이다. 탄생은 헌신을 요구한다.

미국의 간호학자이자 출산 연구가인 린 클라크 캘리스터는 출산을 "쓰고도 달콤한 패러독스"라 표현했다.[26] 고통의 심연과 행복의 절정 사이의 어마어마한 긴장 속에서 갓 태어난 연약하고 귀여운 존재에 대한 특별한 사랑과 소중한 생명을 책임져야겠다는 마음이 자라난다. 내 친구 말에 따르면, 이런 감정은 억지로 생겨나는 것이 아니다. 이런 감정이 예전에는 몰랐던 방식으로 사람을 압도해온다.

많은 부모들은 아이를 출산하는 동안 인생의 온갖 핵심적인 감정을 한꺼번에 경험한다. 이 사건의 무게가 그들에게 존재의 깊은 차원으로 들어가는 문을 열어준다. 철학자 한스 요나스는 이를 '책임의 원칙'이라 명명했다. 새 생명의 탄생 앞에서 부모는 살아 있다는 것이 무슨 의미인지를 깨닫는다. 그들은 이제 개인으로서 다른 개인들 옆에서 살아가며, 가능하면 자기 인생을 잘 살아보려고 노력하는 존재에 머무르지 않는다. 그들은 이제 더 크고 의미 있는 차원에서 우주에 참여하는 존재이며, 우주는 그들의 도움으로 변화하고 새로워질 수 있다. 이제 그들의 방에 미래의 일부가 있어 똘망똘망한 눈으로 그들을 지켜보고 있다. 이런 연약한 존재가 성장하는 과정에서 부모는 중요한 역할을 하게 될 것이다. 그러나 살아 있는 관계망으로 들어온 이 작은 존재의 성장은 아무도 혼자서 감당할 수 없으며, 아무도 온전히 조망할 수 없는 성질의 것이다.

그리하여 자녀가 태어나면서 자신의 인생관과 삶의 태도를 변화시키는 사람들이 많다. 그들은 아이들을 위해 세상을 더 좋은 곳으로 만들고자 하며, 스스로 더 좋은 사람이 되고자 한다. 창조적인 생명력이 그를 통해 활동한다는 것을 깨달은 사람은 그 생명력과 함께 활동하고 이전보다 더 자신 있게 사회활동에 참여한다.

세상에 자연스러운 것은 없다

나는 제왕절개로 태어났다. 엄마는 내게 그 말을 하며 수술 자국을 보여주었다. 이런 작은 절개 부분을 통해 내가 엄마 배 속에서 나왔다는 것이다. 엄마는 당시 내가 그 병원에서 가장 예쁜 신생아였다고 말해주었다. 다른 아기들처럼 힘들게 엄마의 산도를 빠져나오느라 일그러진 모습이 아니었다는 것이다. 그 말을 듣고 아주 기뻤던 기억이 난다. 그때 나는 부모의 눈에는 어떤 상황에서든 자기 아이가 가장 예뻐 보인다는 것을 아직 몰랐다. 하지만 그것은 중요하지 않았다. 중요한 것은 내가 제왕절개로 태어난 것을 특권처럼 생각했다는 것이다. 제왕절개라는 말만으로도 그렇게 생각하기에 충분했다. 그리하여 나는 <u>스스로를</u> 거의 공주로 생각했다. 어른들이 출산 이야기를 할 때마다 나는 환하게 웃으며 "저는 제왕절개로 태어났어요!"라고 자랑했다.

그러던 어느 날, 내가 여덟 살쯤이었던 듯하다. 내가 제왕절개로 태어났다고 말하자, 친구 엄마는 측은하다는 듯 나를 바라보며 나와 엄마가 인생에서 중요한 경험을 하지 못한 것에 혀를 끌끌 찼다. 그러고는 "제왕절개로 태어난 아이들은 인생이 불쌍해!"라고 말했다.

깊은 충격을 받은 나는 그날 저녁 제왕절개 때문에 아이 낳는 경험을 못 한 것이 엄마에게 그렇게 안 좋은 일이냐고 물었다. 그때 엄마는 화덕 앞에 서서 냄비를 젓고 있었고, 나는 냉장고에 기대 서서 엄마에게 그렇게 물어본 기억이 지금도 생생하다. 손에 커다란 스푼을 든 채로 엄마는 나를 돌아보면서 한 치의 망설임도 없이 이렇게 말했다. "나는 그런 경험을 기꺼이 포기했단다!" 그러고는 웃으면서 나를 품에 꼭 안아주었다. "어쩌다가 그런 생각을 하게 됐지?"

나중에 엄마는 출산은 무슨 즐거운 행사가 아니며, 엄마와 아기에게 몹시 힘든 일이라고 일러주었다. 제왕절개가 아니었다면 나는 살아남지 못했을 거라면서 말이다. 아이가 어떻게 태어났든 간에 건강한 아이를 품에 안을 수 있다면 기뻐해야 하는 거라고 했다. 또한 어떤 여성들은 출산 경험을 미화하는 경향이 있는 것 같다면서, 사회가 불어넣은 좋은 엄마상(像)에 자연분만이 포함되어 있기 때문인 듯하다고 했다. 피할 수 없었던 고통에 특별한 의미를 부여하면 그 고통을 받아들이기가 더 쉬울 거라고도 했다. 톰 소여가 다른 아이들로 하여금 폴리 이모네 울타리에 페인트칠을 하는 게 무슨 특권이나 되는 듯이 생각하게 했던 것처럼 말이다. 그러나 제왕절개도 엄연한 출산이며, 제왕절개의 경우는 출산의 고통을 수술 후에 느끼게 되는 거라고 했다.

그 말을 듣고 나는 마음이 아주 가벼워졌다. 엄마가 제왕절개 수술을 한 것에 만족한다면 나 역시 그럴 수 있었다. 나는 내가 제왕절개로 태어날 때 어땠는지 기억할 수 없으니 결국 온전히 엄마의 평가에 의존할 수밖에 없었다.

세월이 흐른 뒤에야 나는 우리 엄마의 태도가 매우 특별하고 지혜로웠다는 것을 알았다.

성경의 창조 이야기는 우리에게 남성과 여성의 표준 모델이 있는 듯한 인상을 불러일으킨다. 즉 신이 진흙으로 빚은 아담, 그리고 아담의 갈비뼈로 만들어진 이브가 있는 것이다. 우리는 이 이야기는 신화일 뿐이라고 말하지만, 그럼에도 그 뒤의 모든 인간을 적잖이 이 두 완벽한 모델의 후예로 본다. 게다가 대량 생산의 시대에 우리는 표준화한 공정과 생산물에 익숙하다. 모양이 고른 사과며 바나나, 오이가 슈퍼마켓 진열장에 나란히 늘어서 있지 않은가. 그 때문에 우리는 인간에게도 이런 식의 표준이 있다고 생각한다. 남녀를 막론하고 '이상적인' 신체가 있고, '올바른' 출산이 있으며, '정상적인' 사춘기가 있다고, 슬픈 일을 당했을 때도 주어진 시간 안에 애도를 마쳐야 한다고 말이다. 우리는 모든 것이 제대로 진행될 때 삶이 어떤 모습이어야 하는지를 '자연'이 규정해놓았다고 믿는다.

그러나 인간은 복합적인 존재다. 물론 생물학적 소질을 지닌 채 태어났지만, 후천적인 경험과 행동이 우리의 두뇌와 신체와 정신을 형성한다. 주변 사람들, 주변 환경, 우리가 이용하는 여러 기술이 우리를 변화시킨다. 문화적으로 규정된 형태 뒤에 '야인野人' 따위는 존재하지 않으며, 우리가 돌아갈 '본래의 자연'은 없다. 출산을 연구하는 학자들은 진통하는 동안 일어나는 자궁수축이 문화에 따라 꽤 차이를 보인다는 것을 규명했다. 문화적 관습이 생물학적 유기체에도 영향을 끼친다. 그러므로 '정해진' 자연적 과정을 고집하는 것은 말도 안 되는 일이다.[27] 사회적 상황은 생물학적 진화를 통해 우리에게 주어진 조건만큼이나 강력한 영향력을 끼친다. 생물학적·문화적 전개는 서로 불가분의 관계에 있다. 각 개인의 인생은 이런 두 전개과정의 일부다.[28]

현재의 삶에서 우리가 문화적인 기준과 가치를 만들어나간다면, 우리는 미래 세대가 무엇을 '자연스러운 것'으로 또는 '정상적인 것'으로 여길지에 영향을 행사하는 것이다. 오늘날 많은 사람들은 수술하지 않고, 인공적인 약물이나 진통제를 쓰지 않는 '자연스러운' 분만을 옹호한다. 그들에게 '자연스러운 것'이란 친숙하고 기분 좋은 것이고 자신들의 욕구를 채워주는 것이다. 그러나 분명한 점은 그 과정에서 건강상의 피해나 사망하는 경우가 있어서는 안 된다는 것이다. 또한 난산의 경우도 고려해야 한다. 난산은 시대와 장소를 막론하고 많이 발생하기 때문이다.

지난 세기 약물 투입은 점점 늘어났고, 자연분만을 할 수 있는

데도 수술로 처리해버리는 경우가 있었으며, 이로 인한 부작용은 조망할 수 없게 되었다. 그러므로 약물이나 수술을 거부해야 할 경우도 있다. 그러나 그럼에도 자연스러운 것을 꿈꾸는 과정에서 단순히 이상화한 표상만을 붙잡아서는 안 된다.

자연스러운 출산이 화두가 되면서 우리는 다른 나라, 다른 시대, 다른 관습을 차용하고자 하는 유혹에 빠진다. 먼 나라에서 행해지는 자연스러운 출산법을 언급하면서 그들의 방법을 우리 문화에 적용할 수 있다고 믿는다. 하지만 그중에서 출산문화는 단순한 기술이 아니라 사회 전반에 관계된 것이라는 사실을 잊어버리는 경우가 많다. 출산은 사고방식, 가족 구성, 신체 의식意識, 주거시설, 사회규범, 암묵적 합의, 예의범절 같은 면이 모두 어우러진 문화라는 점을 말이다. 물론 좀 더 섬세해 보이는 출산문화를 둔 민족들도 있을 것이다. 그러나 문화사학자 헬라이네 젤린의 지적에 따르면 지구상 어느 지역을 막론하고 여성들은 모두 힘들게 출산을 한다. "그들 곁에는 지배적인 남편이나 시어머니 또는 산파나 의사가 있어서, 그들이 어떻게 해야 하는지를 지시한다. 그들이 어떤 태도로 있어야 하고, 무엇을 먹고 무엇을 마셔야 하는지. 그러지 않으면 이런 힘든 경험을 완전히 여성들 홀로 감당한다."[29] 출산문화가 여성의 필요 위주로 진행되는 지역은 소수에 불과하다.

의식적으로 실수할 것

출산이 우리의 계획과 다르게 진행되어 '자연분만'을 하지 못하면 우리는 실패했다고 느끼는 경우가 많다. 미리 예견한 '자연스러운 진행'이 이루어졌더라면 어떻게 됐을지 안다고 생각하기 때문이다.

나는 아이를 자연분만하지 못했다는 이유로 몇 년 동안 스스로를 비난해온 여성들을 알고 있다. 그들은 자기가 무얼 잘못했는지, 그렇다면 언제 무엇을 잘못했는지 묻고 또 물었다. 자기가 자연적인 진행에 방해를 초래한 건 아닌지, 이런저런 시점에서 개입하지 말았어야 하는 건 아닌지, 의사의 말에 따르지 말았어야 했던 건 아닌지…… 하지만 그들을 그렇게 좌절로 몰아가는 것은 의사 탓도 아니고 실수 탓도 아니고, 바로 그들이 품고 있는 고정관념 탓이다. 모든 살아 있는 것들은 유일무이한 존재이고, 앞으로도 그렇게 남을 것이기 때문이다. 어느 누구도 품질을 검증받을 필요가 없으며, 인생이 꼭 그렇게 무난하게 진행되어야 하는 것도 아니다.

오해하지 말라. 나는 우리의 출산문화가 지금 상태로 완벽해서 개선할 점이 하나도 없다고 말하는 것이 아니다. 어느 문화나 늘 개선할 점들이 있는데, 이에 대해서는 나중에 조금 더 살펴보고자 한다. 또한 의사가 실수를 저지르지 않는다는 말도 아니다. 우리의 실수, 다른 사람의 실수, 우리 문화의 불완전성도 결국은 또한 자연스러운 것이다. 그러나 중요한 점은, 스스로를 특정 기준에 부합해야 하는 '산물'처럼 생각하는 것은 우리의 삶을 힘들게 만든다는 사실이다. 늘 실패가 두려워 전전긍긍하게 하기 때문이다.

이런 집단적인 환상은 아이가 태어날 때뿐 아니라 모든 성장과정에서 우리를 괴롭힌다. 우리가 적절한 유치원을 선택한 걸까? 최상의 학교를 선택한 걸까? 아이들이 제대로 커가고 있는 걸까? 우리가 충분히 애쓰고 있는 걸까? 곱게 늙을 수 있을까? 그러나 아무도 우리에게 이런 질문에 대답해줄 수 없다. 그도 그럴 것이, 이런 질문에는 일반적으로 통용되는 시금석이 존재하지 않기 때문이다. 결국 중요한 것은 우리가 스스로와 다른 사람을 열린 시선으로 존중하며 사는가, 한 번뿐인 자기 인생을 기꺼이 받아들이는가 하는 것이다.

사춘기든 중년의 위기든 갱년기든 간에 모든 과도기는 탄생의 형태를 내포한다. 우리는 익숙한 것에서 익숙하지 않은 것으로 향하는 문턱을 넘는다. 명백하게 정의된 역할과 삶의 상황에서 여러 가지 가능성의 영역으로 들어간다. 어떻게든 '표준'에 맞추면서 안전성을 보장받고자 하지만, 그러면 그럴수록 우리는 더 불안해져만 간다.

음악가이자 즉흥연주자인 스티븐 나흐마노비치는 "우리 모두는 때때로 스스로를 고통 한가운데로 몰고 간다"며, 그러나 진정한 창조성은 얼기설기 만들어진 공작에서 탄생한다는 것, "손에 잡히는 이상한 모양의 재료들을 제멋대로 배합하는 것에서" 탄생한다는 것을 의식할 때 그런 고통에서 해방될 수 있을 것이라고 했다.[30]

물론 자연 속에서는 기본적으로 반복되는 패턴과 규칙이 있다. 변하지 않는 자연법칙과 서로 닮은 생물학적 과정. 그리하여 대부분의 아기는 세상에 나올 때 머리부터 나온다. 이런 패턴은 우주의 놀라운 질서에 속한다. 출산을 돕는 전문인들이 이런 패턴을 아는 것은 상황을 잘 파악하고 필요한 경우 적절히 대처하기 위해 매우 중요하다. 이들은 이런 지식으로 웬만큼 능숙하게 일을 처리한다.

그러나 모든 출산에 작용하는 신체적·심리적·사회적 과정은 아주 복합적이기 때문에 단순한 행동 지침만으로는 모든 경우에 대처할 수 없다. 자녀를 출산할 때 출산 준비 강좌에서 배운 테크닉을 활용할 수 있는 부부는 정말 적다. 그리하여 이런 과도기를 거치면서 우리는 뒤따라오는 삶의 모든 변화도 창조적인 사건이라는 사실에 마음을 열 수 있어야 한다.

작동 메커니즘을 배우면 '자연'의 형식과 활동방식을 완벽하게 알 수 있으리라고 생각하는 것은 큰 오산이다. 더 큰 오류는 훈련과 준비를 통해 복잡한 인생 전체를 완벽하게 통제할 수 있다고 생각하는 것이다.[31] 그러나 불안한 과도기에 삶은 종종 우리가 미처 고려하지 못한 개인적인 변수들을 만들어낸다.

준비와 경험은 중요하지만, ―필요한 경우― 고정관념과 익숙한 행동에서 떨어져나올 수 있는 사람에게만 도움이 된다. 그리하여 러시아 출신의 유명 첼리스트 므스티슬라프 로스트로포비치는 제자들에게 곡을 연습할 때는 의식적으로 실수를 저지르고 그런 익숙하지 않은 상태에 창조적으로 대처하라고 당부했다. 기교적으로 완벽하고 실수를 피하는 데만 주안점을 두다 보면 라이브 연주의 생생한 묘미를 살리지 못할 우려가 있기 때문이다.

신체적인 출산에서도 실수는 있을 수 있다. 조산원들이 피곤해서 의사소통이 제대로 이루어지지 않을 수도 있고, 의사들이 산모에게 감정이입적·심리적 뒷받침을 해주는 데 소홀할 수도 있다. 하지만 이런 실수가 개인적인 성장의 출발점이 되고 우리가 이런 실수와 화해할 수 있을 때는 그것들이 더 이상 실수로 남지 않는다. 그리고 많은 경우 그것은 그리 어렵지 않다. 한 친구는 의사와 조산원 사이의 의사소통이 제대로 이루어지지 않은 탓에 어렵사리 출산을 했는데, 태어난 아기가 울음을 그치지 않고 시종일관 울어댔다. 엄마 아빠는 지치고 걱정되고 불안했다. 그래서 조산원들의 권유로 접골사를 찾아갔는데, 첫 치료에서 이미 아기는 안정되어 젖을 먹고 깊은 잠에 들었으며, 문제는 해결되었다.

접골사로서 오랜 세월 난산한 부모와 신생아를 돕고 있는 마티나 자이틀러는 "생명은 살고자 한다"면서 "신생아가 얼마나 빠른 속도로 도움을 받아들이는지 정말 놀랍다. 불편을 해결할 수 있는 도움이 제공되면 신생아는 이를 단박에 받아들인다. 그의 신체는 타고난 지혜를 갖고 있다"고 말한다. 도움을 찾고 도움을 이용할 수 있는 경우, 부모는 아픈 경험이 전혀 다른 효과를 내는 것을 체험한다. 탄생의 경험은 병원에서 끝나는 것이 아니라 타고난 생명력과 지혜의 도움으로 완성될 수 있다. 실수로 시작된 것이 성장과 성숙으로 이어진다.[32]

이런 인식은 수많은 위기 상황에 적용된다. 우리의 삶은 생각보다 단순하지 않으며 오히려 존재의 예술에 가깝다. 아기의 탄생이든, 프로젝트의 탄생이든, 무대 위의 예술가든, 자기 삶의 예술가든 마찬가지다. '옳고 그름'의 단순한 기준은 우리 이성의 제한된 능력에서 나온 것으로, 복합적인 실제 삶의 기준은 될 수 없다. 자연은 또한 우리 자신을 내용으로 하기 때문이다. 우리는 능력이 있지만 한계도 있으며 모순으로 가득 찬 존재다. 그것이 현실이고 그것이 자연이다. 그렇기에 인생에서 진정한 예술은 매 순간 성장을 신뢰하는 것이다.

과도기의 창조성과 연결되고자 하는 사람은 자신의 이성과 판단을 '탈표준화'해야 한다. 자기 자신과 인생에 대한 고정관념을 버리고, 더 이상 그에 대해 아는 척하지 않고, 조심스레 한 걸음 한 걸음 더듬으며 나아가는 능력을 길러야 한다. 이런 과정을 그냥 견딜 뿐 아니라 긍정할 수 있기 위해 우리는 약간의 지식과 함께 솔직하고 열려 있고 초연한 태도가 필요하다. 스티븐 나흐마노비치는 "—선불교의 선문답에서처럼—방해가 해결책이 되는 지점까지 우리 지평을 넓힐 때 우리는 창조적인 삶을 살 수 있다"고 말한다.[33]

갓난아이의 지혜

임신 마지막 주, 태아였던 우리가 편하게 지내던 어두운 '굴'이 점점 좁아지기 시작했다. 이따금 가벼운 수축이 우리를 밀어내,

⟨In to the light⟩ 박경태, 2014

드디어 우리는 눈부시고 텅 빈 공간으로 떨어졌고
몇몇 손이 우리 몸을 받아주었다
탄생은 우리가 통제할 수 없는 본질적인 경험에
스스로를 열고 변화시킬 때마다 항상 일어나는 일이다

우리는 머리를 밑으로 한 채 자꾸만 태포의 얇은 벽 쪽으로 밀려났다. 우리가 지내던 주머니는 갑자기 더 수축하더니 우리를 아래로 강력하게 밀어냈다. 혈관에 다량의 아드레날린이 흐르고 우리는 흥분했다. 지금껏 아주 평화롭고 아늑하던 우리의 집이 우리를 막 뱉어내고자 한 것이다. 우리는 버둥거리며 버티다가 결국은 움직이기 시작했다. 압력파가 무지막지한 힘으로 우리의 작은 몸을 아래쪽으로 밀어냈다. 그렇게 드디어 우리는 눈부시고 텅 빈 공간으로 떨어졌고, 몇몇 손이 우리 몸을 받아주었다.

기억나지는 않지만 탄생은 이런 느낌이었으리라.

우리 가운데 어느 누구도 이때를 의식적으로 기억할 수는 없다. 그러나 이 특별한 경험은 우리의 유기체에 깊이 아로새겨졌다. 생명의 급작스러운 이사. 힘들고 고통스럽고, 때로는 생명이 위험한 과정. 우리가 조금 다르게 아무 대비도 없이 제왕절개를 통해 부드러운 어둠 속에서 수술 램프의 눈부신 빛 아래로 나왔든, 아니면 엄마 자궁에서 나오다가 마지막에 진행이 안 되어 흡반을 이용해 산도에서 꺼내졌든, 또는 엄마의 적극적인 도움으로 간신히 나왔든 간에 기본적으로는 다를 바가 없다. 모두 예기치 않은, 불안하고 새로운 경험이었다.

신생아는 감각기관이 잘 발달해 있기 때문에 이런 변화를 의식적으로 지각한다. 그러나 경험을 분류할 수 있는 배경지식은 없다. 비교할 수 있는 기준도 없어서 자신의 경험을 판단하지 못한다. 그의 신체는 그에게, 지금 그가 이전과는 다른 특별한 상황에 있음을 이야기해줄 따름이다.

신생아는 이런 새로운 상황을 분류할 수 없기 때문에 다른 사람들의 태도가 모든 것이 괜찮은지 아닌지를 결정하는 시금석이 된다. 다른 사람들이 편안한가, 신경이 곤두서 있는가? 분위기는 어떤가, 엄마의 심장박동은 어떤가? 그를 안아주는 손길은 얼마나 안정되어 있고, 얼마나 조심스러운가? 조금 더 자라 첫 걸음마를 하다가 고꾸라져 넘어지면 아이들은 대부분 곧장 울음을 터뜨리지 않고, 이것이 뭔가 좋지 않은 일인지 알기 위해 자기가 애착을 느끼는 인물을 쳐다본다. 다른 사람들의 반응을 보고서 울기 시작할 것인지를 결정하는 것이다.

아이들에게는 그런 피드백이 필요하다. 그 와중에 아이들은 그들이 어떤 상황을 어떻게 판단해야 할지, 언제 행동이 필요한지 스스로 가늠하는 법을 차츰차츰 배워나간다. 어릴 때 나도 그런 경험을 한 일이 아직도 생생하다. 다섯 살 때쯤이던가, 나는 자전거를 타다가 호되게 넘어졌다. 그럼에도 울지 않고 집으로 달려갔는데, 아빠 표정을 보는 순간 나는 내가 아주 많이 다쳤다는 것을 알 수 있었다. 그렇지만 아빠가 침착하게 처신하고 대처한 덕분에 나는 그 상황에서도 불안하지 않을 수 있었다.

우리는 관계적인 존재이며, 사회적인 피드백을 통해 세계를 경험한다. 우리는 일생 동안 주변 사람들과 삶을 나눈다. 우리의 생물학적 유기체는 생존하기 위해 무엇을 해야 하는지 알고 있는데, 복잡한 상황을 해결하기 위해서는 서로 의지하고 의존한다.

뭔가 새로운 것을 처음 경험할 때 우리는 그것이 무슨 의미가 있는지 평가할 수 없다. 어른이 되어서도 우리는 다른 사람들이 우리에게 마련해주는 해석의 틀에 의존한다. 의사든 조산원이든 친구든 비슷한 경험을 벌써 해본 사람들, 또는 그 분야의 전문가들에게 말이다. 불안한 느낌이 들 때 우리는 그들의 신호를 해독한다. 그들의 피드백을 신뢰하고 어느 정도 평온하게 행동능력을 유지한다. 반대로 우리는 우리의 경험이나 인내심으로 다른 사람들을 돕기도 한다. 모두가 포기하고 패닉에 빠질 때에야 비로소 상황은 통제를 벗어난다.

우리는 계속해서 곁에 있는 사람과 지금 이 순간 구비한 지식에 의지해 살아간다. 우리는 할 수 있는 한 서로를 돕는다. 이런 일들이 우리에게 차선으로 보일지도 모르지만, 복잡한 위기 상황에서 더 나은 해결책은 존재하지 않는다. 삶의 상황은 계속 새롭게 구성된다.

우리는 개인으로서는 생존능력이 거의 없다. 사회 관계망의 능동적인 구성원으로서 비로소 우리는 큰 힘을 얻는다. 인간이 된다는 것은 이런 망을 넓혀가는 것을 뜻한다. 우리는 자극을 주고받는다. 사회생활을 그만두고 어디에 은거해서 산다 해도 우리는 계속 사회의 일부로 남는다. 그럴 때 우리는 사회에 "돌아가는 상황이 도무지 내 마음에 들지 않아" 하는 메시지만을 보낼 뿐이다.

그리하여 한 아이의 탄생은 단순히 엄마 배 속에서 바깥 세계로 옮겨지는 일이 아니라 인간공동체로 들어가는 일이다. 태어나는 순간부터 아이는 법적으로도 어엿한 시민이다.

여성들은 임신해 있을 때부터 벌써 아이가 엄마 아빠에게만 속하는 것이 아니라, 아이에게 관심을 기울여주는 사회의 일부라는 것을 느낀다. 임신한 여성들은 의료적인 진찰을 받을 뿐 아니라, 이따금 길을 걷다가 생전 모르는 사람들의 조언을 듣기도 한다. 지나가던 사람들은 "무거운 건 들지 마세요!"라거나 "따뜻하게 입고 다녀요!"라며 임신한 여성을 챙겨준다. 아이는 부모의 아이일 뿐 아니라, 아이가 속한 문화의 아이이기도 하다. 늦어도 탄생하는 시점이 되면 다른 사람들이 아이의 발달에 조력하기 시작한다. 사회의 법, 관습, 생각 따위가 아이의 일상을 구조화한다. 우리의 교육은 우리가 태어나기 몇백 년 전에 벌써 시작된 것이다.

모든 사회에는 나름의 출산문화가 있다. 전통을 중시하는 마야족 여성들은 아이를 집에서 출산하는 것을 당연하게 여긴다. 출산을 신의 도움으로만 가능한 거룩한 행위로 여기기 때문이다. 아이가 사느냐 죽느냐 하는 것은 신의 손에 달린 일이다. 구조적으로 가능하다 해도 의학적 개입은 고려하지 않는다. 신의 일에 간섭하는 것이기 때문이다. 마야족 여성들은 출산을 위해 전통적인 산파의 '영적' 동반과 기도를 가장 중요하게 여기며, 산파들이 해주는 마사지나 출산기법은 부차적인 일로 여긴다.

브라질에서는 대부분의 아이들이 제왕절개로 태어난다. 제왕절개 수술은 높은 신분의 상징이다. 서구 산업국가들의 기술적인 방법들을 지향하는 것이다. 그리하여 산파라는 직업은 없어지다시피 했다.

미국에서는 출산을 병원에서 전문적으로 시행되어야 하는 의료행위로 여긴다. 전문가들이 어려운 출산과정을 책임지며, 성공적으로 출산한 뒤에는 종종 이런 기적을 가능케 한 의사들에게 축하인사를 건넨다.

독일에서는 안전이 중시되며, 위급할 때는 곧장 의료적으로 개입할 수 있는 환경이라야 안정감을 느낀다.[34]

출산문화는 각 문화의 중심적인 가치를 대변한다. 종교, 복지, 기술, 전문지식, 안전성 또는 생물학 과정에 대한 신뢰. 사회가 믿는 가치들 말이다.

각각의 가치에 봉사하는 출산법은 모든 당사자들에게 출산이라는 오래된 과정을 둘러싼 실존적인 불안을 이겨낼 수 있게 해준다. 인류학자이자 출산 연구가인 브리기테 요르단은 그것이 바로 출산문화의 기능이라고 지적한다. 출산법과 신념체계는 아주 다양하지만 "모든 문화의 출산 도우미들은 자신들의 방법이 가장 좋은 것이라고 여기는 경향이 있다. 그것이 가장 적절한 방법이고 그 방법으로 아이를 출산해야 한다고 믿는다".[35] 어떤 방법에 대한 공동의 신뢰가 사람을 안심시키기 때문이다.

이제 독자들이 어떤 것이 '객관적으로' '최상의' 방법이냐고 묻는다면 나는 대답할 수가 없다. 각자의 척도에서 어떤 가치가 가장 위쪽에 있는지가 중요하기 때문이다.

이와 관련한 연구자료를 수북이 쌓아놓고 씨름하는 동안 나는 '생존 가능성이 가장 높은 방법'이라는 단순해 보이는 물음에 신뢰성 있는 답변을 하기가 힘들다는 것을 알았다. 단순히 생존하는 것을 넘어 더 많은 것을 원하는 경우는 더욱더 조망하기가 힘들었다.

우리의 현대적인 출산문화도 일부만 의료적 논지를 따를 뿐, 상당 부분 경제적·법률적 이해관계나 여러 다른 이해관계가 영향을 끼친다. 그리하여 예컨대 제왕절개 수술은 산모와 아이에게 건강상의 위험이 따를 수 있는데도 독일에서는 의학적으로 요구되는 경우보다 두 배쯤 많이 이루어지고 있다.[36]

출산문화는 한 사회에서 선호되는 라이프 스타일을 따르며, 이런 라이프 스타일을 유지하고 보호하는 데 중점을 둔다. 따라서 기존의 출산문화가 최상이라고 볼 수는 없다. 그러나 완전히 자의적인 것도 아니다. 한 문화는 연속성을 띠기 때문이다. 즉 세대를 걸쳐 시도하고 오류를 범하면서 인식되고 형성되어온 것이기 때문이다. 문화는 모든 시대에 유효한 '객관적인 기준'을 제공하지 않는다. 그러나 현재 우리가 맞출 수 있는 상황을 제공한다. 문화는 부모에게 안정감을 주며, 아기가 엄마 배 속에서 나와 어떤 세계로 들어갈 것인지 그 모습을 결정한다. 무제한적인 가능성 중에서 제한된 가능성을 제공한다. 부모는 이런 경험적인 지식을 신뢰한다. 그것이 형성되는 데 스스로 참여했기 때문이다.

출산통계는 출산과 같은 민감한 상황에서 사회적으로 통용되는 행동에 거스르는 결정을 내리는 것이 얼마나 힘든지를 보여준다. 독일에서 대부분의 예비 부모는 병원 출산을 선택한다. 으레 다들 그렇게 하고, 사회의 감정적인 뒷받침이 필요하기 때문이다. 만약 일이 잘못되는 경우 아무도 자기 탓을 하게 되는 것을 바라지 않는다. 계속 죄책감을 안고 사는 것은 힘든 일이기 때문이다. 물론 그것은 부모뿐 아니라 조산원과 의사들에게도 해당되는 이야기다.

또한 사회가 점점 복잡해지면서 가끔은 서로 다른 출산문화를 대변하는 사람들끼리 갈등을 빚기도 한다. 당사자들은 자신의 가치를 위해 싸운다. 따라서 이런 논쟁이 종종 이데올로기적인 분위기를 띠는 것도 당연한 일이다. 그리하여 이를테면 '자연적인' 출산문화를 옹호하는 사람들은 '안전한' 의술의 도움을 받아야 한다고 주장하는 사람들과 어떤 것이 '최선의 방법'인지를 두고 다툰다. 열린 분위기에서 안전성과 경험을 논하고 각자 자신의 가치를 옹호할 수 있다면 이상적이라 할 것이다. 개인적인 가치들이 또한 사회적으로 존중될 때만이 심리적·재정적·법적 뒷받침이 이루어지는 법이다. 이를 통해 우리는 배움의 과정인 인생 속에서 어느 정도 안심하고 살아갈 수 있다.

새 삶을 위한 고통스러운 조율

오스트레일리아의 한 어머니가 출산을 앞둔 딸에게 말했다. "아이를 낳는 일은 너를 한층 더 강한 사람으로 만들어줄 거야. 너는 이제 스스로 가능한지 몰랐던 일을 견뎌내는 경험을 하게 될 거야. 그런 경험이 너를 강하게 하리라고 생각해. 이 일을 이겨내고 나면 다른 많은 일들도 잘 감당할 수 있다는 걸 알게 될 거야."[37]

출산이 스스로 통제할 수 없는 일인 동시에 예부터 무수한 사람이 경험한 일이기에 출산을 앞둔 산모는 평소보다 훨씬 열린 마음이 생겨난다. 산모는 자기가 진통과 고통을 조절할 수 없으며 그것에 스스로를 내맡길 수밖에 없음을 느낀다. 그리고 상황을 통제하려고 하지 않는 가운데 물결이 자신을 실어가는 것을 느낀다.

그러는 가운데 생물학적 과정에 대한 신뢰와 예기치 않은 것, 통제할 수 없는 것에 대처하는 능력이 동일한 정도로 자라난다. 고통―내어줌―신뢰―힘. 출산에서 한 여성은 짧은 시간 동안에 이런 변화의 하모니를 경험한다. 자궁이 열리는 고통은 불가피하고 본능은 해방의 경험을 가능하게 한다. 마음의 성장은 심리적 반사작용을 통해 아이에게까지 전해진다. 따라서 출산은 엄마와 아기 모두의 마음을 앞으로의 삶을 위해 조율시킨다. 그것은 둘 모두에게 중요한 경험을 할 수 있게 하며, 그로써 앞으로의 삶을 위한 감정적 기초의 주춧돌이 된다. 네가 이런 일을 잘 넘겼으니 앞으로 모든 일도 그렇게 할 수 있을 거야, 하는 것이다.

가난한 나라에서는 이렇듯 강함을 얻기 위해 오늘날에도 죽음의 위험을 무릅써야 한다. 하이테크 기술을 자랑하는 문화에서는 의료적인 개입으로 사망률을 줄이고 약물로 통증을 줄인다. 이 같은 현대의 보조 수단들이 큰 업적이라는 것은 의심할 바 없다. 어느 누구도 고통에 무방비로 방치되는 문화로 되돌아가고 싶지 않을 것이다. 그러나 의료적 개입과 진통제는 종종 엄마와 아이에게 신체적인 부작용뿐 아니라 심리적인 부작용을 유발하기도 한다.

예를 들어 수술하는 경우 산모는 의사들에게 책임을 넘겨준다. 그들은 개입의 필요성과 결과를 잘 가늠하지 못한다. 이 경우 많은 여성들은 그런대로 잘 받아들인다. 그러나 어떤 여성들은 불안해하고 찜찜해한다.[38]

의료적인 개입과 그 결과도 고통스러울 수 있고 동의를 요구한다. 그러나 이런 형식적인 동의는 많은 산모들에게 출산과정 중의 내맡김의 순간들과는 다른 효과가 있는 듯하다. 무엇보다 의사들이나 출산 도우미들에게 강요받거나 떠밀림을 당한다는 느낌이 들 때는 말이다. 위기 상황에서 스스로 뭔가 영향을 끼칠 수 있음을 경험하는 것이 중요하다. 그런 영향이 예컨대 어떤 고정관념을 벗어나는 식으로 자기 마음속에 일어나서, 다른 사람들 눈에는 보이지 않는다 해도 말이다. 어려운 과정에 들어간 것이 어느 정도 자발적인 선택이었고 스스로 상황을 극복하는 데 역할을 할 수 있었다는 생각이 들어야 그 과정을 통해 신뢰와 힘의 성장을 경험할 수 있다.

이런 원칙은 출산뿐 아니라 인생의 많은 위기 상황에 적용된다. 문제 해결에 참여할 수 있다는 느낌이 들어야만 거기에서 강한 자신감을 이끌어낼 수 있다.

고통, 내어줌, 신뢰, 힘으로 이루어진 화음은 많은 삶의 변화 가운데 우리가 늘상 만나는 구조적 속성이다. 새로운 것은 우리의 관념, 신조, 감정적 구조라는 좁은 통로를 거쳐 삶으로 들어온다. 그러나 우리는 오랜 세월 동안 마음을 바꾸지 않고 익숙한 것을 굳세게 고집할 수도 있다. 그리하여 성장을 거부하거나 좌절된 관계에서 오는 상심을 끝내지 않고, 심적으로 완전히 소진해버릴 때까지 계속 붙들고 있을 수 있다.

내맡김은 포기를 뜻하는 것이 아니라 주어진 상황에 '예스'를 선언하는 것이다. 이런 급진적인 받아들임은 마법적인 효과를 낸다. 자신을 내려놓고 자신의 변신에 동의할 때 비로소 우리는 내적으로 활짝 열린다. 그리고 그 넓은 통로로 삶에 새로운 것이 들어올 수 있게 한다.

그리하여 어떤 의미에서 탄생은 우리가 통제할 수 없는 본질적인 경험에 스스로를 열고 변화시킬 때마다 항상 일어나는 일이라고 할 수 있다.

4

인생의 막간,
사춘기

미래를 위한 연금술

아리, 너 이행대가 뭔지 아니?
서로 다른 생태계가 만나는 지역이죠. 이행대에는
서로 다른 두 생태계의 요소들이 다 있어요. 자연
적인 경계지대인 셈이죠.
똑똑하구나. 경계지대에 있는 아들! 더 말할 필요
가 없겠지?
그래요, 엄마! 나는 이행대에 살고 있어요. 열심과
게으름이 나란히 존재하죠.
그래, 맞아.[39]

벤저민 알리레 사엔스

우리가 갓난아이로 세상의 무대에 나왔을 때, 인생이라는 연극은 벌써 오래전에 시작되어 있었다. 주인공, 무대 배경, 줄거리도 있었다. 인생을 처음부터 우리 손으로 시작하기에는 너무 지각했다고나 할까? 우리는 가족사, 문화사, 진화사의 한가운데로 들어왔다. 전통 속으로, 갈등 속으로, 시대적인 분위기 속으로 들어왔다. 독일 철학자 페터 슬로터다이크는 "막간에 문은 다시 한 번 반쯤 열린다. 우리는 숨죽이고 그 안으로 들어가 어둠 속에서 자기 자리를 찾는다"[40]라며 "시작 부분은 나중에야 비로소 예감할 수밖에 없다는 것이 이 연극의 규칙이다"[41]라고 썼다.

따라서 우리는 사회생물학적인 무대의상을 입고 함께 연극을 한다. 나중에 우리가 인생사라고 부르게 될 이야기의 진정한 시작은 모르는 채로. 철학자 마르틴 하이데거는 이런 현상을 '던져짐'(하이데거 철학에서 '내던짐'과 반대되는 용어. 피투·기투라고도 함─옮긴이)이라고 일컫는다.

여기서 대체 어떤 작품이 상연되고 있는지, 이야기가 다르게 전개될 수는 없었는지를 처음으로 묻기 시작하는 나이가 바로 사춘기다. 우리는 다른 의상, 새로운 텍스트, 그리고 무엇보다 더 나은 음악을 원한다.

인생이라는 연극의 막간에서

힐! 이게 뭐야? 좀 더 시끄러워야지. 한번 제대로 즐겨보자고. 적어도 그런 장송곡 같은 걸 틀면 안 되지!

예부터 사춘기 청소년들은 시나리오와 그들의 역할을 논하고, 텍스트를 바꾸고, 자기가 나올 타이밍을 놓치거나 연극이 상연되는 장소에 더는 나타나지 않는다.

일요일인데 왜 9시에 아침을 먹어야 하느냐고. 클라우디아는 점심때까지 잔단 말이야.

결국 이 연극작품을 쓴 건 그들이 아니며, 이 작품이 마음에 드는지 함께할지 아무도 그들에게 묻지 않은 것이다.

도르트문트 축구팀이 한창 경기 중인데 프랑스혁명에 대해 조사하라고? 맙소사! 숙제 안 해 가고 혼나고 말지. 아빠! 혁명이 끝난

지 벌써 200년이나 됐다고요.

그들은 스틸레토힐(굽이 높고 뾰족한 여자 구두—옮긴이)이나 닥터 마틴(영국의 유명한 신발 브랜드. 군화 모양의 부츠가 대표적이다—옮긴이)을 신고 종종 음악적인 취향이나 견해를 파격적으로 변화시키며 머리칼을 물들인다.

이거 어때? 맘에 들어? 우리도 한번 취해볼까?

사춘기 아이들은 앞으로의 인생에서 자기들이 할 수 있는 역할을 찾으며 자신의 정체성과 가치를, 그리고 세상이 지금 이대로 좋은지를 생각한다.
그들은 언어와 리듬으로 실험하며, 그들이 좋아하는 인생 연극의 동료들과 뭔가 시작해볼 수 있는 줄거리를 구상한다.

우리가 바다를 구할 수 있을까? 엄청나게 성능 좋은 컴퓨터 게임을 고안할까? 돈을 벌까? 밴드를 만들까? 현란한 초록색 바지를 사고 이제 더는 학교에 가지 말까?

종종 그들에게는 자기 생각을 적절하게 실현할 수 있는 도구가 없으며, 자기 감정을 기술할 수 있는 어휘가 없고, 자기한테 무슨 일이 일어나고 있는지 알지를 못한다.

왜 다들 나를 가만히 내버려두지 못해 안달인 거죠?

취리히의 신경심리학자 루츠 옌케는 사춘기 아이들이 지나치게 예민해지다 보니 자신이나 다른 사람들을 늘 조심성 있게 대하지 못한다는 점은 좀 이해해줘야 한다고 말한다. 두뇌에서 감정적 자극의 통제를 담당하는 부분인 전두엽은 15세에서 20세 사이에야 비로소 성숙하기 때문이다.[42]

두뇌를 한 지역의 풍경에 비유하자면, 어린 시절에는 다양한 작은 식물들과 좁고 울퉁불퉁한 들길이 많다고 할 수 있다. 이 중에서 어떤 식물이 성장하고 어떤 꼬불꼬불한 오솔길이 편하고 넓은 길로 확장될지는 만 10세에서 25세에 이르는 시기에 정해진다. 사춘기는 좁은 의미에서는 성적으로 성숙해지는 시기로, 대부분 만 10세에서 14세 사이에 시작된다. 사용하지 않는 모든 곁길 신경로는 청소년기 전체에 걸쳐 정리되고 제거된다. 동시에 중심적인 시냅스 연결은 강화되고 확장된다. 미래에 더 편하고 효율적으로 안전하게 이 길을 오고 갈 수 있도록 말이다.

예를 들어 어릴 때 부모와 함께 몇 년 동안 브라질에서 지내며 포르투갈어를 유창하게 했다 해도 이 언어를 지금 더 이상 사용하지 않으면 두뇌가 개조되는 가운데 포르투갈어를 새까맣게 잊어버리게 된다. 대신에 지금 실제로 사용하는 능력은 확장되고 다듬어지고 새롭게 형성된다. 따라서 신체는 이 시기까지 우리 삶에서 가장 중요한 결정들이 내려진다고 보는 것이다. 즉 일생 가운데 일상적인 관계를 영위하기 위해 어떤 언어를 유창하게 하고 살 것인지, 주어진 상황에서 잘 살아남기 위해 손재주가 좋아야 하는지, 신체적인 지구력이 필요한지 아니면 귀가 좋아야 하는지 말이다. 그 이상으로 자유 여지가 있을 때는 물론 삶을 독특한 방식으로 풍성하게 하는 여러 가지 능력의 토대가 조성된다.

시냅스가 아주 풍성하게 연결되어 있던 아동기의 두뇌는 청소년기가 진행되면서 특화, 효율화, 인성 확립을 위해 이런 풍성함을 포기한다. 논리적인 사고와 추상력이 발달하며, 이런 능력은 우리가 복잡한 문제들을 해결하고 일생 동안 살아가는 데 필요한 기술을 습득할 수 있게 해준다.

물론 두뇌는 일생 동안 학습능력과 변화의 능력을 유지한다. 학습의 종류만 바뀔 따름이다. 애쓰지 않고 놀면서 새로운 언어를 배우는 것은 어린 시절의 특권이며, 자라서는 예외적으로 그쪽에 재능 있는 사람만이 그런 능력을 잃지 않는다. 대신에 한 언어의 추상적인 문법 구조를 이해하고 그것을 통해 우리가 늘상 사용하지 않는 언어의 세계로 들어가는 것은 성인 두뇌의 특권이다.[43]

소아과 의사이자 발달 전문가인 레모 라르고는 두뇌의 변화가 언제 시작되고 언제 끝날지는 정확히 예측할 수 없는 일이라고 강조한다. "사람들은 태어날 때부터 다르고, 세월이 흐르면서 점점 더 달라진다."[44] 인간에게 표준이 없는 것은 출생 때뿐만 아니라 모든 발달 단계가 마찬가지라는 것이 그의 말이다.

만 10세에서 14세 사이의 어느 순간 두뇌 속에서는 출발 신호탄이 쏘아지고, 어린아이의 신체는 성숙하기 시작한다. 성숙하는 동안 청소년들은 중요한 정보와 부수적이고 심심풀이에 지나지 않는 정보를 구분하지 못할 때가 많다. 두뇌가 일시적으로 이런 능력을 제공하지 않기 때문이다. 갖가지 감각적 자극의 범람 속에서 그들은 생각의 흐름과 자극적인 표현을 통제하지 못한다. 두려움, 분노, 기쁨, 지루함, 끓어오르는 행복감이 제어되지 않고 분출된다. 음악은 취하게 만들고, 강한 감정을 유발하는 활동은 대부분 자기 힘으로 중단할 수 없다.

> 게임에서 막 레벨 7을 달성했어!
> 수학 공부 할 거라고 그러지 않았어?
> 아, 맞다! 아, 그런데 아직 시작 못했어.

네덜란드의 신경심리학자 에벨린 크로네는 두뇌의 리모델링 때문에 청소년기에는 뜬금없는 행동과 엉뚱한 발언, 건망증도 나타날 수 있음을 지적한다. 통제 기능뿐 아니라 작업 기억도 아직 불완전하기 때문이다.[45] 감정과 자극의 바닷속에서 떠다니는 가운데 청소년들은 때로 그들이 원래는 자기 삶의 새로운 시나리오를 쓰려고 했다는 것마저 잊어버리고, 몇 시간 또는 며칠씩 이전의 어린애 역할로 돌아가기도 한다. 그리고 교사와 부모가 요구하는 많은 것들을 전혀 하지 않기도 한다.

그러나 대신 그들은 이 시기에 정말로 중요한 것을 할 수 있다. 그들은 감수성이 뛰어나고 실험정신이 강하며 새로운 경험을 향해 열려 있다. 인생에서 그리 길지 않은 소중한 시기다. 이성친구를 처음 사귀는 것은 인생에서 다시는 해볼 수 없는 경험이며, 술

사춘기 아이들은 다른 의상, 새로운 텍스트
그리고 무엇보다 더 나은 음악을 원한다
그들의 반란과 반항이 없다면
우리는 같은 노래를 끝없이 돌려가며 들어야 할 것이다

〈A dancing boy〉이창환, 2011

마시고 처음으로 취해보는 경험 또한 이후에는 더 이상 가능하지 않다. 새로운 머리 스타일이 마음에 들지 않은 탓에 도저히 창피해서 집 밖으로 나가지 않는 경험 또한 처음이다. 친구들이랑 몇 시간씩 아무것도 하지 않고 빈둥거리며 거리를 배회하는 것 역시 이때 아니면 언제 해보겠는가. 사실 그들은 아무것도 하지 않는 것이 아니라 세상을 자신 속에 흡수하고 있는 것이다. 수많은 새로운 인상이 그들에게 빗발친다. 그들은 괴짜 예술가들처럼 늘 새로운 감정과 생각으로 충일하며, 창조적으로 스스로를 묘사한다. 몇 주건, 며칠이건, 단 하룻밤이건 간에 그들은 그렇게 산다. 사춘기 청소년들은 고난도의 기술을 발휘한다. 자신의 정체성을 발견하고, 자신의 또래집단과 자신의 문화와 자신의 삶을 발견해나간다.

그들은 이 시기에 자기들이 해야 할 일들을 아주 잘해낸다. 사춘기 청소년들은 또래집단과 연대하여 가족 밖에서 안정감을 찾고 나아가 차세대를 배출한다.

사춘기가 없으면 사회의 발달도 없을 것이다. 청소년들은 부모가 더 이상 같은 방식으로 참여할 수 없고, 그 때문에 판단할 수도 없는 삶을 발견한다. 그들의 반란과 반항이 없다면 우리는 같은 노래를 끝없이 돌려가며 들어야 할 것이고, 계속 같은 옷을 입고 같은 이야기를 재생산해야 할 것이다. 우리는 우리 자신의 작품 속에 갇혀 있게 될 것이다.

그러나 새로운 작품을 익히고 자기 세대의 문화적·감정적 망 속에 들어갈 때까지 젊은이들 자신과 부모들은 고통스러운 소외의 시간을 겪어야 한다. 양쪽 모두 서로를 대했던 익숙한 습관들과 결별하여 새로이 맞춰나가야 한다. 그러니 이런 변화가 어떻게 마찰 없이 진행될 수 있겠는가.

사춘기 아이들 자신에게는 이런 변화가 예기치 않게 갑자기 찾아온다. 그러나 부모들은 아이들이 떨어져나가는 시기가 오리라는 것을 알고 있다. 하지만 안다고 해서 적절히 대비할 수 있는 것은 아니다. 한동안은 지금처럼 계속되기를 바라기에 그저 눈을 질끈 감고 있는지도 모른다. 벤저민 알리레 사엔스의 감탄할 만한 청소년 소설 《아리스토텔레스와 단테가 우주의 비밀을 발견하다》에 나오는 열일곱 살의 주인공은 이런 딜레마를 이렇게 지적한다. "때로 부모는 아들들을 너무나 사랑한 나머지, 열일곱의 삶이 얼마나 힘든지를 잊어버린다. 엄마 아빠는 우리가 젊음의 도움으로 모든 것을 극복할 수 있다고 믿는다. 그러면서 부모들은 열일곱이라는 나이가 잔인하고 고통스럽고 혼란스러울 수 있다는 작은 사실을 잊어버리는 듯하다. 그러나 열일곱으로 사는 것은 정말로 성가신 일이다."[46]

사춘기 아이들은 자신의 몸과 움직임으로, 감정과 생각으로 미래를 위한 정신적·신체적 조건들을 만들어간다. 그러나 이렇게 하기 위해서는―모순적으로 들릴지 모르지만―또한 성인들의 뒷받침이 필요하다. 사춘기 아이들에게는 '스파링 파트너'가 필요하다. 관심을 보여주는 경청자가 필요하고, 그러나 무엇보다 간접적인 본보기가 필요하다. 자신들의 리듬, 관심사, 구체적인 삶의 목표는 청소년들 스스로 찾아야 한다. 그러나 내적인 태도, 인간상, 삶을 대하는 자세 같은 것과 관련해서는 자극이 필요하다. 본보기로 삼는 어른들이 무엇을 하고 무엇을 생각하는가가 중요한 것이 아니라, 그들이 그것을 어떻게 하는가가 중요하다. 태도가 열려 있는가, 고집스러운가, 협력적인가, 권위적인가, 대립각을 세우는가, 열린 대화를 하고자 하는가, 자기와 다른 생각을 존중하는가 비하하는가, 권태로운가, 활기에 넘치는가…… 인간은 무엇보다 모방을 통해서 관계를 어떻게 끌어가고 어떤 모습으로 세상에 존재할지를 배우기 때문이다.

주의를 주고 설교하는 것은 별로 도움이 되지 않는다. 그러나 세계에 대해 독립적이고, 신뢰가 강하고, 생동감 넘치는 태도를 보여주는 것은 도움이 된다. 부모가 밤에 여러 시간 수동적으로 텔레비전 앞에 앉아 있거나 컴퓨터 앞에 앉아 인터넷이나 들여다보지 않고, 열정적으로 책을 읽고 운동을 하고 외국어를 배우고 친구들에게 맛난 음식을 대접하고 프라모델을 만들고 정원을 가꾸고 낯선 문화를 발견해나간다면, 그들은 아이들에게 자신의 관심사가 있는 것이 좋은 일이라는 메시지를 전달하는 것이다. 그밖에 어른들은 사춘기를 겪는 아이들이 인격적으로 대화할 수 있는 열린 대화 상대자가 되어주어야 한다. 청소년들이 방황하며 자신의 정체성을 찾는 동안 어른들의 감정적·정신적 자립과 진정성 있는 태도는 아이들에게 발판이 되어준다.

또한 부모는 간혹 사춘기 두뇌에 부족한 통제 기능을 조금 메워주는 역할도 해야 한다. 제때에 기상하고, 시작하고 중단하고 또는 절제할 수 있도록 도와줘야 한다. 방해하는 자극을 막아주거나 미래의 계획을 세우는 데 뒷받침이 되어줘야 한다.[47]

아이들은 끓어오르는 감정으로 말미암아 모험적인 일을 감행하거나 자기 통제 부족이 지나쳐 괴짜 예술가들처럼 유약하고 중독의 위험에 빠질 수 있기 때문이다. 건강이 나빠지거나 더 이상 아무것도 하지 않으려고 할 때는 도움이 필요하다.

성인 예술가들과 달리 사춘기 아이들은 자기들이 지금 창조적인 활동을 하고 있다는 것을 모른다. 그들의 가장 중요한 예술작품은 결코 눈에 보이지 않기 때문이다. 그 작품은 생각, 감정, 경험, 시냅스 연결, 감정적 인프라 구조로 이루어진다. 그들의 최대 예술작품은 두뇌의 실내건축이다. 사춘기 아이들은 그들 자신의 인성을 만들어나가며, 이 시기에 위태위태하고 유동적이고 독특한 모습을 보인다.

운동에서건 음악에서건 보이스카우트 활동에서건 어떤 실습을 나가서건, 스스로 결정한 목표를 이루고 다른 사람들의 인정을 얻을 때마다 사춘기 아이들의 두뇌에서는 극기와 절제력이 강화된다. 교육수단은 사춘기 아이가 납득할 수 있고 아이의 시각에서 볼 때 삶을 더 개선해주는 것일 경우 효과를 나타낸다. 극기와 절제도 이를 통해 스스로 가치 있다고 생각하는 방식으로 세계를 변화시킬 수 있음을 경험할 때만이 긍정적인 효과를 낸다.

미국의 심리학자 월터 미셸과 대니얼 골먼에 따르면 극기와 절제는 지능이나 유전적 소질보다 청소년의 발달능력에 더 결정적인 영향을 끼친다.[48] 이 두가지 능력은 직업교육이든 공부든 인간관계든, 한 인간이 어른으로서 그가 중요하다고 생각하는 일에 즐겁고 의욕 넘치고 책임감 있게 몰두할 수 있을지에 중요한 영향을 준다. 그러므로 사춘기에는 성인이 되어 필요한 능력이 잘 여물어 갈 수 있도록 청소년들에게 그런 고무적인 경험을 가능하게 하는 것이 중요하다.

그리하여 포츠담 공립 몬테소리 학교는 몇 년 전부터 11~16세의 청소년들이 전문가들과 함께 도전적인 프로젝트에 몰두할 수 있는 청소년 학교를 운영하고 있다. 이 학교 학생들은 1년 동안 일반 수업과 번갈아가면서 농사, 건축, 요리, 손님 접대, 문화 행사 등의 프로젝트에 참가한다. 이론이 아니라 현실적인 과제에 맞닥뜨려 실제적인 질문을 던지고 실제적인 해결책을 찾아내는 과정을 거쳐 아이들은 세계를 만들어가고, 거기에서 자기 몫을 너끈히 감당할 수 있음을 경험한다.

대부분의 공립학교는 유감스럽게도 사춘기의 특별한 필요나 가능성에 부응하는 수업을 하지 못한다. 그러나 일반 학교에 다닌다 해도 친구들과 밴드를 만들고 연습실을 물색한다거나, 인터넷의 도움을 받아 원격조종이 되는 팝콘 자판기를 만든다거나, 친한 친구의 생일에 큼직한 케이크를 굽는다거나, 관심과 능력이 있는 분야에서 꾸준히 직업교육을 받는다면, 실제적인 분야에서 질문을 제기하고 대답을 발견하고 문제를 해결하는 법을 배워갈 수 있을 것이다. 그러므로 언뜻 시간을 낭비하는 것처럼 보이는 그런 여가 활동은 단어를 외우거나 하는 활동보다 훨씬 더 보람차다고 할 수 있다. 사실 사춘기 아이들은 나이상 제한된 기억력 때문에 외국어 단어를 능률 있게 습득하기가 그리 쉽지 않다.

부모는 자신의 열일곱을 잊어버린다

부모들은 자녀들의 느슨한 생활태도에 화가 날 때가 많다. 인생에 진지하게 임하지 못하고, 위험을 과소평가하고, 그렇게 시간을 마구 낭비하다니. 하지만 바로 그렇게 태평하고, 부모의 주문을 잊어버리고, 즉흥적으로 뭔가를 시도하는 능력이 청소년들로 하여금 인생의 불안한 시기를 어찌어찌하여 잘 넘길 수 있게 해준다면?

더 잘 이해할 수 있기 위해 작은 사고 실험을 해보자. 다음을 상상해보라.

당신은 얼마 전부터 기억력이 자꾸 감퇴하는 것을 느낀다. 정말이지 자꾸 뭔가를 까먹는다. 누가 당신에게 호의를 품고 있는지 아니면 적대심을 품고 있는지 분간하는 것도 점점 더 힘들다. 예전에는 훨씬 더 눈치가 있었는데, 지금은 영 불안하다. 저 말이 칭찬일까, 아니면 조롱하는 말일까? 이렇게 판단능력이 결여되다 보니 당신은 종종 부당한 대접을 받는다거나, 상대가 당신을 달가워하지 않는다는 느낌을 받는다. 친한 친구들과도 오해가 빚어진다. 그 친구가 당신을 보지 못한 걸까, 아니면 의도적으로 무시하는 걸까?

그 밖에도 당신은 아마도 이 우주에서 가장 멋진 남자 혹은 여자에게 사랑을 느꼈다. 그런데 상대는 정작 당신에게 별로 관심이 없는 듯하다. 그러나 정확히는 모른다. 어제는 그 상대가 당신에게 미소를 지어주고 한참 동안이나 당신과 함께 담벼락에 앉아 수다를 떨었는데, 오늘은 또 태도가 180도 달라졌다. 당신 쪽으로 눈길 한 번 주지 않는다. 당신 얼굴에 뾰루지가 났기 때문일까. 당신은 정말 울부짖고 싶다.

이런 상태에서 당신이 속한 부서가 5년 뒤 구조조정이 되어 없어지게 되었다는 말을 듣는다. 그러면 직장을 잃게 되는 것이다. 여사장은 "서서히 새 직장을 좀 알아봐요. 우리 회사에 남을 수는 없을 테니까요"라고 말하며 자신의 검정 가죽가방에 서류를 챙겨 넣는다. "그럼 저는 무슨 일을 해야 할지 모르겠네요." 당신이 절망해서 그렇게 되뇌자 여사장은 이렇게 대답한다. "할 수 있을 거예요. 다양한 분야에서 재교육도 좀 받아보고, 한번 노력해봐요."

당신이 이런 상황이라고 생각해보라. 그러면 당신은 청소년들이 심적으로 얼마나 큰 부담을 느끼고 있을지 감이 올 것이다. 그들은 기존에 지녔던 여러 능력을 잃어버리고 스스로도 스스로를 알 수 없다. 호르몬의 범람 속에서 구체적인 전망도 없이 학교를 떠나 세상으로 나아가야 한다. 20년 뒤 어떤 직업이 중요해질지, 안정적인 수입은 보장될지도 모르는 채 말이다. 약 10년 동안은 정말 불편한 임시구역에서 살아야 한다. 아니, 그 기간은 그보다 더 길어질 수도 있다.

많은 성인들은 직장에서 구조조정이 있을 거라는 소식만 들어도 벌써 가슴이 철렁 내려앉고 심적 부담이 느껴질 것이다. 그런데 삶의 모든 영역에서 바야흐로 변혁이 이루어진다면, 직장, 가정, 친구 관계, 배우자 관계가 모두 그렇게 급변한다면, 과연 얼마나 큰 압박을 느낄 것인가.

그러나 청소년들의 두뇌는 바로 이런 요구에 부응한다. 그들의 두뇌는 급진적인 혁신을 가능하게 하기 위해 구조를 포기한다. 이런 혁신은 개개인뿐만 아니라 사회에도 도움이 된다. 변화의 시기를 무탈하게 넘기고, 그로 인한 방향 상실의 시기를 살아내기 위해서 청소년들에게는 무엇보다 태연함과 유연함이 필요하다.

언젠가 철도 파업기간에 만원 열차를 타고 갈 때 있었던 일이다. 기차 안에서 몇몇 어른들은 도착하기 30분 전부터 사람이 이렇게나 많은데 커다란 트렁크를 들고 어떻게 내려야 할지 걱정하고 있었다. 내리는 사람들의 물결 속에서 밀려가다가 자칫 넘어지거나 트렁크를 잃어버리지 않을지. 몇몇 10대 아이들은 상황이 어떻든 아랑곳없다는 무심한 표정으로 기차 안에 앉아 있었는데, 그중 열네살쯤 되어 보이는 여자아이가 스케이트 보드를 팔에 안고서 고개를 흔들며 이렇게 말했다. "참, 나! 별 걱정을 다 하시네. 우린 날마다 스쿨버스에서 경험하는 일인데. 그냥 자기 물건을 꼭 붙들고 있으면 나머지는 다 저절로 된다고요."

우리는 모두 사춘기라는 진화를 겪는다

에를랑겐의 청소년 발달 전문가 랄프 다비르스와 군터 몰은 사춘기는 진화의 기발한 고안물이라고 말한다. 신경생물학자인 다비르스는 청소년의 두뇌 발달을 연구하고, 몰은 에를랑겐 대학병원 아동청소년 심리 센터를 이끌고 있다. 그들은 그저 신체상으로 본다면 인간은 7세쯤 되면 성적 성숙에 이르러야 할 거라고 말한다. 그런데 자연이 그 시기를 늦춘 이유는 학습기간을 연장하기 위해서다. 그래야만 새 세대가 형성되기 전에 기존의 모든 문화적 테크닉을 전수할 수 있다는 것이다.

연구자들에 따르면 인간의 진화에서 사춘기의 탄생은 직립보행과 언어의 사용만큼이나 중요한 결과를 불러왔다. 사춘기는 인간을 순수한 생물학적 진화에서 풀어내 조상들의 인식을 기초로 문화를 발전시켜가는 것을 가능하게 했다.[49] 동물들은 훨씬 더 빠르고, 복잡하지 않게 자란다. 본질적인 생존전략을 직관적으로 구사하기 때문이다. 하지만 그 때문에 유연성이 떨어지고, 자신의 힘으로 역사의 진행에 영향을 주지 못한다.

인간의 두뇌는 각 시대의 특별한 요구에 부응하고, 문화의 발전을 가속할 수 있게끔 사춘기에 다시 한 번 새로이 구조화한다. 인간의 두뇌는 그가 속한 지역의 언어와 문화 속에서, 그리고 감각적·감정적·지적 자극과 상호작용을 하면서 발달한다. 우리 자신의 움직임과 다른 사람의 움직임을 통해 우리는 우리 시대의 리듬과 속도에 맞춘다. 인간의 두뇌는 만 25세쯤에야 성숙한다. 우리의 두뇌는 결코 컴퓨터와 비교할 수 없는, 적응능력이 뛰어나고 매우 창조적인 생물학적 유기체다.

유연성과 자유는 물론 언제나 위험을 동반한다. 그러나 개개인에게는 위험할지 몰라도 두뇌가 서서히 성숙하는 것은 인류의 발전을 위해서는 큰 기회가 된다는 것이 다비르스와 몰의 견해다. 이런 방식으로 젊은 성인들은 언제나 최신의 상태에 이르게 된다.

이것은 그들이 부모가 살던 방식으로 살지 않는다는 뜻이기도 하다. 이런 차이에서 긴장영역이 생겨나고 이것이 사회 발전을 가능하게 한다. 사춘기가 무난하게 지나가는 것은 장기간 변하지 않는 문화권에서만 가능할 따름이다.

미국의 인류학자 마거릿 미드는 1920년대에 사모아 섬에서 그런 문화를 발견했다. 사모아 섬에서 생계활동은 이미 어린 시절부터 습득되는 것이어서, 아동에서 성인으로 옮아가는 일은 거의 실존의 불안 없이 진행됐다. 게다가 부모와 자녀 사이에 별로 구속력이 없고 성생활과 출산이 자유롭게 이루어져 청소년들은 성적으로 눈뜨는 것과 거기에서 비롯되는 결과들에 감정적으로나 실제적으로나 준비되어 있었다. 가족을 이룰 때까지 모든 것이 허용되었다. 즉 사모아의 청소년들은 반항하면서 뭔가에서 또는 누군가에게서 떨어져나올 필요가 없었던 것이다.

함부르크의 심리학자이자 사회 연구자인 쿠르트 본디는 서로 다른 문화권에서 청소년들이 서로 다른 발달과정을 겪는다는 점에서 사춘기는 생물학적인 성숙과정일 뿐 아니라 사회문화적인 현상이기도 하다고 했다. 청소년들이 성인기로 이행하는 과정에서 대면하는 불안의 정도가 각각 다르다는 것이다. 내적·외적인 불안이 서로 영향을 주고 서로 배가된다.

사회적으로 볼 때 청소년은 사회적으로 완전한 성인으로 인정받을 때라야 비로소 어른이 된다. 그 시점까지 그의 미래는 불확실하다.[50]

미국의 인류학자 랠프 린턴에 따르면 많은 고대문화에서 청소년들은 특별한 과도기적 의식을 치르고 나서야 성인의 공동체에 받아들여질 수 있었다. 그 의식에 포함된 시험은 청소년들이 이제는 어엿한 성인 남녀로서 앞으로의 과제를 감당할 수 있음을 검증해주었다.[51]

중세 유럽에서는 도제 수련을 마친 젊은이들을 방랑길로 떠나보냈다. 그들은 밖으로 나가 지식을 쌓고 삶의 경험을 축적하고 변화해서 고향으로 되돌아왔다. 그 시절에도 역시 사회에서 자리를 잡는 것은 쉬운 일이 아니었다. 많은 분야에서 길드에 속한 장인들은 그들의 일로 벌어들이는 돈보다 마이스터 시험에 합격해 결혼할 수 있기 위해 들여야 하는 돈이 더 많았다. 세대교체는 거의 투쟁하다시피 하여 힘겹게 이루어졌다. 오늘날과 마찬가지로 그때도 방랑 도중 술 마시고 흥청거리다 외상술값을 갚지 못해 도망치는 청년들을 포함해서 많은 문제 현상이 있었다.

기술이 급속도로 발달하고 노동시장이 급변하면서 오늘날의 청소년들은 특히나 불안하다. 그들은 미래의 과제에 어떻게 대비해야 할지 알지 못한다. 사회의 기대를 채우고 자신과 미래의 가족을 부양할 수 있을지 불안하기만 하다. 많은 분야에서는 미래에 일자리를 얻고 그로써 돈을 벌기 위해 어떤 능력을 습득해야 하는지 명확하지가 않다.

게다가 고도로 분화하고 발달한 현대 문화 속에서 청소년들은 오랜 기간을 배움으로 보내며 사회의 어엿한 구성원으로 인정받기 위해 힘쓴다. 물론 가구공이나 제빵공의 경우는 약간 운이 좋으면 18세에 첫 일자리를 얻을 수 있다. 그렇지만 가정을 이룰 수 있을 정도의 충분한 보수를 받기는 힘들다. 학문을 하는 사람은 30세가 되어도 사회의 문턱을 넘지 못하는 경우가 많다.

이런 문제들은 무엇보다 그들의 부모 세대가 양질의 영양과 의료 서비스로 말미암아 고령까지 신체적·정신적 능력을 발휘하다 보니 자신들의 기득권을 젊은 세대와 나누고자 하지 않는데서 비롯된다. 그들은 청년들에게 일찌감치 사회적인 책임을 이양하고 자신감을 불어넣어줄 수 있는 여지를 만들지 않는다.

많은 청년들은 중요한 발달의 시기에 고무적인 사회 경험을 함으로써 스스로 사회 발전에 기여해볼 수 있는 기회를 거의 얻지 못한다. 그들을 돕기 위해 우리는 먼저 그들이 사회 발전에 본질적으로 기여할 수 있다는 점을 명확히 해야 한다. 바로 청소년기 두뇌의 카오스가 그들에게 어른들은 언감생심 꿈도 꾸지 못하는 창조적인 형상화 능력을 열어주기 때문이다.

삶이 불안할 때 떠올릴 이정표

최근 한 기사에서 배우 페넬로페 크루스와 관련해 그녀의 마흔 살은 새로운 스무 살이라며, 성숙한 중년의 나이에 그녀는 '세상에서 가장 섹시한 여성'으로 선발됐다는 글을 읽은 적이 있다. 기성 세대는 현재 가장 매력적인 일자리를 붙들고 있을 뿐 아니라, 진화론적 이유로 생물학적 생산력이 가장 왕성한 젊은이들에게 부여된 외적 아름다움이라는 보물까지 차지하고자 한다.

이런 기성세대의 틈을 비집고 들어가기 위해서 청년들은 뭔가 기발한 것을 생각해내야 한다. 자신의 언어, 자신의 음악, 새로운 운동. 브레이크 댄스, 스케이트보드, 그라피티, 펑크 또는 테크노……. 사춘기 아이들은 새로운 문화의 초석을 놓는다. 새로운 문화는 변화를 향한 의지가 없는 부모 세대와 거리를 두게 할 뿐 아니라, 몇년 뒤 함께 세계를 만들어나갈 신세대를 묶어준다. 청소년들은 함께 익히고, 열정을 개발하고, 약간 빈둥거리면서 소재를 여물게 하고, 그 뒤 얼마 지나서 말과 생각과 멜로디·리듬·형식 따위를 발견한다.

폴 매카트니가 당시 열입곱 살이던 존 레넌이 이끄는 학생 밴드에 들어간 것은 열다섯 살 때였다. 5년 뒤 둘은 벌써 그들의 불후의 명곡 몇 개를 탄생시켰다. 믹 재거와 키스 리처드가 함께 음악을 하기로 결심한 것 역시 열입곱 살 때였고, 엘비스 프레슬리도 사춘기 때 자신의 스타일을 발전시켰다. 인종차별법이 엄격하던 시대에 열네 살의 엘비스 프레슬리는 몰래 흑인들의 유흥가로 놀러 가서 흑인 영가와 블루스에 열광했다. 그리고 열입곱에 머리와 구레나룻을 길렀고, 열여덟에 첫 음반을 제작했다.

수학의 발전 또한 특히 젊은 학자들에 힘입은 바가 크다. 예를 들어 프랑스의 수학자 에바리스트 갈루아는 1827년 열여섯의 나이에 수의 세계에 빠져 대수학에 지대한 공헌을 했다. 그리고 스무 살의 나이에 결투하다가 세상을 떠나고 말았다. 당시 그는 자기 논문을 당대의 저명한 학자들에게 제출했지만, 그 논문의 의의는 그가 사망한 지 오랜 세월이 흐른 뒤에야 비로소 인식되었다.

그가 파리 에콜 폴리테크니크의 입학시험에 떨어진 이유는 그의 실력이 시험을 함께 치른 동료들보다 훨씬 뛰어나기 때문이었을 것이다. 특허국에 근무하던 젊은이 알베르트 아인슈타인은 겨우 26세의 나이에 네 개의 중요한 이론을 발표해 물리학계를 뒤집어 놓았고, 래리 페이지와 세르게이 브린은 25세 대학생 시절에 검색기 구글을 출범시켰다. 그전에 그들은 아이디어를 개발하고 알고리즘으로 프로그램을 만들어 자금을 마련했다.

물론 역사에 남는 산물을 고안하거나 아이디어를 개발한 청년들은 각 세대마다 소수에 불과하다. 그렇지 않으면 우리 문화의 연속성이 위험해질 것이다. 그러나 천재가 아니어도 영감이 주는 행복을 경험하고 새로운 것의 탄생에 참여할 수 있다. 우리가 발전하고 성숙하면 세계도 따라 변한다. 대단한 산물이나 아이디어뿐 아니라 인간도 세계를 변화시킨다.

또한 우리는 창조성에는 다양한 형식이 있다는 것을 의식해야 한다. 우리의 문화를 변화시키는 걸출한 생산물이나 아이디어 외에 모든 사람이 각자 자기 인생에서 행하게 되는 훨씬 더 개인적인 차원의 창조적 행위가 있다. 우리 모두는 각자의 문제를 해결하고 새로운 아이디어를 낸다. 자기만의 요리를 개발하거나 못 쓰는 재료로 자기만의 물건을 만들거나 한다. 그런 아이디어는 문화사적인 의미는 없을지라도, 우리가 사는 데 많은 도움을 준다. 심리학자이면서 문예학자이자 창의력 연구자인 노르베르트 그뢰벤은 '역사적-문화적' 창조성에 '개인적-심리적' 창조성을 덧붙이며, 이 두 형태의 창조성은 구조가 똑같고 전제가 똑같다는 점을

강조한다.[52]

청소년 두뇌의 특별한 상태는 개인적·심리적 창조성뿐만 아니라 역사적·문화적 창조성을 뒷받침한다. 신경생물학적인 변화가 청소년들에게 모든 종류의 창조적 과정에 중요한 특별한 능력을 부여하기 때문이다. 청소년들은 불안한 상황 또는 해결되지 않는 문제를 오랜 시간 견딜 수 있다. 그들은 불안을 허용하는 능력이 높다. 모호한 상황, 해결되지 않는 문제들을 견딜 수 있고, 여러 가지 것에 동시에 다리를 걸쳐놓을 수 있다. 유희적인 환상과 성숙한 논리 사이에서, 조절되지 않는 감정의 분출과 성적 욕망, 거리 두기와 안전에 대한 욕구 사이에서 왔다 갔다 한다.

오스트리아 출신의 미국 심리분석가 엘제 프렝켈-브룬스위크는 1949년에 이미 불안하고 모호한 상황을 높은 정도로 허용하는 능력이 문제 상황, 갈등, 변화에 대처하는 중요한 자원 가운데 하나임을 발견했다.[53] 노르베르트 그뢰벤은 나아가 겉보기에 모순적인 성격을 자신 속에 어우러지게 할 수 있는 능력이야말로 창조적인 사람의 핵심 능력이라고 본다. 창조적인 사람들은 예컨대 어떤 일이 확실하게 정해지지 않았어도 그 일에서 높은 정도로 집중력을 발휘할 수 있다. 집중하는 동시에 긴장을 늦출 수 있으며, 세계에 대한 넓은 관심과 호기심을 잃지 않는다. 이렇듯 '부유하며' '탈중심적으로' 집중력을 발휘하는 가운데 문제와 우연히 지각된 것 사이에서 새로운 연관이 탄생할 수도 있다.

그뢰벤은 창조성에 도움이 되는 특성의 쌍으로 '단순하면서도 깊은 생각' '의심하는 자신감' '거리를 두는 적극성' '남성적인 여성성' '건설적인 불만족'을 꼽았다. 이런 특성의 쌍들은 모순적인 듯하지만 그렇지 않다. 겉으로는 서로를 배제하는 것처럼 보이지만, 오히려 창조적인 긴장을 만들어낸다. 자기 확신과 자기 의심 사이에서 왔다 갔다 하는 사람은 스스로를 과대평가하지 않으며, 불안을 피하기 위해 성급하게 차차선third best으로 결정하는 법이 없다. 그는 감정 상태들 사이를 왔다 갔다 하며, 정말로 맞는 그림이 나올 때까지 실험하고 아이디어를 갈고 닦는다. 또한 처음에 잘되지 않아도 실망하지 않고 다시 일어서서 계속한다. 이것이 바로 건설적인 불만족이다.

젊은 시절에는 종종 이런 '역설적' 성격 특성을 보이며 자기도 모르게 양극단 사이에서 왔다 갔다 하는 반면, 나이 먹을수록 무엇이든지 명백하게 하고 싶은 강박이 생기는 경우가 많다. 그리하여 의심 없는 자기 확신, 불안 없는 창조성, 괴로움 없는 행복을 원한다. 자기가 모든 것을 제대로 하는 한 삶이 술술 풀려나가야 한다고 믿는다. 벌써 알고 있고 입증된 범위 안에서만 안정감을 느낀다. 실수하기 싫은 까닭에, 새로운 길을 모색하기보다는 이미 가본 길을 고수한다. 틀에 박힌 일상 속에서 지속적인 안정성을 느끼는 가운데, 불안하고 불명확하고 모순적인 상황들이 창조적 잠재력을 작동시킨다는 것을 잊는다. 그러나 우리는 어떻게 될지 모르는 상황에서만 새로운 길을 모색한다. 불안을 용인하지 않는 가운데서는 창조성을 발휘하는 것이 불가능하다.

사춘기에는 아직 틀에 박힌 일상 같은 것이 없다. 그 때문에 창조적으로 행동할 수밖에 없다. 첫사랑을 고백할 방법을 찾아야 하고, 모순적인 감정을 떠안을 방법이며 변화된 신체에 맞춰 옷을 입는 방법을 강구해야 한다. 아버지의 낡은 스피커를 우리 컴퓨터에 연결하는 방법을 찾아내야 한다. '지금 당장' 토니와 함께 음악을 듣기 위해 필요하기 때문이다.

　이 멍청한 케이블에 철사들이 이렇게 들입다 많이 들어 있으니 될 리가 없었지. 일단 전부 다 침대 밑에 숨겨놨어.

　이제 우리는 최소한 스피커 전선의 속 부분이 어떻게 생겼는지는 알게 된 것이다. 나머지도 어떻게 해결될 것이다.

　창조성 연구자들은 창조적인 과정을 여러 단계로 구분한다. 능력을 익히고 재료와 소재를 모으는 준비 단계(준비preparation), 재료와 소재가 새로 조합되는 단계(부화incubation), 실행에 옮기고 마무리하는 단계(완성elaboration)가 그것이다.[54] 한창 사춘기에는 준비하고 품고 영감을 얻는 능력이 뛰어난 반면, 구체적으로 완성하고 창조적인 결실을 거두는 작업은 종종 사춘기가 지나고 만으로 약 18세에서 28세 사이에 이루어진다.

　이것은 무엇보다 서로 다른 창조성의 시기가 서로 다른 방식의 사고를 요구하기 때문이다. 아이디어를 찾는 단계에서는 틀에 박히지 않은 사고능력이 중요하다. 반면 아이디어를 실행에 옮기기 위해서는 단선적·구조적·목적지향적인 사고가 요구되며, 이런 사고는 사춘기가 끝난 뒤에야 비로소 활발해진다. 그뢰벤은 유용한 창조적 산물을 배출할 수 있기 위해서는 이 두 가지 사고형식을 습득해야 한다고 지적한다.

청년기는 창조적인 과정에 이상적인 시기다. 두 가지 요구되는 사고형식이 자연적인 균형을 이루기 때문이다. 새로운 것을 만들어내기 위해 필요한 지식은 쌓인 상태에서 사고방식은 아직 굳어지지 않은 시기. 노르베르트 그뢰벤은 성인이 되면 사고습관에서 떨어져나오기 힘들다는 것을 결코 하찮은 일로 생각해서는 안 된다고 말한다.[55] 유희적인 연상능력은 사춘기의 선물이다. 일시적으로 주어지는 자질로, 나이 들어 그런 재능을 획득하려면 몹시 애써야 한다. 젊은 시절의 정신적 혼란, 그로 인한 감정 분출, 무심하고 태연할 수 있는 능력, 그리고 앞서 말한 두 가지 사고형식의 균형이 없다면 우리의 문화는 훨씬 더 빈약해졌을 것이다.

많은 어른들은 불안한 삶의 상황에 불가피하게 들어가게 될 때에야 비로소 창조력을 작동한다. 심리학자이자 삶의 위기 전문가인 베레나 카스트는 헤어짐, 질병, 가까운 이의 죽음, 실직, 나이로 인한 삶의 변화를 통해 우리는 다시금 불확실함, 그리고 삶을 새로이 형상화해나가야 할 필요성과 대면하게 된다고 말한다. 그런 변화들은 익숙한 사고틀을 극복하고 불안에 대한 허용도를 높임으로써 긴장 상황을 창조적으로 활용할 수 있게 하는 좋은 틀을 마련해준다. 이때는 천재적인 소산물을 내는 것이 문제가 아니라, 불안에도 불구하고 우리를 지탱해주고 우리에게 기쁨을 예비해주는 삶의 방식을 개발하는 것이 중요하다.

프랑스의 작가 니콜라 샹포르는 "한 살 한 살 더 먹을 때마다 인간은 초심자가 된다"고 썼다. 우리는 늘 새롭게 변화한 몸이나 변화한 사회적 반경에 적응해야 한다. 사춘기는 초심으로 돌아가는 일에서 언제나 이정표가 되어준다.

긴장은 성장을 가능하게 한다

이행대를 기억할 것이다. 숲과 들, 깊은 바다와 해안, 울타리와 밭 사이의 창조적 긴장의 공간! 사춘기에 우리는 아동기와 성인기 사이의 창조적 긴장 가운데에 있다. 그곳에서 신체와 정신뿐만 아니라 사회적인 위치와 주변 세상에 대한 관계도 변한다. 청소년들은 자신의 패션 스타일을 찾고 자신의 능력과 생각을 개발해나갈 뿐 아니라, 사회적으로 존중받고 사회적 관계망에서 자리할 수 있는 스타일과 생각을 개발해나간다.

우리의 두뇌와 개성은 자신이 살아가는 문화와 관계를 맺고 교류하는 가운데 발전한다. 우리의 견해와 목표는 사회적인 상황이나 가능성과 무관하게 생겨나지 않으며, 제아무리 개성 넘치는 삶을 살고자 할지라도, 개인적인 인생 여정은 사회적인 틀을 토대로 펼쳐지게 되어 있다.

탄생하는 순간에 이미 우리는 자유롭고 독립적인 개인인 동시에 한 사회 공동체에 속한 일원이 된다. 양육하는 부모 역시 아이들을 완전히 자기 마음대로는 할 수 없다. 아이들은 사회의 일부이기도 하기 때문이다. 신생아의 권리는 부모뿐 아니라 사회에 의해 보호받는다. 부모가 원치 않을지라도 아이는 학교에 들어가야 하며, 공동체가 건강을 위해 바람직하다고 정한 의료적인 진찰을 받아야 한다. 무엇보다도 삶과 죽음의 기로에 서 있을 때는 집단적으로 용인되는 가치나 규범이 개인의 결정보다 더 우선권이 있다. 부모는 주어진 가치규범 안에서만 각각 자신의 가치를 실현할 수 있다.

모든 인간은 일생 동안 자신의 유일무이한 실존과 자신이 속한 사회적 관계 속의 생동감 있는 상호작용 속에서 스스로를 펼쳐나간다. 인간은 한편으로는 이런 관계망을 토대로 배출되며, 그런 관계망의 지원을 받는 동시에 다른 한편으로는 자신의 발전을 통해서 또한 사회적 관계망을 풍성하게 할 수 있다.

문화는 개인의 자극을 받아 발전하는 것이기 때문이다. 그러므로 모든 변화의 시기에 우리는 몸과 마음의 변화에 대처해야 할 뿐 아니라, 사회에서 우리의 자리를 새롭게 정의해야 한다. 사춘기뿐 아니라 갱년기 또는 직장을 그만두고 연금생활을 시작하는 시기에도 마찬가지다. 변화가 가져오는 창조적인 긴장의 장場은 결코 개인적인 것만이 아니고, 사회적인 특성을 띠는 것이다. 우리가 남성 또는 여성으로서 사회적으로 어떤 역할을 하는가는 개인적으로뿐 아니라 사회적으로도 의미가 있다. 옷을 입는 방식부터 가정생활을 영위해가는 방식에 이르기까지 삶을 형상화해나가면서 우리는 다른 사람들에게 역할 모델이 되기 때문이다. 예컨대 젊음을 추구하는 집단적인 광기 앞에서 자신 있게 희끗희끗한 머리를 하고 다닐 용기가 있는가? 또는 다른 사람들이 모두 고개를 설레설레 흔들거나 입을 비쭉거릴지라도 양로원에서 사랑에 빠질 마음이 있는가?

우리는 겉으로는 굉장히 개성을 발휘할 수 있을 듯한 인상을 주는 문화 속에서 살지만, 알고 보면 매우 사적인 일에까지 사회의 다수가 하는 대로 따르며 살아가고 있다. 특이한 결정을 내리기 위해서는 엄청난 위화감을 극복해야 한다. 그리하여 모순적이게도 우리는, 개인적인 의식과 감정을 지니고 있지만 집단적인 의식과 집단적인 감정의 큰 영향을 받으며 살아간다. 장기적으로 검증하지 않은 채 사회적인 규범과 가치를 받아들이며 살고 있는 것이다. 그러나 위기의 시기에 우리는 종종 더 큰 시각으로 깨어나, 집단적인 것을 벗어나서 우리의 개인적인 자유를 모색한다.

태어나면서부터 이미 인간의 정신은 사회와 개인이 서로 응답하는 변화의 공간이다. 공적·사적인 문제들이 한평생 서로 밀접하게 얽힌다. 이들의 상호작용은 우리로 하여금 고민하는 가운데 집단 속으로 들어가게 한다. 즉 우리의 독특함을 안고 집단 속으로 들어가 스스로를 그곳에 섞이게끔 한다.

그리하여 개인의 삶은 개인의 운명을 뛰어넘어 세계를 위한 변화의 공간이자 변화의 가능성이 된다. 나와 사회 사이의 긴장은 성장을 가능하게 한다. 우리 자신이, 우리 아이들이, 그리고 우리의 공동체가 그 속에서 성장한다.

그리하여 우리는 모든 삶의 변화에서 심리적으로뿐 아니라 사회적으로 긴장상태를 경험하고 대처해야 한다. 생태학적 이행대에 견주어 이를 '심리적 이행대' '사회적 이행대'라고 할 수 있을 것이다.

자신의 아늑한 분위기를 사랑하여 들과의 혼란스러운 만남을 거부할 수 있다면 숲은 아마 그렇게 할 것이다. 우리 역시 때때로 자기 실속을 차리느라 낯선 것, 미지의 것과의 만남을 거부하는 것과 마찬가지다. 그러나 그렇게 자기한테만 머무르는 숲은 필요에 부응하지 못한다. 우리도 마찬가지다. 삶은 관계의 다양성을 제공하며, 그로써 많은 창조적 변화, 성숙과 성장을 만들어내기 때문이다. 생물학적 또는 심리학적 모노컬처monoculture는 자연에나 문화에나 건강하지 않다.

5

애도의 시간
익숙했던 것들을 떠나보내며

죽음은 어떤 질문에 대한
답이 되는 걸까?[56]

사랑하는 사람과 사별한 슬픔은 사람을 압도한다.

사고로 자녀를 잃은 한 친구의 회상이다. "그것은 나를 깊이 까지 끌어내렸어요. 나는 너무나 고통스러워서 견디기 힘들었어요. 내 생존본능은 강하게 반항했지요. 하지만 나는 이 고통에 나를 내맡겨야 한다는 걸 알았어요." 출산할 때처럼 고통은 점점 더 센 강도로 밀려왔고 그녀를 자꾸만 고통의 근원지로 실어갔다. 고통의 근원은 '사랑하는 이를 영원히 잃어버렸다는 것'이었다.

슬픔의 시기, 가장 힘든 일 가운데 하나는 과거의 것을 부여잡고 싶은 자연적인 충동과 싸우는 것이다. "나는 거의 본능적으로 아이를 내 인생에서 떠나보내고 싶지 않았어요. 생존본능은 삶에서 뭔가를 지켜내고자 하고, 또는 뭔가를 삶으로 데려오고자 하기 때문이죠. 출산할 때는 급박하게 밑으로 밀어내는 힘을 거부할 수 없죠. 본능이 출산과정을 밀고 나가니까요. 그런데 바로 이런 본능이 사람을 놓아주지 못하게 해요. 그래서 사별의 슬픔을 당할 때는 본능을 극복해야지요."

사별의 슬픔은 그 무엇으로도 위로가 되지 않는 감정상태다. 우리가 정말로 피하고 싶은 상태. 그러나 사실 이런 슬픔은 영국 작가 C. S. 루이스도 말한 것처럼 해체의 과정이자 변화의 과정이다. 아내였던 미국의 작가 헬렌 조이 데이비드먼이 세상을 떠난 뒤 루이스는 자신의 슬픔을 가능하면 정확히 묘사해보고자 하다가 놀라운 점을 발견했다. "나는 상태를 묘사하려고 생각했다. 슬픔의 기본 윤곽을 그려보고자 했다. 그런데 이런 괴로움은 상태가 아니라 과정으로 드러났다."[57]

애도는 감정이라기보다는 행동이다. 사랑하는 사람과 더불어 우리 자신의 일부를 떠나보내야 하기 때문이다. 즉 그 사람의 삶과 관련해서 의미가 있었던 부분, 우리가 그의 엄마, 아빠, 딸, 아들, 친구, 연인으로서 그와 맺었던 특별한 관계를 말이다.

그리하여 모든 애도의 경험은 사별한 사람과의 관계만큼이나 각각 다른 경험이다. 다른 사람의 애도 경험은 자신의 경험과 그다지 일치하지 않는다. 한편, 사랑의 경험과 마찬가지로 애도의 경험은 우리가 겉보기와는 달리 인생에서 그렇게 '개인'으로서 살았던 것이 아니라는 사실을 뼈저리게 의식하게 한다. 우리는 서로 함께하는 자로서 살고 있었다는 사실을 말이다. 심리학자 베레나 카스트는 "사랑의 관계에서 우리는 다른 사람에게서 뭔가를 이끌어낸다"고 말한다. 그리하여 우리에게서 특정한 느낌을 이끌어냈던 가까운 사람이 세상을 떠나면, 우리의 신체 느낌도 변할 수 있다. C. S. 루이스는 "그가 H의 연인이었던 동안 자신은 아주 다른

무게를 가진 사람이었다"며, "이제 그는 버려진 집과 같다"고 적었다.[58]

친숙한 목소리 역시 함께하는 삶을 구성하는 요소다. 배우자의 목소리, 자녀들의 목소리, 친한 친구들의 목소리는 우리의 지각을 확장한다. 그들은 우리를 둘러싼 감각적 조직의 일부다. 가까운 사람들과 더불어 우리는 생동감 있는 삶의 관계를 나눈다.

자녀를 잃거나 어린 시절에 부모를 잃거나 갑작스럽게 사랑하는 사람과 헤어지거나 소중한 우정이 깨지면 이런 생동감 넘치는 망에 균열이 생기고, 이런 균열은 상처와 같아서 치유되어야 한다.

그리하여 애도하는 사람들이 처음 몇 달 동안 가장 그리워하는 것은 신체적 접촉과 감각적 인상인 경우가 많다. 내 친구는 "결코 다시는 그의 웃음소리를 들을 수 없다는 것, 향긋한 체취를 맡을 수 없다는 것, 밤에 내 침대로 기어들어오던 그의 작은 다리를 내 몸에 느낄 수 없다는 것"이 너무나 가슴 아팠다고 말했다.

삶의 망에 생겨난 균열은 너무나 큰 혼란을 불러일으켜 애도하는 자는 정신을 잃을 것 같은 느낌에 휩싸인다. 내 친구는 자신의 생생한 기억들을 잃어버릴까 봐 걱정했다. 그 기억들은 함께했던 과거의 감정적 보물상자를 여는 열쇠였던 것이다.

그렇지만 함께 나눌 수 있었던 미래를 상실한 것 역시 그녀를 절망으로 몰고 갔다. 함께했던 모든 순간에 우리는 여러 형태의 미래를 그려보기 때문이다. 우리는 평소 우리의 인생이 마치 낡은 가방에 들어 있는 것처럼 생각한다. 그러나 누가 세상을 떠나고 나서야 비로소 우리는 그의 현재뿐 아니라 그의 미래 또한 늘 우

〈흔들린 행복〉 한햇님, 2015

애도하는 자의 신체는

보이는 것과 보이지 않는 것 사이를 이어주는 다리가 된다

행복과 고통은 동시에 존재하게 되며

우리에게 다른 차원의 경험에 이르는 문을 열어준다

리와 함께했음을 깨닫는다. 그의 미래는 우리 자신의 미래의 일부분이었다는 것을. "사랑하는 이여 그대가 나를 떠났을 때 그대가 얼마나 많은 것을 가지고 갔는지 그대는 알았는가?"[59] C. S. 루이스는 죽음 후의 그 고통스러운 공허함에 대고 그렇게 외쳤다.

찢긴 삶의 그물을 다시 짜는 법

가슴을 찢는 애도의 고통으로 애도하는 이의 신체와 정신에는 구멍이 숭숭 뚫린다. 그리고 이런 고통이 한동안 익숙한 신체적 접촉을 대신할 수 있다. 고통을 느끼는 한, 잃어버린 이와 가까이 있는 듯한 느낌이랄까. 애도하는 자의 신체는 보이는 것과 보이지 않는 것 사이를 이어주는 다리가 된다.

동시에 그 고통은 또한 공동의 삶이 우리 삶의 망으로 들여왔던 신체적 연결을 해체한다. 애도의 고통은 세포의 기억을 변화시켜 신체적으로 친밀했던 기억들을 차츰차츰 정신적 연대감으로 승화시킨다. 그리하여 상대의 신체를 자신의 신체 안에 살아 있게 만든다.

"일 년쯤 지난 어느 날이었어요. 마치 매듭이 끊어진 것처럼, 분무기에서 뿜어져 나온 물보라처럼, 고통이 사방으로 흔적 없이 사라져버렸어요." 내 친구는 그렇게 설명했다. 그녀는 애도의 이런 전환기를 적절히 설명하고자 애썼다. "나는 내가 고통에서 정화되어 나오도록 허락해야 했어요. 그것은 힘들었어요. 처음에는 내가 슬픔을 놓아버리면 아이에 대한 사랑을 배반하는 것 같은 느낌이 들었어요. 슬픔이 사라지자 뻥 뚫린 커다란 구멍만 남았지요. 나는 이제 정말로 모든 것을 잃었다고 생각했어요." 그녀는 애도는 방향이 거꾸로인 출산과 비슷한 것 같다고 말한다. "똑같은 무게로, 비슷한 고통을 느껴요. 하지만 (출산과 달리 삶 속으로 뭔가를 들여오는 것이 아니라) 삶에서 뭔가를 떠나보내게 되지요." 그녀는 많은 사람들이 이런 애도의 마지막 단계를 앞두고 겁이 나서 오래도록 머뭇거리는 게 너무나도 이해가 간다고 말한다.

그 뒤로 서서히 그녀는 애도가 결코 구멍을 남긴 것이 아니라 내적인 자유를 남겨주었음을 느꼈다. 의식이 더 깊고 더 넓어지면서 비로소 그녀는 그 자유로 들어갈 수 있었다. 애도는 그녀에게서 죽음의 공포를 앗아가고 더 큰 자유를 선사해주었다. "나는 사랑하던 사람이 '죽고 없을 수도 있다'는 사실을 내 감정과 의식 속으로 들여냈어요. 죽음은 그 끔찍함을 잃어버렸고, 그 자리에 많은 여유로움이 생겨났어요."

애도는 익숙한 구조와 구속을 해체하면서 자유를 만들어낸다. 거기서 특별한 것은 이렇게 얻어진 내적인 자유가 신체적 친밀함의 상실을 온전히 상쇄해줄 수 있는 것은 아니라는 점이다. 내면이 확장되는 행복은 신체적인 그리움과는 전혀 다른 종류이기 때문이다. 그리하여 행복과 고통은 동시에 존재하게 되며, 우리에게 다른 차원의 경험에 이르는 문을 열어준다.

애도는 창조성을 살려주는 최고의 훈련과정이다. 애도는 앗아가면서 준다. 그것은 모순적이며 이해하기 힘들다. 우리의 이성이

패러독스에 대처하는 데 준비되어 있지 않기 때문이다.

독일의 시인 라이너 마리아 릴케는 〈오르페우스에게 바치는 소네트〉에서 이런 특별한 경험을 묘사했다. 오르페우스는 자신의 음악으로 신들의 마음을 녹여 자신의 아내 에우리디케를 지하 세계에서 다시 데려올 수 있다는 허락을 받는다. 단, 지하 세계를 빠져나갈 때까지는 에우리디케가 따라오는지 확인하기 위해 뒤를 돌아봐서는 안 된다는 조건이었다. 그러나 이런 조건은 오르페우스에게 걸림돌이 된다. 오르페우스는 결국 뒤를 돌아보고 아내를 두 번째로 잃어버린다. 이것은 애도하는 자의 패러독스이자 과제다. 고인이 된 사랑하는 이를 다시 삶으로 데려와 미래로 함께 나아갈 수 있으려면 애도하는 자는 초조하게 뒤돌아보지 말고, 사랑하는 이가 보이지 않는 방식으로 자신과 동행하고 있음을 신뢰해야 한다.

존재하라—동시에 비존재적 상태를,
그대 동요하는 마음의 무한한 근원을 알라.
그대 이번만은 마음껏 동요해도 좋으리.

다 소진된, 둔탁하고, 말이 없어져버린 자연의 비축물에
그 헤아릴 수 없이 많은 것에
기쁨으로 그대를 덧붙이고
그 수를 바꾸라.[60]

릴케의 시적인 표현은 밋밋한 동시대인들에게는 너무 비유적이고 신비에 싸여 있는 것으로 보일지도 모른다. 그러나 애도하는 자의 처지에서는 그런 표현들이 이해가 된다. 애도는 보이지 않는 것에 대한 신뢰를 배우는 것이기 때문이다.

내 친구와 달리 C. S. 루이스의 경우에는 이런 변화가 점진적으로 이루어졌다. "갑작스럽고, 눈에 띄고, 감정을 동반한 급한 변화는 없었다. 그 과정은 방이 데워지는 것, 또는 밤이 지나고 낮이 되는 것과 같았다. 변화를 느낄 때 변화는 이미 얼마 전부터 진행되고 있었던 것이다."[61]

어떤 사람들은 조용히 속으로 침잠해서 애도한다. 어떤 사람은 커다란 분노나 절망으로 애도하고, 또 어떤 사람들은 말없는 혼란 속에서 방황한다. 심지어는 설명할 수 없는 가벼움으로 애도하기도 한다. 눈에 보이는 증상은 당사자가 고인을 얼마나 사랑했는지와는 아무 관계가 없다. 애도는 수많은 요인에 따라 결정된다. 당사자의 성격, 삶의 이력, 달갑지 않은 변화에 대처하는 능력, 개인적인 인생관……. 어떤 사람들은 애도의 시기에 내적인 강인함을 경험하고, 어떤 사람들은 살면서 최초로 스스로를 약한 존재로 경험한다. 그로써 비로소 다른 사람에 대한 공감능력이 생기기도 한다.

애도하는 가운데 사람들은 자신과 자기 인생의 다양한 퍼즐 조각을 만난다. 그 퍼즐 조각들에서 이제 다양한 것이 생겨날 수 있다. 모두는 자기 나름대로 변화한다. 그리하여 같은 일을 당한 사람끼리조차 마음을 나누기 힘든 경우도 많다.

그러나 중요한 것은 애도하는 자는 떠난 자의 (눈에 보이지 않는)

흔적이 아로새겨진 장소라는 것이다. 이 사실을 아는 것은 중요하다. 스스로의 변화를 통해 우리는 떠난 자의 사랑에 부응하게 된다. 우리는 과거의 선물을 미래로 실어갈 수 있는 사람들이기 때문이다. 기억으로서만이 아니라, 우리가 사는 삶 자체로서 말이다.

오스트리아 즉흥예술가이자 애도 상담가인 바버라 파홀-에버하르트는 사고로 온 가족을 잃은 자신의 슬픔을 아끼던 스웨터가 찢어진 것에 비유했다. 처음에 그녀는 구멍을 메우려고 했다. 찢어진 곳을 뜯어내고 힘들여 스웨터를 고쳐보려고 했다. 하지만 결국 새로 보탠 부분이 옛 부분과 맞지 않는다는 것을 확인하게 되었다. 새로 들어간 부분이 훨씬 크고 넓었다. 그리하여 그녀는 기존 스웨터의 실을 풀어서 새로운 스웨터를 떠야 했다. "이렇게 아름다운 것이 탄생할 줄은 정말 몰랐어요. 완전히 혼자서, 그리고 완전히 나만을 위해서요. 구멍에서 완전히 새로운 것이 나왔어요. 정말 놀라운 것이요! 누가 감히 생각이나 했겠어요?"[62]

애도의 경험은 자신에 대해 스스로 지니고 있던 제한된 상을 확대시켰다. 사고가 있기 전에 그녀는 엄마였으며 피에로였다. 가족의 죽음은 그녀에게서 이 두 가지를 앗아갔다. 자녀들이 세상을 떠났고, 그녀는 더 이상 다른 사람들을 직업적으로 웃겨주는 것이 불가능해졌다. 하지만 그 뒤 그녀는 자신에게 또 다른 능력이 있다는 것을 발견했다. 그녀는 글을 쓸 수 있었고, 다른 사람들을 도와줄 수 있었다. 다른 사람들의 이야기를 들어줄 수도 있었다. 오늘날 그녀는 작가로 활동하며, 슬픔을 당한 사람들과 함께하고 그들의 대화 상대자가 되어주고 있다. 그녀는 대부분의 사람들에게는 스스로 생각하는 것보다 훨씬 더 많은 가능성이 열려 있음을 깨달았다. '아주 다양한 변신'이 가능하다는 것을 말이다.

애도의 창조적인 힘은 바로 여기에 있다. 애도의 과제와 가능성도 바로 여기에 있다. 애도는 우리에게 내면의 자유를 선사해주며, 이런 자유는 우리에게 삶의 커다란 질문에 대해 스스로의 대답을 발견할 수 있게끔 해준다. 그 어떤 시기에도 본질적인 것을 향한 문이 이렇게 넓게 열리는 때는 없다. 그 어떤 시기에도 삶에서 정말로 중요한 것이 무엇인지를 이보다 더 쉽게 깨닫고, 그에 따라 살아갈 수 있는 때는 없다.

바버라 파흘-에버하르트는 그녀의 두 번째 책의 헌사를 "내게 두려움 없이 사는 것이 무엇인지를 가르쳐준 죽음에 바친다"고 적었다.

물론 사람이 어떤 상태에서 이런 변화의 시기를 통과하는지도 중요하다. 다양한 불안이 중첩되면 애도의 단계는 더 연장될 수 있다. 애도의 단계는 아주 뒤늦게 마무리되기도 한다. 예를 들어 아주 어려서 상실을 경험한 경우에는 그냥 쉽게 이별하고 놓아줄 수 있는데, 한창 사춘기에 가까운 사람을 힘들게 잃었다든가 하면 상황에 따라 오랫동안 학업에 집중하지 못하기도 한다. 인생에서 이미 이별한 경험이 있었는지, 어떤 나이에 또는 어떤 방식으로 사랑하는 사람이 세상을 떠났는지도 마찬가지로 중요하다. 우연, 자신의 건강상태, 주변 환경이 안정되어 있는가 하는 것도 영향을 준다.

깊은 불안의 한가운데에서 변화의 잠재력을 발견하기 위해 전문가의 도움을 받는 것도 좋다. 애도는 정신적으로 성숙하는 과정이기 때문이다. 애도는 우리의 삶이 성공 프로젝트가 아니라 소중한 만남의 장임을 깨달을 수 있게 한다.

새로운 삶으로 나아가는 애도의 4단계

상실은 모순적인 방식으로 치유된다. 신체적인 연결을 고통스럽게 해체하여 정신적인 것으로 변화시키면서, 애도는 찢긴 삶의 그물을 튼튼하게 하고 잃어버린 것을 현재의 살아 있는 부분으로 변화시킨다. 동시에 애도는 우리의 좁고 제한된 생각을 넓히고, 삶에 대한 더 자유로운 시각을 열어준다. 종종 두려움, 분노, 절망, 혼란이 이런 과정에 동반된다. 슬픔이 우리에게 열어준 생각의 너비와 감정의 깊이를 포괄하는 새로운 방향감각이 비로소 생겨나야 하기 때문이다. 이런 내적인 해체과정에 참여하려면 용기와 결단력이 필요하다. 그렇지 않으면 우리는 고통스러운 경험 또는 해방하는 경험을 하는 대신, 슬픔의 힘을 기존의 것을 부여잡거나 억압하는 데만 활용할 수도 있다.

처음 단계에서 '억압'은 고통을 줄이고 심적인 안정성을 유지하기 위해 알맞은 수단일 수 있다. 그리하여 심리학자 베레나 카스트는 억압을 대부분의 사람들이 경험하는 애도의 네 단계 중 첫 단계로 보았다. 두 번째 단계는 분노, 슬픔, 두려움 또는 죄책감 같은 혼란스러운 감정들이 애도하는 자를 가히 접수해버리는 단계다. 그러고 나면 기억이 처리되고 정리작업이 이루어지는 단계가 뒤따르며,—모든 것이 다 잘되면—마지막 단계로 서서히 평화가 깃들고 애도하는 자는 새로운 삶으로 나아가게 된다. 상실은 그로써 제거되지는 않지만 다른 의미를 얻게 된다.

이런 애도의 4단계는 꼭 순서대로 착착 진행되는 것이 아니라, 서로 교대되기도 하고 넘나들기도 한다. 아침에는 정리됐다가도 오후에 다시금 감정의 물결에 사로잡힐 수도 있다. 벌써 극복했다고 생각했는데 말이다.

억압 역시 애도 기간 동안 한 번의 극복으로 끝나지 않는다. 억압은 점점 더 미묘한 형태를 띠기 때문이다. 처음에 억압이 생기는 것은 대부분 충격의 결과다. 억압의 상태에서 애도하는 자들은 아직 중대한 것이 변했다는 사실을 받아들일 수 없다. 실로 가까운 이가 죽었다는 사실은 알지만, 그것을 믿으려 하지 않는다.

그러다 억압은 차츰 미묘한 형태로 나아간다. 백일몽이나 환상, 또는 불행을 막기 위해 무엇을 다르게 할 수 있었는지를 생각하는 것도 그에 속한다. 미래에 배울 점을 찾기 위해 경험을 반추하는 것은 좋은 일이다. 또한 불행 뒤에 그 생각을 되풀이하는 것은 쇼크를 극복하는 데 도움이 될 수 있으며, 회복의 중요한 부분이다. 그러나 상처, 잃어버린 행복, 자신의 책임 또는 다른 사람들의 책임에 대해 무한 반복적으로 생각을 돌리고 곱씹어본다면, 그것은 미래를 위해 배우고자 하는 것이 아니라 우리 삶의 일부가 되돌릴 수 없이 지나가버렸다는 사실을 받아들이기를 거부하는 것이다. 생각의 끝없는 매듭에 빠지면서 그 사실을 억압하는 것이다.

애도의 과정과 다양한 형식이 한 사람이 죽은 뒤에만 억압으로 나타나는 것은 아니다. 우리 삶에 중요했던 무엇인가와 이별해야 할 때는 늘 마찬가지다. 인간관계든, 사랑이든, 일자리든, 건강이든, 삶의 단계든 간에 말이다. 사춘기, 중년의 위기, 갱년기, 은퇴기 또는 노년기의 변화를 받아들여야 할 때도 그렇다. 모든 이별은 애도과정을 동반한다. 아직 놓기 싫은 무엇인가를 억지로 떠나보내야 한다고 느낄 때 우리는 변화를 허락하는 대신에 종종 고통의 힘을 활용해 상황을 억압한다.

사랑하는 사람의 죽음에 앞에서 느끼는 고통의 강도는 실직이나 이혼 또는 젊음을 잃어버리는 데서 오는 슬픔과는 정도가 다르다. 그것은 정말로 끝 간 데 없는 극심한 고통이다. 그러나 구조적으로 볼 때, 그럼에도 여러 가지 애도의 과정은 서로 비슷하다. 억압의 시기가 지나면 종종 고통스러운 감정이 우리를 내적으로 움직여서 연결되어 있던 것을 해체하고 우리의 자아상을 넓힌다. 고통, 분노, 두려움, 절망은 우리를 흔들어 깨워, 이어서 우리가 주변을 다른 시선으로 보는 가운데 기억과 경험을 새롭고 더 적절한 자아상으로 변화시킬 수 있게끔 한다. 여기서도 역시 여러 단계가 교대되면서, 우리는 앞으로 나갔다가 뒤로 물러섰다가 한다. 그리고 결국—우리가 과거를 변화시키고 그것을 통해 스스로 변화했을 때—우리는 내려놓고 새롭고 열린 미래를 향해 걸음을 내딛는다.

언제가 그런 시점인지는 애도하는 당사자만이 안다. 그러나 우리가 과거에 얽매여 성형수술이 노화를 막아주고, 오토바이가 젊음을 되돌려주며, 기적이 우리의 관계를 구해주리라고 강박적으로 믿는 한, 애도는 치유하는 힘을 펼치지 못한다. 애도는 현재의 삶으로 다시금 태어나는 것이기 때문이다. 애도과정은 우리를 일깨우고, 마음을 열고, 감각을 섬세하게 하고, 자기가 바라는 것이 이루어지지 않았어도―때로는 바로 그 때문에―삶은 또한 살 만한 것임을 우리에게 보여준다. 기본적으로 인생의 진행을 스스로 통제할 수 없음을, 인생을 자기 뜻대로 꾸려갈 수 없음을 인정할 때에야 비로소 우리는 많은 가능성을 인식하게 된다. 우리가 지금까지 예측 가능한 삶의 모습에만 고착되어 있었기에 간과했던 것들을 말이다.

모든 깊은 애도는 자신의 한계를 해체하고,―내적으로든 외적으로든―시선을 넓히는 힘이 있다. 누군가 '영원히' 갔다는 것, 관계가 '완전히' 끝났다는 것, 또는 우리가 '정말로' 생명이 위험한 병에 걸렸다는 것을 받아들이는 것은 중요한 걸음이다. 상실을 삶의 일부로 받아들이는 것, 그로써 현실적이고 본질적인 것에 주목하는 삶으로 자라가는 것을 뜻하기 때문이다.

대부분의 사람들은 본질적인 것에 주목하는 기술을 한 걸음 한 걸음 익혀나간다. 크게 도약하는 것은 소수일 뿐이다. 그러나 애도의 과정은 차츰차츰 진행되어 드디어 우리는―약간 운이 좋으면―충만한 현재에 이르게 된다.

고통이 행복을 선사하는 딜deal

C. S. 루이스와 헬렌 조이 데이비드먼 사이의 감동적인 사랑 이야기에서 이런 힘은 특히나 분명해진다. C. S. 루이스는 어려서 어머니를 잃었다. 그때부터 그는 이별이 그에게 그토록 큰 상처가 될 만큼 사람들과 가까이 지내지를 않았다. 그는 자기 감성을 봉쇄하고 살았다. 그가 하필 암에 걸린 여성 시인 조이 그레셤(헨리 조이 데이비드먼)을 사랑하게 될 때까지 말이다. 영화 〈섀도우랜드〉는 이 사랑의 행복하면서도 비극적인 이야기를 들려준다. 영화의 가장 아름다운 장면 중 하나에서 조이 그레셤은 루이스에게 함께하는 행복이 계속되지 않을 것임을 상기시키며 "나는 죽을 거예요"라고 말한다.

루이스는 예견할 수 있는 헤어짐의 고통을 되도록 생각하지 않고 싶어 한다. "우리에게 남은 시간을 망치지 맙시다."

그러나 조이는 이렇게 대답한다 "그 사실은 우리의 시간을 망치지 않아요. 그 사실이 우리의 시간을 비로소 살아 있게 만들어요. …… 나중의 고통이 지금 우리 행복의 일부이니까요. 이건 딜deal이에요."

조이가 죽은 직후 루이스에게 죽음은 아주 무의미한 것으로 다가왔지만 루이스는 다시금 조이의 생각을 받아들인다. "내 인생에서 나는 두 번을 선택 앞에 섰어요. 어린 소년이었을 때, 그리고 나이 들어서. 소년은 안전을 원했고, 나이 든 남자는 괴로움을 택해요. 현재의 고통은 나중에 올 행복의 일부이니까요. 이것은 딜

^{deal}이에요."[63]

우리는 행복의 크기는 얼마나 슬픔이 배제된 인생을 사는가에 달려 있다고 생각하는 문화 속에서 살아왔다. C. S. 루이스도 어린 시절에는 친밀한 관계를 맺지 않음으로써 고통을 막을 수 있다고 믿었다. 뒤늦게야 비로소 루이스는 고통과 행복이 서로 대립되는 것이 아니라는 점을 확신하게 된다. 서로 따로따로 생겨나는 게 아니라는 것을 말이다. 영화 관객으로서 우리는 그런 말들을 때로 영화 속에서 그냥 감상적으로 하는 말로, 그냥 슬픔을 말도 안 되게 미화하는 말로 여긴다. 그런 감정적인 접촉에 휩쓸리지 않고 그저 담담하고 평온하게 고통 없이 살아가는 게 행복이라는, 사실은 훨씬 더 미화된 생각을 붙들고자 한다.

그러나 애도는 희망을 잃는 것이 아니라 진정한 희망을 얻게 할 수 있다. 프랑스의 철학자 블라디미르 장켈레비치는 "죽었다는 사실이 없어질 수 없다면, 살았다는 사실도 없어질 수 없다. 존재했다는 사실은 영원한 것이다. 영원과 순간은 여기서 더 이상 모순되지 않는다. 탄생과 죽음은 영원의 배경 위에서 윤곽을 그리며, 무한에서 존재의 섬을 길어낸다"고 했다.[64] 인간의 삶의 시간은 제한되어 있다. 그러나 경험한 모든 순간은 시간의 거대한 역사 속에 지워지지 않고 새겨져 있다. 우리의 개인적인 역사는 비개인적인 것 안에 들어 있다. 그리하여 장켈레비치는 애도가 주는 깨달음의 힘을 "무시해왔던 깊이를 직접적으로 발견하는 것"이라고 이야기한다.[65]

이런 말들은 어떤 정보의 기능을 하지 못하는 말들이다. 이성적·

실용적인 접근은 이런 말들을 무의미하게 만든다. 그러나 죽음의 면전에서 제한된 순간이 담고 있는 무한한 의미를 감정적으로 체득하는 사람은 죽음을 현실의 승화된 형식으로 경험할 수 있다.

헬렌 조이 데이비드먼은 연인에게 행복과 함께 유한성의 고통을 느낄 것을 요구한다. 이러한 감정적 리얼리즘이 함께하는 시간을 '더 진정한 것'으로 만들어주기 때문이다. 더 진정한 것이라는 것은 더 다채롭고 더 강렬하고 더 소중한 것이라는 뜻이다. 우리가 그렇게 감정적으로 무방비한 상태에서 순간순간을 누릴 때, 그 순간은 우리에게 완전한 현재를 선사한다. 그 안에 숨겨진 모든 힘과 아름다움과 고통과 더불어. 그리고 진정한 순간만이 허락하는 영원과 함께……

사랑하는 이의 삶의 시간과 우리 자신의 삶의 시간이 유한하기에 만남은 매 순간 의미가 있다. 미국의 저널리스트 톰 크라이더는 이런 인식이 비로소 그를 흔들어 깨웠다고 전한다. 예전에 그는 늘 일만 생각하는 사람이었다. 그러나 이제는 "독서와 산책, 친구들과의 교제, 정원 가꾸기에 더 많은 시간을 할애하고 싶어서 더 적은 돈으로도 살 수 있지 않을까"를 묻는다. "결국 내 딸은 가고, 나는 살아 있다, 이런 기분 좋은 햇살을 받으며……. 삶이 얼마나 소중한 것인지가 강렬하게 느껴지니 이를 낭비한다는 생각만 해도 견딜 수가 없다."[66]

애도를 통해 삶과 죽음을 바라보는 시각이 변하면, 애도자는 충만한 현재로 진정성 있게 다가갈 수 있다. 애도를 통해 우리는 편협한 기대와 요구, 행복에 대한 고정관념과 도그마에서 벗어나 삶을 더 넓은 시각에서 평가하게 된다. 더 이상 우리의 소원이 성취되었는지, 조건이 어떤지에 매이지 않으며, 제한된 이성으로 운명의 모든 부침을 파악하려 하지 않는다. 애도는 우리로 하여금 약한 존재가 되게 하고, 그로써 비로소 받을 수 있고 수용할 수 있는 존재가 되게 한다.

이것은 딜^{deal}이다.

기꺼이 포기하기

딸이 세상을 떠난 지 10개월 뒤 저널리스트 톰 크라이더는 이렇게 적었다. "결국 이 싸움을 기꺼이 포기할 준비가 된 것이 자아인지 이성인지 또는 둘 다인지 —또는 내 안에 있는 아주 다른 무엇인지 —나는 모르겠다. 그것이 무엇인지는 모르지만, 아무튼 내 안의 고집 센 녀석은 이렇게 탄식한다. '그래, 이제 됐어! 나는 설명할 수 없어. 내가 무얼 해도 변화시킬 수 없어!' 드디어 나는 내가 '죽음' 앞에서 무력하다는 것을 시인할 수 있다. 이것은 패배가 분명하다. 그러나 오히려 해방으로 느껴진다."[67]

열 달 동안 그는 자기 자신과, 죽음과, 운명과 싸웠을 뿐 아니라 각종 종교의 온갖 신들과도 싸웠다. 그는 특정한 종교는 없었지만 무신론자도 아니었다. "오히려 감정보다는 이성을 더 신뢰하는 회의론자였다고나 할까."

그는 이 위기 앞에서 자신의 삶을 조금 더 수월하게 만들어줄 무엇인가를 믿고 싶었다. 그러나 삶의 무자비함에 맞서 아무것도 하지 않는 듯 보이는 그 어떤 신을 믿는다는 것이 스스로 납득되지 않았다. 그러나 영적인 면을 완전히 도외시하는 것도 불가능했다. 독특한 느낌, 두려움과 경외심이 이상하게 섞인 느낌이 규칙적으로 엄습했기 때문이다. 그는 난생처음 속수무책 상태가 된 듯한 느낌이었다.

"두더지집 위쪽 땅을 곰이 긁어댈 때 두더지가 바로 이런 느낌을 받지 않을까 생각했어요."

크라이더는 삶을 더는 통제할 수 없다는 것에 심한 두려움을 느꼈다. 그것을 도저히 맞설 수 없는 강력한 적으로 느꼈다. "이런 힘은 내게서 딸 마거릿을 앗아갔다. 다음으로는 무엇을 할 것인가?"[68]

신앙이 있는 사람은 좀 더 쉬울지 모른다. 운명을 하느님의 손에 믿음으로 맡길 수 있으니 말이다. 그러나 미국의 심리학자 엘리자베스 퀴블러-로스의 관찰에 따르면 종교가 있는 사람과 종교가 없는 사람 모두 죽음에 비슷한 반응, 비슷한 질문, 비슷한 두려움을 보인다. C. S. 루이스 역시 기독교 신앙인이었고, 게다가 기독교 변증가로서 탁월한 신학적 글들을 남겼지만, 자신의 감정상태를 다음과 같이 보고했다. "나는 두렵지 않았다. 그러나 그 느낌은 두려움과 비슷했다. 똑같이 속이 바짝바짝 타고, 똑같이 안정이 되지 않았다. 나는 시종일관 딸꾹질을 했다."[69] 그는 신의 존재를 의심하지 않았다. 그러나 신의 자비를 의심했다. 신앙은 그에게 위로가 되지 않았다. "간절한 소망이 이루어지는 것 말고 어떤 근거에서 우리는 하느님이 ― 우리가 파악할 수 있는 기준으로 ― '선하다'고 믿을 수 있는 걸까?"[70]

그러나 애도(사별의 슬픔을 극복하는 문제)와 관련해서는 종교관보다 지금까지 살면서 인생을 얼마나 자신의 뜻대로 통제할 수 있다고 여겨왔는지가 더 큰 영향을 미치는 듯하다. 하이테크 시대를 살아가는 인간에게 뭔가를 통제할 수 없다고 인정하는 것은 쉽지 않은 연습이다. 그리고 바로 죽음은 인간의 우월성에 대한 절대적인 한계에 직면하게 한다. 죽음은 그 어떤 자연법칙보다 강력하게 우리 역시 우주의 여러 규칙에 복종해야 한다는 것을 인정하게끔 한다. 죽음은 우리를 지식의 한계와도 직면하게 한다. 이 일에 누군가 책임이 있다면, 대체 누구에게 책임이 있는지를 알아낼 수 없기 때문이다. 왜 이 사람이 죽었는가? 왜 우리에게 이런 일이 일어났는가? 왜 이렇게 일찍 또는 왜 이렇게 끔찍하게? 사랑하는 이를 잃었을 때 느끼는 얼토당토않은 부당함의 책임을 우리는 대체 누구에게 물을 수 있을 것인가?

우리는 애도 속에서 헤아리기 어려운 절대자와 전력으로 충돌한다. 두려움, 경외심, 낙담을 느끼는 것은 충격적인 사건의 자연스러운 결과다. 별 탈 없이 끝난 사고를 당한 뒤에도 우리는 얼마나 불안하고 예민해지는가. 그러니 우리의 힘과 지식의 절대적인 한계에 봉착한 뒤에는 얼마나 많이 불안해지겠는가?

이런 경우, 영성이 깊어서 종교적인 설명도 자신의 이성도 너무나 제한적임을 충분히 인식하는 수준에 이르러야 종교에서 위안을 찾을 수 있을지도 모른다. 종교적인 논리는 종종 이해할 수 없는 상실의 문턱에서 그 설득력이 끝나버릴 때가 많기 때문이다. 자비로운 하느님이 어떻게 이런 일을 허락하실 수 있을까? 종교가 있는 사람들은 애도를 통해 종종 어쩔 수 없이 그들이 지녔던 하느님에 대한 상을 확장해야 함을 느낀다. 나아가 많은 사람들은 자신의 종교를 다만 이성과 상식의 발판으로 활용하고 있을 뿐, 진정으로 그것을 믿지 않았다는 사실을 발견한다.

C. S. 루이스도 그가 지금껏 확실하다고 여겼던 몇몇 종교적인 표상과 결별해야 했다. 전에는 아주 논리적으로 보였던 설명들이 갑자기 더 이상 그렇지 않은 것으로 느껴졌다. 그는 서서히 자기 이성의 한계를 인정해야 했다. "죽어가는 자가 하느님이 대답할 수 없는 질문을 던질 수 있을까? 물론 아주 쉽다. 모든 무의미한 질문에는 답이 없다. 1킬로미터는 몇 시간으로 되어 있는가? 노란색은 원형인가 사각형인가? 우리가 던지는 질문의 절반은—신학적·형이상학적으로 큰 물음의 절반은—아마도 이런 종류일 것이다."[71] 빛나는 지성인 루이스는 애도과정에서 지적 교만을 버렸고, 대신에 훨씬 더 포괄적인 지혜를 선물로 받았다.

종교가 없는 사람들도 종종 애도를 통해 그의 가치관이 변했다고 말한다. 전에 중요하게 보였던 것들이 갑자기 그리 중요하지 않은 것이 되고, 전에 별로 중요하지 않게 생각했던 것들이 중심으로 들어온다. 톰 크라이더는 마지막까지 특정 종교에 귀의하는 데는 회의적이었지만, 세계 종교의 신들과 평화를 맺었다. 크라이더는 신들을 인간 정신 속의 형언할 수 없고 파악할 수 없는 것의 표현으로 이해했다. 그리고 자신의 슬픔을 극복하는 가운데 특정 종교는 아니더라도 영성이 그에게 슬픔을 극복하는 데 강력한 도움을 주었다고 고백했다. 그는 마음챙김, 즉 주변을 의식적으로 지각하는 연습을 했다. 보리수 냄새를 한껏 맡기도 하고, 접시를 닦으며 따뜻한 물이 손 위로 흘러내리는 것을 주의 깊게 느끼기도 하고, 창문을 열고 별을 관찰하기도 했다. "그것은 일종의 깨어 있음이다. 의식의 모든 경로를 통해 현실과 연결되는 것이다. 우울감이 사람을 세계와 분리하는 담이라면, 마음챙김은 그 담에 구멍을 낸다."[72]

깊은 접촉의 순간들

절대자와의 만남이 초래하는 또 하나의 결과는 초월의 경험이다. 충격은 우리의 꽉 짜인 세계상을 흔들어놓고 우리의 감각을 열리게 만든다. 바버라 파홀-에버하르트가 그녀의 남편과 자녀들이 철도 건널목을 건너다가 기차에 치였다는 소식을 들은 순간, 그녀는 "등 뒤에서 따뜻한 외투"가 자신을 감싸는 듯한 느낌을 받았다. 그리고 방금 죽은 남편이 친숙한 음성으로 "괜찮아. 다 괜찮아"라고 말하는 것이었다.[73] 그리하여 불행의 모든 면모를 파악하기도 전에 그녀의 내면은 고요를 되찾았다. "후들거리며 액셀레이터를 밟던 발이 떨림을 멈추었다. 내 생각은 고요해졌다. 나는 안전한 곳에 숨겨져 보호받는 듯한 느낌이었다." 이런 예기치 않은 경험은 공포와 절망을 가져가버렸다. 나중에 그녀는 그 경험을 기적이라 일컬었다. 초월적인 경험이 잇따르면서 그녀로 하여금 온 가족을 잃어 절망스럽고 우울한 긴 나날을 견딜 수 있게 해주었다. 종종 그녀는 그중 많은 것들이 슬픔에 짓눌리지 않기 위해 스스로 지어낸 것은 아니었는지 의심했다. 그러나 몇몇 경험은 너무나 실제적이고 강렬해서 부인할 수 없었고, 의심할 수 없었다.

초월의 경험은 스펙터클한 것일 수도 있고 그렇지 않은 것일 수도 있다. 그러나 그것은 언제나 당사자의 사고 지평을 더 넓혀주고, 선입견의 한계를 뛰어넘게 해준다. 그런 일을 겪은 사람은 이제 이런 특별한 감각적 인상을 자신의 신앙이나 세계관으로 편입하려고 할 것이다. 기독교건, 불교건, 이슬람교건, 힌두교건 또는 무신론자건 상관없이 말이다.

우리 모두는 경험한 것을 말로 표현할 수 있고 개념으로 정리할 수 있는 틀 속에 집어넣으려고 노력한다. 그리하여 미국의 뇌과학자이자 신학자인 니나 애자리는 종교적 텍스트가 서로 세계관이 다른 사람들에게 끼치는 영향을 연구한 뒤 사람들은 같은 감각적 인상이라도 기존의 견해, 성격 또는 문화권에 따라 서로 다르게 해석한다고 말했다.[74] 신앙인들은 초월적 경험에 종교적인 의미를 부여할 것이고, 무신론자들은 그것을 특별한 확신의 순간이나 심리적인 자기 치유 메커니즘으로 해석할 것이다. 하지만 그런 초월적 경험이 고무적인 효과가 있다는 것은 의심할 나위가 없다. 삶이 우리가 전에 알지 못했던 방식으로 빛나기 시작하는 깊은 접촉의 순간들이 있다. 그런 순간은 우리에게 깊은 깨달음을 선사한다.

애도의 첫해가 끝나갈 무렵 C. S. 루이스는 세상을 떠난 자기 연인을 꿈속에서 만났다. 그런데 그는 이런 만남이 "사랑하는 자들의 매혹적인 재결합과는 전혀 상관이 없어서" 놀랐다. 오히려 뭔가 실제적인 용무로 전화를 하거나 전보를 받는 것과 같았다. "'메시지'가 전달된 것이 아니라, 단지 이해와 관심이 느껴졌다." 그러나 이런 예기치 않은 경험은 깊은 인상을 남겼다. "나는 단 한 번도 세상을 떠난 사람이 그렇게 담담한 분위기에서 나타날 수 있으리라고는 상상하지 못했다. 그러나 완벽하고 즐거운 합의의 분위기가 지배했다. 감각이나 느낌을 통해서는 중재되지 않는 합의였다."[75]

루이스는 이런 만남이 힘을 주었다고 말한다. "신선하고" "명확하고" "진실한" 것이었다고 말이다. 그러고는 곧 이런 경험을 기독교적으로 해석해보고자 했다. 루이스는 이런 기쁘고 밝은 동의가 혹시 사랑 그 자체는 아닐까 자문했다. 사랑이 이 세상에서는 감정적으로 나타나지만 그것은 "우리의 동물적인 영혼, 우리의 신경계, 우리의 상상력이 그것에 그렇게 반응하기 때문은 아닐까?" 하고 말이다. 영리한 사상가이자 회의적인 자기 관찰자이자 주의 깊은 지성인으로서 루이스는 대답을 열어놓았다. 그러나 그럼에도 "그것이 내 무의식에서 나온 것이었다면 내 무의식은 내가 심층심리학에서 기대했던 것보다 훨씬 더 흥미로운 영역인 듯하다. 최소한 그것은 내 의식보다는 훨씬 덜 유치한 것으로 보인다"고 추론했다.[76]

C. S. 루이스는 오랫동안 저세상에서 오는 표지를 기다렸다. 사랑하는 이가 그곳에서 잘 지내는지를 간절히 알고 싶어 했다. 그

러나 동시에 상상력에 속아넘어갈까 봐 우려했다. 고독과 슬픔에 잠겨 여러 달을 보낸 어느 날 아침, 어둠 속 아주 가까운 곳에서 킥킥거리는 억제된 웃음소리를 들은 듯한 기이한 기분을 느끼며 깨어났을 때도 그는 회의적이었다. 그리고 "나는 그런 경험을 무엇인가에 대한 증거로 여길 만큼 정신이 나가지 않았다"고 적었다. 루이스는 초월 경험의 현실성을 검증할 수 있기에는 인간의 정신이 너무나 제한적이라고 여겼다. "오감, 못 말리는 추상적 지성, 닥치는 대로 선별하는 기억, 수많은 선입견과 가정. 그리하여 나는 의식되는 모든 것을 검증하지 못한다. 절대로. 아주 적은 부분만 검증할 수 있다. 전체 현실 중에서 그런 검열을 통과하는 것이 얼마나 되겠는가?"[77]

C. S. 루이스의 이런 이해는 미국의 심리학자이자 종교학자인 윌리엄 제임스의 생각과 통한다. 윌리엄 제임스는 초월 경험을 객관적으로 판단하는 것을 거부하면서 그것을 개인적인 경험인 동시에 실제적인 지각형식으로 보았다. 제임스의 이런 영리한 시각은 오늘날 현대 뇌과학의 연구 결과와 통한다. 그러는 동안 신경생물학자들은 사람이 초월 경험을 할 때 두뇌 속에서 어떤 일이 일어나는지 보여줄 수 있게 됐지만, 이런 두뇌 활동은 그런 초월 경험이 실재하는지에 대해서는 아무런 발언을 해줄 수 없기 때문이다. 그도 그럴 것이, 두뇌는 현실과 환상을 구분하지 못하기 때문이다. 신경생물학자들은 신경세포의 활동을 기술할 수 있다. 그러나 초월 경험에서 나타나는 신경세포의 활동이 실험 대상자가 정말로 초월적인 영역과 만났는지 아니면 간절히 소망하기만 했

는지에 대한 답을 주지는 못한다. 누군가의 공포반응을 관찰하게 될 때도 진짜 사자를 만났는지 아니면 사자를 그저 상상하기만 했는지 또는 영화 속에서 사자와 대면했는지 알 수 없다. 다만 우리는 우리가 초월 경험의 원인을 객관적으로 관찰할 수 없다는 사실만을 알 뿐이다.

그러나 환상이나 마약을 통해서도 환청을 듣고 환상을 볼 수 있으므로 진정한 초월 경험은 없다고 결론짓는 것은, 진짜 사자가 아닌 영상 속 사자를 통해서도 사자에 대한 공포가 유발될 수 있으므로 진짜 사자는 없다고 주장하는 것과 마찬가지로 틀렸다.

초월 경험의 진실성 여부를 판단하는 것은 예나 지금이나 그런 경험을 한 개인의 몫이다. 학문적인 연구와 객관적인 판단은 이런 경계에서 끝나기 때문이다. 이슬람의 신비주의자 라비아 알아다위야는 벌써 1200년도 더 전에 이에 대해 "확실히 단정 짓고자 하는 자는 거짓말을 하게 된다"고 정리했다.[78]

오스트리아의 바이오 물리학자이자 철학자인 하인츠 폰 푀르스터는 사람들이 대답할 수 없는 삶의 질문에 어떻게 답변하는 지에 특별한 관심을 기울여왔다. '객관적인 것'은 들을 수 없지만—객관적인 답변은 또한 가능하지 않기에—, 스스로의 판단을 신뢰하는 한 인간의 가치와 확신에 대해 많은 이야기를 들을 수 있기 때문이었다. 이런 시각에서 보면 대답이 불가능한 삶의 질문에 대한 각자의 대답보다 더 개인적인 것은 없을 것이다. 바로 그런 질문들에 객관적으로 답변할 수 없기 때문에 우리의 개인적인 답변과 태도가 중요한 것이리라.

삶을 위한 죽음

순간의 영원함

나는 태양의 진행을 막기 위해
팔을 들어 오른쪽 엄지손톱이
태양의 가장자리에 닿게 했다.
그러자 태양이 더 이상 움직이지 않고
시간은 멈추어 있었다.[79]

볼프강 헤른도르프

심리학자로 미국의 호스피스 병원에 근무하는 한 친구는 사람은 기본적으로 자신의 죽음을 예상하지 못한다고 확신한다. 죽음에 대비할 수 없다고 말이다. 최소한 이론적으로는 그렇다.

"누가 쉽게 눈을 감느냐 어렵게 눈을 감느냐는 예측할 수 없다"고 한다. 언젠가 그는 죽음과 관련된 직업에 종사했던 두 사람의 마지막에 함께했다. 한 사람은 여성으로 임사체험 전문가였고, 한 사람은 남성으로 무덤을 파는 사람이었다. 이 두 사람 모두 이성적으로는 죽음이 다른 영역으로 넘어가는 과도적인 사건이므로 죽음을 두려워할 필요가 없다고 믿었다. 그러나 생의 마지막에 이들은 완전히 다른 반응을 보였다. 무덤 파는 일을 하던 사람은 자기 운명을 원망하지 않는 듯했다. 신체가 연약해지고 정신이 오락가락하면서 그는 자꾸 웃음 지으며 이렇게 말했다. "이제 집에 가고 싶어요." 그에게 '집에 가고 싶다'는 것은 자기가 살던 이승의 집으로 돌아가고 싶다는 뜻이 아니라, 죽음 이후 그를 기다리는 곳으로 가고 싶다는 뜻이었다. 그는 깊은 신뢰 속에서 미지의 세계로 나아갔다.

반면 임사체험 전문가는 마지막 순간까지 자신의 친숙한 이 생을 놓치 못했다. 호스피스 병원에 입원했는데도 죽음을 직시하려고 하지 않아 그녀가 있는 자리에서는 죽음 이야기를 할 수가 없었다. 그녀는 일시적으로만 호스피스에 있는 것이라고 확신했다. 일생 동안 죽음에 대해 그렇게 많이 공부한 사람이었지만, 자기가 실제로 죽을지도 모른다는 사실은 도무지 납득하지를 못했다.

이런 사실만 봐도 우리는 이성이 자신의 죽음을 대면하기에는 좋은 도구는 아니라는 것을 알 수 있다. 그녀는 자신도 다른 모든 사람들처럼 죽을 수밖에 없는 존재임을 알고 있고 내세를 믿었음에도, 자기가 곧 죽을 것이라는 소식을 들을 준비가 되어 있지 않았다. 죽음에 관한 일반적인 개념은 개발했지만, 자기 죽음에 대해서는 아무런 느낌이 없었던 것이다.

이런 현상은 그녀가 죽음이라는 주제에 지적으로만 몰입했기 때문에 나타나는 부작용일 수도 있다. 그녀는 다른 사람들의 체험을 분석했지만, 스스로 자신의 죽음을 생각해볼 수 있는 경험의 토대 따위는 없었던 것이다. 이성은 자신이 세상에서 사라지는 것까지는 생각할 수 없기 때문이다. 임사체험 보고와 더불어 많은 세월을 보냈기에 스스로 죽음과 친숙하다고 믿었지만, 사실은 바로 그런 경력이 오히려 방해가 된 것 같았다.

무엇보다 두 가지 이유가 중요해 보였다. 하나는 임사체험을 한 사람들은 거의 죽음에 가까이 갔을 뿐 완전히 죽지는 않았다는 것—이것은 결정적인 차이다—이며, 다른 하나는 타인의 죽음은 자신의 죽음과는 비교가 되지 않는다는 것이다. 아주 가까운 사람의 죽음이라도 마찬가지다.

죽음을 배운다는 것

애도는 우리에게 죽음을 진지하게 생각하도록 가르쳐준다. 유한성에 관한 우리의 추상적인 지식은 가까운 이를 상실하는 경험을 통해 실존적인 진실이 된다.

그러나 가까운 사람의 죽음도 우리 자신의 죽음을 선취해주지는 못한다. 가까운 이의 죽음은 우리 세계의 중요한 부분을 없애버릴 뿐이다. 반면 자신의 죽음은 자신의 세계 전체를 파괴하고, 방금 자신의 죽음을 상상하고자 하던 이성을 파괴한다. 우리는 죽음에 몰두할 수 있고 심지어 그것을 고대할 수는 있지만, 죽는 것이 어떤 느낌인지 지적으로 탐구할 수는 없다. 우리가 죽을 때 우리는 처음으로 죽는 것인 까닭이다.

동시대의 영국 철학자 스티븐 케이브는 이런 딜레마를 '죽음의 역설'이라 일컫는다. 우리는 스스로 죽어야 한다는 것을 알고 있다. 하지만 그것을 이해할 수는 없다. 우리가 고요히 학문적, 철학적, 그리고 영적으로 죽음을 생각하는 동안 우리의 신체는 죽음의 경험과는 멀리 떨어져 있기 때문이다. 그렇기에 죽어가는 사람들은 나이와 상관없이 많은 경우 죽음이 너무 일찍 왔다는 느낌을 받는다. 아직 많은 것을 계획하고 있는 하필 지금 말이다!

최소한 대충이라도 자신이 사라진다는 게 어떤 것인지 느껴보도록 하기 위해 삶은 우리를 한 번씩 죽음 가까이 밀어넣기도 한다. 심한 질병, 사고 또는 실존적 공포를 통해서 말이다. 철학자이자 수학자인 토비아스 휘르터는 몇 초간 자유낙하로 절벽에서 추락하면서 죽음에 다가가는 경험을 했다. 다행히 중간에 바위가 충격을 완화해주어 결국 목숨은 건졌다.

"내가 마리엔 산 꼭대기의 북쪽 절벽에서 떨어질 때 나는 꽤 정신이 말뚱말뚱한 상태였다. 그것을 관조적이라고 표현할 수 있을 것이다. 철학과는 거리가 먼 상태였지만, 지금 생각해보면 원초적 철학상태였다고 표현할 수도 있을 것 같다. 그 과정에서 지적으로나 영적으로 이렇다 할 만한 경험을 하지 못했기 때문이다. 나는 그저 관찰했다.

유체이탈 체험 같은 것은 없었다. 깨달음도 현현顯現도 없었다. 나는 터널 끝에서 빛을 보지 못했다. 도대체가 터널이 없었다. 나는 또렷한 감각으로 죽음이 다가오는 것을 느꼈다. 완전히 현세적으로 말이다. 그러나 매초의 무게는 내 생각을 나의 뇌 속 깊숙한 곳으로까지 억눌렀다. 그리하여 오로지 드는 생각은, 나는 죽는구나 하는 것이었다"[80]

이 경험은 토비아스 휘르터의 온몸을 뒤흔들고 삶을 송두리째 바꿔놓았다. 힘든 수술을 통해 부서진 뼈들을 퍼즐 조각처럼 다시금 끼워맞춘 뒤 병원 정원에 앉아 있을 때 그는 피부에 와닿는 태양빛을 느꼈고 살아 있다는 것이 무엇인지를 실존적으로 실감했다. "지금까지 어떻게 이것을 당연하게 생각할 수가 있었을까?" 죽음 직전까지 다가갔던 경험은 그동안 당연시했던 것들에 대한 민감성을 일깨우고, 비로소 그를 생동감 넘치는 삶으로 깨어나게 만들었다. 이어지는 몇 주 동안 그는 환희의 물결에 휩쓸렸다. "그 것은 비행기 추락사고 생존자들이 느꼈던 바로 그런 감정일 거예요. 모든 경험이 전에는 몰랐던 강렬함으로 다가왔어요. 누가 흑백필름에 색깔을 입혀놓은 것처럼요."[81]

시간이 흐르면서 환희는 잦아들었지만, 죽음 직전까지 갔던 경험과 살아 있음에 대한 기쁨은 계속 남았다. "죽음을 눈앞에 두었던 짧은 경험은 인생이 끝날 때까지 내게 부담이 될 신체적인 후유증보다 더 강한 인상으로 남았다."[82] 이런 경험을 통해 죽음을 대하는 그의 철학적·지적 시각이 바뀐 것은 아니었다. 휘르터는 예나 지금이나 영혼 같은 것은 없으며 신체와 더불어 정신도 죽는다고 믿는다. 그러나 삶을 대하는 태도는 확 바뀌었다.

따라서 우리의 지식과 실제의 삶은 차이가 많다. 결국 어떤 이론을 신봉하는지가 중요한 것이 아니라, 어떤 경외심을 품고 삶을 대하는지가 중요하다. 우리 자신과 다른 사람들의 살아 있음을 향한 외경심은 우리가 무엇을 경험할 것인지, 주어진 시간을 어떻게 활용할 것인지를 결정하기 때문이다. 우리가 죽음에 관심을 쏟는 것은 결국 삶을 위한 것이다.

16세기에 프랑스의 철학자 미셸 드 몽테뉴는 철학을 한다는 것을 죽음을 배우는 것이라고 했다. 그로부터 350년 뒤 블라디미르 장켈레비치는 어째서 사람은 죽음을 배울 수 없는지를 이야기했다. "사람은 결코 죽음에 익숙해지지 못한다"고 말이다. 그는 사람은 스스로 상상할 수 없는 것에 적응하지 못한다며, 우리가 아무리 대비해도 죽음은 우리와 항상 뜻밖에 만난다고 강조했다.[83] 사람은 죽음에 대비 없이 대비해야 한다고 했다.

그러나 실제적인 시각에서 보면 몽테뉴의 관점과 장켈레비치의 관점은 보기보다 많이 다르지 않다. 두 사상가 모두 기본 관점은 유한성과 죽음을 의식하는 것이 삶을 소중히 여기게 한다는 생각이기 때문이다. 장례식에 가면 평범한 일상에서와 달리 더 깊고 열린 감정이 되는 것을 느낄 수 있다. 사람들은 함께 울고 웃으며 이야기하고, 상실의 면전에서 아주 직접적이고 허심탄회하게 살아 있음이 무슨 의미인지를 생각한다. 이런 본질적인 것에 대한 숙고가 바로 몽테뉴가 말하는 "죽음을 배우는 것"이다. 장켈레비치는 사람은 준비 없이 준비해야 한다고 믿는다. 그러나 두 사람 모두에게 중요한 것은 일상적인 망각에서 벗어나 삶과 죽음의 기적과 만나는 것이다. 사람은 그럴 때만이 진정으로 살아 있게 되고 진정으로 자신의 삶을 살게 된다. 가능한 한 용기 있게, 가능한 한 지금 이 순간을 말이다.

죽음을 대하는 두 가지 자세

죽음의 문제를 대하는 철학적·지적 기본 시각은 몇천 년 이래 별로 바뀐 것이 없다. 죽음을 학문적으로 연구하는 데는 어차피 한계가 있기 때문이다. 죽은 이에게 물어볼 수도 없으며, 죽음의 사건을 재현해볼 수도 없는 노릇이다. 임사체험의 구조는 학문적으로 분석할 수 있고 종교적 상상과 경험도 서로 비교할 수 있다. 그러나 그런 영적 경험을 극한상황에 빠진 신체가 만들어내는 환영으로 여길지, 아니면 영적인 세계를 암시하는 현상으로 여길지는 여전히 개인의 판단에 맡겨져 있다. 두 견해 모두에 근거 있는 논지들이 있다. 나아가 제3의 시각에서 보면 두 견해 모두 옳지만, 우리의 이성은 전체 상황을 파악할 능력이 없다고 말할 수도 있다.

철학적, 신학적 또는 자연과학적 논지들과 연구 결과들은 우리로 하여금 자신의 견해를 검증하게 하고, 현실에 대한 기존의 시각을 강화하거나 새로운 상을 중재해줄 수 있다. 그러나 그것들로 말미암아 철학적인 관점을 변경하게 되는 경우는 드물다. 이런 논지들이 모두 완벽하지는 않기 때문이다. 게다가 우리는 늘 이미 취했던 견해에 들어맞는 증거를 더 신뢰한다. 대부분의 사람들은 지적으로 보수적이기 때문이다. 우리가 이미 알고 있는 것이 가장 먼저 눈에 띄고, 가장 먼저 머릿속에 들어온다. 삶의 상황이 변할 때나 방향을 전환할 수 있을까. 예컨대 새로이 만들어진 인간관계, 엄청난 충격이나 신체 변화를 통해 세계를 바라보는 시선이 바뀔 수 있을지도 모른다.

죽음을 이해하는 데는 크게 두 가지 견해가 있고, 대부분의 사람들은 일찌감치 이 두 견해 가운데 하나를 선택한다. 그러나 어떤 사람들은 인생에서 이 두 가지 견해 사이를 왔다 갔다 하고, 또 어떤 사람들은 결정하지 않고 열린 상태로 놓아둔다.

　죽음을 바라보는 두 가지 견해는 유사 이래로 존재해왔으며, 많은 철학자와 신학자, 종교 창시자, 과학자들에 의해 적잖이 더 다듬어지고 정립되었다. 그리하여 같은 견해를 놓고 수많은 버전이 생겨났다.

　첫째 견해는 인간에게는 불멸의 영혼이 있어, 이것이 죽음의 순간 인간의 육체에서 분리되어 비물질적인 세계에 계속 살게 된다는 것이다. 그리스 철학자 소크라테스와 그의 제자 플라톤, 기독교 사상가들, 다른 많은 종교가 바로 이런 가설을 대변한다. 내세에 대한 표상과 영혼의 상태에 대한 표상은 종교나 철학마다 서로 차이가 많이 나지만, 인간이 물질적인 요소와 비물질적인 요소가 합쳐진 존재라는 기본 생각은 같다.

　둘째 견해는 생각하고, 느끼고, 기억하고, 경험하는 우리의 능력은 온전히 신체와 연결되어 있다는 것이다. 그리하여 우리가 '정신' 또는 '개인적 의식'이라고 부르는 것은 그 자체로 어떤 실체가 아니고 호흡이나 소화처럼 우리의 신체가 수행하는 활동이라서, 신체가 죽자마자 더는 수행할 수 없게 되는 것이라고 본다. 정신 활동과 의식은 특별한 능력으로 보이지만, 사실은 기본적으로 다른 능력과 구별되지 않는다는 것이다.

　그리스 철학자 에피쿠로스는 이를테면 죽음은 경험할 수 없는 성질의 것이기에 죽음을 두려워하는 것은 전혀 쓸데없는 일이라고 여겼다. 그는 죽음은 우리에게 육체적인 고통도, 감정적인 고통도 가할 수 없다고 보았다. 죽음이 입장하자마자 우리는 사라지기 때문이라는 것이다. 따라서 그는 죽음이 고통스러운 것이 아니라 죽음에 대한 공포가 고통스러운 것이라며, 대면할 수 없는 뭔가를 두려워하는 것은 근거 없는 일이라고 보았다. 그리하여 그는 평온을 강조했다.

에피쿠로스의 논지는 우아한 동시에 영리하다. 지적으로 아주 매혹적이다. 그러나 유감스럽게도 이런 논지는 이 세상에서 자신의 수명을 염려하거나 내세의 고통을 예상하는 소심한 사람들에게는 별로 위로가 되지 못한다. 다가오는 죽음을 우리가 평온하게 맞이할 것인가 아니면 겁먹고 외면할 것인가는 철학적이거나 신학적인 논지가 아니라 다른 것들에 달려 있기 때문이다. 예컨대 성격, 가족 상황, 이전의 경험들, 그러나 또한 전체적으로 자기 자신과 자신의 삶에 만족하고 있는가, 또는 인생에 주어진 시간을 부적절하게 사용했다는 감정이 밀려오는가 하는 것에 말이다.

죽음에 관한 두 가지 기본 견해를 신봉한 사람들 중에는 용기백배하고 유쾌한 사람들도 있지만, 기분이 언짢거나 풀이 죽은 사람들도 있었다. 영혼이 신체와 독립적으로 존재한다는 생각의 가장 용감한 변호자는 소크라테스였을 것이다. 소크라테스는 자신의 철학적인 견해 때문에 사형선고를 받고 마지막 연설을 한 뒤, 망설임 없이 독배를 들고 마셨다. 그의 제자 플라톤은 우리에게 소크라테스의 마지막 말을 전해준다. "우리가 갈 때가 되었다. 나는 죽으러, 너희는 살러. 그러나 우리 둘 중 누가 더 좋은 데로 가는지는 신 외에는 아무도 모른다."[84]

그렇지만 유명한 염세주의자 아르투르 쇼펜하우어처럼 회의적인 사람들도 불멸의 생각을 신봉했다. 그는 죽음을 환영했다. 인생을 기본적으로 고통으로 보았기 때문이다. 영국의 철학자 토머스 홉스도 비슷하게 우울한 사람이었는데, 그는 엄격한 경험론자로서 두 가지 기본적인 가설 중 어느 하나를 선택하지는 않았다.

유한성의 가설 신봉자들도 성격에 따라 죽음과 서로 다르게 조우했다. 평온한 철학자 에피쿠로스는 자신의 고통스러운 방광결석이 불치라는 사실을 알았을 때 72세의 나이에 아주 담담하게 자원해서 생을 마쳤다. 독배를 마시기 전 그는 따뜻한 물에 목욕을 했다고 한다. 영혼이 없다고 생각하는 사람들 중 죽음을 몹시 겁냈던 유명인으로는 작가 엘리아스 카네티가 있다. 그는 마지막 순간까지 글을 쓰면서 자신의 운명을 거부했다. 카네티는 자신이 사라진다는 데 대한 공포를 글로 남겼는데, 그로써 우리에게 죽음을 앞둔 수많은 사람들의 감정상태가 어떠한지를 전달해주었다.

그러나 많은 사람들은 유한성의 운명을 기꺼이 받아들이고자 한다. 바이에른의 사회교육자 디터 두베르트도 그랬다. 나는 그의 다큐멘터리 필름을 보며 그의 고결하고 열려 있는 태도에 깊은 감명을 받았다. 목에 커다란 암덩어리를 지닌 채 그는 말을 타고 니카라과 정글을 누볐다. 그리고 범죄를 저질렀거나 마약에 중독된 젊은 이들과 함께 문명에서 멀리 떨어져 살며 일했다. 필름팀은 몇 년 동안 그가 살고 일하는 모습을 필름으로 남겼다. 다큐멘터리 필름 제작진이 그에게 죽는 것이 두렵지 않으냐고 묻자 그는 이렇게 대답했다. "죽음이 오지 않을 수도 있고. 그러면 나는 두려워할 필요가 없지요. 아니면 죽음이 오겠지요. 뭔가가 오면 여하튼 내가 아직 알지 못하는 거니까, 지금까지와는 아주 다른 걸 테니까, 나는 그에 대해 기뻐할 거예요. 살아가면서 새로이 시작하는 걸 언제나 좋아했으니까요."[85]

"그래도 축복이에요"

작가 볼프강 헤른도르프는 악성뇌종양 진단을 받았다. 그리고 죽음을 앞둔 3년 동안 그는 청소년 책 한 권과 방대한 장편소설 한 편, 미완성 소설 한 편과 절절한 자서전을 남겼다. 자전적 저술의 제목은 '일과 구조'인데, 처음에는 친구들을 위해 블로그에 실었던 글을 묶은 것으로 약 440페이지에 이른다. 이 책은 우리에게 그의 말년의 경험과 사상세계를 일별하게 해준다. 세상을 떠나기 불과 몇 주 전에 그는 이런 결론을 내린다. "나는 악기 연주도 못하고 외국어도 못한다. 빈에 있는 페르메이르의 그림도 본 적이 없다. 신앙도 없다. 미국에 가본 적도 없고, 산꼭대기에 올라가본 적도 없다. 직업을 가졌던 적도 없다. 자동차도 없고 외도 경험도 없다. 내가 좋아했던 여자 일곱 가운데 다섯은 내가 그들을 좋아했다는 사실조차 모른다. 나는 거의 늘 혼자였다. 마지막 3년이 가장 좋았다."[86]

말년에 대한 이런 개인적인 평가는 자기가 병을 앓고 있다는 사실을 억압하거나 자기 운명을 미화하려고 하는 경향이 없기에 특히나 인상적이다. 그는 블로그에 죽음에 대한 공포, 불안, 수많은 수술과 항암치료의 후유증, 생기와 활력을 잃어버리는 것에 대한 슬픔을 기록했다. 그럼에도 대부분의 철학자와 의학윤리 전문가들과는 달리 그는 자기가 언제쯤 죽을지 알 수 있다는 사실을 '축복'으로 여겼다. "쉽지 않다. 하지만 그래도 축복이다."[87]

그는 더 오래 살기를 간절히 원했다. 그러나 바로 시간이 제한되어 있다는 사실이 그의 내면에서 어마어마한 창조성을 작동시켰다. "내게 1년만 주옵소서. 믿지는 않지만 신께 구합니다. 그러면 갈 준비가 될 것입니다."[88] 그는 첫 진단을 받은 직후 블로그에 그렇게 썼다. 가까이 다가온 죽음은 그로 하여금 글을 쓸 때 더 빠른 결정을 내리게 했다. 공포에 맞서는 그의 전략은 바로 '일과 구조'였다.

헤른도르프는 자신과 자신의 경험을 세심하고 객관적으로 관찰했다. 그의 글은 시적이고 개성 넘치며 유머러스하다. 그는 거의 매일 강렬한 순간들을 경험했다. 병원 카페테리아 앞에서 참새 모이를 주며 기쁨을 감추지 못했고, 1학년짜리가 제 몸집보다 커다란 책가방을 메고 신호등 앞에 서 있는 모습을 보며 눈물을 감추지 못했다. 저 아이는 지금 자신이 언젠가 죽게 되리라는 사실이 전혀 안중에 없겠구나 생각하면서 말이다. "나를 한없이 약하게 만드는 것은 세 가지다. 세상의 친절함, 자연의 아름다움, 어린아이들."[89] 그는 실존의 위협을 문학으로, 그리고 깊은 지각으로 승화시켰다. "다른 사람은 살지 못하는 바로 이 순간에 살고 있다는 것이" 얼마나 불가해한 일인지를 깨달았기 때문이다.[90]

볼프강 헤른도르프는 마지막 3년을 "준비가 다 된 것" 이상으로 살았다. 모든 프로젝트 중 가장 크고 어려운 프로젝트를 해냈기 때문이다. 그는 세계와 만났으며 삶과 죽음, 그리고 자기 자신에게 본질적인 시선을 던질 수 있었던 것이다. "사람은 현명해지지 않는다. 다른 사람보다 진실에 더 다가가지도 못한다. 그러나 죽음에 거하노라면 매분 독특한 형식의 경험적인 지식이 만들어진다."[91]

스위스의 정신종양학자(정신종양학 Psycho-oncology이란 심리치료 등을 통해 정서적인 측면에서 암환자를 돌보는 새로운 학문 영역을 말한다—옮긴이) 자비네 렌츠는 벌써 여러 해째 죽음을 앞둔 암환자들과 함께하고 있다. 죽음이 가까이 왔음을 아는 것은 정말로 급진적인 예외 상황이 아닐 수 없으며, 이에 대한 갖가지 반응도 모두 이해가 된다. 소리소리 지르며 울부짖고, 무서워하고, 경직되고, 억압하고, 무기력해지고, 기적을 소망하고, 엄격한 식단으로 삶을 통제해보려고 하는 등 맹목적인 행동주의에 빠지기도 한다. 자비네 렌츠는 죽음이 다가왔음을 아는 것을 머릿속에 시한폭탄을 넣고 있는 것에 비유한다. 죽음에 대한 공포는 사람을 경직되게 할 수 있고 삶을 마비시키기도 한다. "건강한 사람들은 머릿속에 많은 걱정과 근심이 있어요. 그러나 우리는 머릿속에 시한폭탄을 가지고 있으면 어떤 기분일까 도저히 알지 못하죠. 암이 고환에 있다 해도 폭탄은 머릿속에 있어요."[92]

이런 공포를 극복하기 위한 전략을 개발하는 것은 그러므로 마지막 큰 도전이자 생에서 창조력을 발휘할 마지막 기회다. 혼자서든 심리 전문가의 도움을 받아서든 말이다. 공포 속에서 우리는 방금 우리에게서 떨어져나간 것을 붙잡으려고 애쓴다. 그러나 변화를 허락하고 나면 두려움 속에 묶여 있던 힘이 방출되고, 마지막 몇 달 또는 몇 년 동안 깊은 성숙을 경험할 수 있다. 어떤 사람은 특정 테마가 멜로디처럼 우리의 전 인생을 관통했음을 깨닫고는 처음으로 자신의 울림에 귀 기울인다. 어떤 사람은 사회의 기대에 맞춰 사는 것을 멈추고 남은 시간 동안 본래 자신이 원했던 삶을 살아간다. 죽음 앞에서 스스로를 감추는 것은 더 이상 의미가 없기 때문이다.

보디 테라피스트로 일했던 내 지인은 암 진단을 받은 뒤 인생을 완전히 바꾸었다. 전 재산을 팔아 세계를 여행하고, 새로운 직업에서 경력을 쌓고, 책을 썼다. 그는 7년 동안 아주 생산적인 시간을 보내고 죽음을 맞이했다.

한 친구의 남편은 자기가 암에 걸린 게 아니라고 주장했다. 겉으로는 그가 자신의 질병을 억압하는 것처럼 보였다. 그러나 동시에 그는 하루하루가 자신의 마지막 날인 것처럼 향유했다. 그는 의사를 찾아가거나 병원에 갈 마음이 없었다. 대신에 그는 담배를 피우고 일을 하고 사랑을 했다. 몸을 가누지 못할 지경이 되어서도 그는 처음으로 그 달콤함을 느껴보는 듯한 표정으로 딸기를 먹었다.

이제 많은 시간이 남아 있지 않다는 것을 느낀 사람은 자신의 방식으로 세상과 이별할 권리를 얻는다. 어떤 사람은 죽음 앞에서 더 대담해지고, 어떤 사람은 삶의 리듬을 늦춘다. 감독이자 예술가인 크리스토프 슐링엔지프도 그랬다. 엄청난 창조성을 발휘했

우리는 죽음의 공포 속에서 처음으로
자신의 울림에 귀 기울인다
사회의 기대에 맞춰 사는 것을 멈추고
남은 시간 동안 본래 자신이 원했던 삶을 살아간다
죽음 앞에서 스스로를 감추는 것은
더 이상 의미가 없기 때문이다

〈Know yourself〉 Hernán Piñera, 2015

던 연출가인 그는 병원에 들어가서야 비로소 바로 자기 코앞의 세상에 그렇게 많은 '놀라운 것들'이 펼쳐져 있었음을 깨달았다. "나무도 그렇고 맛있는 음식도 그렇다. 이제 내게는 모든 것이 이전보다 더 많은 의미로 다가온다."[93]

곧 죽으리라는 것을 아는 사람의 특권은 이중적인 시각을 취하게 된다. 스스로를 세상의 일부로 느끼는 동시에 삶을 전체로 파악하기 위해 세상과 충분한 거리를 두게 되는 것이다. 마치 한 발은 안쪽에, 한 발은 바깥쪽에 담그고 있는 듯하다. 이런 시각에서 표면적으로는 아주 평범해 보였던 것들이 정말 엄청난 것이라는 점을 깨닫는다. 따끈한 수프, 스킨십, 밤의 두려움, 이른 새벽 새들의 지저귐, 웃음소리, 딸기, 방에 들어온 벌 또는 다정한 얼굴. 크리스토프 슐링엔지프는 "가장 평범한 것이 가장 아름다운 것"이라고 썼다.

유대계 네덜란드인이었던 에티 힐레숨은 잔인함마저도 죽음 앞에서 드러나는 익숙한 것의 아름다움 목록에 포함시켰다. 젊은 교사였던 에티 힐레숨은 1943년 아우슈비츠에서 살해당했는데, 그녀의 절절한 일기는 죽음의 면전에서 '생각하는 가슴'이 얼마나 측량할 수 없이 넓어지고 깊어질 수 있는지를 보여준다. "삶과 죽음, 기쁨과 고통, 너무 많이 걸어서 생긴 발의 물집, 집 뒤편의 재스민, 박해, 수많은 잔인한 행동. 이 모든 것은 내게 완결된 하나의 전체다. 나는 모든 것을 전체로서 받아들인다. 지금까지 아무에게도 이야기할 수는 없었지만, 다만 나 혼자 이 모든 것이 연결되어 있음을 깨달아가고 있다. 오래오래 살 수 있다면 나중에 사람들에게 이것을 설명해줄 텐데……. 하지만 내게 그 일이 허락되지 않는다 해도 내 삶이 중단된 바로 그곳에서부터 다른 사람이 내 삶을 계속 살아줄 것이다. 그리하여 나는 가능하면 마지막 숨을 쉴 때까지 확신을 품고 잘 살아내야 한다. 내 뒤에 오는 이가 완전히 처음부터 시작할 필요가 없게끔, 많이 힘들지 않게끔 말이다."[94]

에티 힐레숨이 이 글을 쓸 때 그녀는 겨우 29세였다. 에티는 살고자 했으며, 인생의 다양한 면모를 이해하고자 했다. 그러나 그녀는 또한 죽음 가까이에서 삶이 아주 강렬해진다는 것을 느꼈다. 오랫동안은 버텨낼 수 없을 정도의 강렬함. 충일한 경험은 그녀의 신체적인 힘을 소진시켰다. 충만한 감각적 지각과 마음의 감동은 그녀로 하여금 젊은 나이에 감정적 성숙에 이르게 해주었다. 지혜라 일컫기에 부족함이 없는 성숙이었다. 이른 나이에 죽음을 맞이해야 하는 아이들에게서도 종종 그런 성숙을 엿볼 수 있다. 그들의 성숙은 빠른 속도로 부모를 능가한다.

하지만 그렇다고 해서 에티 힐레숨을 살해한 자들의 죄가 감해지는 것은 아니다. 나치가 잔인하고 부당하다는 사실은, 그리고 여러 가지 경험도 해보지 못한 채 에티의 아까운 인생이 일찍 져버렸다는 슬픈 사실은 변함이 없다. 이른 죽음은 언제나 가능성의 상실이기도 하다.

그러나 에티 힐레숨 같은 사람들의 예는 인간에게 주어진 시간은 단순히 물리적으로만 측정할 수 없다는 것을 보여준다. 시간의 깊은 차원은 시곗바늘로는 가늠되지 않기 때문이다. 미래가 불투명하기 때문에 현재에 집중하는 능력은 깊은 차원의 시간을 보내게 한다. 시간이 새로운 차원을 얻으면 전 생애가 몇 달, 몇 주, 몇 날에 농축될 수 있다.

물리학적으로 볼 때 1초는 언제나 같은 길이의 시간이다. 1초는 세슘-133 원자에서 나오는 복사선이 91억 9263만 1770번 진동하는 시간이다.[95] 그러나 매초를 얼마나 '길게' 경험하는가는 아주 다른 문제다. 우리가 경험하는 시간은 원자의 변화로 측정되는 것이 아니라, 우리에게 의미 있는 변화로 측정되는 것이기 때문이다.

세계를 새롭게 발견하고 모든 사건에 의미를 부여하는 어린 시절에는 하루가 마치 우주처럼 드넓고 6주의 방학은 온 은하계처럼 끝이 없어 보인다. 반면 어른들의 일상에서는 종종 계절이 순식간에 휙휙 지나간다. 시간은 무의미하게 흘러가버린다. 그렇지만 어른에게도 어떤 날이 다른 날보다 훨씬 더 꽉 차게 느껴질 때가 있다. 예를 들면 낯선 곳으로 여행을 가서 첫 며칠은 돌멩이 하나, 나무 한 그루마저 새롭게 보이면서 평소보다 시간이 길게 느껴진다. 사랑에 빠진 첫 몇 달도 그렇게 다가온다.

특정 시간을 얼마나 충일한 삶으로 채우는가는 시간의 물리적인 길이에만 달린 것이 아니라, 감각의 농축과 경험하는 시간의 감정적인 깊이에도 좌우된다. 우리가 경험하는 것이 우리 마음을 매만져주는가, 우리가 그것을 얼마나 소중하게 여기는가 하는 것에 말이다. 우리의 감각을 자극하거나 우리 마음에 새로운 인상을 남기는 상황과 환경에서는 한 시간 속에 무한이 들어 있을 수 있다.

새로운 것이 당연한 것이 되자마자 시간은 다시 무의미하게 지나간다. 물리학적으로 볼 때 하루의 길이는 똑같다. 그러나 그 하루에 담긴 심리적인 깊이는 다시금 일상의 수준에서 왔다 갔다 한다. 오지 않는 버스를 기다릴라 치면 시간의 깊이는 최소한으로 줄어든다. 기다림이 끝없이 길고 지루하게 느껴진다. 우리가 바라는 변화가 일어나지 않기 때문이다.

반면 생사를 결정하는 상황에서 생물학적 유기체는 지각능력을 한껏 확대하여 모든 작은 것까지 시야로 끌어들인다. 중대한 사고나 다른 위험한 상황에서 사람들은 세계를 슬로모션으로 보는 것처럼 지각한다. 신체가 시간 경험을 직접적으로 그 순간이 지니는 의미의 깊이에 맞추기 때문이다. 그리하여 1초도 안 되는 사이에 평소 1분보다 더 많은 감각적 인상을 받아들인다. 생사가 문제 되는 상황에서는 모든 움직임이 중요할 수 있기 때문이다.

그런 상황에서 어떤 사람들은 완전히 시간을 벗어나는 듯하다. 그들은 짧은 순간에 인생의 전 파노라마를 조망한다. 모든 사건들이 꼬리를 물고 주마등처럼 스쳐간다. 미국의 신경학자 데이비드 이글먼은 이런 효과를 '파노라마 기억'이라 이름 붙였다.[96] 철학자 토비아스 휘르터도 산에서 추락할 때 이런 특별한 경험을 했다. "아주 새로운 느낌이 들었다. 인생이 곧 끝나겠구나 하는 생각이 들면서 나는 인생의 윤곽을 보았다. 인생 전체가 내 앞에 놓여 있었다. 나는 더 이상 그 안에 들어가 있지 않았고 거기에서 물러나 있었다."[97]

돌아보면 어쨌든 체험의 밀도가 어떤 사건이 우리 기억 속에 얼마만큼의 비중을 차지하는지를 결정한다. 한 해 전체가 무의미하게 느껴질 수도 있는 반면, 사고를 당한 몇 초나 새로운 사랑이 시작되는 순간은 기억 속에 세세히 간직될 수 있다. 모든 손길, 모든 말, 모든 시선은 되풀이될 수 있고, 우리의 마음을 새롭게 움직일 수 있다.

시계나 달력뿐 아니라 우리 감정의 밀도와 지각능력이 우리가 얼마나 많은 시간을 가지고 있느냐를 결정한다. 시각이 단선적인 시간에서 다차원적인 체험의 시간으로 확장하면 아주 짧은 시간도 무한을 담을 수 있다. 프랑스의 작가 르네 샤르는 이런 신기한 사실을 다음과 같이 표현했다. "우리가 번개처럼 살다 갈지라도 우리의 마음엔 영원이 깃든다."

크리스토프 슐링엔지프는 자신의 마지막 크리스마스를 보내면서 그런 영원에 잇대어진 순간을 연달아 경험했다. 그는 그것을 '크리스마스의 기적'이라 일컫는다. 첫 번째 기적은 어머니와 나눈 기탄없는 대화였고, 두 번째 기적은 종교적으로 매우 엄격했던 87세의 삼촌과 나눈 전화 통화였다. 삼촌은 사실 자기는 높은 힘과의 진정한 연결이 없었으며 신이 정말로 존재하는지 한 번도 확신하지 못했다고 고백했다. 지금까지 아주 완강한 태도로 종교적인 신념을 피력하며 영적 확신에 가득 차 보였던 삼촌이 사실은 종교적 불안에 시달렸다니! 삼촌과 그런 이야기를 나누면서 슐링엔지프는 마음이 더 편안해졌다. 죽음 앞에서는 우리 모두가 초심자이므로, 우리는 혼자가 아닌 것이다.

죽음을 앞둔 크리스토프 슐링엔지프에게 일어난 마지막 가장 중요한 기적은 바로 오랫동안 함께해온 연인과 약혼한 일이었다. "내가 이 사람을 돕고, 책임을 다할 것이며, 나는 이 사람과 더불어 내 인생을 보내겠습니다—실로 나의 마지막 시간뿐 아니라 나의 전 인생을 이 사람과 함께할 것이다—라고 말하는 것은 높은 불안의 파고를 잠재웠다. 시간이나 날이나 달이 아니라 전 인생을 말이다. 그리고 내가 이제 아이노와 함께할 전 인생은 아름다울 것이다."[98]

살아 있는 가장 깊은 이유

초, 분, 시간의 물리학적 길이를 약간 뒷전으로 미루면 본질적인 것을 더 주시할 수 있다. 남아 있는 삶의 시간이 과연 무슨 의미가 있는지 하는 질문이 생길 때조차 말이다. 어차피 시한부 인생인데 고통과 두려움 속에 왜 살아야 할까?《죽는 것도 능력이다》라는 아주 놀라운 책에서 자비네 렌츠는 이런 질문에 무척 공감 가는 대답을 제시한다. 자비네 렌츠는 암으로 시한부 선고를 받은 환자들은 한정된 시간의 그물에 걸린 것이라며, 그리하여 이런 환자들이 한순간이라도 시간의 두려움을 뛰어넘어 공간을 경험하게 하는 것이 자신의 임무라고 했다. "정신종양학적 치료는 견디기 힘든 시간 속에서 만나는 공간의 오아시스다. 현재에서 미래에 대한 희망을 길어올리는 것이 아니라 더 이상 시간을 물을 필요가 없는 경험을 길어올린다."[99]

사실 이런 경험들은 말로 전달하기는 힘든 것들이다. 이런 경험은 두 사람이 함께 나누는 마음의 고요 속에서 일어난다. 물론 그러기 전에 질문과 이야기를 통해 이런 마음의 고요에 이르는 길을 예비한다.

당돌하고 지적이며, 특히나 호락호락하지 않고 투쟁적인 태도를 보였던 어느 여성 환자는 처음에 자비네 렌츠의 질문에 전혀 응하지 않았다. 질병을 통해 생의 깊이로 나아갈 수 있다는 사실도 전혀 납득하려 하지 않았다.

몇 번 상담을 받던 중, 담당 의사에게서 더는 치료 가능성이 없으며 자신이 조만간 죽게 되리라는 사실을 전해 들은 55세의 이 여성은 자비네 렌츠에게 정신종양학자가 시한부 환자에게 도대체 무슨 도움이 되느냐고 선동적으로 물었다. 그러면서 당장 스스로 목숨을 끊지 않고 속수무책으로 죽음을 기다리는 것이 더 나은 이유가 있으면 말해보라고 했다.

자비네 렌츠는 그녀에게 "다른 생명과 본질적인 것을 나누는 것 외에 생의 더 깊은 의미는 존재하지 않는다"고 대답했다.[100] 그 생명이 사람이든 동물이든 자연이든 상관없으며, 순간을 나누고 싶은 마음이 드는 한 그녀의 남은 인생은 의미가 있다고 했다. "좀 심하게 말하자면, 그렇지 않으면 그냥 가버려도 좋다는 것"이었다.[101] 자비네 렌츠는 나아가 스스로와 나눌 것이 아직 남아 있는 경우에도 생명을 유지할 이유가 있다고 덧붙였다. "자신에게 침묵하는 사람은 이미 죽은 것이나 다름없다"면서 말이다.

인생은 자기 안팎으로 살아 있음을 나누고 전달하는 것이다. 죽음을 앞둔 많은 사람들은 신체적·정신적으로 기진하여 이제 누가 말을 걸어도 대답할 힘이 없을 때 세상을 떠나고 싶어 한다.

자비네 렌츠는 그 환자와 대화할 때 일부러 선동적인 언어를 사용했다. 그녀가 말씨름을 좋아하고 무엇보다 논쟁을 통해 삶의 의지를 느낀다는 것을 알았기 때문이다. 그 여성은 명확한 말을 전달하고 나누는 것을 가장 좋아했다. 그러나 자비네 렌츠가 그녀에게 전해준 삶의 의미는 그녀로 하여금 대화를 나누는 가운데 다른 세상으로 갈 수 있는 길을 예비할 수 있게 해주었다. 나는 여기서 자비네 렌츠가 가르쳐준 소중한 지혜를 다시 한 번 상기하고 싶다. "삶의 의미는 다른 생명과 소중한 것을 나누는 데 있습니다. 한마디 말, 생각, 따뜻한 손길 또는 따뜻한 시선! 음악이 가슴에 와닿거나 강아지가 촐싹거리며 꼬리를 흔드는 것이 미소를 자아내는 한, 살아 있을 이유가 있는 것입니다."

단순하고 아름다우며 삶의 본질이 느껴지는 생각이다. 이런 생각은 세상이 싫고 짜증스러울 때도 우리의 마음을 부드럽게 어루만져준다. 이렇듯 다른 생명과 뭔가를 나누고 공감하는 것이 우리 삶의 본질임에 틀림없다.

이스라엘의 심리학자이자 갈등 연구가 하임 오머는 삶과 죽음은 개인적인 일이 아니라는 점을 강조한다. 다른 생명과의 관계와 나눔이 모든 인생의 토대가 되기 때문이다. 하임 오머는 자살 위험도가 높은 아동과 성인들을 도우면서 때때로 효과적인 방법을 동원한다. 이들을 사랑하는 사람들로 하여금 이들에게 자기들을 생각해서라도 살아 있어달라고 부탁하게 하는 것이다. "부디 살아 있어주길 바라. 나는 당신과 함께 내 삶을 나누고 싶어." 이런 식으로 말이다.[102]

이런 충고에 진정성이 담겨 있다면 절망한 사람들이 조금이나마 삶의 의미를 느끼게 할 수 있다.

앞의 특별한 환자가 시한부 선고를 받은 날 자비네 렌츠는 그녀에게 이렇게 말했다. "당신이 세상을 떠나면 우리의 대화는 급작스럽게 끊길 거예요. 안 좋은 일이죠. 우리 둘은 언어를 통해 세상에 오직 하나뿐인 특별한 사귐을 가졌는데 말이에요. 당신이 곧장 그 언어들을 무덤으로 가져간다면, 나는 앞으로 더 이상 아무하고도 이런 대화를 나누지 못할 거예요."[103]

7

생의 안전벨트

온전한 삶의 다섯 요소

산다는 것은 믿을 수 없을 만큼
단순한 것이리라.
매우 일상적이고 비밀스럽지 않으며
매일 매 시간이 그렇듯 아주 평범한 것.
우리는 이렇게 단순한 것이
삶이라고 믿지를 못하여
삶을 느끼지도 깨닫지도 못한 채
수천 년을 지나쳐왔다.[104]

표도르 미하일로비치 도스토옙스키

단골 서점에 들러 책을 둘러보다가 로베르트 제탈러의 소설《온전한 삶》을 사기로 했다. 계산하려고 내밀자 서점 주인이 말했다. "분명히 마음에 들 거예요. 아주 행복하게 해주는 소설이죠."

　이 소설은 오스트리아에서 머슴으로 시작해 고단한 삶을 살았던 안드레아스 에거의 일생을 담고 있다. 에거의 삶은 불행의 연속이었다. 그는 네 살에 부모를 여의고 삼촌의 농장에 맡겨졌는데, 삼촌은 에거를 마구 부려먹고 두들겨 패고 학대한다. 그러던 어느 날 에거는 급기야 넓적다리가 부러져 불구가 되고 만다. 그 뒤 반항할 만큼 자란 에거는 삼촌의 농장을 떠나고, 고생고생 막노동을 하며 쥐꼬리만 한 급료를 받아 살아가는데……. 그래도 그렇게 하여 작은 오두막을 짓고 마음에 두었던 여자와 결혼하고 아이를 낳는다. 그러나 이런 행복도 잠시, 눈사태가 일어나 무너진 집에 아내와 아이가 깔려 세상을 떠나고 만다. 이어 에거는 전쟁에 나갔다가 포로가 되어 모진 고문과 절망과 배고픔을 견디고,

그렇게 또 8년이 흐른다. 다시 집으로 돌아온 뒤에는 먹고살기 위해 관광 안내원으로 일하며, 말년에 이르러서는 노숙 신세를 면하기 위해 버려진 건초 창고를 개조하여 그곳에서 지낸다.

책을 덮으며 나는 참 모질게도 살았구나 생각했다. 그러나 서점 주인 말이 맞았다. 이 이야기는 나를 흡족하게 해주었다. 그런데 무엇 때문일까?

우선은 에거의 고단한 인생을 대하면 우리가 겪는 작은 불행들이 상대적으로 가벼워 보이기 때문일 것이다. 그리하여 가진 것, 주어진 것에 만족하는 마음이 되는 것이다. 그러나 내게는 단지 그것보다는 늙은 에거가 죽기 직전에 회한 없는 시선으로 자신의 삶을 돌아본다는 점이 더 중요해 보였다. "그는 오랫동안 버텼다. 스스로 가능하다고 생각했던 것보다 더 오래. 그리고 전반적으로 만족할 수 있었다. 불우한 어린 시절, 전쟁, 눈사태에서 살아남았고, 늘 부지런히 일했다. 바위에 구멍도 수없이 뚫었으며, 그가 쓰러뜨린 나무만 해도 소도시 전체가 한겨울을 따뜻하게 나고도 남는 양이었을 것이다. 목숨이 위태로운 일도 여러 번 겪었고 말년에는 관광 안내원으로서 그가 소화할 수 있는 이상으로 사람들의 이모저모를 알게 되었다. 기억하는 한, 크게 죄지은 적도 없고 세상의 유혹에 넘어가 술을 즐기거나 과식을 하거나 여자를 밝히지도 않았다. 그는 집 한 채를 지었고, 동물 우리와 하역장 등 참으로 여러 잠자리를 전전하며 살았다. 며칠은 궤짝 속에 들어가 자기도 했다. 그는 사랑을 했다. 그리고 사랑을 하면 어떻게 되는지 어렴풋이 알았다. 그는 몇 남자가 달에 가는 것을 보았고, 결코 신을 믿을 정도가 되지는 않았으며, 죽음을 두려워하지 않았다. 그는 스스로 어디서 왔는지 기억하지 못했고, 마지막에 어디로 갈 것인지도 알지 못했다. 하지만 그 중간의 시기, 즉 자신의 생애는 별다른 아쉬움 없이 돌아볼 수 있었다. 쓴웃음을 지으며, 꽤나 경탄하면서 말이다."[105]

인생을 이렇게 개괄할 수 있는 사람은 인생을 꽉 채워서 산 사람이며, 인간으로 사는 것이 무엇인지 배우고 또한 이해한 사람이다.

안드레아스 에거는 물론 소설 속 허구의 인물일 뿐이다. 그러나 소설가는 정말로 현실에 가까운 삶을 고안했다. 에거는 행복한 섭리나 놀라운 우연을 통해 비참한 상황에서 벗어나지도 못하며, 그의 질긴 버티기 능력은 세속적인 성공이나 사회적인 명성으로 보상받지도 못한다. 에거의 만족감은 무엇보다 그가 본질적인 것에 대한 시선을 잃지 않고, 꾸준히 삶의 기본 밑천을 활용할 수 있었기에 가능한 것이었다. 에거는 위기 속에서도 우리를 지탱하게 하는 단순한 힘과 능력에 의지했다. 그것은 바로 신뢰, 희망, 수용, 사랑, 생명력이다.

낙천적인 생의 감정, 신뢰

에거는 미래에 대한 명확한 상이 없다. 그는 특정한 것을 기대하지 않는다. 그러나 그는 스스로 어려운 시기를 잘 넘길 수 있고 그다음에는 '어떻게든' 될 거라고 믿는다.

심리학자들은 이런 낙천적인 생의 감정을 '기본 신뢰감'이라 일컫는다. 이런 개념을 최초로 정립한 사람은 독일계 미국 아동심리학자 에릭 H. 에릭슨으로, 그는 기본 신뢰감을 신생아가 태어난 첫해에 획득하게 되는 능력으로 보았다.[106] 생리적 욕구와 신체적 친밀감, 사랑, 안전 등 아기의 모든 욕구가 잘 충족되는 경우 기본 신뢰감은 무리 없이 형성된다. 로베르트 제탈러의 소설에서 우리는 에거가 기본 신뢰감이 있는 사람이라는 것을 알 수 있다. 그의 기본 신뢰감이 어떤 과정을 통해 형성됐는지는 알 수 없지만, 네 살에 삼촌집에 맡겨졌을 때 이미 기본 신뢰감이 있는 상태였다. 그러므로 아기 때 그의 기본 욕구가 충족되고, 그가 생을 신뢰할 수 있는 경험을 했다고 추측할 수 있다.

에릭슨에 따르면 기본 신뢰감은 이후의 모든 신뢰감의 토대를 이룬다. 땅이 꺼지지 않는다는, 비행기가 추락하지 않는다는, 내가 뭔가를 이룰 수 있다는, 내 자녀들이 무사히 학교에서 돌아올 거라는, 그리고 내일도 목숨이 붙어 있을 것이므로 오늘 자동차를 구입해도 좋다는 신뢰감. 보험에 들거나, 낯선 사람에게 길을 묻거나, 돈을 은행에 맡기거나, 여행 상품을 예약하거나 할 때도 늘 신뢰가 전제되지 않으면 안 된다. 우리는 개인들을 신뢰하며, 생물학적·사회적·경제적·기술적인 시스템을 신뢰하고 그들의 상호과정을 신뢰한다. 독일의 사회학자 디터 클레센스는 기본 신뢰감을 신뢰 자체를 신뢰하는 능력이라 일컬었다. 그는 이런 능력이 비로소 우리를 사회적인 존재로 만들어준다고, 즉 인간사회에서 관계를 맺고 행동능력이 있는 구성원으로 살아갈 수 있게 해준다고 보았다.

우리가 매일매일 세상과 주고받는 신뢰의 정도는 크고 중요하고 기본적인 것이어서, 삶을 통제하고자 하는 노력은 그에 견주면 몇 안 되는 목판으로 하늘을 떠받치고자 하는 유치한 시도와 비슷하다. 물론 개별 영역에서 통제는 매우 중요한 역할을 한다. 예를 들어 기술 시스템에서는 자칫 큰 사고로 이어지지 않도록 적시에 재료나 기계의 피로 현상을 알아채기 위해서 정확한 통제가 필요하다. 그렇지만 인간적 상호작용이 작용하자마자 우리의 삶에는 언제나 신뢰가 중요해진다. 대중교통 시스템도 신뢰 없이는 돌아가지 않는다. 검표원은 대부분의 승객들이 우리의 대중교통 시스템을 가능하게 하는 합의를 지키고 있음을 신뢰하며, 표를 검사하는 것은 우리가 이런 합의를 상기하게 한다. 그러나 정말로 무임승차를 하고자 하면 얼마든지 할 수 있다.

그리하여 많은 경우 우리의 안녕은 천부적인 통제 시스템이 아니라 우리가 삶을 기본적으로 신뢰하고 신뢰를 일깨우는 분위기를 조성함으로써 가능해진다. 법체계와 법이 믿을 만한 이유는 우리가 판사와 법을 신뢰하기 때문이며, 경찰제도가 유지될 수 있는 것도 대다수 시민이 경찰을 신뢰한다는 데서 비롯된다. 경찰을 신뢰하지 못한다면, 우리는 경찰이 나타날 때 오히려 두렵고 불안해질 것이다. 은행 시스템도 그것이 붕괴하지 않고 돌아가기 위해서는 인간들의 신뢰가 필요하다. 신뢰는 자기 충족적인 예언이며, 거대한 사회 시스템은 모두 이런 효과에 근거한다.

특이한 경우 의심을 하거나 효율적으로 통제할 수 있는 것도 전반적인 신뢰가 바탕이 되기 때문이다. 자신의 지각, 자신의 이성, 세상에 대한 전반적인 신뢰가 있는 사람만이 의심도 비중 있게 다룰 수 있다.

사회학자 니클라스 루만은 신뢰가 없다면 사람은 아침에 자기 방에서 나올 수도 없을 것이라고 말했다. 니클라스 루만은 자신의 책에서 이런 상태에 대해 "뭔지 모를 두려움, 사람을 마비시키다시피 하는 공포가 그를 덮쳤다. 뭐라고 형언할 수 없는 불신의 느낌이 그로 하여금 굉장히 방어적인 자세로 나아가게 했다"고 적었다.[107]

그러나 요즘처럼 전반적으로 시시콜콜 통제하려 하는 추세는 우리의 신뢰능력을 약화하거나 무너뜨릴 수 있다. 통제 수준을 높여 안전성을 확보하려다가 오히려 원래 삶의 토대가 되는 저 신뢰능력을 약화하고 있지는 않은지 돌아볼 일이다. 통제 시스템이 실패할 때도 새로운 것을 구축하려면 신뢰가 필요하니 말이다.

최근 몇십 년 동안 우리의 통제욕은 점점 더 증가해왔다. 부모들은 자녀들을 위한다는 명목으로 자녀들의 일거수일투족을 파악하고 통제하려 한다. 자녀들의 일정, 성적, 친구 관계, 심지어는 키가 자라는 것까지 좌지우지하려고 한다. 기업들은 직원들의 근무시간과 성과를 체크할 뿐 아니라 인성 계발에까지 관여한다. 데이터 수집과 전화 도청은 전 세계적으로 이루어지고 있으며, 사적·공적 영역의 폭넓은 감시를 통해 삶은 점점 삭막해져가고 있다. 통제가 안전을 보장해준다고 믿는 가운데 자녀와 일, 전반적인 것에 대한 지나친 통제욕으로 말미암아 삶의 여유가 점점 사라져가고 있다.

예방 조치와 통제는 '적절히' 투입해야 한다는 점을 깨닫는 게 중요하다. 프라이부르크의 의학윤리학자 조반니 마이오는 출산의 위험에 관한 질문에 "예견할 수 있고 최소화할 수 있는 위험과 예견할 수 없는 위험을 구분해야 한다"고 대답했다. 모든 위험을 제거하는 것은 가능하지 않으며, 그렇기 때문에 의미가 없다는 것이다. "임신과 출산은 무엇보다 아이를 위해 시시콜콜 통제하기보다 여지를 두어야 하는 실존적 경험이다. 임신에 극도의 통제전략으로 임하는 것은 해결책이 될 수 없다."[108] 마이오가 여기서 출산과 관련해 한 말은 삶의 다른 모든 영역에도 적용될 것이다. 모든 불행을 막을 수는 없다. 삶에는 여지가 필요하다. 매일 신뢰하고 신뢰받는 경험을 하는 사람만이 어려운 시기에도 신뢰를 잃지 않는 법이다.

기본 신뢰를 특정인, 특정 능력, 인생의 특정 단면에 대한 신뢰와 혼동해서는 안 된다. 파트너의 배신으로 인해 파트너에 대한 신뢰를 잃더라도 기본적으로 신뢰할 수 있는 능력은 없어지지 않는다. 상처받기 싫어서 한동안 싱글로 지낼 수도 있고, 나아가 어쩌면 평생을 싱글로 지낼 수도 있다. 그러나 그렇더라도 제과점에서 거스름돈을 위조지폐로 내주지 않는다는 것을 계속 신뢰하며, 버스 운전사가 테러 인질극을 벌이지 않으며 의사가 약에 독극물을 타지 않는다는 것을 계속 신뢰하고 살아간다. 기본 신뢰는 소망이 충족되지 않거나 바람을 이루지 못한다고 해서 흔들리는 것이 아니다. 훨씬 더 기본적인 성격의 것이기 때문이다. 내일 무슨 일이 일어날지 이리저리 고민하고 궁리하는 삶보다는 현재에 사는 삶에 가까우며, 지금 서 있는 바닥에 충실한 능력이다. 그것은 이성적인 능력이 아니며, 그러기에 논리적인 설명도 요구하지 않는다. 그것은 정신적 본능에 가까운 무의식적인 확신이다. 기본 신뢰감이 전제될 때 우리는 비로소 자신감 있게 삶을 살아낼 수 있고, 온갖 위기와 불행, 모순에도 불구하고 세상을 의미 있는 눈으로 바라볼 수 있다.

에릭슨과 클레센에 따르면 한 아이가 생후 첫해에 그의 가장 중요한 애착 인물을 믿을 수 없게 되면 기본 불신감이 싹트고, 이런 불안한 삶의 감정은 위기를 극복할 수 있는 안정된 인격으로 성숙해가는 것을 방해한다. 그러나 심리학자들은 유아기에 기본 신뢰감이 제대로 형성되지 않은 경우라도 나중에 만회할 수 있다고 보는데, 아이러니하게도 무엇보다 위기의 시기에 만회할 수 있다고 한다. 의사, 심리학자, 뇌과학자, 보디 테라피스트들은 이 방면에서 사람들을 돕기 위한 수많은 방법을 개발했다.[109]

위기는 우리에게 많은 목표, 희망, 소원, 이상과 결별하도록 요구한다. 그러나 동시에 위기는 삶에서 가장 두려워하던 일이 닥쳤을 때도 우리가 삶을 꾸려갈 수 있음을 경험하게 한다. 삶은 완전히 통제하고 조절하기에는 너무 복합적이다. 그러나 바로 그렇기 때문에 삶은 늘 우리가 미처 고려하지 못했던 성장의 기회를 제공한다.

기본 신뢰는 삶이 항상 개인적인 뜻과 계획에 따를 것만을 요구하지 않는다. 신뢰할 때는 어떤 결과가 초래될지 모르고 신뢰하는 것이기 때문이다. 기본 신뢰란 모든 것이 잘될 거라고 믿지만 잘된다는 것이 무엇인지 정의하지 않는 것이다. 그래서 그것은 애써 자신이 생각했던 조건대로 삶이 이루어질 수 있도록 몸부림치는 힘든 시도보다 훨씬 더 믿을 만하다. 이런 면에서 기본 신뢰는 희망의 쌍둥이라고 할 수 있다. 희망을 신뢰하면서 미래를 가능케 하기 때문이다.

미래에서 오는 용기, 희망

독자들은 첫 장에서 희망은 미래의 빛을 현재에 비추는 것이며, 그렇게 우리에게 걸어갈 만한 길을 제시해준다고 한 내용을 기억할 것이다. 신뢰가 과거의 경험에 기초한다면 희망은 미래에서 용기를 끌어낸다. 신뢰와 희망은 자신감을 안고 인생을 살아가게 하는 짝을 이루는 힘들이다. 이 두 가지 능력은 삶에서 아주 중요하고 중심적인 기능을 한다. 신뢰와 희망은 서로 뚜렷이 구분되지 않는다. 그 두 가지가 함께할 때 비로소 우리는 현재의 순간을 두려움 없이 경험할 수 있기 때문이다. 삼촌의 농장을 떠날 때 안드레아스 에거는 미래에 대한 어떤 특정한 기대를 품지 않았다. 그의 희망은 오히려 그가 완전히 현실에 뿌리박고 앞으로 올 것을 마주하는 데 있었다. "때때로, 온화한 여름밤이면 그는 그 어딘가 풀을 갓 베어낸 들 위에 자리를 폈다. 그리고 그곳에 누워 별이 빛나는 하늘을 올려다보았다. 그럴 때면 그의 앞에 무한하게 펼쳐져

〈별 헤는 밤〉 허홍무, 2015

온화한 여름밤이면 그는 별이 빛나는 하늘을 올려다보았다
그의 앞에 무한하게 펼쳐져 있는 미래를 생각했다
미래가 그런 느낌으로 다가오는 것은 미래에 대해
아무것도 기대하는 것이 없기 때문이었다

있는 미래를 생각했다. 미래가 그런 느낌으로 다가오는 것은 그가 미래에 대해 아무것도 기대하는 것이 없기 때문이었다. 때로 한참을 그렇게 누워 있다 보면 그는 자기 등 밑의 땅이 들렸다 내려갔다 하는 느낌이 들었다. 그럴 때면 그는 산들이 숨 쉬고 있다는 것을 알았다."[110]

한나 아렌트는 매 순간 희망을 잃지 않을 수 있는 것은 우리가 행동능력이 있기 때문이라고 했다. 행동능력이 있기에 뭔가를 새롭게 시작할 수 있다는 것이다. '실질적인' 행동이 불가능해 보일 때라도 '정신적인' 행동이 가능하다. 관점을 바꾸거나 같은 삶의 상황을 다른 방식으로 경험하면서 말이다. 정신적인 행동으로도 우리는 뭔가를 할 수 있다. 대부분의 경우 희망은 더 나은 시간을 수동적으로 기다리는 것이 아니라, 자신의 습관에서 한 걸음 벗어나는 것으로 표현된다. 그러나 더 유리한 시간을 기다리는 것 또한 희망이다. "삼촌이 나를 팬다면, 난 삼촌을 죽일 거예요."[111] 에거는 삼촌에게 그렇게 말한다. 이런 반항의 행위에서 더 나은 미래에 대한 에거의 희망이 드러난다. 에거는 다가올 미래가 어떻게 전개될지 알지 못한다. 그의 행동으로 일상의 익숙한 진행을 끊어버렸기 때문이다. 하지만 그는 자기 자신의 편이 되어준다. 이 순간 변화가 가능하다고 여기기 때문이다.

아렌트는 이렇게 썼다. "모든 시작의 본질은 그것이 기존의 것, 이미 일어난 것의 시각에서 보면 아주 뜻밖에, 예측할 수 없게 세상에 들어온다는 것이다. 사건의 예측 불가능성이 모든 시작과 모든 근원이 지닌 고유한 특성이다. 지구가 생겨나고, 그 안에 생명체가 살게 되고, 거기서 인간이 진화해 나왔다. 즉 우리 실존의 전 차원이 '도저히 확률상 개연성이 없었던 일'에 기초한다. …… 새로운 시작은 늘 통계적으로 파악되는 확률과는 모순된다. …… 그리하여 그것은 우리에게 늘 기적처럼 다가온다."[112] 삶의 예측 불가능성은 바라던 미래가 도래하는 것이 정말로 있을 법하지 않아 보일 때조차도 우리로 하여금 희망을 품고 행동할 수 있게 한다.

단순한 지혜, 수용

안드레아스 에거의 최대 강점은 바로 변화시킬 수 없는 것을 받아들이는 능력이다. 그는 힘든 일도 마다하지 않는다. 그것으로 먹고살 수 있기 때문이다. 눈사태로 아내와 아이와 집이 모두 송두리째 사라져버리고 자기 뼈가 부러졌을 때도 왜 다른 사람들한테는 이런 일이 없는데 자기만 이런 일을 당해야 하는지 한 번도 묻지 않은 채 견딘다. 이런 받아들임은 게으름이나 무감각의 소산이 아니라 삶의 지혜다. 눈사태는 도덕을 따지지 않는다. 그것을 이해하려고 하거나 거기에 반항하는 것은 의미가 없다. 일어난 일은 일어난 일. 에거는 세상이 꼭 정의롭게 돌아가야 한다고 생각하지 않는다. 모든 것을 옳게 하면 자신의 바람이 이루어지리라고 기대하지도 않는다. 그에게 세상은 오히려 자신이 참여하는 사건이다. 그 때문에 그는 사랑이 찾아오면 사랑을 하고, 슬픔이 밀려오면 슬퍼한다. 그는 삶을 판단하는 대신 삶을 경험한다.

그리스의 철학자 에픽테토스도 이와 비슷한 태도로 살았다. 에픽테토스는 노예였다가 풀려난 사람으로, 영혼의 평화를 설파하여 유명해진 철학자다. 그는 삶 자체가 인간을 괴롭히는 것이 아니라, 인간 스스로 삶이 부당하다고 생각하지만 현실을 변화시킬 수도 없기에 괴로운 것이라고 했다. 그리하여 에픽테토스의 가장 중요한 충고는 바꿀 수 있는 것과 바꿀 수 없는 것을 구별하라는 것이었다. 에픽텍토스는 바꿀 수 없는 것을 바꾸고자 하는 노력을 멈추면 훨씬 더 행복해진다고 생각했다.

에픽테토스는 자신의 철학에 충실한 삶을 살았다. 일화에 따르면 그는 주인이 때려서 고관절이 부러졌을 때도 평정심을 잃지 않았다고 한다. 주인이 노예의 뼈를 부러뜨릴 힘은 있을지언정 그의 품위를 손상할 힘은 없다는 생각에서였다.

에픽테토스의 평정심이 철학적인 숙고에서 비롯되었다면, 안드레아스 에거의 인내심은 그의 단순한 마음에서 우러나온 것으로 해석할 수 있을 것이다. 그러나 에거 역시 언제 무엇을 위해 투쟁하는 것이 좋을지를 지혜롭게 인식한다. 그처럼 에거는 우리에게 삶의 지혜는 반드시 외형적인 교육과 비례하는 것은 아니라는 것을 보여준다.

영국의 심리학자이자 트라우마 연구자인 스티븐 조지프에 따르면, 바꿀 수 없는 것을 받아들이는 능력은 트라우마적인 경험을 한 뒤에 더 성장하고 성숙한 사람이 될 수 있을지 아니면 그냥 무너져버릴 것인지에 결정적인 영향을 끼친다. 삶의 불확실성과 모순들을 인생의 기본적인 원칙으로 받아들이고 자신도 다른 사람들과 마찬가지로 불행이나 아픔, 슬픔, 후회, 실망, 괴로움을 겪을 수 있다고 생각하는 사람은 어려운 시기를 더 잘 견딜 수 있을 뿐 아니라, 나아가 특별한 힘을 발휘할 수 있다.[113]

위기가 사람을 더 강하게 하는 효과를 '외상후 성장post-traumatic growth'이라고 한다. 따라서 트라우마적 경험이 인격적인 성숙의 추진력이 된다는 것이다. 트라우마적 경험은 실존적 충격이 되는 경험, 너무 충격적이어서 생물학적·신경적·심리적인 전체 체계가 위험하게 흔들리는 경험을 말한다. 예를 들면 사고나 폭력, 가까운 이의 예기치 않은 죽음, 어린 시절에 당한 학대나 방치 따위의 경험이다. 그런 트라우마적 경험의 후유증으로 기억의 공백, 반복되는 생각, 감정의 혼란, 심장 두근거림, 불면증 등이 나타나기도 하는데, 때로는 몇 달 또는 몇 년 동안 지속될 수 있다.

1980년대에 벨기에 해안에서 일어난 선박 사고의 생존자들도 그런 일을 겪었다. 당시 이들이 승선했던 페리가 몇 초 사이에 전복해버리면서 193명의 승객이 사망했다. 스티븐 조지프는 이 사고의 심리적 장기 후유증을 연구하는 일을 맡았다. 생존자들은 사고 직후 몇 달 동안 악몽과 괴로운 기억, 그 밖의 수많은 스트레스 증상에 시달렸다. 3년이 흐른 뒤에도 그들 중 반수 이상이 그 일로 인해 여전히 괴롭다고 말했다. 그러나 다른 절반의 사람들은 긍정적인 변화를 보고했다. 그들은 삶이 더 안정된 것 같다며, 사고 전보다 더 나은 삶을 살고 있다고 했다. 가족들과 사람들을 더 소중히 여기고 있으며, 몇몇은 더 이상 죽음이 두렵지 않다고 했고, 전반적으로 이해심과 관용심이 더 많아졌으며, 나아가 뭔가를 할 때 더 결단력을 발휘하게 되었다고 했다. 부정적인 경험을 없던 일로 할 수는 없지만, 전체적으로는 그로 인한 긍정적인 결과들이 그들에게 더 중요한 것 같았다.

스티븐 조지프는 이런 발언에 놀랐지만, 다른 사고 생존자들을 다룬 연구도 그런 결과들을 확인해주었다. 그리하여 조지프는 외상 후 스트레스가 변화의 엔진이 될 수 있음을 인정하기 시작했다. "트라우마는 당사자들을 인생의 전환점 앞에 세운다"고 말이다.[114]

그러는 동안 외상 후 성장이라는 현상에 대해 체계적인 연구가 이루어졌다. 트라우마를 겪은 사람들과 20년 이상을 함께하며 영국 노팅엄 대학교의 '트라우마, 회복탄력성, 성장 연구소'를 이끌어온 조지프는 그의 책 《우리를 죽이지 못하는 것》에서 그간의 트라우마 연구 결과를 정리하며 어떤 조건에서 사람들이 위기를 통해 더 안정되고 충만한 인격으로 성숙하는지, 그리고 어떤 상황이 이런 과정을 방해하는지 소개한다.

조지프의 경험에 따르면, 트라우마를 가장 극복하기 힘든 사람들은 어떤 이유로든 스스로 죄책감을 느끼는 사람들이다. 다른 사람들은 죽었는데 자기는 살아남았다는 사실 때문에, 또는 자기가 충분히 돕지 못했다는 생각 때문에, 또는 자기가 불행을 막을 수 있었다는 생각 등등 때문에 말이다. 그들은 통제 상실을 삶의 일부로 받아들이지 못한다. 그 때문에 끊임없이 자책하고 더 잘할 수는 없었는지 자문하면서 헤어나오지를 못한다. 알코올중독, 약물중독, 일중독 등 모든 형태의 회피와 억압 역시 장기적으로 트라우마를 극복하는 데 방해가 된다.

반면 트라우마 치료와 외상 후 성장에 도움이 되는 것은 무엇보다 다음 세 가지다.

1. 현실을 부인하거나 억압하는 대신에 현실과 대면하기
2. 일어난 불행을 달갑지는 않지만 삶의 일부로 받아들이기
3. 앞으로의 삶을 책임지기[115]

어려운 순간에도 우리에게는 행동의 여지가 많이 남아 있다는 것과 시각의 변화를 통해 상황을 효과적으로 개선할 수 있음을 경험하는 것이 중요하다. 조지프는 이렇게 말한다. "인간은 자기 인생의 수동적인 관찰자가 아니다. 일어난 사건을 어떻게 느끼고 어떻게 생각하는가는 그 사건을 딛고 일어설 것인지, 어떻게 그렇게 할 것인지에 중요한 영향을 끼친다."[116]

미국의 배우 마이클 J. 폭스는 위기를 겪으면서 한층 더 성숙한 인격으로 성장한 대표적인 사람이다. 마이클 J. 폭스에게 파킨슨병이 발병한 것은 불과 30세 때였는데, 폭스가 자신의 질병을 받아들이기까지는 7년이 걸렸다. 이 기간 동안 그는 알코올과 약물에 의지해 그 사실을 억압하고 우울증에 시달렸다. 그러나 결국 그는 바꿀 수 없는 사실을 받아들였고, 그때부터 그는 자신의 삶에 만족할 뿐 아니라 심지어 스스로를 참 행복한 사람이라고 일컫게 되었다. "이 모든 일이 일어나지 않았더라면……. 글쎄요. 지금 내게 있는 이 가족들을 얻게 되었을지, 지금처럼 이렇게 살 수 있

었을지, 이런 의미를 느낄 수 있었을지 잘 모르겠어요. 내가 할 수 없는 단 하나의 선택은 파킨슨병을 앓을 것이냐 말 것이냐 하는 것이었어요. 하지만 그것만 빼면 나는 무한한 선택의 가능성을 안고 있어요. 내가 그것을 어떻게 대할 것인지는 오로지 내게 달려 있어요. 그것을 받아들이는 것이—다른 사람들은 이해하기 어려울지 몰라도—중요하지요. 체념한다는 뜻이 아니에요. 치료 가능성을 강구하는 것도 아니고요. 거기에서 도망치려 하거나 반대로 뭔가를 변화시켜보려고 하면, 정말 힘들어져요."[117]

유대계 오스트리아 정신과 의사였던 빅토르 E. 프랑클은 인생의 다양한 면을 받아들이려 하지 않는 사람은 인생에서 의미를 빼앗는 사람이라고 했다. "고생과 죽음, 고통과 운명을 삶에서 몰아내려고 하는 것은 인생에서 형태와 모양을 앗아버리는 것이다. 운명의 후려침, 그로 인한 격심한 고통 속에서야 비로소 삶은 형태와 모양을 얻는다."[118] 프랑클의 온 가족은 나치에 의해 살해당했고, 그 스스로만 나치 강제수용소에서 살아남았다. 풀려난 뒤에 프랑클은 화해를 외쳤고, 다른 사람들이 위기 속에서 성장할 수 있도록 도우며 일생을 보냈다.

이해할 수 없고 가혹한 측면에 이르기까지 삶을 온전히 받아들이는 것은 용서를 가능하게 한다. 몹쓸 일을 저지른 사람이나 집단까지는 용서할 수 없더라도, 완벽하지 않은 삶 자체는 용서할 수 있다. 삶은 살아 있기에 자유롭게 펼쳐질 수 있는 것이다. 완벽할 필요가 없는 것, 그것이 자유의 기본 전제조건이다. 그로 인해 생겨날 수 있는 무자비함과 잔혹함이 종종 견디기 힘든 것일지라도, 그럴수록 삶은 우리로 하여금 우리 자신의 불완전함을 인식하게 하고, 주변 사람들과 서로서로 곁에 있어주며, 서로 가능한 것으로 도우라고 권한다.

위기 속에서 성장하는 것은 긍정적인 사고방식으로 일어난 일들을 깡그리 무시하고 모든 것에는 좋은 면이 있다고 무조건 믿는 것이 아니다. 오히려 상실의 고통을 온전히 받아들이고, 바로 그곳에서 새로이 시작하는 것이다. "나는 이런 폭풍우가 내 삶을 휩쓸었음을 압니다. 나는 내가 해고당했음을 받아들입니다. 나는 내 바람과 달리 이 사랑이 끝났음을 인정합니다. 그렇습니다. 내 젊음은 최종적으로 갔습니다. 수술로도 회복할 수 없습니다. 인정합니다" 하는 태도에서 비롯된다. 상황을 진정으로 받아들일 때, 단순하지만 중요한 질문이 나오기 때문이다. 그 질문은 "그래, 이러저러한 일이 있었어. 하지만 이제 내가 무엇을 할 수 있을까?" 하는 것이다.

시간을 불행이 일어나기 이전 시점으로 되돌릴 수 있었으면 하고 애타게 아쉬워하고 안타까워하는 한 우리는 불행하고 좌절할 수밖에 없다. 진정한 성장은 늘 현실을 토대로, 지금 여기에서 이루어지는 것이기 때문이다. 삶이 결코 이전처럼 되지 않을 것임을 받아들일 때 비로소 삶은 심지어 '더 좋아질 수 있다'. 더 깊고, 더 충만하고, 더 생동감 넘치고, 더 가치 있고, 더 공감적이며, 더 성숙한 삶으로 나아갈 수 있다. 조지프는 "트라우마는 마치 팡파르처럼 기존의 경직된 사고와 감정을 점검해보라고 우리를 일깨운다"고 말한다.[119] 우리가 도대체 무엇을 위해 사는가 하는 것도 우리가 점검해야 할 중요한 질문이다.

마이클 J. 폭스는 지금 자기처럼 파킨슨병을 앓는 환자들을 위해 살고 있다. 다른 사람들을 더 행복하게 해주기 위해 활동하면서 스스로 행복한 남자가 되었다. 불행을 겪으면서 성장한 수많은 사람들이 나중에 자신의 능력으로 다른 사람들을 도우며 살아가는 것을 볼 수 있다. 심리치료사가 되기도 하고, 슬픔을 당한 사람과 함께해주기도 하고, 난민들을 돕기도 한다.

외상 후 성장을 경험한 대부분의 사람들은 그 뒤로 인간관계가 더 깊고 의미로 충만해졌다고 고백한다. 사랑이 더 많아졌으며, 이제 결코 자기중심적으로 살지 않게 되었다고 말한다. 위기 속에서 성장한 사람들은 '물질적이지 않고 독선적이지 않은 삶을 살게 되며 더 건강한 상식과 유머로써 살아간다'는 것이 조지프의 결론이다.[120] 트라우마를 극복한 사람은 오뚜기가 아니라 폭풍우에 손상된 나무와 같다. 그 나무에 난 상처는 자연스레 아물며, 나무는 새로운 방향으로 계속 뻗어나간다. 그 나무는 결코 이전과 같은 나무가 아니다.

트라우마를 경험한 뒤 아픔이 사라질지, 언제 어떻게 그렇게 될지는 아무도 모른다. 성장과 치유는 유기적인 과정이라서 고유한 시간을 필요로 한다. 어떤 시간에 어떻게 되라고 요구할 수 없다. 다만 그 과정을 신뢰할 수 있음을 알면 된다.

생명의 연결, 사랑

사랑은 복합적인 현상이다. 사랑은 감정이기도 하지만, 힘이자 행동이자 결정이자 선물이기도 하다. 불행 또는 징벌로 작용할 수도 있다. 사랑 때문에 삶의 위기가 올 수 있고, 삶이 불안해질 수도 있기 때문이다. 그러나 중요한 것은 불안의 시기를 통과할 때 사랑이 우리에게 얼마나 도움이 되는지를 이해하는 것이다.

미국의 작가 존 윌리엄스는 그의 소설 《스토너》의 주인공으로 하여금 사랑에 관한 여러 가지 정의를 생각하게 한다. "젊은 시절 윌리엄 스토너는 사랑이란 운 좋은 사람이나 이를 수 있는 완벽한 존재상태라고 여겼다. 기성세대가 된 후에는 사랑이란 즐거운 불신, 친숙한 경멸, 당황스러운 동경으로 다가가야 하는 거짓 종교의 천국이라고 혼잣말을 했다. 이제 그는 사랑이 은총도 환상도 아니라는 것을 깨달아가기 시작했다. 오히려 그것은 인간됨의 행위일 것이며, 우리가 매일 매 순간 의지와 지혜와 선의로써 맞춰나가야 하는 상태일 것이다."[121]

젊은 시절 사랑은 우리에게 종종 하늘의 선물처럼 느껴진다. 아무도 우리를 완전히 이해할 수 없다는 사실을 알게 되면서 줄곧 느꼈던 불안이 사랑으로 인해 해소될 것처럼 보이기 때문이다. 인간은 비슷한 면도 있지만, 저마다 서로 다른 존재다. 게다가 저마다 각자의 신체 안에 홀로 살고 있다는 사실이 구조적인 고독을 빚어낸다. 그리고 이런 고독이 우리로 하여금 사랑을 동경하게 만든다.

에거가 미래에 그의 신붓감이 될 여성을 만났을 때 에거의 팔이 우연히 그녀의 블라우스를 스치고, 에거는 그때까지 알지 못하던 동경에 사로잡힌다. 그날부터 마음 깊은 곳에 도저히 지울 수 없는 아픔이 느껴진다. "잠시 그렇게 스친 뒤 아픔은 그의 상체와 어깨, 가슴속으로 파고들었고 마지막에 심장 쪽 어딘가에 눌러앉았다. 그것은 섬세한 아픔이었다. 그러나 크란츠슈토커한테 개암나무 회초리로 매 맞았던 것을 포함하여 에거가 여태껏 알아온 그 모든 고통보다 더 깊었다."[122] 그 여인이 아내가 되어주겠다고 했을 때 에거가 느낀 행복 역시 고통 못지않게 깊었다. "에거의 밤들은 이제 더 이상 고독하지 않았다. 침대 위, 그의 곁에는 이제 아내가 고른 숨을 쉬며 누워 있었다. 때로 그는 이불 위로 도드라진 아내의 몸을 바라보곤 했다. 몇 주째 점점 더 잘 알아가고 있었지만, 여전히 그에게 아내의 몸은 신비한 기적으로 다가왔다."[123] 짧은 기간이지만 타인과 친밀감을 나누고 타인이 원하는 사람이 되었던 기적은 남은 일생 동안 언제나 에거와 함께하면서 에거가 외로움을 견딜 수 있게 하는 힘이 되어주었다.

"다른 사람과 나누었던 친밀감, 서로를 부끄러움 없이 온전히 신뢰했던"[124] 경험은 우리에게 특별한 행복을 안겨주고, 서로 다르다는 사실은 일종의 구원을 선사해준다. 나아가 우리가 오랫동안 갈구해온 내적 평화를 맛보게 해준다.

그렇지만 모든 사람이 이런 친밀했던 기억에서 힘을 길어올릴 수 있는 것은 아니다. 사랑하는 사람을 잃거나 관계가 좌절된 뒤, 많은 사람들은 고독감을 더 심하게 느낀다. 더구나 자신이 거부당했거나 부당한 대우를 받았다고 느끼는 사람은 이제 사랑 따위 다 부질없는 일이라고 보면서 또다시 상처를 입을세라 마음의 문을 굳게 걸어 잠그는 경우가 많다.

그러나 이런 태도는 장기적으로는 행복에 긍정적으로 작용하지 않는다. 사랑은 그 누구도 포기하고 싶지 않은 특별한 마법을 지니고 있기 때문이다. 사랑의 기간이 짧더라도 그것이 우리에게 영원의 느낌을 주는 현상은 참으로 신기하고도 당혹스럽다. 사랑은 우리를 한순간 시간으로부터 들어올리는 능력이 있다. 존 윌리엄스는 《스토너》에서 이런 시간 초월의 경험을 다음과 같이 탁월하게 표현한다.

"윌리엄은 그녀가 예전에 사귀던 사람이 있었다는 사실을 알고 적잖이 충격을 받는 자기 자신에게 자못 놀랐다. 그러고 보니 그는 자기와 그녀가 사귀기 전에는 마치 둘 모두 이 세상에 없었던 것처럼 생각하고 있었던 것이다."[125]

이런 독특한 시간 초월의 경험에서 떨어져나온 뒤에는 꾸준히 친밀한 삶을 살아가게 하는 조건을 만들어가는 것이 우리의 과제가 된다. 사랑이 인간 본연의 고독을 완전히 없애주지는 못한다는 점을 인식하는 것도 과제 중 하나다. 인간은 어차피 세상에서 어느 만큼은 홀로서기를 할 수밖에 없는 고독한 존재이기 때문이다. 우리는 비슷한 기본 욕구를 품고 있지만, 서로 완전히 하나가 되기에는 너무나 다른 존재다. 이렇게 서로 다르다는 사실, 이런 신체의 모습을 하고 살아가는 것은 자기 자신밖에 없다는 사실이 우리로 하여금 다른 결정, 다른 생각, 다른 가치판단을 하게 하고, 독립적인 인간으로 살아가게 한다.

그러나 이렇듯 우리의 개성과 독특함을 소중하게 여기고 자기 편이 되어주기 위해 우리는 다시금 사랑을 필요로 한다. 윌리엄 스토너가 "인간됨에서 비롯된 행위"라고 일컬은 형식의 사랑 말이다. 인간됨에서 비롯된 행위는 곧 생명을 펼치는 데 도움이 되는 행위라는 뜻이다.

모든 사람은 다른 생명과의 만남 속에서 스스로를 펼친다. 아기가 미소 지을 때 아기는 세상에 자극을 보낸다. 그러나 아기 스스로는 그의 미소를 보고 다른 사람들이 되돌려보내는 미소를 통해서만 이를 파악할 수 있다. 아기는 다른 사람들의 반응을 통해 자기 감정과 행동의 의미와 영향을 배운다. 자극을 주고받으면서 아이의 인격은 성숙해간다. 사랑받음으로써 아기는 다른 사람이 자신의 존재를 소중하게 여긴다는 것을 느낀다. 배고플 때 먹을 것을 주고, 따뜻하게 해주고, 달래주고, 아플 때 돌봐주는 손길을 통해 아기는 그것을 느낀다. 아기의 울음, 웃음, 칭얼댐이 세계를 움직이게 하고 뭔가를 좋은 쪽으로 인도한다는 것. 아기는 그것을 아직 인과관계로는 파악하지 못하지만, 자신이 뭔가에 영향을 끼칠 수 있다는 것을 경험한다.

그리하여 사랑과 신뢰는 밀접하게 연결된 것이다. 자신의 필요가 충족되고, 자신이 뭔가에 영향을 끼칠 수 있음을 신뢰하게 되면서 아이는 다른 사람과의 사랑의 관계가 거기에서 결정적인 역할을 한다는 것을 배운다.

어른인 우리도 이런 상호작용에 기대고 있다. 사랑은 우리가 절망에 빠져 있을지라도 어느 누군가는 우리를 기꺼이 기다려주고 받아준다는 것을 느끼게 한다. 내 지인의 다섯 살짜리 아들이 어느 날 한창 놀다가 갑자기 그를 올려다보며 "아빠, 내가 다 클 때까지 함께해주겠다고 내게 약속해줄래요?"라고 말했다고 한다. 그 꼬마는 자기 아버지가 지금 힘든 삶의 위기에 봉착해 있다는 사실을 직접적으로 알지는 못했다. 하지만 그것을 느꼈음에 틀림없다. 나중에 내 지인은 아들이 그렇게 물어본 것과 이어서 그가 아들과 새끼손가락 걸고 약속한 것이 자기 생명을 구해주었다고 내게 말했다. 그 아이는 아빠에게 아빠가 살아 있는 것이 소중하다는 사실을 보여준 것이다.

쓸모 있는 사람이라고 느끼면 아무리 힘들어도 버틸 수 있다. 그리고 이 밖에도 위기 때 우리는 다 큰 어른일지라도 우리의 기본 필요를 채워주고 필요한 도움을 통해 우리의 생명이 가치 있다는 것을 확인해주는 사회적 망이 필요하다. 부인이 눈사태로 세상을 떠난 뒤 에거는 부상을 입은 상태에서 마을의 여관으로 피신한다. 여관 주인은 그에게 치료비를 대주고, 여관 일꾼은 제대로 움직일 수 없는 그를 돌봐주며 몸을 따뜻하게 해주고, 벤치에 앉혀 신선한 공기를 쐴 수 있게 해준다. 그렇게 생활의 필요를 채워준다. 에거 스스로도 일생에서 여러 번 다른 사람들에게 그런 봉사를 한다. 한번은 산꼭대기에서 죽어가는 양치기를 부축해 계곡까지 데려온다. 양치기를 치료할 수 있다고 생각해서가 아니라, 양치기를 혼자 산장에 두는 것은 옳지 않다고 생각해서다. 또 언젠가 밤에는 산속에서 길을 잃어 죽을 뻔한 노부부를 구해주기도 한다. 그에게 이런 일은 그리 특별한 일이 아니다. 하지만 그것은 윌리엄 스토너가 일컬은 "인간됨에서 비롯된 행위"다.

철학자이자 생물학자인 안드레아스 베버는 사랑을 특별한 방식으로 정의한다. 그는 "사랑은 감정이 아니"라면서, "사랑은 타인 또는 낯선 사람과 연결되는 것이며, 이런 연결을 통해 나와 상대방 모두 성장하게 되는 방식이다. 사랑은 이 관계에서 나 스스로에게 무엇이 남을는지 생각하지 않고, 자기 자신과 상대방 모두 살게 만드는 기술이다. 사랑과 삶은 서로 밀접하게 연결되어 있다"고 했다. 베버는 그의 책《생명력—에로틱한 생태학》에서 모든 생명의 본질적인 토대로서의 사랑을 논했다. 그는 사랑을 아주 넓은 의미에서 재능의 교환으로 이해했다. 양쪽 모두를 변화시키고, 변화과정에 참여시키는 교환으로서 말이다. 그렇게 볼 때 사랑은 또한 생태적인 요소를 지닌다는 것이 안드레아스 베버의 말이다. 모든 생태계는 서로 의존관계에 있는 공동체이기 때문이다. 생태계의 각 구성원은 전체가 번성할 때만이 번성할 수 있다. "따라서 사랑은 상대와 균형을 이루는 것, 이런 균형 속에서 상대방이 홀로 있을 때보다 훨씬 더 바람직한 상태가 되는 것이다. 따라서 사랑은 감정이 아니며, 생태적 실천이다. 자연적인 생태계는 이 일에 능하다. 사랑이 우리를 그렇게도 행복하게 하는 이유는 바로 이 때문이다."[126]

어린 시절을 소재로 한 많은 소설에서 볼 수 있듯, 동물이나 자연과의 깊은 교감이 부모나 남매, 다른 애착 인물과의 애정 결핍을 상쇄해주는 이유도 바로 그런 것이다. 어른들 역시 자연과의 만남에서 생명의 교감을 나누고, 이런 나눔을 통해 삶이 풍요로워지는 경험을 한다.

사랑을 생태적인 일로 보기에는 세계의 모습이 그리 아름답지 않다고 지적할지도 모른다. 알다시피 동물들은 자기 생명을 유지하기 위해 서로 잡아먹지 않느냐고 말이다. 하지만 그럼에도 그들은 이런 방식으로 공생적인 생태계를 유지하는 데 기여한다. 말벌은 자기 후손에게 먹이기 위해 곤충을 노획하지만, 스스로는 꽃가루를 먹음으로써 식물을 수분受粉시키고 식물의 번식에 기여한다. 생태계에서는 생명을 선사하는 일과 생명을 앗아가는 일이 서로 배제적이지 않다. 고통, 위기, 죽음을 삶에서 완전히 몰아낼 수 있다는 생각은 그로써 자연에 대한 편견 없는 관찰에서 나온 것이 아니라, 근대에 배태된 희망사항일 따름이다.

우리가 이런 억압적인 태도로 살려고 하다 보니 그저 생명을 근근이 유지해나갈 뿐, 삶을 정말로 살맛 나도록 살게 하는 동력과 연결될 수 없는 것은 아닌지 생각해볼 일이다.

새로워지려는 충동, 생명력

양로원의 음악 시간. 음악이 울려 퍼지자마자 몇몇 노인들은 얼굴이 환해지며 발로 장단을 맞춘다. 그리고 함께 노래를 부른다. 91세 할머니와 중년의 매력적인 남성이 함께 춤을 춘다. 둘은 연방 웃는다. 아주 편안하고 즐거워 보인다. 그들을 바라보는 사람도 웃음 짓는다. 살아 있다는 느낌이 얼마나 좋은 일인지를 모두 알고 있기 때문이다.

춤추는 91세의 할머니는 치매 환자다. 상대적으로 젊어 보이는 파트너는 바로 그라치아노 참폴린. 치매 환자들의 트레이너다.[127] 전에 그라치아노 참폴린과 함께 록밴드 '퓨리 인 더 슬로터하우스 Fury in the Slaughterhouse'의 타악기 주자로 활동했던 음악가 라이너 슈만은 치매 환자들이 젊을 때 불렀던 친숙한 노래들을 함께 부름으로써 치매 환자들에게 즐거운 시간을 마련해주는 활동을 하고 있다.[128]

라이너 슈만은 자기가 제작한 다큐멘터리 필름에서 한 할머니의 사진을 보여준다. 사진 속에서 누가 그녀의 입에 마이크를 대주고 있다. "우리는 〈온 파리가 사랑을 꿈꾸네〉를 연주했어요. 그러자 이 할머니가 한 소절을 부르셨죠. 믿을 수 없었어요. 결코 기대하지 않았던 일이거든요……. 이분은 벌써 정신줄을 놓고 계신지 꽤 된 상태라 우리 활동에 참여할 수 없었지요. 그런데 세상에! 노래 가사를 떠올리다니요. 정말 잊지 못할 순간이었어요."[129]

음악은 노인들로 하여금 건강하고 생기 넘치던 시절을 떠올리게 한다. 말로는 더 이상 제대로 의사소통을 할 수 없는 사람도 함께 노래를 흥얼거린다.

치매 환자들은 몹시 불안한 상태에 있다. 그들은 삶의 능력을 서서히 잃어가며, 실수할까 두려워서 점점 더 소극적으로 변해간다. 그리고 치매가 더 진행되다 보면 날마다 새로운 세계에서 깨어나는 형국이 된다. 아무것도 기억나는 것이 없다. 돌보는 사람,

함께 사는 사람, 주변 환경. 하나도 기억이 나지를 않는다. "그런데 갑자기 이런 음악이 들리는 거예요. 이런 음악이 그들의 깊은 곳에 숨어 있던 핵심을 건드리는 거죠. 이런 경험은 또한 안정감과 만족감을 선사해줍니다"라고 신경과 전문의이자 음악 치료사인 에카르트 알텐뮐러는 말한다.[130] 알텐뮐러는 하노버 예술대학 음악생리학연구소 소장으로 참폴린의 프로젝트를 학문적으로 뒷받침하고 있다. 알텐뮐러는 음악이 다양한 단계에 있는 치매 환자의 상태에 어떤 영향을 끼치는지를 연구해왔는데, 그동안 나온 결과들은 그로 하여금 음악의 효과를 확신하게 했다. 치매 노인들의 약 90퍼센트가 함께 노래 부르고 리듬에 따라 몸을 흔들었으며, 대부분의 노인들이 음악가들과 눈을 맞추었던 것이다. 그리하여 많은 노인들은 더 편안해지고 안정되었으며, 식욕도 더 좋아졌다.[131]

물론 이런 일을 가능케 하는 것이 음악만은 아니다. 노인들을 격려하고 관심을 보여주며 손을 잡아주기도 하고, 노인들의 반응을 보고 기뻐하는 음악가들 역시 큰 몫을 한다. 노인들은 음악가들이 즐거워하는 모습을 보고 자기들도 즐거워한다. 이런 만남은 모든 이들에게 생기를 불어넣고 모든 이들을 변화시킨다. 노인들을 돌보는 사람들과 학문적으로 뒷받침해주는 학자들까지도 말이다.

사회학자 하르트무트 로자는 이런 현상을 공명resonance이라 일컫는다. 주변 자연, 주변 세상과 함께할 때 비로소 살아 있음이 느껴진다. "다른 것과 관계를 맺는 가운데 스스로 변화할 때, 그 관계에 함께하며 스스로를 변화시킬 때 비로소 나는 살아 있는 존재가 된다. 살아 있다는 것은 그저 물질들을 자기 것으로 만드는 것이 아니라 세계에 적응하는 것, 즉 세계를 받아들이고 그와 더불어 스스로 변화하는 것이다."[132] 하르트무트 로자는 이때 적응이란 자극에 대한 반응이 아니라 세계와의 관계 속으로 들어가려는, 사람과 동물과 식물과 노래와 관계를 맺고 살려는 동경이라고 설명한다.

"살아 있다는 것은 진동하는 공명을 통해 연결되는 것, 생명에 대한 대답으로 존재하는 것을 뜻한다." 하르트무트 로자도 베버와 마찬가지로 살아 있음을 세계와 에로틱한 관계를 맺는 것으로 본다. 물론 그것은 성적인 것에 국한되지 않고 삶의 모든 영역에서 우리 스스로 창조적이 되는 관계다.

어떤 움직임, 만남, 교제 속에서 우리는 살아 있음을 느낀다. 그것은 기계적으로 생기는 것이 아니며, 통제할 수도 없는 것이다. 살아 있음을 느끼기 위해 우리는 실수도 감수해야 한다. 살아 있다는 것은 기계적인 되풀이, 지루한 반복과는 대조적인 것이다. 그리하여 로자는 "자신의 삶을 통제하고자 하는 사람은 죽은 것이다"라고 단언한다.

이것이 바로 현대사회의 문제다. 실수하거나 실패하는 것이 허락되지 않는 분위기. 무조건 능력을 발휘해야 하고, 그러지 못한 경우에는 곧바로 되게 만들어야 하는 분위기. 질병이나 노화는 종종 실패로 여겨진다. 이런 분위기는 우리로 하여금 살아 있다는 것이 어떤 것인지 제대로 느끼지 못하고 살아가게 한다. 우리는 그저 익히 아는 것의 굳어진 반복 속에서 경직된 삶을 살아간다.

삶이 우리로 하여금 방향을 새롭게 설정하도록 요구할 때 우리는 힘들다. 마련된 시나리오가 없는 상황에 어떻게 대처해야 할지, 그런 상황에 놓인 다른 사람을 어떻게 도와주어야 할지 잊어버렸기 때문이다. 물론 정도상으로는 무척 미미하지만 치매 환자들이 겪는 괴로움과 비슷하다. 우리는 자신의 삶을 더 이상 잘 알지 못한다. 실수를 저지를지 모른다는 두려움은 더 커져가고, 악순환이 생겨난다. 더 이상 자신을 내줄 엄두조차 나지 않기에 살아 있음을 느낄 수 있는 만남도 더는 이루어지지 않는다.

그러므로 과도기와 불안의 시기에는 친숙한 무언가로 생동감을 불러일으킬 수 있는 기회를 삼는 것이 중요하다. 이를 토대로 스스로를 펼쳐나갈 수 있도록 말이다.

친숙한 음악은 노인들에게 생동감을 불어넣는다. 그들을 살아 있게 만든다. 이런 경험은 과거의 반복이 아니다. 그것은 현재의 새로운 사건이다.

유년기와 특히 사춘기에는 예컨대 부모나 친구 또는 호의적인 교사가 친숙한 닻이 되어줄 수 있다. 실패해도 창피하지 않다는 것을 알면 새로운 도전에 맞서고자 하는 용기가 생긴다.

불안하게 하는 갈등 상황에서는, 우리가 서로 의견이 다르지만 그래도 인간은 기본적으로 비슷한 존재라는 것을 인정할 때 해결책을 발견하게 되는 경우가 많다. 비슷하다는 전제 아래 서로 다름을 나눌 때 그것은 갈등이 아니라 풍성함이 될 수 있다.

한 지인의 아들은 아프리카에 교환학생으로 가서 가장 인상적이었던 것이 아프리카 아이들도 독일 아이들과 같은 문제로 고민하고, 같은 것을 좋아한다는 사실이었다고 했다. 모두 친구관계를 고민하고 여드름, 옷, 최신 음악 등에 대해 열을 올리며 이야기하더라는 것이었다. 물론 이성에 대한 호기심과 고민도 빠지지 않았다. 이런 놀라운 경험을 한 뒤로 그 아이는 낯선 환경, 낯선 문화, 낯선 음식을 두려워하지 않게 되었다. 그리고 몇 년 뒤 그 아이는 그 경험이 자기 삶에서 가장 중요한 경험이었다고 내게 말했다. 이를 통해 인간은 모두 비슷한 존재라는 것을 배웠던 것이다.

그러나 우리는 대부분 친숙한 것을 연결고리로 활용해 낯선 것들로써 우리의 삶을 풍요롭게 하고 스스로를 변화시키려는 노력을 별로 기울이지 않는다. 자신에게 그런 능력이 있다는 것을 별로 신뢰하지 않기 때문이다. 오로지 일을 더 잘하고, 더 능률적인 인간이 되기 위한 변화에만 관심이 있을 따름이다. 기술과 통제와 의학의 발달은 죽음과 상실을 몰아내줄 것처럼 떠들어댄다. 그러나 어느 순간 우리는 그럴 수 없음을 깨닫는다. 인간은 어쩔 수 없이 죽고, 관계들은 깨지고, 전문가들은 오류를 범하고, 기계들은 고장을 일으킨다. 그런데 바로 이런 아픈 경험들이 우리로 하여금 우리를 살아 있게끔 하는 능력을 발견하게 한다. 우리는 친숙한 것을 새로운 것으로 변화시킬 수 있으며, 새로운 것을 친숙한 것으로 만들 수 있다. 이런 능력은 우리가 위기를 극복하게 하고, 장애물에 잘 대처하게 한다.

여기에서 중요한 것은 습득된 기술이 아니라 생물학적 지참금, 즉 생명력이라고 베버는 강조한다. 모든 생물학적 유기체는 자신의 생존을 위해 늘 애쓴다. 거기서 두 가지 서로 다른 능력이 그를 도와준다. 첫 번째는 주변에서 물질을 취하고 내주는 능력이며, 두 번째는 이런 변화과정 동안 자신의 형태를 유지하는 능력이다.

칠레의 생물학자이자 철학자인 프란시스코 바렐라는 이 두 번째 능력을 자기 생산Autopoiesis이라고 표현했다. 생물학적 유기체는 신진대사, 재생과정, 성장이 기계적으로 이루어지는 것만으로 생명을 유지하는 것이 아니다. 그는 그것을 넘어 자신의 형상을 지키고자 하는 욕구를 품고 있다. 세상을 떠나기 바로 전까지 바렐라와 함께 연구했던 베버는 "삶은 정체성identity을 만드는 과정"이라고 말했다.[133] 세포는 의식이 없지만, 계속해서 스스로를 만들어내고자 한다. 그러지 않으면 소멸하기 때문이다. 자신의 정체성에 대한 관심이 유기체에게 어느 정도의 항구성을 부여한다. 그것은 생물학적인 영역과 마찬가지로 심리학적 또는 정신적인 영역에도 적용된다.

진화과정에서 생명이 한번 어떤 형태를 받아들이면 이런 형태는 의미를 띤다. "스스로를 보살피는 생물은 밖에서 들어오는 모든 것을 좋은 것 또는 나쁜 것으로 평가한다." 형태를 유지하는 데 도움이 되면 좋은 것이고, 그것에 위험이 되면 나쁜 것이다. 우리가 변화에 직면하여 심리학적 정체성을 유지하려고 애쓰는 것처럼 생명체는 그의 생물학적 정체성을 지켜낸다. 우리는 무엇이 우리의 형태에 도움이 되고, 무엇이 그것을 약화시키는지 구분할 능력이 있다. 우리에게는 생물학적·심리학적·저항력이 있기 때문이다.

그러나 생명체는 생명을 유지하기 위해 그 밖에 또 한 가지 충동을 따른다. 그것은 새로워지려는 충동이다. 우리는 신진대사과정에서 낯선 물질을 자기 것으로 만들고 대신에 우리 자신의 일부를 주변에 내준다. "우리는 계속적으로 정체성을 느끼지만 물질적인 영역에서는 끊임없이 변화한다. 나는 음식에서 탄소를 취하여 내 체세포로 편입한다. 동시에 호흡을 통해 전에 내 신체의 일부분이었던 탄소를 내보낸다. 그리하여 나는 꾸준히 새롭게 구성된다. 불변하는 것은 정체성과 계속해서 존재하고자 하는 욕구다. 반면 물질적인 영역에서는 계속 흐른다. 나는 계속해서 죽고 동시에 계속해서 다시 태어난다."[134]

우리의 삶은 모든 영역에서 우리가 이런 두 가지 서로 상반되는 충동을 하나로 통합하는 가운데 이루어진다. 변화의 힘과 항구성, 결집성과 개방성, 정체성을 지키는 것과 낯선 것을 받아들여 새로워지는 능력. 삶은 변화와 유지, 위험과 안전을 넘나드는 춤이다. (베버에 따르면) 삶은 "늘 위험에 처해 있고, 늘 허물어질 가능성이 있으며, 결코 완전하지 못하다. 그리고 바로 이렇듯 끊임없이 실패할 수 있다는 점이 상상과 창조성, 새로운 것을 만들어낼 에너지가 된다."[135] 이런 능력은 우리에게 주어져 있다. 우리는 살아 있는 생명체이기 때문이다. 이런 능력은 우리를 움직이게 하고, 열려 있게 하며, 관계와 만남을 가능하게 한다.

삶이 우리 스스로 선택하지 않은 변화를 강요할 때 우리는 그것을 종종 실패로 여긴다. 하지만 이로 인해 생겨나는 고통은 우리에게 인생의 가장 중요한 규칙 가운데 하나를 깨닫게 해준다. 위험을 무릅쓸 때 바로 생명력이 느껴진다는 것이다. 단지 인상적인 경험만이 아닌 진정한 생명력이 말이다.

살아 있음을 향한 동경은 그러기에 실적이나 한 건 올리려고 애태우는 것이 아니다. 베버는 이렇게 쓴다. "나는 그것을 지니고 태어났다. 너도, 우리 모두 마찬가지다. 그것은 태어나면서부터 만들어지는 에너지, 삶으로 밀려오는 것, 형태도 이름도 없는 가장 은밀한 것이다. 그것은 갈망하는 동시에 이런 갈망을 도저히 채울 길이 없음을 확실히 안다. 그리하여 이런 동경은 언제나 새롭게 일어날 것임을, 좌절감이 제아무리 커도 삶을 향한 동경은 계속 존재할 것임을 안다."[136]

제탈러 소설의 주인공 에거는 결코 살아 있음이 무슨 의미인지 자문하지 않는다. 나이 들어 여행객들을 산 위로 안내하는 일을 할 때 그는 여행자들이 끊임없이 수다를 떨며 가만히 있지 못하는 것에 놀란다. "그 사람들은 산속에서 그들이 언젠가 오래전에 잃어버렸다고 생각하는 것을 찾고 있는 듯했다. 에거는 그것이 정확하게 뭔지 결코 알지 못했다. 하지만 그는 세월이 흐르면서 여행자들이 기본적으로는 그의 뒤를 따라오는 것이 아니라, 그 어떤 채워지지 않는 동경을 좇고 있다고 점점 더 확신하게 되었다."[137] 에거에게 살아 있음은 가장 당연하고 가장 익숙한 것이었다. 그는 늘 주변에서 생명력을 느끼고 살았기 때문이다. 산도 살아 있고, 돼지들도 살아 있고, 그도 어쨌든 살아 있었다. 생명력이 그의 부러진 뼈를 치유해주었으며, 고독을 통과하게 해주었고, 전쟁포로가 되어 열흘 동안 좁은 궤짝 속에서 견딜 수 있게 해주었으며, 모든 불행에도 불구하고 행복하게 늙을 수 있도록 해주었다.

가장 평범한 것, 그리고 동시에 가장 놀라운 것을 그저 담담하게 받아들이는 에거의 태도 또한 이 소설을 읽는 내내 나에게 만족감을 주었다.

우리로 하여금 안정과 변화를 가능하게 하는 다섯 가지 원초적인 힘 또는 능력은 항상 서로 명백하게 구분되는 성격의 것들은 아니다. 서로 밀접하게 연결되어 있기 때문이다. 그것들은 함께 삶의 사다리꼴을 이룬다.

있는 그대로를 무조건적으로 '받아들임'을 통해 우리는 현재에 이르게 된다. 그리고 자신의 능력, 자연의 힘, 도와주는 사람들에 대한 '신뢰'를 통해 우리는 과거의 경험과 연결되며, 새로운 것에 대한 '희망'을 통해 미래로 나아간다. '사랑'의 능력은 성공적인 관계를 가능하게 하며, 그 관계 속에서 우리 모두는 새로운 생명력으로 나아간다. 우리 대부분은 삶을 있는 그대로 받아들이기 위해 몇몇 우회로를 거쳐야 할지도 모른다. 그러나 어떤 경우든 단순한 진리는 잊지 말아야 한다. 삶은 '생명력', 즉 살아 있음을 향한 동경을 바탕으로 새로워지고 발전해나가는 것이라는 진리를 말이다. 하이테크 의학을 탄생시킨 기술문명뿐 아니라 더 높은 존재의 힘을 신뢰하는 문화 역시 어마어마한 생명력에 의존해 있다. 삶의 아주 불안한 시기에도 본능적인 생명력이 우리를 지탱하게 한다는 것을 세포 깊숙이까지 이해한다면 우리는 물결을 거슬러 다투지 않고 물결과 함께 헤엄칠 수 있을 것이다.

8

정신적 면역력

나를 해방하는 것들

그러나 정신은 광속을 능가한다.
산들과 행성들이 그렇게 하듯,
정신은 우리 몸을 따돌리기 때문이다.[138]

에텔 아드난

"음악이 끝났을 때 음악은 어디로 가는 거예요?" 한 꼬마가 그렇게 묻는 장면이 담긴 엽서를 본 적이 있다. 어른들은 좀처럼 던지지 않는 중요한 질문이다. 이런 질문은 우리로 하여금 곰곰이 생각해볼 만한 비슷한 질문들을 떠오르게 한다.

아무도 봐주지 않을 때 예술은 어디에 있는 걸까?

잊힌 소설도 여전히 문학적으로 가치가 있는 걸까?

아인슈타인이 발견하기 전에 상대성이론은 어디에 있었을까?

아무도 더 이상 믿지 않는다면 그래도 신은 존재할까?

또는 반대로 우리가 음악을 듣거나, 그림을 보거나, 학문을 할 때 우리에게 무슨 일이 일어날까? 우리가 개인적인 걱정을 초월하는 아름다움을 발견하거나 진리를 파악할 때 무슨 일이 일어날까? 뭔가 숭고한 것을 지각하는 능력은 우리 실존의 본질적인 부분이 아니던가?

이런 질문에 대한 답은 중요하다. 자신의 제한된 삶을 형상화해나갈 뿐 아니라 예술작품, 역사적인 사건, 관념, 자연의 마법에 참여하고 있음을 인식할 때 우리는 개인적인 삶이 산산조각 난다 해도 손상되지 않는 온전한 것을 향한 통로를 확보할 수 있기 때문이다. 우리의 감각·의식·감정을 필요로 하지만, 각 개인의 삶과는 무관한 것에 참여하는 능력을 나는 정신적 면역력이라 부른다.

이제 독자들은 그게 대체 무슨 도움이 되느냐고 물을지도 모른다. 은하계 가장자리, 보잘것없는 행성에 사는 보잘것없는 거주민이 역사를 공부하거나 예술작품을 보고 경탄한들 그게 무슨 소용이 있느냐고. 내가 모나리자 그림을 보고 감동한다 한들 깨진 관계가 회복되고, 죽었던 엄마가 살아나고, 망가진 폐가 새로워지느냐고……

물론 그런 일은 없다. 정신적 면역력은 우리의 개인적인 문제를 해결해주지 못한다. 그러나 이것은 우리에게 당면한 문제들 저편에서도 뭔가 본질적인 일들이 일어나고 있음을 상기시키고, 우리가 제한된 시각에서 벗어나 근심 속에서도 잠시 휴식을 누리게 하며, 그것을 넘어 문화가 지속될 수 있게 한다.

정신적 면역력은 개인뿐 아니라 공동체를 보호한다. 그것은 우리의 의식을 음악·춤·운동·그림·생각·인식의 흐름에 참여시키고, 이런 방식으로 이런 흐름들이 유지되고 전달될 수 있게 한다. 운동선수들의 기량에 감탄하거나, 수학식의 우아함에 사로잡히거나, 자연법칙의 완전함에 놀라거나, 더운 날 시원한 바다에서 해수욕을 하거나, 종교적인 텍스트나 의식儀式 속에 잠기면서 우리는 비록 우리 자신의 삶이 위태위태하다 해도, 나아가 우리가 더 이상 존재하지 않는다 해도 온전하고 무사히 남을 것들에 참여하게 된다.

소련의 작가 바실리 그로스만은 라파엘로의 〈시스티나 성모〉를 두고 "열두 세대의 사람들이 이 그림을 보았다―연대를 따지기 시작한 이래 오늘날 우리 시대에 이르기까지 인류의 20퍼센트가 이것을 보았다"[139]고 말한다. 그러면서 다음과 같은 표현으로 실제적인 상상력을 부추긴다. 즉 렘브란트가 그림을 그리고, 뉴턴이 자연법칙을 생각하고, 칸트가 범주론을 확립하고, 프랑스혁명이 세상을 휩쓸고, 괴테가《파우스트》를 쓰고, 2차 세계대전 때 군인들이 수많은 사람들을 죽이고 도시들을 파괴하고 원자폭탄이 고안되고, 디지털 시대가 시작되는 동안, 라파엘로의 성모는 벌거벗은 아기 예수를 안고서 담담하고 흔들림 없이 세상으로 들어간다고 말이다. 모성애를 보여주는 원초적 장면이라 할까. "가난하고 늙은 여인네들, 유럽의 황제들, 대학생들, 대서양을 횡단해온 백만장자들, 교황들, 러시아 군주들이 이 그림을 보았다. 순결한 처녀들과 매춘부들이 이 그림을 보았고, 장군들, 도둑들, 천재들, 방직공들, 전투비행사들, 교사들, 선인과 악인들이 이 그림을 보았다."[140] 마리아와 예수의 슬프면서도 단호한 시선은 마치 그들이 세상의 상태를 잘 알고 있으며 기꺼이 세상을 향해 자신들을 내줄 준비가 되어 있음을 보여주는 듯하다.

이렇듯 시대를 초월한 그림들의 아름다움과 담담함, 섬세함은 "한 인간이 십자가에 못박히거나 감옥에서 고문을 받아도 인간의 실존은 멈추지 않는다는 것"[141]을 상기시켜준다. 우리가 한순간 그림으로 자신의 삶을 채울 때 우리는 인간애를 상기하는 것이며, 생을 초월하는 의식의 흐름의 일부가 되는 것이다.

역설의 철학: 고슴도치의 우아함

혼란의 한가운데에서도 아름다운 순간들이 있다. 그런 순간들은 우리로 하여금 행복과 절망이 종종은 서로 한 뼘 거리에 있음을 알려준다. 그런 순간들은 우리로 하여금 삶은 정말로 다채로운 빛과 어둠, 순간과 영원으로 짜여져 있음을 잊지 않게 한다. 프랑스의 여성 작가 뮈리엘 바르베리는 자신의 소설《고슴도치의 우아함》에서 그런 순간을 묘사한다. 부유한 가정의 영리한 소녀인 12세의 팔로마는 그녀의 철학 친구로 유일하게 마음을 터놓고 지내던 수위 아줌마 르네가 사고로 세상을 떠난 뒤, 난생처음으로 견딜 수 없는 고통을 느낀다. "배를 주먹으로 세게 맞은 듯, 숨을 쉴 수가 없었다. 가슴은 푸딩처럼 흐물흐물해졌고, 배는 완전히 으깨졌다." 이런 상태에서 팔로마는 그때까지 그냥 무심코 내뱉곤 했던 'never'라는 말의 의미를 뼈저리게 깨닫는다. "결국 우리는 무슨 일이 일어나든 통제할 수 있을 것 같은 환상 속에서 살아간다. 그 무엇도 바꾸지 못할 일은 없을 것처럼. …… 하지만 사랑하는 사람이 세상을 떠나고 나니…… never라는 말이 정말로 무슨 의미인지를 느낄 수 있을 것 같다. …… 나는 외롭고, 아프고, 정말 안 좋다. 손가락 하나 까딱하는 것조차 너무나 힘이 든다."

그러고 나서 뭔가가 일어난다. 사실은 아주 소소한 일이다. 그러나 소소한 일 중의 하나가 모든 것을 변화시킨다. 팔로마가 세상을 떠난 르네 아줌마의 일본인 연인이었던 가쿠로와 함께 아파트 안뜰을 지나는데, 갑자기 누가 에리크 사티의 피아노 곡을 연주하는 소리가 들린다.

"나는 이런 주제에 대해서는 별로 깊이 생각해보지 못했다. 더구나 영혼의 친구가 병원의 냉동실에 누워 있는데 어떻게 깊은 생각을 할 수 있단 말인가! 그러나 우리 두 사람은 갑자기 멈추고 심호흡을 했다. 햇살이 우리의 얼굴을 비추었고, 우리는 위에서 들려오는 음악 소리에 귀를 기울였다. '르네도 이 순간을 좋아했을 거야.' 가쿠로가 말했다⋯⋯. 나도 그렇게 생각했다. 하지만 왜?

내가 오늘 저녁 흐물흐물해진 가슴과 배로 생각해보니 아마도 인생은 바로 이런 것이 아닐까 하는 생각이 든다. 많은 절망 속에 몇몇 아름다운 순간도 있는 것. 그런 순간에 시간은 더 이상 여느 때와 같은 시간이 아니다. 마치 음표들이 시간 속에서 틈새를 열어주는 것처럼, 일종의 멈춤을, 이곳 속의 다른 곳을, 'never' 속의 'always'를 열어주는 것처럼 말이다."[142]

신학자 루돌프 오토는 시간 속의 이런 아주 작은 틈을 거룩한 순간 또는 (신의 존재를 느끼는) 신비한 순간이라 부른다. 미국의 철학자 로널드 드워킨은 그런 순간을 신 없는 종교 체험이라 부른다. 드워킨은 종교성을 특정한 신에 대한 믿음이나 신앙보다 더 넓은 의미로 이해하며, 그래서 스스로를 종교적 무신론자라 일컫는다. 드워킨에게는 아름다움이나 명확함, 친밀함 또는 사랑을 느끼는 것이 바로 종교적인 체험이다. 그런 체험은 우리의 지적인 이해력을 능가하며, 무한의 순간, 평범함 속에 숭고함이, 유한함 속에 찬란한 영원이 빛나게끔 한다.

이슬람 학자 아마드 밀라드 카리미는 자신의 감동적인 전기에서 우리에게 이런 체험을 가늠하게 한다. "오늘날 내 고향을 생각하면 어린 소년이 눈앞에 떠오른다. 그 소년은 카불 한가운데의 작은 모스크 앞 풀밭에 앉아 큰 소리로 코란을 읽고 있다. 전쟁이 있고, 곳곳에 위험이 도사리고 있다. 그러나 코란은 그를 사로잡는다. 그는 코란을 노래하며 고향에 있다. 그는 그곳에 영원히 머무르고 싶다. 집으로 돌아가는 길에 폭탄이 떨어질까 봐. 그러나 여기서도 폭탄을 맞을 수 있다."[143]

이 어린 소년은 고국을 떠나야 한다. 그는 부모와 1년 넘게 피란 생활을 한다. 못내 미심쩍은 안내인에게 미래를 의탁한 채 내일 무슨 일을 당할지 알지 못한다. 코란을 읊는 것은 시간을 초월한 그의 고향이다. 그것은 그를 삶의 어두운 페이지들로부터 보호해주지는 않지만, 그에게 특별한 형식의 마음의 평화에 이르는 문을 열어준다.

카리미는 "얇은 종이에 큰 글씨로 인쇄되어 있던" 자신의 코란은 카불에 남겨놓고 떠나야 했지만, 절망적인 밤에 모스크바의 비행기에서 잠을 청하려고 무진 애를 쓰다가 좌석 밑에 버려진 코란을 하나 발견한다. 피란길에 자신의 정체성을 드러낼 그 무엇도 몸에 지니면 안 되었지만, 당시 열네 살이었던 그는 이런 보물을 천으로 겹겹이 싼다. "모든 천은 저마다 색도 다르고 감촉도 달랐다. 천을 벗기는 것은 기도와 같았다. 내 손은 떨렸다. 마치 처음으로 베일을 벗겨 애인의 얼굴을 보는 것 같은 심정이랄까."[144]

아름다움은 사랑처럼 시야에 가려진 시간의 덮개에 그물코를 내어 삶을 한순간 다른 빛깔로 빛나게 한다. 카리미 같은 신앙인이나 드워킨 같은 종교적 무신론자들은 모두 이런 초월의 형식을 경험한다. 그러나 'never'라는 말의 의미를 깨닫지 않고서는 이런 '틈새'가 인생에 얼마나 중요한지를 실감하지 못한다. 영원의 틈새는 유한성 앞에서만 진정한 의미를 얻는 것이다. 그것은 유한한 고통을 없애주지는 못하지만, 그것을 견딜 만하게 만들어준다. 시간과 무한은 서로 호환될 수 없다. 이 둘은 서로가 있어야 비로소 의미가 있기 때문이다. 아이가 질병으로 자기 품에 안겨 세상을 떠난 뒤, 그 친구는 내게 이렇게 써보냈다. "그것은 내 생애 가장 슬픈 순간이었다. 그러나 가장 심오한 순간이기도 했다." 그러고는 그가 직장에 복귀했을 때 자신은 완전히 다른 사람이 되었는데 직장에서는 모든 것이 그대로라는 사실이 이상하게 다가왔다고 했다.

뮈리엘 바르베리의 소설에서 슬퍼하는 팔로마는 마지막으로 고인이 된 수위 아줌마에게 이렇게 말한다. "르네, 걱정하지 마세요. 난 자살을 한다든가, 불을 낸다든가 하지 않아요. 난 아줌마를 위해 앞으로 'never' 속의 'always'를 추구할 거예요. 이 세상의 아름다움 말이에요."[145]

〈Piano man〉Keenon Lindsey, 2008

인생은 바로 이런 것

많은 절망 속에 몇몇 아름다운 순간도 있는 것

마치 음표들이 시간 속에서 틈새를 열어주는 것처럼

이곳 속의 다른 곳을 열어주는 것처럼

웃음의 효과: 깊이를 잃지 않는 경쾌함

아름다움을 느끼는 감각뿐 아니라 유머 감각 역시 우리가 스스로와 삶에 설정한 좁은 경계들에서 우리를 해방한다. 이를 이해하기 위해 무슨 이론적인 논문 같은 것이 필요하지는 않다. 그도 그럴 것이, 웃음이 부여하는 해방 효과는 누구나 알고 있기 때문이다. 그것을 기억하는 데는 다음 세 가지 예로 충분하리라 생각한다.

우리 할머니의 장례식을 치르던 날, 우리는 살을 에는 듯 추운 묘지 예배당에서 추도사 원고를 빠뜨리고 와서 가지러 간 신부님을 기다렸다. 이런 무안한 상황을 자연스럽게 넘기기 위해 오르간 연주자는 계속 경건한 찬송가를 연주했다. 그런데 추위 탓에 오르간의 음이 이상해져서 도무지 음이 맞지 않는 이상한 소리가 나는 것이었다. 열정적으로 연주할수록 오르간은 더 불협화음을 냈다. 처음에는 차마 들어줄 수 없네 하는 무안한 마음이 들었고, 그다음에는 화가 났고, 그러더니 불쑥 웃음이 났다. 나는 장례식에 어울리지 않게 터져나온 이런 감정을 숨기려고 손수건을 찾다가 내 여동생과 이모도 웃고 있는 걸 발견했다. 우리 모두는 터져나오는 웃음을 참으려고 무던히도 애를 썼다. 웃음은 쉽사리 전염되는 것이기 때문이다. 하지만 곧 우리는 돌아가신 할머니라도 아마 웃었을 거라는 결론을 내렸다. 우리 할머니는 웃음이 얼마나 마음을 후련하게 하는지를 아는 사람이었기 때문이다.

어느 날 바버라 파흘-에버하르트와 함께 세미나를 하면서, 우리는 매사에 조심한다고 해도 삶의 불쾌한 측면들을 막을 수 없다는 사실을 알게 될 때 생겨나는 불안감에 대해 오랫동안 이야기를 나누었다. 우리가 잘할 수 있는 일이란 조건이 명확하고, 숙지할 수 있는 규칙과 훈련할 수 있는 방법으로써 되는 일일 텐데, 그러기에는 삶이라는 게 너무 복합적이라는 것. 우리가 통제할 수 있는 것은 훤히 조망할 수 있는 닫힌 시스템뿐이라는 것. 그러기에 마지막 호흡을 할 때까지 삶은 불완전할 수밖에 없으며, 늘 새로운 변화로 우리를 놀라게 한다는 것. 많은 사건들은 우리 힘으로는 만들어낼 수도 없고, 막을 수도 없으며, 따라서 많은 경우 중요한 것은 스스로 선택하지 않은 상황에 어떻게 대처할 것인가라는 것 등등.

이런 인식은 한편으로는 마음을 가볍게 한다. 이런 인식을 통해 모든 것을 제대로 해야 한다는 부담에서 조금 벗어날 수 있기 때문이다. 그러나 세미나 참가자 가운데 몇 명은 이런 인식을 하게 되면서 몹시 불안감을 느꼈다. 그동안 그렇게 잘해보려고 애썼는데, 그래봤자 별수 없는 것인가 하는 마음 때문이었다. 세미나에 이어 뒤풀이 점심식사가 끝날 무렵, 바버라 파흘-에버하르트는 갑자기 그녀의 접시를 보더니 사람들을 향해 이렇게 말했다. "그렇지만 어떤 경우는 더 나은 잘못을 저지를 수도 있어요."

나는 무슨 말인지 어리둥절해서 그녀에게 그게 무슨 말이냐고 물었다.

그녀는 고개를 저으면서 접시 위의 나이프와 포크를 가리키더니 그것을 나란히 놓았다. "내가 평소에 잘못해서 나이프와 포크를 이렇게 놓는 바람에 다 먹지도 않았는데 종업원이 접시를 거둬가 버린 적이 아주 많았어요. 그런데 오늘은 속으로 식사를 다 했는데 왜 내 접시를 가져가지 않지?, 하고 자문하고 있었어요. 그러고는 이번에는 내가 깜박하고 나이프와 포크로 식사 중이라는 표시를 하고 있다는 걸 알았죠. 따라서 나는 또다시 잘못을 저지른 거예요. 하지만 전보다는 더 나은 잘못이죠!"

우리는 웃었다. 한편으로는 이런 비유가 정말로 많은 삶의 상황에 적용될 것이기 때문이었다. 또한 파흘-에버하르트가 아주 진지한 태도로 그런 말을 하는 상황이 웃음을 자아냈다. 이렇게 웃는 순간 삶은 더 밝고 가벼운 느낌이 난다. 우리 대화가 감정적인 깊이를 잃지는 않은 채로 말이다.

앞에서도 말했듯이 사고로 가족을 전부 잃기 전에 파흘-에버하르트는 병원에서 다른 사람들을 웃겨주고 즐겁게 해주는 피에로 일을 했다. 피에로는 일부러 실수하고 잘못을 저지르면서 돈을 버는 유일한 직업군일지도 모른다. 그러나 오늘날 그녀는 상실을 당한 사람들의 애도과정에 함께해주고 그들의 '각종 변화'를 돕는 일을 하고 있다. 하지만 유머는 그녀의 일에서 여전히 중심적인 역할을 한다. 유머가 정신적인 변화를 가능하게 하는 힘이 있기 때문이다. 웃음은 까다로운 상황을 누그러뜨리고, 싸움을 끝내고, 불안을 없애주고, 슬픔에서 구해준다. 웃음은 신체를 편안하게 해주며, 마음이 다시금 한숨 돌릴 수 있게 해주고, 새로운 삶의 용기를 선사해준다.

과학 저널리스트 울리히 슈나벨은 그의 책《종교는 왜 멸망하지 않는가》에서 인도의 힌두교 성직자와 만났던 이야기를 들려준다. 힌두교 성직자는 서구 여행자들이 얼마나 순진하게 속아 넘어가는지를 이야기했다. 스스로를 '구루'라고 칭하는 사람들에게 주머니 속의 돈을 손쉽게 내준다는 것이었다. 여행자들은 인도에서는 거리에서도 깨달음이 굴러다닌다고 믿기 때문이라나. 그러면서 둘은 인도인들과 유럽인들 사이의 어마어마한 수입 차이에 대해서도 이야기했다. "이곳 인도 사람들 눈에 서구 여행자들은 영락없이 걸어다니는 잭팟처럼 보여요. 갖은 수단을 써서 이런 잭팟을 터뜨려야 하는 거지요."

이런 자못 가볍지 않은 대화를 나누면서 반쯤 벌거벗고 머리에 재를 뒤집어쓴 힌두교 성직자는 슈나벨 앞에서 연신 웃음을 터뜨렸다. 그래서 슈나벨도 함께 웃어야 했다. 어쩔 수 없는 서구 여행자로서 느끼는 슈나벨의 창피함도 차츰 사라졌다. 그러나 이런 감정의 변화는 함께 유쾌하게 떠들어댔기 때문만은 아니었다. "그보다 중요한 것은 오히려 그 배후에서 느껴지는 태도였다. 힌두교 성직자의 웃음은 서구 사람들을 얕보거나 비웃는 태도에서 연유하는 것이 아니었다. 그것은 공감과 따뜻한 마음에서 우러나는 웃음이었다. 그 웃음에는 이 세상 인간들의 연약함을 품는 동시에 그럼에도 선에 대한 믿음을 버리지 않는 그의 신앙이 표현되어 있었다."

이런 종류의 웃음은 감정을 억누르거나 문제를 별것 아닌 일로 치부하려는 것이 아니다. 또한 타인을 깔아뭉갬으로써 재미를 느끼려는 것이 아니다. 오히려 이런 웃음은 제한된 자신의 생각 너머를 보고 그 너머를 느끼고자 하는 것이다. 옳은 것, 그른 것, 선,

악, 행복, 불행과 같은 우리의 단순한 사고 범주들은 "웃는 순간 뒤흔들려서 맹숭맹숭한 이성은 (최소한 짧은 순간만큼은) 횡격막에 주도권을 넘긴다. 웃을 때는 호흡이 횡격막에 놓이기 때문에 사람은 웃음을 통해 생명을 불어넣는 근원적인 힘과 접촉하게 된다. 이른바 '영혼의 호흡'과 말이다."[146] 그리하여 슈나벨은 위트 있고 유쾌한 삶의 태도를 관용과 내적 성숙, 생명력에 대한 신뢰의 표지로 본다.

위트와 유머는 점심식사 모임이나 인도 구루와의 대화에서만 중요한 것이 아니라, 삶의 어려운 과도기를 지날 때나 트라우마적 경험을 한 뒤에도 중요하다. 그런 시기에 사람들은 애도의 단계와 비슷한 변화과정을 경험하기 때문이다. 처음에 억압의 단계가 지난 뒤 받아들이고, 이해하고, 정리하고, 새로운 걸음으로 나아가기 위해 많은 시간이 필요하다. 감정이 끓어오른다. 아헨의 여성 철학자 하이데마리 베넨트-발레의 말마따나 감정은 "우리에게 중요한 변화를 기록하는 기능"을 하기 때문이다.[147]

이런 감정이 주도권을 잡지 못하게 하고, 우리가 안전해진 지 오래인데도 이런 감정에 시달리는 일이 없도록 심리적으로 전문가의 도움을 받아야 하는 경우도 많다. 그러나 때때로 웃음이 우리 마음을 얼마나 후련하게 하고 가볍게 할 수 있는지를 경험하는 것도 소중하다. 웃음은 힘든 상황에서도 숨을 돌릴 수 있게 하며, 짧은 순간이나마 인생의 모순과 화해하게 한다. 우리는 기본적으로 우리가 어느 날 죽는다는 사실과 마주하여 살아 있음에 대한 깊은 동경으로 날마다 행복을 누리기 때문이다.

3부

흐름

불안의 시대

사회적 위기

위대한 생각이 탄생할 때

군대가 쳐들어오는 것은 막을 수 있다.
그러나 생각이 쳐들어오면
도저히 저항할 길이 없다.

———

빅토르 위고

비텐베르크의 신학자 마르틴 루터가 세 번이나 세계 멸망을 예언했다는 사실을 아는가? 그는 1532년, 1538년, 그리고 멸망이 자꾸 늦어지자 세 번째로 1542년에 세계가 멸망할 것이라고 보았다. 이 마지막 연도는 앞의 예언이 자꾸 빗나가자 구약 성경에 나오는 족보와 나이, 예언, 섭정기간 등을 토대로 특히 세심하게 계산한 것이었다. 1541년 루터는 이런 힘든 계산을 '세계 연수 계산'이라는 이름의 연대표로 발표했다.[148]

루터는 〈창세기〉에 하느님은 세상을 엿새 동안 창조했다고 나와 있고, 〈시편〉과 〈베드로 후서〉에는 하느님께는 하루가 천 년 같고 천 년이 하루 같다고 나와 있으니[149] 이 세상이 6천 년 동안 존속되리라고 보았다. 우리의 세계가 기원전 3960년에 시작됐다고 본 루터는 이해부터 출발하여 구원사적으로 중요한 사건들의 연대표를 작성했으며 1542년에 세상이 종말을 맞이할 것이라는 결론에 이르렀다. 루터의 계산에 따르면 이 시점부터 세계는 7천 년대에 접어드는 것이었다. 7천 년대는 창조의 이레째를 상징하는 것이고 그날 하느님은 세계가 보기에 좋다고 했다. 그래서 이때 예수가 재림하리라는 것이었다. 루터는 〈요한 계시록〉에 따라 천년왕국의 도래를 고대했다.

그러나 그렇게 따지면 루터의 계산은 맞지 않는다. 기원전 3960년부터 1542년까지를 계산하면 6천 년이 아니라 5502년에 불과한 것이다. 물론 루터는 이 점을 정확히 알고 있었는데, 이런 차이를 다음과 같이 설명했다. "이해(1540년)는 정확히 세계가 생긴지 5500년이 되는 해로, 그리하여 이제 세상의 종말이 올 것으로 보인다. 6천 년이 완전히 채워지지는 않을 것이기 때문이다."[150]

세계 멸망 시나리오의 다수가 이런 주먹구구식의 의심스러운 계산에 기초한다. 오늘날에도 사람들은 세상의 상태에 대한 불안하고 불편한 마음을 사실과 사색, 부정확한 계산 따위를 동원해 설명하고 통제하려 한다. 사람들은 뭔가 본질적인 것이 변하고 있지만 자신들은 이런 변화를 따라잡을 수 없음을 느낀다. 따라서 그들의 두려움에는 실제적인 이유들이 있는 것이다. 그러나 변화의 이유들을 간단히 설명하기엔 너무 복잡하므로, 통제감각을 되찾기 위해 쉬운 단위로 세계를 재단하고 단순화할 수밖에 없는 것이다. 그리하여 사람들은 모반이론을 만들어내거나 세계 멸망의 날을 계산한다. 자신들의 뛰어난 이성이 계산한 구체적인 위험을 모호한 불편감에 대응시키면 불안이 줄어드는 것처럼 느껴지기 때문이다. 이런 '앎'은 그들에게 불안한 상황에서 확신을 중재해준다. 대결해야 하는 적이건 대비해야 하는 불행이건 간에 최소한 모호한 위험보다는 더 참을 만하게 보이는 것이다.[151]

지적이고 적극적이었던 마르틴 루터가 세계 멸망을 예언할 것을 보면 루터도 그때 이와 비슷한 상태였음을 짐작할 수 있다. 마르틴 루터는 변혁의 시대를 살았다. 그 무렵 독일은 사회적 불안과 두려움으로 얼룩져 있었다. 남서유럽에서는 해적이 세계를 정복하겠다고 들고일어났고, 남동쪽에서는 동로마제국(비잔틴제국)을 정복한 이슬람 군대가 진격해오고 있었다. 마르틴 루터의 전기 작가인 하인츠 실링은 "1529년 처음으로 오스만 군대가 황제의 도시 빈을 포위했으며 수백 년 동안 독일인의 집단의식 속에 숨겨져 있던 공포심리를 부추겼다"고 보고한다.[152] 터키 군대는 "터키인이라고는 코빼기도 보이지 않는" 지역에서조차 위험으로 여겨졌다.[153]

동시에 유럽의 인구는 어마어마한 속도로 불어나고 있었다. 도시는 점점 좁아지고, 식료품은 빠듯해져 가격이 뛰고, 돈의 가치는 하락했다. 수입 격차는 점점 벌어졌다. 위로는 왕족, 지방 귀족, 대지주나 대농 같은 도시 상류층이 있었고, 아래로는 일꾼, 수공업자, 소농들이 있었다.

게다가 기독교인들은 무엇보다 돈과 쾌락과 세속의 권력을 탐하는 교황 밑에서 신음하고 있었다.

그러나 루터가 직접적으로 대립각을 세웠던 레오 10세는 그렇게 부패한 교황은 아니었다. 그는 박학다식한 예술 애호가였다. 피렌체의 은행가·기업가 가문인 메디치가의 후예로서 그는 로마 상업자본주의와 결탁함으로써 르네상스 예술을 부흥시키고 교회 건축을 위한 자금을 확보하고자 했다.[154] 하지만 보수적인 루터가 보기에는 이 또한 복음의 메시지에 어긋나는 것이었다.

세계는 오래전에 변화의 길로 들어섰는데 루터는 아직 중세 정신에 충실했다. 루터는 식민지의 산물이나 서서히 형성되기 시작한 현대 국가의 초기 형태나 유럽의 동맹 같은 것에 관심이 없었다. "루터의 정치관은 오늘날 우리에게 낯설 뿐 아니라, 그가 살던 시대에도 이미 시대정신에 부응하지 못했다"고 실링은 쓴다.[155]

도미니크회 설교자 요한 테첼이 비텐베르크를 순회하며 대성당 건립 기금과 주교의 개인적인 빚을 위해 값싼 속임수로 돈을 모으고 다니자 루터는 그런 행동을 견디기 힘든 도덕적 타락으로 여겼다. 테첼은 유능한 보험 판매원처럼 면죄부를 당장 사지 않을 경우 저세상에서 당하게 될 끔찍한 시나리오를 사람들에게 그려 보이면서 기금을 조성했다. 루터의 전기 작가 실링은 저세상에 대한 중세인들의 두려움을 외환시장과 주식시장, 세계경제의 글로벌화를 둘러싼 우리의 쉴 새 없는 불안에 빗댄다. 현대인은 '구원'이 이것들에 달려 있다고 생각한다는 것이다.

질병, 노후, 사회적 추락에 대한 우리의 불안은 중세에는 이해하기 힘든 일이었을 것이다. 중세인들은 이생의 삶이 아무리 고단하고 힘들어도, 그것은 유한한 것이기에 견딜 수 있다고 생각했기 때문이다. 그러나 영원한 지옥은 그와는 비교할 수 없는 것이었다. 그러니 저세상을 위해서는 꼭 보험을 들어두어야 했다.

루터도 영혼이 고향으로 돌아가 영원히 산다고 믿었으며, 저세상을 준비해야 한다고 생각했다. 그렇지만 보수적인 신학자로서 그는 영혼의 구원을 돈을 주고 살 수 있다고는 결코 생각하지 않았다.

그래서 루터는 하느님의 이름으로 면죄부를 사고파는 행위를 세계 멸망이 가까웠다는 또 하나의 징조로 해석했을 것이다. 당대의 많은 신학자들처럼 루터 역시 세계 멸망이 코앞에 닥쳐왔다고 믿었다. 그러나 루터는 자신의 시대가 급진적으로 변화하는 가운데 있다는 생각은 하지 못했다. 그랬더라면 그의 예언은 그렇게 대담하지 않았을 텐데 말이다. 루터가 자신이 날짜를 잘못 계산했다고 믿는 동안 새 시대가 도래하고 있었던 것이다.

불안과 창조성의 조우

루터가 마지막으로 세계가 멸망할 거라고 예측했던 바로 이듬해인 1543년, 프로이센의 신부이자 아마추어 천문학자 니콜라우스 코페르니쿠스는 기독교적 세계질서 전반을 흔들어놓는 이론을 발표했다. 코페르니쿠스는 지구가 우주의 중심이 아니며, 지구는 자신의 축을 중심으로 회전하면서 다른 모든 천체들처럼 태양의 둘레를 돈다고 주장했다.

중세 학자들에게 하늘의 질서는 아주 중요했다. 하늘이 지구를 조종한다고 보았기 때문이다. 천체의 움직임을 이해하는 사람은 지구의 사건들을 더 잘 이해할 수 있는 것이었다. 하느님이 천체를 도구로 삼아 피조물을 감독한다고 믿었다.[156]

그런데 이제 지구가 다른 행성들과 더불어 태양 주위를 돈다는 코페르니쿠스의 주장은 하늘이 더 이상 지구 위에 둘린 장막으로 지구를 보호하는 것이 아니라는 이야기였다. 이런 생각은 중세인들을 불안하게 했다.

이 같은 태양 중심의 세계관은 사실 새로운 생각이 아니었다. 이 생각을 가장 처음 설파한 사람은 기원전 300년, 그리스의 천문학자이자 수학자인 사모스 섬의 아리스타르코스였다. 이런 세계관을 태양중심설heliocentricism(또는 지동설)이라고 한다. 지구가 아니라 태양(그리스어로 helios)이 중심에 있기 때문이다. 하지만 아리스타르코스의 글들은 분실되고, 그의 주장은 잊혔다. 그러다가 16세기 변혁의 시대에 비로소 유럽의 어느 개방적인 학자가 이를 받아들여 정립한 것이다.

코페르니쿠스는 박학다식한 사람이었다. 법률·의학·철학·문학을 공부하고 나아가 천문학과 항해술에 심취했다. 탐험가이자 항해가였던 크리스토퍼 콜럼버스가 그의 이상형이었다.[157] 그러나 코페르니쿠스가 새로운 생각을 개진하는 데 방대한 지식만큼 중요했던 것은 바로 그의 독립적인 사고였다. 생동감 넘치는 주변환경도 그를 고무한 것이 틀림없다. 코페르니쿠스는 막 르네상스의 자유로운 정신과 창조적인 분위기가 확산되고 있던 이탈리아에서 7년 동안 공부했기 때문이다. 르네상스의 학문은 잊혔던 고대 그리스와 로마의 정신적인 보물을 다시금 조명했다.

코페르니쿠스는 세상을 떠나던 해에야 비로소 자신의 이론을 공표했다. 그러나 이 순간부터 태양 중심 세계관은 꾸준히 관철되기 시작했다.

르네상스의 선각자이자 위대한 반항아였던 이탈리아의 철학자 조르다노 브루노는 1600년에 지동설을 주장하다가 화형 당했고, 물리학자 갈릴레오 갈릴레이는 천문학적인 관찰을 토대로 지동설을 옹호하다가 가택연금을 당하기도 했다. 1757년에야 비로소 교황은 지동설과 관련한 문서들을 금서 목록에서 제외했고, 교회는 1822년에 최종적으로 뜻을 굽히고 코페르니쿠스주의에 대한 금지령을 해제했다.

그때부터 약 30년 뒤 프랑스의 작가 빅토르 위고는 "군대가 쳐들어오는 것은 막을 수 있다. 그러나 생각이 쳐들어오면 도저히 저항할 길이 없다"고 썼다.[158]

위대한 생각은 종종 사회적으로 불안한 시대에 특히 강력하게 부각되고 그 물결을 더는 막을 수가 없다.

앞으로 살펴보겠지만 중세 후기의 사회적 변혁기에 관철된 위대한 생각은 태양 중심 세계관, 즉 지동설만이 아니다. 과도기적인 불안과 창조성은 서로 맞물려 나타나기 때문이다.

그런데 동일한 인식이 이미 오래전에 개진되고 시대적으로 여러 변화의 조짐이 있었음에도 지동설이라는 새로운 세계상이 공식적으로 관철되기까지 어째서 몇백 년이나 걸린 것일까?

사회가 겪는 사춘기의 속도

마르틴 루터는 코페르니쿠스의 이론에 공식적으로 견해를 밝히지는 않았다. 하지만 그의 제자들 증언에 따르면 루터는 사석에서 코페르니쿠스를 '바보'라고 했다고 전해진다. 역사학자 안드레아스 클라이네르트는 루터가 코페르니쿠스의 새로운 생각들에 대해 냉담했거나 그냥 무시해버렸다고 보고 있다.[159]

그것은 이해할 만한 일이다. 아주 영리한 사람이라도 자신의 기존 세계관을 뒤집는 생각을 쉽사리 받아들이기는 힘들기 때문이다. 그런 새로운 사고를 받아들이려면 지적인 능력 외에 마음이 열려 있고 개방적이며 불안을 많이 용인할 수 있는 태도가 필요하다. 자신이 굳게 믿었고 그것을 토대로 안정감을 느꼈던 표상과 결별하기란 쉽지 않기 때문이다.

이와 관련해 나의 책《사고의 양자도약》에서 나는 기존의 세계관을 변화시키는 것이 얼마나 어려운지를 자세히 살펴보았다. 그 책의 핵심적인 내용을 간단하게 정리해보면 다음과 같다.

우리는 자신의 세계관을 독립적으로 선택하는 것이 아니라, 우리가 태어나 이성과 지각력이 연마되는 가운데 자연스럽게 특정 세계관 속으로 들어간다. 우리의 사고는 결국 우리가 지금 있는 곳에서 잘 살아갈 수 있도록 도와주는 것이기 때문이다. 우리는 주변의 기준, 가치, 지적 전통과 조화를 이루는 가운데 사회의 일부로 살아가야 하기 때문이다.

우리 시대에 집단적으로 공인된 지식은 우리에게 교양의 근본을 제공해주고, 그것을 바탕으로 우리가 계속적인 인식에 이를 수 있게 해준다. 사춘기의 특징은 정신적인 개방이 실행되는 것이며 이것이 사회의 발전에 기여한다. 그러나 대개는 이를 통해 무슨 혁명적 전복이 이루어지는 것이 아니라 조금씩 새로워진다. 젊은

이들의 인식능력도 한 시대의 중심적인 진실과 신조의 제한을 받기 때문이다. 다 큰 어른은 다른 세상을 상상하기가 더 어렵다. 고대 로마의 정치가가 어떻게 중세의 기독교적 권력구조를 상상하겠으며, 중세 초기의 수도사가 어떻게 산업혁명 이후의 세계를 상상할 수 있겠는가. 그 두 사람에게는 그런 상상을 할 수 있는 여지가 없는데 말이다. 고대 로마의 정치가는 부유한 집안 출신으로 수많은 로마 학교 중 한 곳에서 공부했을 것이고, 그 학교의 표준 커리큘럼을 통해 자신의 이성을 연마했을 것이다. 또한 현대인들이 자연과학과 기술을 통해 세상을 알아가듯 중세의 수도사는 수도생활의 규칙과 성서 연구를 통해 세상을 알아갔다.

그러므로 새로운 세계관은 지적 제도판에서 구상되고 법령으로 관철되는 성질의 것이 아니다. 기존에 유효했던 세계관이 시대의 필요에 더는 부응하지 못할 때 서서히 새로운 세계관이 싹트고 전개되는 것이다. 새로운 세계관은 천천히 확산된다. 우리는 보통 기존의 정신적인 습관에서 벗어나지 못하고 친숙한 옛것에 애착을 느끼기 때문이다. 그러나 늦건 빠르건 사회는 변화하기 마련이다.

20세기 중반, 철학자이자 문화연구자인 장 겝서는 집단의식이 생물 종과 마찬가지로 돌연변이를 통해 변화된 주변 조건에 적응해나간다는 이론을 개진했다.[160] 겝서의 의미에서 의식의 돌연변이는 개개인이 그다지 영향을 끼칠 수 없는 사회적인 도약이다. 이런 도약은 어떤 시대가 뒤처지기 시작하여 그 시대의 지적 수단으로는 더 이상 현안들을 해결할 수 없을 때 이루어진다. 우선은 변화한 현실에 개개인들이 적응하여 새로운 삶의 형식, 생각, 예술작품을 만들어가고 이를 토대로 사회에 다시금 영향을 주게 되며, 이런 식으로 차츰차츰 집단의식이 변화한다.

겝서는 의식을 한 인간이 관심을 기울이며 세계 속으로 들어가는 방식, 그가 세계와 관계를 맺는 방식, 그로써 또한 세계가 그에게 나타나는 방식으로 이해한다. 또한 의식을 우리가 지각하고 생각하는 것을 현실로 경험하게끔 해주는 체내 기관처럼 상상할 수도 있을 것이다. 이때 이런 의식이라는 기관은 모든 지각과 생각을 고루고루 비춰주는 중립적인 기관이 아니다. 자신의 분위기를 지니고 우리의 현실이 특정한 색채를 띠게 하는 기관이다. 이 책에서 나는 이런 의미의 의식이라는 개념을 사용하고자 한다.

한 시대의 집단의식은 전 사회가 삶의 어떤 측면에 관심을 조명할 것인지를 결정한다. 한 사회가 조명하는 관심사는 사회마다 다르다. 하물며 근대의 자본주의 사회와 파푸아뉴기니의 토착 부족 사회는 많이 다를 것이다. 자본주의 사회는 예컨대 성장·소유·안전·개성 등의 가치를 2천 와트의 엄청나게 밝은 조명으로 비추고 자연이나 공동생활 같은 가치는 어둠에 놓이게 한다. 한 사회가 관심을 돌리는 측면이 어느 것이냐에 따라 사회 구성원이 무엇을 인식하고 경험할지가 결정된다. 그도 그럴 것이, 우리는 대부분 집단적인 관심을 통해 밝게 비추어지는 것만을 보고 경험할 수 있기 때문이다. 우리는 보통 현실에서 가장 잘 조명되는 부분으로 우리의 삶을 한정시킨다.

중세 후기나 지난 50년처럼 세계가 급변할 때는 방향을 새롭게 설정하고 변화하는 상황에 세계관을 맞추기 위해 사회가 변화에 주목해야 한다. 변화를 막고 현 상태를 유지하고자 하는 것만으로는 충분하지 않다. 우선은 삶에서 등한시되는 부분들을 중심에 올려놓아야 한다. 현재 유럽 금융위기의 경우 그런 부분은 아마도 사회적 책임이라는 가치일 것이다.

과도기에 지금 조명되고 있는 영역과 방법으로만 구성된 세계를 고집하면 혼란이 빚어진다. 전체적인 연관을 잘 파악하지 못해 현안에 대한 해결책을 찾을 수 없기 때문이다. 지혜로운 바보 또는 동양의 틸 오일렌슈피겔이라 일컬어지는 물라 나스루딘 이야기와 마찬가지다. 물라 나스루딘은 언젠가 가로등 밑에서 잃어버린 집 열쇠를 찾고 있었다. 그가 몹시 절망하는 것 같아 보여서 지나가던 사람들이 나스루딘을 도와주었다. 그러나 바닥을 아무리 샅샅이 훑어봐도 열쇠는 나오지 않았다. 그러자 한 사람이 물었다. "나스루딘, 열쇠를 여기서 잃어버린 게 확실해요?" 나스루딘이 대답했다. "아뇨. 열쇠를 저 위 집 앞에서 잃어버린 것 같아요." "그런데 왜 우리가 여기서 찾고 있죠?" 행인이 물었다. 나스루딘이 대답했다. "그야 저 위는 깜깜하니까요! 거기서는 아무것도 찾을 수 없어요."

우리는 우리 시대의 어두운 구석을 비추는 데 도움이 되는 수단들을 찾아야 한다.

중세 초기 사람들은 고대의 잊힌 텍스트를 활용해 자신의 시대를 다른 빛으로 관찰했다. 르네상스 시기에 고대의 지식은 현재의 정신과 결합해 새롭게 조명받았으며, 그렇게 해서 오늘날 우리에게까지 영향을 주는 사고방식과 생각, 기술 등이 탄생했다.

나는 여기서 일단 겝서의 이론을 대략적으로 소개하고 싶다. 겝서의 이론은 우리 시대의 사회적인 위기를 더 넓은 역사적 배경 속에서 살펴보고 더 잘 이해할 수 있는 좋은 연장이 되어주기 때문이다. 현재의 세계적인 불안과 소란에도 불구하고 더 넓은 시각으로 바라보면 역사적인 과도기의 가치를 인식할 수 있다.

의식의 돌연변이들

장 겝서는 자신의 3부작《기원과 현재》에서 인류가 진화과정에서 의식의 돌연변이를 다섯 번 거쳤다고 본다. 그는 이런 다섯 번의 돌연변이가 각각 새로운 종류의 사회적 공동생활을 탄생시켰다면서, 인류 역사를 크게 다섯 시대로 나눈다.

겝서는 발굴물, 예술품, 학문적 발견, 역사적 자료에 기초해 서로 다른 의식의 시대를 구분하는데, 그의 구분은 다음과 같다. 인류 역사가 시작되면서 맨 처음 원초적 시대가 있은 뒤 주술적·의식의 시대가 뒤따랐으며, 이어서 신화적 시대, 그다음 정신적·이성적인 근대, 그리고 마지막으로 통합적 의식의 시대가 이제 막 확산되기 시작했다는 것이다. 개념이 어려우므로 약간의 설명과 함께 역사적인 예를 곁들여보겠다.

우선 겝서가 말하는 의식의 돌연변이 이론은 문화사적인 혼돈 속에서 구조를 인식하기 위해 단순화시킨 도식이라는 점을 이해하는 것이 중요하다. 일종의 틀 역할을 하는 것이다. 어떤 역사적 사건은 이런 틀에 맞지 않는다는 인상을 받을 수도 있다. 그러므로 이런 도식은 우리가 구조화하는 안경을 썼다는 사실을 기억할 때만이 우리에게 도움을 줄 수 있다. 이런 도식은 우리가 역사를 이전과는 조금 다른 눈으로 볼 수 있게 해주는데, 이런 도식으로 볼 때 어떤 사건이 더 불분명하고 몽롱해 보인다면 다시금 그 안경을 벗어야 한다.[161]

그러나 겝서가 이야기한 인간 의식의 발달은 아기에서 성인에 이르는 우리의 개인적 의식의 발달사에도 대략 들어맞는다. 계통발생적 발달과 개인적인 발달은 비슷하게 진행된다. 최소한 원초적 의식에서 정신적-이성적 의식까지는 말이다.

그러나 여기서 유념해야 할 것은 겝서가 돌연변이를 진보나 개선이 아니라 변화로 본다는 점이다. 새로운 의식구조를 통해 우리는 삶의 더 많은 측면을 인식하는 것이 아니라, 단지 삶의 다른 측면을 인식한다는 것이다.

또한 변화는 순수한 의지력이나 과도한 훈련을 바탕으로 유발할 수 있는 것이 아니다. 때가 되면 지각이 변화한다. 교과 내용 같은 한 사회의 전형적인 훈련형식과 그에 상응하는 교육학은 우리의 개인적인 의식이 사회의 의식과 조화를 이루는 가운데 발달하게끔 해준다.

원초적 시대: 모든 것이 하나였다

오늘날 학자들에 따르면 현생인류인 호모사피엔스는 이미 20만 년 전부터 지구상에 존재해왔으며,[162] 호모에렉투스와 호모하

빌리스 같은 현생인류의 조상들은 이미 200만 년 전에 출현했다. 겝서에 따르면 이런 태초의 인간들은 동물과 비슷하게 자연과 동화되어 살았다. 그들의 의식은 모든 살아 있는 것들과 하나로 연결되어 있었으며, 그들의 개인적인 삶의 역사는 모든 살아 있는 것들의 역사의 일부로 서로 불가분의 관계에 있었다.

겝서는 이런 의식상태를 성경에 나오는 낙원의 원초적인 상태에 비유한다. 그런 상태에서 인간은 아직 벌거벗었음을 알지 못했고 부끄러워하지도 않았다. 인식의 열매를 먹기 전이었던 것이다.

인간의 발달사에서 세계와의 이런 관계는 태아의 의식이나 엄마 젖을 먹으며 주변과 하나라고 느끼는 아기의 의식에 반영된다. 성인이 되면 꿈꾸지 않고 깊은 잠을 잘 때나 이런 단계를 경험한다. 이런 단계에서 신체는 살아서 숨 쉬고 주변과 교류하는 가운데 자율신경적으로 조절되고 재생된다.

볼프강 헤른도르프는 생의 첫 기억을 이런 원초적이고 하나 된 의식에서 부드럽게 깨어나는 과정으로 묘사한다. "두 돌쯤 됐을 때인가, 나는 막 깨어났다. 초록색 블라인드가 내려져 있었고, 내 침대의 격자 살 사이로 어스름한 방 안이 보였다. 텔레비전에 너무 가까이 다가갔을 때처럼 죄다 아주 작은 빨강, 초록, 파랑 조각들로 이루어져 있었다. 고요한 어스름 속으로, 블라인드의 동전만 한 구멍을 통해 벌써 이른 아침이 쏟아져 들어오고 있었다. 내 몸은 주변과, 즉 침구와 정확히 같은 온도에 같은 상태였다. 나는 다른 침구들 사이에 있는 침구 중 하나였다. 특별한 우연을 통해 의식에 이르게 된 침구였다. 나는 계속 이렇게 남기를 바랐다. 그것이 이 세상에 대한 내 첫 기억이다."[163]

이렇듯 동이 트고 깨어나는 경험은 인류 최초의 의식의 과도기를 반영한다. 인간은 이상한 우연을 거쳐 의식에 이르게 된 자연의 한 조각이다. 그는 깨어나려고 애쓰지 않았다. 그 일은 그냥 일어났다.

주술적 시대: 세계의 소리를 듣다

겝서에 따르면 손도끼, 창, 활과 화살 같은 최초의 도구들과 최초의 예술품들은 인간이 자연과 통일된 원초적인 의식에서 깨어났다는 증거다. 분리된 객체로서 자연과 마주할 수 있는 자만이 자연을 모사한 예술품을 만들 수 있기 때문이다. 그런 사람만이 도구를 이용해 자연을 변화시키고 형상화시킬 수 있음을 이해하기 때문이다.

이 시대에 인간은 'Maker(뭔가를 만드는 사람)'가 된다. 겝서는 'make'와 'magic'이라는 말의 어원이 'magh'임을 지적한다. 이 것은 'mechanic'과 'machine'의 어원이기도 하다. 겝서에 따르면 'magh'는 조작하고 통제하려는 소망과 관계된 말이다. 자연과의 통일된 의식에서 떨어져나온 사람은 어떻게든 자연을 제어해야 한다. 불안과 혼란에 압도당하는 느낌을 몰아내기 위해서다. 그는 자신에게 유익하도록 삶에 영향을 끼치고자 한다.

이런 소망은 아주 일찌감치 떠올랐던 듯하다. 현재 알려진 것 중에서 가장 오래된 손도끼는 176만 년 전의 것이다. 70만 년 전에는 최초의 예술품과 더욱 복합적인 도구가 등장했으며, 그로써 문화가 전개되기 시작했다.

주술적 인간은 사냥 마법$^{hunting\ magic}$, 그림, 도구와 무기를 통해 자연을 통제했고, 현대인은 기술을 통해 자연을 통제한다.

아동의 심리 발달에서 세계와 주술적인 관계를 맺는 시기를 관찰할 수 있다. 이때 아이는 자신의 의지와 능력으로 자신의 삶과 주변 사람들에게 영향을 끼칠 수 있음을 발견한다.

주술의 시대, 사냥과 수렵을 했던 사람들은 아직 현대와 같은 자의식이 없었다. 자신의 인생 이야기를 부족이나 다른 생명체의 이야기와 분명하게 구분하는 개인적인 자의식이 부재했다. 인간은 사냥꾼이나 수렵꾼으로서 여전히 집단의식의 일부였고, 주술사나 샤먼은 다른 생명체나 자연에 영향력을 행사하기 위해 다른 역할로 옮아갈 수 있었다. 자기 신체를 다른 사람이나 동물, 심지어 신의 대리자로 투입하기 위해 그냥 관점만 바꾸면 되었다. 그리하여 대신해서 치유하거나 악령을 내쫓거나, 메시지까지 받을 수 있었다.

그러나 주술사뿐 아니라 주술이 깃든 대상도 나머지 세상을 대리할 수 있었다. 그런 대상도 살아 있는 공동체의 일부로 여겨졌기 때문이다. 이를테면 황금 부적이 태양의 힘을 대리하고, 은으로 된 부적이 달의 힘을 대리하는 식이었다. 동물의 힘 또는 식물의 힘을 한 대상 속에 보낼 수 있었다.

그리하여 겝서는 주술적 시대의 상징물로 세계를 비출 수 있는 1차원적인 점^{point}을 택했다. 주술의 힘은 반사를 알고 그것을 활용하는 데 있었다. 겝서는 원초적 시대에는 아무런 상징도 부여하지 않았다. 상징은 이미 세계와의 약간의 거리를 전제로 하는 것이기 때문이다.

신화적 시대: '나'라는 이야기

갭서에 따르면 개인의 정신과 영혼의 발견은 인간 의식의 또 다른 돌연변이의 결과다. 사냥과 수렵의 시대가 끝난 뒤 인간은 정주해서 살기 시작했고 농경문화로 옮겨갔다. 생활방식의 이런 변화는 약 1만 2천 년 전에 시작되었다.[164]

그런데 농사를 잘 지을 수 있기 위해서는 자신의 효용성뿐만 아니라 추가로 자연의 시간 순환을 분명하게 의식해야 했다. 봄, 여름, 가을, 겨울, 밭 갈고 씨 뿌리고 수확하는 것. 그전의 인간이—자연의 진행에 반쯤은 무의식적으로 동화하고, 반쯤은 영향력을 행사하면서—순간에 직접적으로 반응했다면, 이제 그는 자연의 전체적인 순환을 조망해야 했다. 그래야만 자연보다 한 걸음 더 앞설 수 있었다.

자연과 더불어 일하면서 인간은 시간의 순환적인 진행에 관한 점점 더 차별화된 의식을 지니게 되었다. 이런 시간 의식은 또한 인간이 생의 수레바퀴를 이해하고 태어나서 죽을 때까지 인생의 전개과정을 파악할 수 있게 해주었다. 유년기, 청소년기, 장년기, 노년기는 봄, 여름, 가을, 겨울과 같았다.

인간은 삶의 중요한 경험을 전달하는 이야기를 하기 시작했고, 그 속에서 다양하게 변형된 감정과 정신능력을 발견했다. 사랑과 우정, 미움과 질투, 관대함과 인색함, 영리함과 어리석음, 배반, 단결, 두려움, 구원, 해방감. 사람들의 이야기에 귀 기울이면서 그들은 인간으로서 경험할 수 있는 모든 것을 함께 경험했다.

그리하여 겝서는 원초적·주술적 의식 이후의 이런 세 번째 의식상태를 '신화적 의식'이라 일컫는다. 주술적 인간이 자신의 이익을 위해 영향을 끼칠 수 있는 바깥 세계가 있음을 파악했다면, 신화적 인간은 내면세계의 가치와 가능성, 즉 정신세계를 발견했다. 신화적 인간은 이제 자신의 비밀을 나누기 시작했다. '신화적'이라는 말의 어원은 그리스어로 '말하다, 이야기하다, 대화하다'라는 뜻이다. "어느 의미에서 신화는 민중의 언어로 표현된 집단적 꿈이었다."[165]

전승된 신화들에는 종종 반복되는 모티프가 있는데, 그중 하나는 여행, 특히 바다를 건너는 것이다. 한 남자가 바다 건너 여행에 나서고, 투쟁을 통해 능력을 연마하며 모험을 통과하고는 드디어 자신에게 정해진 배필을 만난다.

바다는 전통적으로 정신을 상징한다. 바다를 건너는 사람은 스스로를 알게 된다. 겝서는 "그도 그럴 것이, 항해는 모두가 자기 자신을 경험하는 일이기 때문이다"라고 쓴다. 항해 뒤에 "신화적 인간은 다른 인간을 발견하고, 자신의 상대를 발견한다. '나'에게로 깨어나는 길에서 '너'가 깨어나고, '너' 안에서 전 세계가 깨어난다. 전에는 '나 없이' 세계에 주술적으로 얽혀들어가 있었는데 말이다."

스스로를 더 이상 자연과의 통일체로 경험하지 않는 사람은 자신이 고독하고 약한 존재임을 깨닫는다. 자신의 힘이 제한되어 있음을 충분히 의식하고 나면 자연은 이제 아주 강력한 상대로 보인다. 자신에게 친절할 수도 있지만 적대적일 수도 있는 상대다. 그리하여 신화적 인간은 보호를 동경하게 되며, 또한 다른 사람에게 자신을 전폭적으로 내주고 "그로써 '너' 주위에서 스스로도 풍성함을 얻게" 되기를 동경한다. "뵈이네뵈이넨은 바다를 건넌 뒤 해변가에서 아니키를 발견하고, 테세우스는 에게 해를 건넌 뒤 크레타 섬에서 아리아드네를 만난다. 그리스인들은 오랜 항해 끝에 트로이에서 다시금 헬레나와 재회하고, 오디세우스는 난파당했다가 구조된 뒤 나우시카를 만난다. 군터는 브륀힐드를 만나며 …… 트리스탄은 바다에서 여러 번 폭풍우를 겪고 살아남은 뒤 이졸데를 만난다……."[166]

주체적인 '나'가 되어 자연과의 합일에서 벗어나는 사람은 자기 영혼의 가치를 의식하게 되지만, 대신에 삶이 결코 생각하지 못했던 방향으로 진행될 때 그것에 무조건적으로 승복하지 못하게 된다. 그리고 비로소 발견한 귀중한 정신을 죽음으로 잃어버릴 수 있음을 알게 되어 흥정하고 투쟁하기 시작하며, 책략과 속임수를 써서 신들의 마음을 누그러뜨리고 자기 운명을 바꾸고자 한다.

신화는 이런 과정을 이야기한다. 신화는 죽은 자들을 지하세계에서 데려오고자 하는 시도를, 주인공들로 하여금 여행길에 오르게 하는 '거룩한 분노'를 이야기한다. 인생의 그늘진 면을 향한 분노, 그리고 그런 면들을 빛으로 변화시키고자 하는 영웅들을 이야기한다. 주인공들은 자기 운명을 스스로 개척한다. 그리스의 서사시 《일리아스》와 인도의 교훈시 《바가바드기타》는 세계 최초의 구전문학 작품들로, 두 작품 모두 주인공의 분노로 시작한다.

이런 이야기를 통해 신화적 인간은 인간이 된다는 것이 무슨 의미인지를 경험했다. 신, 영웅, 사랑하는 자, 슬퍼하는 자와 동일시하는 가운데 신화적 인간은 전체 인류의 이야기에 공감하고 아파할 수 있었다. 개인적인 경험과 개인적인 삶의 시간은 이를 통해 무한으로 확대되었다. 체험은 더 이상 외부 세계에 국한되지 않는 것이 됐으며, 반복할 수 있는 것이 되었다.

이렇듯 세계와 신화적인 관계를 맺는 것은 사춘기 이전 아이들의 지각에 상응한다.

아이들은 계속 이야기를 듣고 싶어 하면서 이야기 속에서 세계를 경험한다. 아이들의 시간감각은 리듬 있게 반복되는 요소를 통해 구조화한다. 아이들이 경험하는 시간은 시계가 가리키는 시간이 아니다. 아이들이 경험하는 시간은 아침의 시간 또는 저녁의 시간, 다음 축구 연습 시간 또는 다음 크리스마스 축제 시간이다. 아이들은 하루, 한 주 또는 일 년의 반복되는 일과를 리듬으로 입력할 수 있다. 그러나 먼 미래를 위한 목적 지향적인 발전계획 같은 것은 세울 수가 없다. 왜냐하면 신화적-순환적 의식은 충만한 순간과 반복에서 힘을 얻기 때문이다. 계절의 순환이 계속해서 새로이 교대되는 것처럼, 사랑과 미움, 다툼과 화해의 이야기들이 비슷비슷한 것 같아도 계속해서 새로이 시작되는 것처럼 말이다.

우리 안에 깃든 의식의 역사

젭서는 의식의 돌연변이를 인간 의식의 목적 지향적인 개선으로 이해하거나 인류의 진보 또는 발전으로 보지 않는다. 젭서는 그것을 세계와 교류하는 가운데 지각과 관계의 모습이 달라지는 것으로 본다. 그것을 돌연변이라고 하는 까닭은, 그가 이해하기에 그것은 연속적인 발달이 아니라 도약이기 때문이다.

우리의 유전자 안에 생물학적 진화의 전 역사가 담겨 있듯이, 우리 안에는 또한 의식 발달의 역사가 깃들어 있다. 그리하여 우리는 계속 세계와 원초적인 방식 또는 신화적인 방식으로 관계를 맺을 수 있다. 그러나 우리는 스스로 그렇게 하고 있다는 것을 더 이상 의식하지 못한다.

원초적 의식은 예컨대 체세포나 유기적 순환과정 속에 살아있어서 깊은 잠을 잘 때도 유지된다. 우리 신체는 그처럼 자연 속에 뿌리 박고 있기 때문에 자동적으로 생명을 유지한다. 신체는 자기가 무엇을 해야 하는지를 알고 있으며, ―우리의 지성을 동원하지 않고도―알아서 주변과 공생적인 관계를 맺는 가운데 신진대사 활동을 해나간다.

주술적 의식은 우리의 꿈에 반영되며, 다른 사람과 동일시하는 가운데 무의식적으로 주변 사람들의 영향을 받는 능력으로 발휘된다. 서부영화를 보기 전과 보고 난 후의 관객들의 신체 자세를 유심히 관찰해보면, 많은 관객들이 영화관에 들어갈 때 보다 나올 때 어깨를 한층 더 넓게 편 자세를 취하는 것을 볼 수 있다. 슈퍼맨이 세계를 구한 경우 우리는 스스로 강한 사람이 된 듯이 느끼고, 타이태닉호가 침몰한 뒤에는 삶과 죽음이 얼마나 지척인지, 우리의 생명이 얼마나 유약한 것인지를 느낀다.

의식의 돌연변이는 세계와 교류하는 가운데
지각과 관계의 모습이 달라지는 것이다
우리 안에는 의식의 역사가 깃들어 있다
그러나 우리는 그것을 더 이상 의식하지 못한다
이제 세계 속에 존재하는 것이 아니라
세계와 마주하는 것이 되었다

⟨Sensible world-Intelligible world⟩ Hernán Piñera, 2014

이야기의 주인공과 동일시하는 가운데 그들의 가상적인 경험들은 우리의 신체와 정신 속에 주술적인 방식으로 작용한다. 이야기 속 사건들은 직접적으로 우리의 기분에 반영되거나 나아가 신체 기능으로 전이된다. 영화 속에서 푸짐하게 먹는 장면을 보면 식욕이 느껴지고 에로틱한 장면에서는 성적 자극을 느낀다. 우리의 이성적인 의식은 무의식적으로 주술적 전이에 걸려든다. 우리는 다른 사람들의 이야기 속에 자신을 비추어보면서 자아를 확장하고, 공간과 시간을 초월하여 다른 사람들의 의식과 내적으로 깊이 연결되는 경험을 한다. 우리에게는 그런 경험을 가능하게 하는 특별한 뇌세포가 있으니, 그것은 바로 거울 신경세포다. 뇌과학자들은 거울 신경세포의 작동방식을 알고 있다지만, 그럼에도 다른 사람들의 경험이 우리 자신에게 전이되는 현상은 신기하고 마술적이다. 우리 삶에서 어떤 부분은 주술적 또는 신화적-순환적 의식의 안경을 통해서만 파악되고 그 진가를 알 수 있다. 그러나 이런 의식구조 또는 의식의 분위기는 무의식으로 밀려나, 오늘날에는 예술이나 꿈, 심리 패턴의 무의식적인 반복 속에서나 등장한다. 우리의 집단의식이 삶의 다른 측면들을 조명하게 되었기 때문이다.

정신적 시대: 계산하는 사람들

중세 후기 중부 유럽에서 신화적인 세계 경험은 오늘날까지 여전히 중요한 세계 이해로 옮아갔다. 자연과 대상에 대한 거리는 다시 한 번 벌어졌다. 이제 '세계 속에 존재하는 것'은 최종적으로 객관화한 '세계와 마주하는 것'이 되었다.

개인적인 발달에서 이런 변화는 바로 청소년기의 두뇌에서 일어난다.

겝서는 근대를 '정신적' 시대라 명명한다. 인간이 모든 사물의 기준이 되었기 때문이다. '인간(독일어로 mensch)'과 라틴어 'mens (의도, 생각, 상상)'는 같은 그리스어 어근인 men에서 나왔다. 이성적rational이라는 말의 라틴어 어근 'ratio'는 상업계에서 유래한 말로 '계산하다'라는 뜻도 있다. 정신적·이성적인 시대의 인간은 자의식이 있는 '나'로서 세계와 마주 서서 그의 이성을 화살처럼 각각의 대상을 향하게 한다. 대상을 측정하거나 계산하기 위해서다. 우리는 이렇듯 측량하고 계산하는 의식의 활동을 또한 '이성적 사고'라 명명한다.

의식의 돌연변이를 역사적으로 특정 시대에 귀속시키기는 어렵다. 그것들이 일단 산발적으로 나타나고, 그 뒤 오랜 시간에 걸쳐 정립되기 때문이다. 여러 발달단계가 같은 시간에 여러 장소에서 만나고 때로는 한 사람의 정신 속에서 나란히 존재한다. 이를테면 물리학자이자 연금술사였던 아이작 뉴턴이 이중적인 의식을 보여준 좋은 예라 할 수 있다. 아이작 뉴턴은 낮에는 근대적인 방법으로 자연의 법칙을 탐구했고, 밤에는 연금술 실험을 했다. 그의 방대한 장서 중 3분의 2는 과학 관련 문서들이었고, 나머지 3분의 1은 신비 서적들이었다. 그는 세계와 주술적인 동시에 정신적인 관계를 맺었던 듯하다. 뉴턴 전기 작가인 미국의 리처드 웨스트폴은 한술 더 떠 뉴턴이 주술적인 행위를 통해 자유로운 정신을 견지할 수 있었으며, 이것이 선구적인 물리학적 인식에 이르는 데 영감을 주었다고 본다. "연금술의 의미는 …… 시야 확장에 있었다. 연금술은 뉴턴의 시야를 넓혀주었다. 연금술은 뉴턴의 편협한 기계적 사고를 보완하는 추가적인 범주를 제공해주었다."[167]

따라서 원초적-주술적 의식, 주술적-신화적 의식, 신화적-정신적 의식, 이런 식으로 혼합된 의식형태들이 있었다. 심지어는 주술적-신화적-정신적 의식도 있었다. 추가적으로 모든 의식의 형태에는 전조적 징후가 나타나는 시기와 그것이 절정에 이르는 핵심기, 그 뒤 근근이 명맥을 유지하는 시기가 있다. 정신적-이성적 의식의 전조는 기원전 500년께 고대의 철학 텍스트에서 벌써 발견된다. 그러나 이런 근대적-이성적 의식은 중세 말기의 유럽에서 무르익었다. 생활방식과 사고의 변화는 서로 다른 지역, 서로 다른 민족과 사회 안에서 매우 장구한 기간에 걸쳐 일어났으며, 서로 다른 의식의 형태는 계속 서로 충돌했다.

겝서는 주술적-신화적 세계관과 정신적-근대적 세계관의 충돌을 아스테카 문명의 역사 속 예를 들어 설명한다. 아스테카 역사 기록자는 16세기 에스파냐 군대가 멕시코를 정복한 일을 보고한다. 그에 따르면 아즈텍족은 에스파냐 군대를 주술적인 힘으로써 몰아내고자 했다. 그런데 침입자들이 반응하지 않자 왕은 "다른 주술사들을 보내 …… 에스파냐 사람들에게 주술을 걸게 했다. …… 그러나 에스파냐 사람들에게는 주술이 통하지 않았고, 주술사들은 더 이상 목적을 달성할 수 없었다." 겝서는 특정 형태의 주술은 주술적인 특징을 띠는 집단의식 안에서만 통한다고 말한다. 각 사람이 스스로의 개인적인 실존을 의식할수록 주술에 휩쓸리지 않는다. 에스파냐 사람들은 아스테카 문명의 집단의식의 일부가 아니었다. 자신들의 주술이 통하지 않는다는 사실을 깨달았을 때 아즈텍족은 제대로 싸워보지도 않고 항복했다.[168]

르네상스의 폭발적 창조성

어떤 의식이 한창 구가되던 시기가 막을 내리고 다음 돌연변이가 새로운 인식이나 예술작품 또는 과학적인 인식을 통해 세계의 모습을 변화시키면, 집단적인 불안이 생긴다. 이런 불안은 사춘기나 그 밖의 개인적인 삶의 위기 속에서 우리를 압도하는 불안과 비슷한 특성을 띤다. 갬서에 따르면 "돌연변이의 시간은 방해의 시간이자 파괴의 시간이기도 하다".

사람은 돌연변이를 통해, 또한 외부적인 사건에 의해 어쩔 수 없이 새로운 방식으로 세계와 관계를 맺고 새로운 형상화 가능성을 취하게 된다. 그것은 "처음에는 먼저 기존의 정신적-영적-신체적 균형을 깨뜨리고, 필연적으로 무질서를 동반한다. 돌연변이가 일어나고 있다는 것을 모르면 이런 무질서는 새로운 질서와 형세를 만들어내는 대신 카오스로 이어진다."[169]

한 시대가 막바지에 이르면 지배하던 세계관의 그늘진 면들이 부각된다. 예컨대 중세 후기에는 지옥에서 영혼이 영원히 고통받을 것에 대한 두려움이 계속 만연했다. 네덜란드의 화가 히에로니무스 보스의 그림(대표작은 세폭화인 〈쾌락의 정원〉으로 낙원, 지상, 지

옥의 기괴한 풍경이 묘사돼 있다―옮긴이)은 그 시대의 분위기를 보여
준다. 영혼의 발견은 신화적 시대의 큰 업적이었으며, 이 시대에
는 영혼에 대한 걱정이 무성했다. 심지어 오로지 기부자의 영혼
구원을 위해 기도해주는 일을 하려고 설립된 재단까지 있었다.[170]

교회의 권력 남용, 수많은 정치적 개혁과 기술적 발명품들은 종
교에 기초하여 성립된 중세의 사회질서에 의문을 품게 하고 르네
상스의 새로운 사회질서가 태동하는 데 유리한 사회 분위기가 조
성되게 했다. 중세의 신분질서는 와해되었고, 자연과학적 연구정
신이 교회의 권위에 대한 믿음을 뒤흔들어버렸다.

르네상스는 창조적 과도기의 대표적인 본보기라 할 수 있다. 우
리는 오늘날까지도 르네상스 때 개진된 사상과 발견, 예술을 향유
하며 살아가고 있다. 중세 말의 불안한 사회 분위기는 다양한 세
계상과 인간상을 태동시켰고, 이런 다양한 생각들은 한동안 나란
히 공존하는 가운데 풍성한 예술적·문학적·철학적 걸작들을 배
출했다. 스위스의 의사이자 연금술사이자 철학자인 테오프라스투
스 파라켈수스가 인간과 우주의 합일을 설교하던 시기, 이탈리아
의 철학자 조반니 피코 델라 미란돌라는 인간은 자유의지를 지니
고 있으며 스스로를 만들어나갈 수 있고 자기 운명을 스스로 결
정할 수 있다는 견해를 피력했다. 또한 갈릴레이의 근대 자연과학
역시 조르다노 브루노의 신비주의적인 학문과 동시에 발전했다.

이 시기 정신적·종교적 혁신에 대한 필요성은 인문주의와 개혁
운동에도 발판을 마련해주었다. 인문주의자들은 모든 인간은 교
육의 도움으로 자신의 개성을 자유롭게 펼칠 수 있다고 믿었다.

인문주의 사상은 자연과학의 정확한 연구방법에 대한 열광과 연결되어 근대적인 세계상·인간상에 이르렀으며, 근대적인 세계상은 '용기를 내어 너 자신의 이성을 활용하라!'는 계몽주의 원칙으로 표현되었다.

다양한 세계상·인간상과 함께하는 르네상스의 폭발적인 창조성은 자연과학과 인문주의가 강하게 연대하는 가운데 더 차분한 길로 접어들었다. 겝서의 의식사적인 관점에 따르면 18세기 말에 이르러 정신적 의식은 주술적–신화적 세계상을 마침내 깊은 무의식으로 보내버렸는데, 이 새로운 의식이 집단적으로 확산되는 데 결정적인 추진력을 제공한 것은 자연과학자들이 아니라 르네상스의 예술가들이었다.

소실점과 자의식의 발견

피렌체의 건축가 필리포 브루넬레스키는 독학으로 건축을 공부한 천재 건축가였다. 르네상스 시대의 전기 작가인 조르조 바사리는 브루넬레스키를 하늘이 보낸 사자로 여길 정도였는데, 바사리의 표현에 따르면 브루넬레스키는 키가 작고 영리하고 재미있고 의지력이 강한 사람이었다.[171] 1377년 피렌체에서 공증인의 아들로 태어난 브루넬레스키는 학교를 졸업한 뒤 조각술과 금세공술을 익혔고, 그 뒤 한 친구와 함께 로마로 떠나 여러 해 동안 고대의 유적을 연구했다. 옛 건축물을 바탕으로 시각을 연마한 뒤 더욱 대담하게 미래를 구상하기 위해서였다. 고대를 모방하려고 한 것이 아니라 고대를 능가하려고 한 것이다.

피렌체로 돌아온 브루넬레스키는 피렌체 성당의 돔을 설계했다. 이 돔은 규모가 엄청난데도 오늘날까지 교회 위에 두둥실 떠 있는 듯한 착각을 불러일으킨다. 미국의 저널리스트이자 이탈리아 전문가인 톰 뮬러는 "건물 끝에서 위로 올라가는 하얀 아치형 대리석 리브[nb]가 체펠린 비행선의 밧줄처럼 돔을 땅과 연결하는 것처럼 보인다"며, 브루넬레스키는 돌 속에 자유의 기운을 담고 높이 올라가고자 하는 인간 정신을 구현함으로써 피렌체에 한껏 고양된 실루엣을 선사했다고 썼다.[172]

산타마리아 델 피오레 성당의 돔은 정말로 둥실 떠 있는 기적처럼 보인다. 그렇지만 브루넬레스키의 가장 비중 있는 업적은 중력을 극복해낸 듯한 건축물이 아니다. 브루넬레스키가 세운 가장 큰 공은 회화에서 원근법을 발견한 것이다. 원근법. 그것은 단순한 생각이었지만, 그 이후 인류에게 엄청나게 큰 영향을 주었다.[173]

처음에 브루넬레스키는 피렌체의 산 조반니 성당의 바깥 모습을 거울을 이용해 모사하고자 했는데, 실제 성당의 모습, 즉 실제 세계의 모습을 정확하게 그릴 수 있으려면 특정한 관점이 필요하다는 것을 깨달았다. 고정된 관점에서만 3차원 세계의 공간을 2차원의 평면으로 옮겨놓을 수 있었던 것이다. 화폭에 옮긴 공간의 단면은 스스로 선택한 관점과 거기에서 확정되는 소실점 사이에 놓여 있었고, 그림에 재현된 공간은 제한적이었지만, 바로 그랬기에 인간은 그 공간을 측정하고 제어할 수 있었다.

오늘날에는 원근법을 적용한 그림이 아주 당연한 것처럼 보인다. 모든 컴퓨터 게임에서 흔히 볼 수 있는, 별로 중요하지 않은 기술적 트릭쯤으로 말이다. 그러나 15세기에 인간은 이런 기술을 통해 비로소 처음으로 공간에 관찰자로 서게 되었다. 인간은 당연한 듯 스스로 들어가 있던 일상 공간, 교회 공간, 자연 공간에서 떨어져나왔다. 인간은 갑자기 공간으로서의 세계를 형상화하고 그곳으로 걸어 들어갈 수 있다는 것을 알았다.

중세의 그림은 2차원적이고 평면적이었다. 그림 속 얼굴들은 대부분 인간미가 느껴지지 않았고, 인간이 신적인 질서에 편입되어 있듯이 그림 속 인물들도 황금 배경 속에 들어가 있었다. 그림은 전체를 상징하고, 그림의 황금 배경은 삶의 배경이 되는 신의 빛을 상징하는 것이었다. 하지만 브루넬레스키의 발견 이래 인간은 더 이상 신의 빛 가운데에만 있지 않게 되었다. 인간은 공간의 한가운데에 있게 되었으며, 모든 그림은 세계 공간의 일부분으로 인간과 마주하게 되는 것이었다. 그리하여 인간에게 세계는 탐구하고 측정하고 정복할 수 있는 것이 되었다. 전에는 무의식적인 덮개였던 것이 이제는 노력을 기울여야 하는 과제가 된 것이다.

겝서의 문화사적 구분에 따르면 그 순간부터 의식의 다음 시대가 명확한 형태를 띠게 되었다. 현실이 다른 색깔을 얻게 된 것이다. 원근법의 발견은 인류에게 새로운 지평을 열어주고 창조적인 활동에 불을 지폈다. 겝서는 이를 이렇게 묘사한다. "코페르니쿠스는 편협한 지구 중심적 우주관을 깨뜨리고 태양 중심적 우주공간을 발견했다. 콜럼버스는 길을 막는 대양을 깨뜨리고 지구 공간을 발견했으며, 최초의 위대한 해부학자인 안드레아스 바살리우스는 갈레노스의 오래된 인체생리학을 깨뜨리고 신체 공간을 발견했다. 하비는 히포크라테스의 구속적인 체액설을 깨뜨리고 혈액순환을 발견했다. …… 갈릴레이는 꼼꼼한 학문적 방법으로 당시 네덜란드에서 발명된 망원경을 천문학적으로 활용함으로써 우주로 더 깊숙이 파고들었다. 레오나르도 다 빈치가 구상했듯이 인간이 드디어 공중과 지하 공간을 정복할 때까지 말이다."[174]

자전거, 자동차, 비행기를 기술적으로 건조하는 것은 세계를 3차원적인 공간으로 파악해야만 가능한 일이었다. 레오나르도 다 빈치는 최초로 교통수단을 기술적으로 꼼꼼하게 스케치했고 그로써 미래의 교통수단에 대한 주춧돌을 놓았다. 겝서에 따르면 학문·예술·기술 분야에서뿐만 아니라 일상생활에서도 공간에 대한 관심으로 여러 가지 생활용품이 발명되었다. "그즈음에 최초로 레이스가 만들어졌다. 이제는 천마저 더 이상 평면일 필요가 없었다. 배경 또는 바탕을 비출 수 있기 위해 천에 구멍이 뚫렸다."[175]

3차원적 공간은 경험의 토대가 되었고 곧이어 사고의 토대가 되었다. 인간은 스스로를 더 이상 세계의 일부로 이해하지 않고 세계의 상대이자 객관적인 관찰자로 여겼다. 인체를 해부하고 측정하고 체내 공간을 스케치했으며, 지도를 만들어 세계를 객관적으로 기록하고는 세계가 고정되어 있는 무생물체라고 믿게 되었다. 인간, 동물, 식물, 언어, 예술작품, 전체의 세계 공간을 조망할 수 있는 부분들로 분류하고, 연구하고, 번호를 매기고, 목록을 만들고, 가능하면 소유하게 되었다.

새로 발견된 공간은 엄청난 크기였다. 그리고 인간은 그것을 통제하고 제어하기 위해 모든 노력을 기울였다. 공간 의식은 세계의 특성을 변화시켰다. 그리고 인간의 특성을 변화시켰다.당시 세계가 얼마나 변했는지 이해하려면 브루넬레스키의 발견이 중세의 의식을 두 가지 방향으로, 즉 외부와 내부로 확장했다는 것을 알아야 한다.

그림에 입체적인 공간을 담으면서 형상화할 수 있는 공간으로서의 보이는 세계와 둥글게 생긴 지구를 의식하게 되었으며, 동시에 관찰자로서의 자의식이 자랐다. 보이는 외부 공간에 대한 보이지 않는 짝으로서 인간 정신의 중요성과 자신의 내면과 자신의 입장을 의식하게 된 것이다.

객관적인 외부 공간이 있음을 이해하면 자신이 육체로서 이런 외부 공간에 존재할 뿐 아니라, 행동하고 지각하는 인간으로서 외부 공간과 마주하고 있다는 것도 이해할 수 있기 때문이다. 그리고 자신이 상대로서 존재한다는 것을 일단 깨닫고 난 사람은 또한 자신에게는 자신만의 관점이 있고, 삶에서 대면하는 모든 것이 이런 관점에 좌우된다는 것도 빠르게 깨닫게 된다.

원근법이 발견된 이래로 모든 그림은 우리 자신의 관점을 상기시킨다. 신체적 관점, 그리고 정신적 관점을 말이다. 모든 장면은 우리를 우리 스스로에게 돌려보내고, 우리 자신이 사건의 중심에 있다는 환상을 불러일으킨다. 공간의 일부가 직접적으로 우리 앞에 놓여 있고, 다른 부분은 우리 뒤에 보이지 않게 놓여 있다. 그리고 전체의 외부 공간은 우리의 내부 공간에 의해 비추어진다.

우리는 스스로를 중심으로 경험하며, 우리가 관찰하는 모든 것은 우리가 정말로 중심되는 중요한 존재라는 것을 확인시켜준다. 공간 의식과 더불어 현대의 자의식이 전개된 것이다.

원근법이 가져다준 두 가지 인식 특성은 다음 두 가지 예술 장르에서 특히 뚜렷하게 나타난다. 풍경화는 새로 발견된 공간을 본격 탐구하기 시작했으며, 초상화는 새로 깨어난 개인의 자의식을 반영하기 시작했다. 갭서는 인간의 자의식이 확장되는 공간에 부응하기 위해 점점 더 깨어났다고 정리한다. 르네상스 화가 라파엘로, 티치아노, 루벤스, 렘브란트는 개인의 얼굴, 신체, 행동을 능숙하게 화폭에 담아냈다. 그리하여 그림 속 인물들은 오늘날까지도 살아 있는 것처럼 우리를 바라본다.

부유하던 사상이 떠오를 때

르네상스는 정확히 언제 시작되었을까? 중세는 정확히 언제 끝났을까? 근대로 넘어오는 과도기는 얼마나 오래 걸렸을까?

대학 시절 나는 이런 질문들 앞에서 거의 절망하다시피 했다. 연구자들마다 의견이 전부 달랐기 때문이다. 나는 정확한 연대를 알고 명확히 정리해보려고 애썼다. 누가 정리해놓은 것을 보면 '아, 드디어 찾았구나' 하면서 안도의 한숨을 내쉬었다. 그러나 가벼운 마음은 오래가지 않았다. 얼마 지나지 않아 다른 책에서 다른 해석을 발견했기 때문이다. 예전에 알고 있던 내용을 뒤집는 해석들!

나는 그 분야의 학자들은 뭔가 명확히 알고 있다고 생각했고 나도 그렇게 되고 싶었다. 그러나 아무리 노력해도 명확한 지식은 오지 않았다.

나는 역사적인 사실을 명백히 정리할 수 있다고 하는 생각 자체가 우리 시대의 분위기에서 비롯된 크나큰 오해라는 것을 나중에야 비로소 깨달았다. 3차원 공간을 부분부분 모사할 수 있게 되다 보니 우리는 모든 것들을 기록하고, 구분하고, 분명하게 결정할 수 있다고 생각한다. 르네상스의 예술가들과 학자들이 공간을 발견한 이래 우리는 모든 것을 정확히 측정할 수 있다고 믿게 된 것이다. 우리 자신의 역사까지도 말이다.

그러나 많은 역사적 전개를 보면 몇백 년이 흐르는 가운데 여러 조류가 함께 공존하고 서로 엮이기도 했다. 우리가 어느 시대를 중세나 르네상스 또는 근대라고 명명할 때 그것은 각 시대에 탄생 연대 또는 사망 연대가 있다는 의미가 아니다. 이들은 삶의 바다를 흘러가는 조류다. 중간에서는 독자적인 흐름으로 인식할 수 있지만, 가장자리에서는 이미 다른 흐름들과 섞인다. 어떤 의식의 흐름이 어느 곳에서는 안정되고 강하게 보이는 반면, 다른 곳에서는 이미 새로운 흐름이 그 흐름을 대치한다.

그 때문에 시대들은 시간적으로 서로 뚜렷이 구분되는 성질의 것이 아니다. 우리는 시대를 주제적으로 관통해 들어가야 한다. 그리하여 갭서는 우리의 정신적-이성적 의식의 흐름이 이미 고대 그리스에서도 나타났다고 본다. 플라톤이나 아리스토텔레스의 철학 텍스트에서 벌써 그런 흐름이 엿보인다는 것이다. 그들의 사상은 고대의 예술뿐 아니라 오늘날 우리에게까지 이어져 내려온다.

기원전 6세기 고대 조각들의 시선과 신체 자세가 명백히 꿈꾸는 듯 내면을 향하는 반면, 기원전 3세기에는 이미 조각들이 곧추서서 공간 쪽을 향하는 것을 볼 수 있다. 이를 통해 우리는(시선을 내면으로 향하는) 자연적-신화적 의식에서 (시선을 외부로 향하는) 공간적-정신적 의식으로 옮아가는 것은 이미 고대 그리스에서 선취되었지만, 그것이 비로소 주류가 된 것은 2천 년 뒤 중부 유럽에서라는 것을 알 수 있다.

겝서는 다양한 의식을 보여주는 수많은 역사적 증거들을 분석하고 분류했다. 그의 분류에 다소 무리가 없지는 않지만, 인류의 문화사를 이렇듯 탁월하게 정리해낸 것은 사상적으로 대단한 업적임에 틀림없다. 얽히고설킨 모호한 현상들을 납득할 만하게 정리해내는 것은 여간한 분석력으로써는 할 수 없는 일이다.

다양한 의식의 조류는 평행하게 흐르기도 하고 서로 넘나들었다가 갈라지기도 하면서 흘러간다. 좋은 생각은 종종 역사의 바닷속에서 오랫동안 부유하다가 어지러운 과도기에 드디어 수면 위로 떠오른다. 책에 담겨 살아남거나, 몇몇 사상가나 소수의 그룹에 의해 오랫동안 지류로서 시대를 통과해 면면히 흐르다가 드디어 충분한 사람들이 그런 생각에 호응할 준비가 될 때 관철된다.

기독교 사상이 확산된 것도 서로마제국의 불안한 정세에 힘입은 바가 컸다. 집단적인 불안 때문에 뭔가에 의지하여 방향을 잡고 나아가고 싶은 소망이 커졌다. 상황이 안전하고 안정되어 있었더라면 사람들이 기독교 사상에 그리 쉽게 마음을 열고 열광하지 않았을 것이다.

그러므로 세계질서의 변화를 가져온 것은 단순히 기독교 사상이 아니라, 이 사상과 시대적 불안 사이의 상호작용이었다. 태양중심의 세계관이 발견되어 근대가 시작된 것이 아니라, 중세의 불안한 권력구조 때문에 다양한 위대한 생각들이 집단의식에 심겨질 수 있었던 것처럼 말이다. 태양 중심 세계관은 관철될 때 이미발견된 지 2천 년이나 지난 사상이었다. 그러나 중세 말의 불안한시기가 이 세계관이 드디어 사회에 뿌리를 내리고 그동안 지배적이었던 세계관을 대치할 수 있게 했다.

그러므로 정리를 해보자. 사회적인 위기는 구조적으로 볼 때 개인적인 위기와 그리 다르지 않다. 사회에서뿐 아니라 개인의 삶에서도 좋은 생각은 대부분 위기의 시기에 받아들여진다. 이렇게 살아서는 안 되고 뭔가 변화가 필요하다는 것을 오래전부터 알고 있었다 해도, 종종은 어쩔 수 없는 상태가 돼서야 비로소 미지의 것과 새로운 것에 마음을 열기 때문이다.

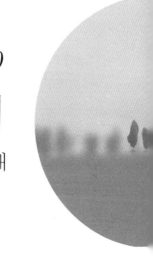

10

세계의 끝에서

쓸데없는 아름다움을 지키기 위해

우리가 아는 세계의 끝은
세계의 끝이 아니다.

***

폴 킹스노스, 더걸드 하인

1992년이었다. 보수적인 영국 정부는 영국을 가로지르는 대규모 네트워크의 고속도로 건설을 막 시작한 참이었다. 그중에는 그때까지 잘 보존되어 있던 햄프셔의 석회암 산에 터널을 뚫고 6차선 고속도로를 내는 계획도 포함되어 있었다. 그 길이 뚫리면 교외에서 런던까지의 통근 시간이 겨우 몇 분 줄어든다는 것이었다. 그러자 트와이포드 다운이라는 산기슭에서 시위가 일어났다. 시위대는 그곳의 생태적으로 풍요로운 석회암 지대가 멸종이 우려되는 나비 종의 몇 남지 않은 서식지일 뿐 아니라 여섯 종의 희귀한 난초과 식물이 자생하는 자연보호구역이고, 게다가 초기 문명의 잔재가 남아 있어 고고학적으로도 중요한 지역이라고 목소리를 높였다.

당시 갓 스무 살의 대학생으로 옥스퍼드 대학에서 역사를 공부하고 있던 영국의 폴 킹스노스도 이런 시위에 합류했다. 시위 참가자들이 자신의 편의나 건강, 안전을 위해 시위하는 것이 아니라는 점에 감명받았기 때문이다. 대기오염이나 소음, 또는 풍경이 망가진다고 시위하는 것도 아니었다. 2014년 뉴욕타임스에 킹스노스에 관한 회고록을 실은 미국의 작가이자 저널리스트 대니얼 스미스의 말마따나 그들은 황야의 쓸데없는 아름다움을 지키고자 일어난 것이었다. 시위대에게 자연은 '자신만의' 가치를 지닌 것이었으며, 그 가치는 "출근 시간을 겨우 몇 분 줄이는" 유용성과는 비교가 되지 않는 것이었다.[176]

킹스노스는 함께 플래카드를 만들고 열심히 시위를 했다. 스미스는 당시 킹스노스의 정서상태를 두고 그는 "유용성에 대항해 싸우는 자랑스러운 시위에 매혹되었다"고 적었다.[177]

저항은 헛되었다. 그러나 킹스노스는 이 일에서 아주 깊은 인상을 받아 그 뒤로 계속 다른 생태운동을 주도하기 시작했다. 그는 세계화 반대운동에 대해 신문에 글을 기고하고, 책을 썼으며, 영국의 전통적인 카페들이 국제적인 커피 전문점 체인의 공세에 내몰려 사라져가고, 거대 슈퍼마켓 체인 때문에 영국의 작은 가게들이 속속 문을 닫으며, 값싼 외국인 노동자를 유입시킴으로써 전통적인 노동문화가 무너져가는 현실을 고발했다. 그는 영국을 돌아다니면서 절망한 소매점 주인들을 인터뷰하고 다양한 도시들의 보행자 도로가 점점 비슷한 모습이 되어가는 현실을 아쉬워했다. 그리고 소수의 성과 없는 저항에 동참하고 기록해가면서, 모든 것을 획일적으로 만드는 단조롭고 무미건조한 세계화의 물결에 대항했다. 그 과정에서 탄생한 책이 《리얼 잉글랜드, 무미건조함에 대한 투쟁》이다.[178]

이 책은 매우 성공적이었다. 영국 총리가 된 데이비드 캐머런과

캔터베리 대주교는 연설 중에 그 책의 일부를 인용했고, 많은 신문이 그 책을 조지 오웰의 작품에 비유했다.

그러나 킹스노스는 무엇보다 자기가 본 것에 절망했다. 인류는 매일매일 세계 전역에서 똑같은 음식을 맛볼 수 있는 전 지구적인 모노컬처를 만들어가기로 결정한 것이 틀림없었다. 대부분의 사람들은 그것에 전혀 개의치 않는 듯했다. 획일화한 전 지구적 체제는 우리가 미처 깨닫지 못하는 사이에 이전의 생동감 넘치던 개별 문화를 대치해나가고 있었다.

그러는 동안 2008년이 되었고, 킹스노스는 15년 넘게 행동가와 작가로서 살아온 삶을 돌아보며 자기가 아무리 애써봤자 세계의 상태는 나빠지기만 했다는 결론을 내렸다. 대니얼 스미스는 뉴욕타임스에 그때의 상황을 이렇게 정리했다. "새 천 년의 첫 10년은 기상 관측 사상 평균온도가 가장 높은 시기였다. 북극의 얼음은 어마어마한 속도로 녹고 있으며, 공기 중의 이산화탄소 농도는 이미 나사^{NASA}의 기후 전문가 제임스 한센이 정의한 임계치 이상으로 치솟은 데다 계속 높아지고 있다. 자연과학자들은 온실효과와 도시화, 강한 종의 확산으로 말미암아 결국은 35억 년 전에 있었던 대량 멸종사태가 올 수도 있다는 경고를 내놓기 시작했다." 킹스노스는 "나 같은 환경운동가들이 50년 전부터 그렇게나 막아보려고 애썼던 사태가 눈앞에서 펼쳐지고 있는 것을 본다. 모든 수치가 나빠졌다"고 보고했다. 킹스노스는 이제 더는 할 수도 없고 하고 싶지도 않다고 했다. 더구나 조금만 노력하면 지구를 구할 수 있는 것처럼은 할 수가 없다며, 이제 현실을 직시하고 "우리가 이 일을 저지하지 못할 것임"을 솔직하게 인정하고 싶다고 했다.

그의 평가는 옳다. 악화일로는 오늘날까지 계속되고 있다. 세계자연기금WWF은 2014년 〈살아있는 지구 보고서〉에서 생물 종 다양성이 1970년대 이래 절반으로 줄어들었다고 보고했다. 나사의 2014년 보고에 따르면 북극의 얼음은 매 10년마다 13퍼센트씩 녹고 있다. 정부의 의뢰를 받아 세계 전역에서 기후를 관찰하고 위험을 분석하는 약 2천 명의 학자들이 내린 분명한 결론은, 기후변화는 세계 모든 지역에서 진행되고 있고, 이는 인간에 의한 것이며 식량 분배와 물 공급에도 영향을 끼칠 것이라는 것이다.[179]

이런 견해를 의문시하는 사람들은 극소수다. 그럼에도 우리가 그들의 목소리를 비교적 자주 들을 수 있는 데에는 여러 이유가 있다. 첫째로, 차별화되는 의견은 늘 언론의 집중 조명을 받기가 쉽기 때문이고, 둘째로, 기후변화는 우연이 중요한 역할을 하는 엄청나게 복잡한 과정이어서 우리의 단선적인 사고로는 파악하기가 쉽지 않기 때문이다. 문외한들이 쉽게 납득할 만한 논지로는 복합적인 기후 시스템을 파악하기 힘들다. 그래서 우리는 학자들의 논의를 적절히 따라잡을 수가 없으며, 기후의 전개가 단기적으로는 학자들의 예측을 벗어난다고 해도 그것이 장기적으로 지구의 상태가 개선되고 있음을 뜻하는 것은 아니다. 그리하여 지난 15년 동안 지표면의 온도는 우연적인 변동 때문에 애초 예견된만큼 치솟지는 않았다. 그러나 똑같이 우연으로 말미암아 어느 순간에는 지표면의 온도가 예상보다 훨씬 빨리 상승하는 일도 얼마든지 일어날 수 있다.[180]

그러므로 우리가 살아가는 시간에 국한되지 않고 장기적인 안목에서 생각하는 것이 중요하다. 우리는 이 지구를 우리 조상들에게서 물려받았다. 우리의 할머니 할아버지들에게서, 그리고 우리보다 먼저 살다 간 동식물들에게서 말이다. 또한 지구를 우리의 후손과 동식물에게 물려주는 것이 바로 우리의 책임이다. 우리 모두 이 사실을 알고 있지만, 이런 상황을 가슴에 새기고 그럼으로써 책임 있는 행동을 하는 사람들은 소수다. 철학자 한스 요나스는 그런 의미에서 1979년에 벌써 '미래윤리'의 필요성을 지적했다. '지구상에서 인간처럼 힘과 영향력을 끼칠 수 있는 자가 책임을 지라. 우연이 작용하기 때문에 정확히 예견할 수 없는 그런 일에도 책임을 지라'는 것이다. 인간은 스스로를 연마하고 교육해나갈 책임이 있을 뿐 아니라, 자신의 한계를 인정하고 자신의 무지를 감안하여 행동해나갈 책임도 있다는 것이다.

요나스는 그의 저서 《책임의 원칙》에서 정확하게 예견할 수 없는 문화적인 결과들을 대할 때는 가장 불안한 시나리오에서 출발해야 하며, 그런 시나리오가 도래하지 않게끔 노력해야 한다고 목소리를 높였다. 그러려면 자신의 직접적인 주변 환경에 제약이 초래되는 것을 두려워하지 말아야 하며, 인류와 지구의 미래를 무엇보다 먼저 고려해야 한다는 것이다. 요나스는 기독교의 이웃사랑에 더하여 이제 "가장 먼 자에 대한 사랑"을 이야기할 시점이라면서,[181] 많은 사람들이 이런 환경윤리 또는 미래윤리적 요구를 비현실적이라고 여기거나 체념적인 것 또는 거추장스러운 것으로 여기는 모습을 보며 작금의 상황이 얼마나 어려운지를 실감한다고 했다.

폴 킹스노스는 이런 책임을 충분히 의식했다. 2008년 그가 사랑하는 이 지구를 더 이상 구할 수 없다는 것을 깨달았을 때―최소한 그가 상상하던 방식으로는 구할 수 없다는 것을 알았을 때―그는 더걸드 하인과 조우했다. 더걸드 하인은 당시 31세의 BBC 기자이자 인터넷 행동가로, 세계가 놓인 상황에 대해 폴 킹스노스와 생각을 같이했다. 금융위기가 구태의연한 서구 세계를 뒤흔들고, 리먼 브러더스의 파산이 은퇴한 연금생활자들의 저축을 송두리째 앗아가고, 권력자들은 옷을 벗게 될까 봐 사시나무처럼 떠는 동안에 킹스노스와 하인은 성명서를 준비했다. 성명서가 효력을 발휘할 수 있다고 생각해서가 아니라, 세계의 상황과 관련한 자기들의 깨달음을 말로 표현해야 할 필요성을 느꼈기 때문이다. 그들은 세계를 구할 수 있다는 믿음과 결별했다. 늘 비슷비슷한 수술로는 자신의 치명적인 질병에서 구원받을 수 없다는 사실을 깨달은 병자처럼 말이다. 이제 이 병자는 더 이상 치유를 희망할 수 없으므로 병원을 떠나기로 한다. 그는 자신의 삶과 문제를 다시 한 번 아주 다르게 보고 싶어 한다.

킹스노스와 하인은 항의하고 시위하던 기존의 방법과는 이제 거리를 두었다. 그런 방법들이 지금의 심각한 위기를 극복하는 데는 충분하지 않다는 것을 느꼈기 때문이다. 그들은 이제 동료 인간들의 감각을 민감하게 하고 지각을 깊게 하는 데 주력하고자 했다. "우리는 인간적인 시각에서 한발 물러나 신뢰를 조성해야 해요. 우리의 모태가 된 산과 바다처럼 말이에요." 그들은 활동을 중단하지는 않았다. 그러나 사안을 바라보는 시각을 바꾸었다. "인간 문명의 토대가 된 이야기에 의문부호를 붙이는 것이 중요해요. 진보의 신화, 모든 것이 인간 중심으로 돌아간다는 신화, 우리가 '자연'과 분리된 존재라는 신화. 이런 신화들은 우리가 그것들이 신화에 불과하다는 것을 잊어버릴 때 더 위험하지요."[182] 한 문화가 자신의 근원과 자신의 가치를 두고 어떤 이야기를 하는가가 그 문화의 목표와 방향을 설정하기 때문이다. "우리 문화의 지배적인 이야기들은 인류는 그냥 평범한 생명체가 아니라고, 인간은 모든 살아 있는 것들을 다스려야 하는 존재라고 말해요. 경제적·생태적 위기는 그저 기술적인 고장일 뿐, 측정할 수 없는 것들은 중요하지 않다고 이야기하지요."[183]

킹스노스와 하인은 문명을 두고 공공연하게 오가는 이야기와 현실 사이의 간극이 날로 커지고 있다고 진단하고, 문명을 위한 새로운 이야기를 고안해야 한다고 생각했다. 정말로 현실에 부응하고, 그리하여 다가오는 어두운 시대에 우리를 지탱해줄 힘이 있는 이야기를 말이다.[184]

우리가 자라난 세계와 이별할 시간

과도기의 사회 변화는 중병에 걸렸거나 트라우마를 경험하거나 또는 애도 중에 있는 사람이 거치는 변화와 꽤 비슷하다. 우선은 억압의 시기가 있게 된다. 그 시기에 우리는 중요한 일이 아무것도 일어나지 않은 것처럼 행동한다. 이를테면 이제부터 조금 더 건강하게 먹고 친환경 물품을 이용하면 된다고 이야기한다. 그러면 모든 것이 전과 같아질 거라고, 무진장 더운 여름은 예전에도 있지 않았느냐고, 그러니 불안해할 이유가 없다고 스스로에게 이른다.

그다음, 부분적으로 받아들이는 시기가 찾아온다. 그 시기에 우리는 익숙한 수단을 가지고 옛 질서를 회복하려고 애쓴다. 우리는 휘발유를 덜 먹는 자동차를 생산하고 녹색 성장을 추구하고 비닐봉지 사용을 포기한다. 여기저기서 조금씩 자제하면서, 그럼에도 수치들은 점점 더 나빠지고 있다는 것을 못 본 체한다.

조금 애써봤자 게임은 이미 끝났다는 것을, 옛 질서는 무너지리라는 것을 결국 인정하기까지 말이다. 그리고 나면 분노와 슬픔, 또는 죄책감과 절망이 몰려온다. 이 시기에 우리는 우리가 더는 어떻게 해야 할지를 모른다는 것을 인정하고, 지금까지 지각하지 못했거나 눈길을 주지 않았던 아이디어에 마음을 연다. 그렇게 우리는 새로운 시각을 개발한다.

2008년 킹스노스와 하인이 바로 이런 지점에 있었다. 그들은 퇴각과 애도의 시간, 우리 문명의 중심되는 도그마를 의문시하는 시간을 마련해야 한다고 보았다. 그들은 빠른 대답을 원하지 않고 새로운 행동 전략도 원하지 않았다. 그것들은 우리가 얼마나 수렁에 깊숙이 빠져 있는지를 은폐할 따름이기 때문이다.

이런 조심스러운 방향 제시 과정을 위해 킹스노스와 하인은 이야기꾼, 문학가, 음악가, 다양한 예술가들이 자신들의 아이디어를 펼쳐볼 수 있는 창조적인 여지를 마련해보고자 했다. 즉 현실에 부합하는, 그리고 그 때문에 '진정한' 희망을 가능하게 하는 이야기를 찾아내보자는 것이었다.

킹스노스와 하인의 성명서에 대한 세간의 반응은 폭발적이었다. 물론 고무적인 반응도 있고 거부하는 반응도 있었다. 예전에 함께했던 몇몇 활동가는 저항운동을 실패한 것으로 선언해버리는 것은 위험한 일이라고 보았다. 그러나 많은 활동가들은 그들이 오래전부터 느껴오던 점을 누군가가 드러내 말해주었다는 사실에 감사를 표했다. 그 성명서는 그들이 느끼던 슬픔에 틀을 부여해주었고, 환경을 둘러싼 논의에 새로운 생각들로 새바람을 불어넣었다. 바로 우리가 자란 세계와 이별할 시간이라는 것. 그리고 애도과정을 통해 지구와 결별하는 것이 아니라, 지구를 바라보고 대하는 방식과 결별해야 함을 파악해야 하는 시간이라는 것이었다.

메울 것이 아니라 허물 것

애도를 다룬 장에서 바버라 파흘-에버하르트가 했던 유익한 비유가 기억나는가? 파흘-에버하르트는 자신의 애도과정을 찢어진 스웨터를 변신시키는 것에 견주었다. 처음에 그녀는 구멍을 메우려고 해보았다. 찢어진 부분을 도려내고 어렵사리 그 부분을 수선하려고 했다. 그러나 결국 새로운 부분이 기존의 부분과 맞지 않는다는 것을 확인할 수밖에 없었다. 새로운 부분이 훨씬 크고 넓었던 탓이다. 즉 그녀의 내적인 치수가 변했다는 뜻이다. 그리하여 그녀는 기존의 재료를 풀어서 다시 새로운 스웨터를 뜰 수밖에 없었다. "그렇게 아름다운 것이 탄생할 줄은 정말 몰랐어요. 전적으로 혼자서, 전적으로 나를 위해서 말이에요. 구멍에서 새로운 것이 나왔어요. 정말 놀라운 것이요! 누가 감히 상상이나 했겠어요?"[185]

킹스노스와 하인은 우리 문명의 새로운 스웨터를 아직 뜨지 않았다―또한 다른 모든 이들을 대신해서 두 사람이 뜰 수도 없는 노릇일 것이다―. 그러나 그들은 우리가 구멍을 메우는 대신에 옛 스웨터의 올을 풀어야 한다는 것을 알았다. 그들은 자신들의 프로젝트를 '탈문명화'라고 일컫는다. 탈문명화라는 것은 야만시대로 되돌아가자는 뜻이 아니라, '우리' 문명의 그늘진 면을 인정하자는 뜻이다. 사람들이 주거공간을 잃고 기아에 허덕이는데 은행이나 구하는 문명, 사회복지체계가 망가지고 생물 종이 뭉텅이로 감소해가는 문명, 문화가 획일적인 소비재로 전락해 그 고유의 가치를 잃어가는 문명을 말이다.

우리가 현재 과도기에 있다는 사실을 인정하지 않고 옛날의 성공 이야기나 되풀이하며 기존의 익숙한 삶을 조금도 포기하지 않으려고 할 때, 창조적인 '탈문명화'과정은 정체될 수밖에 없다. 정말로 상황이 변했다는 사실을 인정할 때 우리는 비로소 문명의 지속 가능한 핵심을 생각하고, 그것을 현재의 따끈따끈한 인식과 연결해 새로운 것을 만들어낼 수 있을 것이다.

킹스노스와 하인은, 가던 길을 멈추고 애도하고 창조적으로 사

찢어진 스웨터는
다시 새롭게 뜰 수밖에 없다
우리는 구멍을 메우는 대신
옛 스웨터의 올을 풀어야 한다
그렇게 아름다운 것이 탄생한다

〈Knitting for〉 Don LaVange, 2009

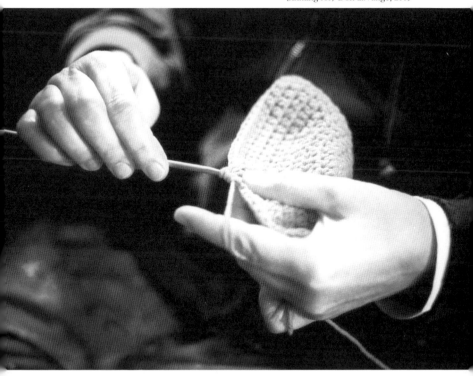

고하는 데 동참하겠다는 사람들을 벌써 많이 얻었다. 애도 기간은 오래 걸릴지도 모른다. 사회적인 변화에는 개인적인 애도보다 훨씬 긴 시간이 필요하기 때문이다. 하지만 그들은 모두 받아들임의 힘을 생각하기 시작했으며 사회적으로 외상 후 성장을 이룰 수 있기를 소망하고 있다. 인식하는 것은 힘들 수 있다. 그러나 손실을 손실로 인정하고 아파할 때만이, 지적으로뿐만 아니라 감정적으로도 그렇게 할 때, 새로운 것이 탄생할 수 있다. 킹스노스와 하인은 성명서에서 이렇게 말한다. "우리가 아는 세상의 끝은 세상의 끝이 아닙니다. 그렇습니다. 우리는 더불어 희망 저편의 희망을 찾게 될 것입니다. 우리 앞에 놓인 미지의 세계로 인도해줄 길을 찾게 될 것입니다."[186]

11

또 한 번의 변이

종말에서 다시 시작으로

무엇이나 다 정한 때가 있다.
하늘 아래 모든 일에 다 때가 있다.[187]

―――――――
〈전도서〉 3장 1절

문화철학자 장 겝서가 1973년에 사망하지 않았다면 아마도 그는 폴 킹스노스, 더걸드 하인과 뜻을 함께했을 것이다.

겝서는 이미 1940년대에 이제 차세대에서 또 하나의 의식 변화가 나타날 거라고 예측했다. 차세대에서 안 되면 지난번에도 그랬듯이 이런 변화가 2천 년 정도나 늦춰질 수 있다고 보았다. 정신적인 시대로 들어가는 의식의 흐름도 고대 그리스와 기원전 5세기경 중국과 인도에서 예고되었지만 지류로 흐르다가, 1500년경에야 비로소 주된 흐름이 되었다는 것이다.

겝서는 20세기 자연과학과 예술 분야에서 일어난 많은 인식의 도약을 차기 의식의 돌연변이를 예고하는 표지로 해석했다. 그리하여 변화된 요구에 우리의 의식이 다시금 적응해야 한다고 보았다.

겝서는 앞으로 도래할 의식의 시대를 '통합적' 시대라 일컬었다. 이런 의식은 우리의 3차원적인 상상력을 뛰어넘으며, 기존의 모든 의식형태를 통합하게 될 것이기 때문이다.

통합적 의식의 시대가 도래할 것이라는 말은 모두가 손에 손을 잡고 서로에게 잘해주는 '평화롭고 즐겁고 달콤한 시대'가 오리라는 말이 아니라, 세계에 대한 우리의 관계가 '통합적'으로 변화하게 되리라는 것이다. 젭서가 생각한 통합적 의식의 시대가 정확히 무엇인지는 파악하기 힘들다. 그것이 우리의 일상 속에 아직 뚜렷이 드러나지 않았기 때문이다. 그러나 이런 새로운 의식의 흐름이 20세기 초 굵직굵직한 발견 속에 이미 예고되었음은 분명하다.

통합적 시대: 시간과 공간이 한데 얽히다

르네상스 시기에 브루넬레스키가 거울의 도움으로 원근법을 발견하고 물감과 붓으로 '3차원' 공간을 연구한 것처럼, 1905년 아인슈타인은 연구 끝에 우주가 '4차원'의 기본구조로 되어 있다고 했다. 그리고 그것을 '시공간 연속체'라고 일컬었다. 공간과 시간은 서로 분리되어 독립적으로 존재하는 것이 아니라 서로 연결되어 있고, 서로 영향을 주고받는다는 것이다. 아인슈타인은 이런 생각에 기초한 이론을 상대성이론이라고 불렀다.

상대성이론에 따르면, 우리가 엄청난 속도로 운동을 하면 시계는 더 느리게 가고 공간은 수축된다. 물론 일상생활 중에는 그런 현상을 느낄 수 없다. 아무리 빠른 스포츠카라도 손목시계의 바늘을 느리게 하거나 다음 주유소까지의 거리를 줄일 만큼의 속도는 되지 않기 때문이다. 그러나 시간과 공간이 서로 연결되어 있다는 것은 공간의 일부—예컨대 인간 또는 지구—는 모두 시간의 일부이기도 하다는 소리다. 그리고 이것은 우리의 일상에 적용되는 인식이 분명하다. 언뜻 진부하게 들리지만 우리가 한 걸음 움직일 때마다 우리가 공간과 시간을 통과한다니, 심지어 자면서도 이 두 축 위에서 움직이고 있다니, 현실 속에서 엄청난 의미를 지니는 인식이 아닌가. 그러나 우리는 이런 사실은 안중에도 없이 살고 있으며, 일상 속에서는 이런 사실을 파악하기가 쉽지 않다.

1915년에 아인슈타인은 특수상대성이론을 확장한 '일반상대성이론'에서 시공간 연속체가 질량이 큰 물질—예컨대 행성 같은—과 상호작용을 하면서 영향을 받아 '굽어질 수' 있음을 보여주었다. 익은 사과가 땅으로 떨어지는 것처럼 중력은 행성 사이의 관계뿐 아니라 우주의 모든 질량 사이의 관계를 규정한다. 나아가 중력은 독립적인 힘이 아니라, 탄력 있는 시공간이 행성의 질량과 상호작용할 때 생겨나는 일종의 긴장이라고 생각할 수도 있다. 그러나 중력의 정체는 아직 확실히 밝혀지지 않았기 때문에, 우리가 알고 있는 기존의 상들은 모두 사변적이다. 수학적으로는 정확하게 묘사할 수 있지만 우리의 상상 세계에서는 3차원적인 비유로 만족해야 하는 것이다.

아인슈타인이 상대성이론을 정리한 것과 거의 같은 시기에 양자물리학자들은 물질을 구성하는 가장 작은 소립자는 공간과 시간 속에 명확히 위치시킬 수 없다는 것을 발견했다. 3차원적인 물질을 구성하는 성분은 전혀 물질적이지 않은 듯 보였다. 양자론에서 소립자는 확률 파동을 통해서만 묘사할 수 있는데, 확률파동은 소립자들이 ─ 각각 서로 다른 확률로 ─ 여러 장소에 동시에 존재한다고 이야기한다. 그로써 물리학은 논리적 사고의 또 하나의 전제를 뛰어넘게 되었다. 논리적 사고는 사람이 이곳 또는 저곳에 있을 수 있지만, 두 군데에 동시에 존재할 수는 없다고 주장한다. A에서 B로 가는 데는 시간이 걸리기 때문이다. 양자역학자 베르너 하이젠베르크는 이렇게 썼다. "소립자 차원과 같은 아주 작은 시공간 영역에서는 시간과 공간이 독특한 방식으로 사라진다. 즉 아주 짧은 시간에서는 그 개념들을 더 이상 제대로 정의할 수 없다. 물론 긴 시간에서는 시간과 공간의 구조가 그대로 남을 것이다. 그러나 실험은 아주 작은 시공간 영역에서의 과정을 보여줄 수 있을지도 모르며, 어떤 과정은 인과적 서열과는 시간적으로 뒤바뀌어 진행될지도 모른다."[188]

이 또한 우리의 일반적인 상상력을 넘어서는 것이다.

또 다른 예를 들어보자.

심리학 분야에서는 1900년 프로이트가 《꿈의 해석》을 통해 무의식을 부각함으로써 시간의 한층 더 깊은 차원을 드러냈다. 무의식은 개인적인 기억을 담고 있을 뿐 아니라 무의식적 상징에는 인류 역사의 기억들이 담겨 있다는 것이었다.

생물학에서는 1903년에 유전정보를 담고 있는 염색체가 발견되어 이제 모든 인간이 인류의 역사를 ─ 생물학적으로 볼 때도 ─ 복제 형태로 지니고 다닌다는 것이 분명해졌다. 개개의 인간은 시간의 층을 거쳐 모든 다른 생물과 연결되어 있는 것이다.

철학에서는 1907년 프랑스의 앙리 베르그송이 모든 생물에게 내재하는 창조적 열정을 뜻하는 '엘랑 비탈^{élan vital}(생명의 비약)'이라는 개념을 창안했다. 그것은 시간과 공간을 통해 생명에게 부여된 것을 창조적으로 펼치고자 하는 의지를 말하는 것이었다.

이와 동시에 표현주의처럼 3차원 시점을 해체하거나, 큐비즘처럼 여러 시점을 하나의 그림에 통합하거나, 시간의 다양한 차원을 끌어들임으로써 시점들을 확대하는 다양한 예술형식이 생겨났다. 예를 들어 제임스 조이스는 그의 소설《율리시즈》에서 연대기적 서술 구조를 해체하여 시간과 공간이 계속 서로 중첩되게 했다. 전체 이야기는 1904년 6월 16일 더블린에서 일어나며, 레오폴드 블룸이라는 주인공의 삶에서 비롯된 18개의 에피소드로 구성되어 있다. 그렇지만 동시에 이 소설은 인류의 역사에 대해서도 약간 이야기한다. 스위스의 독문학자이자 작가인 막스 리히너는《율리시스》에 대해 이렇게 썼다. "지도 위에서 선으로 더블린과 전 세계 수천 개의 지점을 연결한다고 생각해보자. 이런 공간적 좌표계에 시간적 좌표계도 대응시킬 수 있다. 이러한 시간적 좌표계는 1904년 6월 16일부터 수천 개의 과거 시점과 연결되어 어마어마한 의미의 망을 이룬다. 조이스는 바로 이런 기법으로《율리시즈》를 만들었다."[189]

조이스는 한 사건이 다음 사건을 유발하는 시간의 수평적인 진행에 수직적인 시간을 추가하여, 인류의 역사를 수평적인 주제들과 연결했다. 또한 전통적인 소설의 연속적인 줄거리 진행, 문법적인 구조와 개별 단어들의 한계를 의식의 흐름으로 해체했다. 그 흐름을 타면 도취적인 소용돌이에 빨려들게 된다. 그러나 모든 것을 시간적·공간적으로 분류하고 이성적으로 이해하고자 하는 독자는—따라서 그동안 익숙했던 질서 정연하고 완결된 이야기로 보고자 하는 독자는—아주 혼란스러움을 느낀다.

우리의 3차원적인 상상력으로는 이런 종류의 문학과 친해질 수 없는 것이다.

원인과 결과라는 순서적인 범주와 함께하는 단선적인 시간 진행은 정신적-이성적 시대의 가장 중요한 질서체계 가운데 하나다. 그리하여 시간의 다른 측면들이 추가되면 우리의 이성은 소화하지 못한다. 대상들이 움직이고 중첩되자마자 이성은 그것들을 더 이상 질서 정연하게 배치하여 찬찬히 관찰하고 분류할 수 없기 때문이다.

음악도 마찬가지다. 음악에서 시간은 박자와 리듬으로 우리와 만난다. 시계와 달력이 우리의 일상에 질서를 부여하듯 박자표는 음에 질서를 부여한다. 박자표는 시계처럼, 측정할 수 있고 기계적인 박자를 정해준다. 반면 리듬은 좀 더 유연하다. 리듬은 계절이나 해가 뜨고 지는 것처럼 서로 다른 빠르기로 진행할 수 있다. 빠르기는 우리가 음악에서 만나는 시간의 또 다른 측면이다. 러시아의 작곡가 이고르 스트라빈스키는 음악이 인간과 시간 사이에서 질서를 만들어낸다고 보았다. 그러고는 클래식 음악에서 통용되던 기존의 박자체계를 깨뜨리고 5박자, 7박자, 11박자 등 변박자를 도입했으며, 한 작품에서도 같은 박자를 고집하지 않고 다양한 시간적 차원이 서로 얽히게 만듦으로써 그때까지 유효했던 클래식 음악의 질서체계를 뒤흔들어놓았다.

겝서는 20세기 초, 시간의 또 다른 측면이 음악의 면모를 확장했음을 지적한다. 박자와 리듬을 더 유연하고 창조적으로 다루는 것 외에도 주술적인 시대의 무시간성timelessness이 다시금 음악계에 자리매김했다. 그것은 무엇보다 토착 음악에 대한 관심을 통해 나타났다. "카나리아 제도의 '노래들'과 인디언 가수 이머 수맥Yma Sumac이 불러 유명해진 안데스 원주민의 몇몇 노래가 그 예다. 이런 노래들의 특징은 시작도 끝도 분명하지 않은 가운데 우연히 노래가 시작되고 우연히 노래가 끝난다는 것이다. 이를테면 음이 되어버린 잠이라고 할까."[190]

그 뒤 아놀드 쇤베르크, 알반 베르크, 안톤 베베른은 더 나아가 3차원적인 '조성tonality'음악을 깨뜨려버리고 '무조성atonality'을 추구했다. 조성은 음악이 극복하고자 했던 또 하나의 3차원적인 질서 체계인 것이다.

이 모든 일은 20세기 초에 거의 동시적으로 일어났다. 그리고 3차원의 한계를 해체하면서 원근법에 기초한 시대 의식을 뒤흔들었다. 시간의 다양한 측면들이 익숙한 공간적 질서를 깨부수었다. 그 결과 많은 사람들이 새로운 회화와 콘서트홀의 시끄러운 음악에 거칠게 항의하기도 했다.

그러는 동안 영화예술—영화 역시 1900년쯤에 탄생하여 사진을 움직이게 만들었다—에서도 시간의 중첩과 의식의 중첩을 수단으로 하는 꾸준한 시도가 있어왔다. 이를테면 스탠리 큐브릭의 〈시계태엽 오렌지〉〈스페이스 오디세이〉, 조금 더 전통에 가깝게는 크리스토퍼 놀런의 사이언스픽션인 〈인셉션〉, 또는 앤디 워쇼

〈Waiting for Renaissance〉 Stéphane Pia, 2010

바로 그때처럼 오늘날에도
익숙한 세계상이 흔들리고 새로운 세계상이
꼬리에 꼬리를 물고 탄생하고 있다
우리는 이런 변화가 어떤 속도로 이루어질지 알 수 없다스키와 라나 워쇼스키가 영화화한 데이비드 미첼 원작의 〈클라우드 아틀라스〉 같은 작품들이다.

이처럼 새로운 형식과 방법들이 꾸준히 실험되고 있으며, 우리는 그중 많은 것을 아직 이해하지는 못하지만 벌써 새로운 것들에 익숙해졌다. 물리학, 철학, 음악, 문학, 그 밖의 여러 예술 분야가 시간과 공간의 다양한 측면을 통합하기 위해 계속 노력하고 있는 것이다.

인터넷처럼 오늘날 우리의 일상을 규정하는 기술적인 발전도 20세기 초의 발견들에 힘입은 것들이다. 15세기 초 브루넬레스키가 원근법을 발견함으로써 산업시대의 기술적인 발전에 토대를 마련했던 것처럼 말이다. 그리고 바로 그때처럼 오늘날에도 역시 익숙한 세계상이 흔들리고 새로운 세계상이 꼬리에 꼬리를 물고 탄생하고 있다. 우리는 이런 변화가 어떤 속도로 이루어질지 알 수 없다.

새로운 세계상의 전개를 계속 따라가기 전에 먼저 끝나가는 시대의 큰 업적들에 꽉 달라붙어 있으면 정말로 문제가 발생한다는 것을 우리는 이해해야 한다. 겝서는 "확실한 것이 하나 있다면, 인류는 전혀 '패자의 상태'에 있지 않은데, 문제는 포기하려 하지 않거나 아직 포기할 수 없는 상태에 있다는 것이다. 상황은 이미 스스로 포기하고 변화하고 돌연변이를 하고 있는데 말이다"라고 지적한다.[191]

우리 시대의 마지막은 어떤 모습인가

대양을 횡단하고 대양의 지도를 만들어 멀리까지 여행을 가능하게 한 업적을 이용해 우리가 그저 주말 쇼핑이나 하러 뉴욕으로 날아가거나, 2~3일 해변에서 휴식을 취한 지 얼마 지나지도 않았는데 거기가 어디였는지 지명조차 잊어버린다면 크리스토퍼 콜럼버스는 뭐라고 말할까?

한층 더 섬세한 초상화와 자화상이 탄생하는 데 맨 처음 기여했던 자의식의 발견을 이용해 우리가 휴대전화 카메라로 수백 장의 셀카를 찍어대다가 들끓어오르는 자의식에 약간의 불운이 겹치는 바람에 뒤로 넘어져 낭떠러지 아래로 떨어진다면 라파엘로, 루벤스, 렘브란트 또는 뒤러는 뭐라고 말할까?

인체 공간을 발견한 위대한 업적을 이용해 우리가 축 처진 엉덩이를 올리고 가슴을 키우는 수술을 한다면 르네상스 시대의 위대한 해부학자이자 의사였던 안드레아스 베살리우스는 뭐라고 말할까?

건축학적으로 형상화할 수 있는 공간의 발견을 이용해 우리가 똑같은 인테리어는 지루하다며 2년에 한 번 이케아에서 거실 가구를 모조리 다 바꿔버린다면 브루넬레스키는 어떻게 반응할까?

이런 식의 질문은 끝없이 이어질 수 있다. 한 시대가 끝날 때는 그 시대의 중심되는 인식들의 그늘진 면이 드러난다는 점을 명심해야 한다. 고귀한 질은 의미 없는 양으로 변화하고, 본래의 인식은 우스꽝스럽게 변질된다.

중세 말 힘 있는 교부들이 개인 영혼의 발견을 이용해 개인적으로 재물을 모은 것처럼 우리는 공간과 그로 인한 자의식이라는 위대한 발견을 이용해 쓸데없거나 파괴적인 일을 하고 있다. 인격적인 성장과 성숙으로 나아가기보다는 오로지 스펙과 경력을 쌓고 자기애를 키우고 있으며, 레오나르도 다 빈치처럼 근육의 배치를 자연의 걸작품으로 이해하는 대신에 몸매를 평하고 트집 잡고 있다. 풍경 속으로 걸어 들어가 그 아름다움을 향유하는 대신에 하루 동안 과연 몇 보를 걷는지 세고 있다.

이전에 느꼈던 깨달음에서 오는 기쁨은 불만족스러운 결핍감으로 변하여, 이런 결핍을 옷과 자동차, 디자인, 다른 신분 상징으로 메우려 애쓰고 있다

'질'은 어디로 가버리고 점점 단순한 '양'이 부각되는 현실이 물론 우리 개인의 잘못만은 아니다. 그것은 한 시대 말기에 으레 나타나는 변질과정의 일부다. 이런 과정은 우리가 기존의 방향으로 계속 나아가면 우리 삶의 질이 나빠질 수밖에 없음을 보여준다.

주술적 시대의 질적 인식이 위험을 능동적으로 몰아낼 수 있는 가능성을 깨달은 것에 있었다면, 그것의 양적 변질은 주술을 무슨 만병통치약처럼 사용할 수 있을 것 같은 착각이었다. 신화적 시대에는 우선 인간 영혼의 중심 주제를 이야기하는 몇 안 되는 '기본 신화'가 있었다. 그러다 시간이 흐르면서 이런 기본 신화가 개별적인 신화로 갈라지고, 이것들에 계속해서 새살이 붙었다. 그리고 마침내는 관계망이 아주 복잡한 이야기가 무수히 돌아다니면서 서로 겨루고 견제하고 그들 자신의 의미를 의문시하면서 새로운

정신적 의식구조가 다시금 질서를 잡고 '의미 부여'의 기능을 넘겨받아야 했다. 이런 배경에서 고대, 즉 기원전 5세기경에 오늘날 현대적인 사고의 뿌리로 볼 수 있는 서양 철학이 태동했으며, 중세 말에 이르러 또다시 이런 철학적 전통이 이어졌다.

오늘날에는 지구의 모든 물질이 개인 또는 집단이 앞다투어 차지하고자 하는 사적 소유물 또는 사적 영역으로 분할되면서 공간이 산산조각 났다. 식수, 토지, 바다, 숲, 심지어 대기오염권까지 판매되고 있다. 공간과 물질을 아주 작은 조각들로 분할하는 사람은 스스로 재생하는 관계의 망을 파괴하는 것이며, 그로써 총체적인 유기체로서의 지구의 생명력을 파괴하는 것이다. 이런 사실은 충분히 알려져 있다. 그러나 그것들을 물질과 공간을 정복하는 데 열성을 바쳐온 시대의 말기에 나타나는 몰락 현상으로 고찰하는 것은 그 위험성을 분명히 해준다.

영토와 자원을 두고 전쟁을 벌이는 경우가 점점 더 잦아지는 것도 그런 현상이다. 핵폐기물도 마찬가지다. 알다시피 원자물리학은 아주아주 작은 공간들을 더 작게 분열시키는 것에 몰두하는 학문이다.

지구를 위협하는 또 한 가지 요인은 아무 쓸모도 없는 물질적 재화들이 속절없이 쌓여간다는 것이다. 내 친구 아들이 최근 자기 집에서는 왜 냄비 몇 개, 프라이팬 몇 개로 모든 요리를 하느냐고 불평했다고 한다. 자기 친구 집에 가면 온갖 종류의 조리 도구가 다 있다는 것이었다. 달걀 삶는 기계, 달걀 프라이 틀, 샌드위치 토스터, 사과깎이, 머핀 팬, 와플 팬, 크레이프 팬, 피자 전용

오븐 등등.

이런 것들이 단기적으로는 삶의 질을 약간 높여줄지는 몰라도, 그렇더라도 아마 조금 편리한 것으로 그칠 것이다. 더구나 온갖 플라스틱과 못 쓰는 가전제품의 쓰레기산이 바다와 땅을 오염시키며 삶의 질을 저하시키는 것에 견주면 그런 약간의 편리가 무슨 소용이 있겠는가.

하지만 그 속에서 휩쓸려 살다 보면 원래 있었던 삶의 질은 어디론가 가버리고 양만 늘어나고 있다는 사실을 인식하기가 쉽지 않다. 영락해가고 변질되어가는 것을 보려면 약간의 거리를 두어야 한다. 전체를 보려면 현재의 혼란스러운 정치, 경제, 생태 상황에서 조금 물러서야 한다.

그리하여 나는 이런 광대한 사상적 틀을 선택했다. 이 틀은 우리가 안고 있는 문제들이 시대의 흐름 속에 나타난다는 것을 보여준다. 또한 우리가 지금 역사의 어느 지점에 와 있는지를, 즉 우리가 지금 자잘한 위기 가운데에 있는 것이 아니라 우리 시대의 정점을 뒤로한 것임을 보여준다.

사회적으로 새로운 질서는 늘 유기적으로 자라야 한다. 우리가 그것들을 뒷받침해줄 수 있다. 영락하고 변질된 현상에서 등을 돌리고, 그와 다른 경험에 마음을 열어놓음으로써 말이다.

겝서는 우리 시대의 마지막에 '소진 현상'이 나타날 거라는 이야기를 했다. 물론 이런 평가를 내리는 데에는 비인간적이고 파괴적이었던 2차 세계대전도 작용했다. 아무튼 그는 20세기 전반의 시대사를 분석했을 뿐 아니라 인류사를 정리하고 구조화했다. 장 겝서는 놀라운 혜안을 갖추고 있었다. 그는 1940년에 이미 우리 문명이 몰두하게 될 다음 주제가 무엇인지를 깨달았다. 지난 몇백 년 동안 인류가 공간을 탐구해왔으니 이제 시간을 탐구할 차례라는 것을 말이다.

12

무한한 순간

잃어버린 시간을 찾아서

시간질서에서 해방된 1분은
— 그것을 느끼도록 —
우리 안에 인간을 재창조했다.
시간이라는 질서에서 벗어난 채로.[192]

마르셀 프루스트

공간적 의식이 있는 사람은 모든 것을 공간적으로 상상한다. 생각은 우리 머릿속에 존재하며, 사랑 또한 생화학적인 과정을 거쳐 우리의 머릿속에서 생겨난다고 믿는다. 그보다 더 낭만적인 사람들은 사랑이 가슴에서 생겨난다고 믿는다. 하지만 그들 역시 공간적 사고를 통해 체험한 내용을 현실로 믿는다. 우리 시대의 집단의식이 3차원적인 현상만을 조명하고 그것을 현실로 여기기 때문이다.

우리는 시간도 공간처럼, 체험으로 채워야 하는 빈 공간처럼 생각했다. 그리하여 이런 공간을 우리는 균등하게 분할하고 그것을 측정할 수 있는 단위를 개발했다.

1400년경에 최초의 기계식 시계가 제작되었다. 기술사가 루이스 멈포드는 '산업화시대의 핵심 기계'는 바로 시계였다고 본다. 시계로 인해 사람들을 동시적으로 일에 투입하는 것이 가능해졌기 때문이다. 또한 시계로 인해 점점 짧은 시간 안에 점점 더 많은 일을 처리할 수 있게 되었다. 그럼에도 19세기 말까지는 각 도시마다 시간 리듬이 달랐다. 그 도시의 교회 종소리가 도시민들의 리듬을 정했는데, 지역마다 시간이 달랐다. 1884년에 이르러서야 표준시간대가 도입되어 그리니치 표준시가 다른 모든 시계의 기준점 역할을 하며 오늘에 이르고 있다.

이렇듯 기계적이고 통일된 시간 리듬이 도입되면서 시간은 결국 시간·분·초의 기계적·순서적 나열에 불과한 것이 되었다. 우리는 이런 측정단위들을 서로 다른 크기의 작은 양동이처럼 생각하며, 그것을 채울 수도 있고 그 속에서 지루해할 수도 있으며, 그것들을 셀 수도 있고, 심지어 다른 양동이들을 특히 꽉꽉 채워서 양동이 몇 개를 아낄 수도 있다고 믿는다. 그리고 결국 자신의 시간을 팔 수도 있다고 믿게 되었다. 앞서 인용했던 벤저민 프랭클린의 말을 기억할 것이다. "시간이 돈이라는 걸 생각하라! 일을 해서 하루에 10실링을 벌 수 있는 사람이 반나절을 한가롭게 산책이나 하거나 방에서 빈둥거린다면, 이런 즐거움에 지출한 비용이 6라펜밖에 안 될지라도 이것만 계산해서는 안 된다. 그는 추가로 5실링을 지출, 아니 내팽개친 셈이다."[193]

1973년 미하엘 엔데는 이런 비극적인 오해가 사회에 미치는 결과를 이제 어엿한 고전이 된 자신의 어린이책 《모모》에서 논했다.[194] '시간을 훔치는 도둑과, 그 도둑이 훔쳐간 시간을 찾아주는 한 소녀에 대한 이상한 이야기'라는 것이 바로 현대 동화 《모모》의 부제다. 우리 시대의 그늘과 시간의 진정한 의미에 관한 많은 진실이 담긴 책으로, 나는 이 책을 읽으면서 때로 몸서리를 치곤했다. 그리하여 독자 중 많은 분들이 그 책을 벌써 읽어봤겠지만,

여기서 잠깐 그 책의 내용을 떠올리며 시간과 관련된 몇몇 본질적인 부분을 살펴보도록 하겠다.

모모의 시간

모모라는 여자아이는 대도시 가장자리의 폐허가 된 원형극장에 홀로 산다. 시간도둑들이 지배하는 도시다. 회색 양복을 입고 잿빛 얼굴을 한 시간도둑들은 사람들에게 그들의 시간을 아껴서 자기들의 시간 저축은행에 저축하라고 설득한다. 시간도둑 가운데 한 사람은 마을의 친절한 이발사 푸지 씨에게 시간을 저축하는 건 아주 쉽다며, 이제부터는 손님들과 잡담하며 시간을 낭비하지 말고 잽싸게 머리만 잘라준 뒤 얼른 돌려보내라고 한다. 그리고 견습생이 한시도 빈둥대지 않도록 잘 감시하고, 공연히 나이 든 어머니의 말동무를 해주면서 시간 낭비하지 말고 어머니를 저렴하지만 시설 좋은 양로원에 보내버리라고 한다. 그리고 쓸데없는 앵무새는 내다버리고, 날마다 꽃을 들고 찾아가던 다리아 양에게는 정 가고 싶으면 2주에 한 번씩만 가라고 한다. 무엇보다 이제부터는 노래하고, 책 읽고, 멍하니 앉아 생각하고, 쓸데없이 친구들을 만나 수다 떠는 일로 귀중한 시간을 낭비해서는 안 된다고 한다. 그렇게 아껴 저축한 시간에는 이자가 붙을 것이며, 나중에는 시간을 마음대로 쓸 수 있으리라는 것이다. 그렇게 아낀 시간을 어디로 넘겨야 하느냐고 푸지 씨가 묻자 시간 저축은행에서 나왔다는 회색 신사는 염려하지 말라면서, 곧 아무리 서둘러도 남는 시간이 없음을 알게 될 것이며, 그게 바로 아낀 시간들이 자기네 시간 저축은행 계좌로 들어가고 있다는 표지라고 대답한다.

내 친구 중 한 명이 8살짜리 딸내미에게 이 대목을 읽어주자, 그 딸내미는 푸지 씨가 왜 당장 그 회색 신사를 쫓아내지 않느냐면서 "그런 멍청한 말을 믿는 사람이 어디 있어요!"라며 분개했다. 그 친구는 내게 딸의 말을 들으면서 컴퓨터가 시간을 많이 아낄 수 있다는 영업사원의 말에 넘어가 자신이 첫 컴퓨터를 구입한 날이 떠올랐다고 전해주었다. 그녀는 그 뒤에도 '시간을 아껴준다는 기기'들을 계속 사들였는데, 어느 날 가만 생각해보니, 매일 하루가 끝날 때면 시간을 아껴준다는 기계들을 그렇게 많이 쓰는데도 어찌 된 까닭인지 이전보다 남는 시간이 더 줄었더라는 것이다. 책 읽을 시간도 없고, 뜨개질할 시간도 없고, 친구와 수다 떨 시간도 없고……. 약간 창피한 마음에 그녀는 딸에게 이런 면에서는 아이들이 어른들보다 더 나은 것 같다고 말해주었다. 대부분의 어른들은 시간을 아낄 수 있다는 터무니없는 말을 정말로 믿는다면서, 바로 그렇기 때문에 모모 같은 아이만이 어른들의 시간을 시간도둑들의 손아귀에서 되찾아줄 수 있을지도 모른다고 했다.

미하엘 엔데의 이야기에서 시간도둑들은 두 가지 확실히 입증된 수단을 활용한다. 하나는 시간을 아끼는 것이 얼마나 유용한 일인지 열변을 토하는 것이고, 하나는 사람들이 주어진 삶의 시간을 대부분 이미 낭비해버렸으며 이제 죽음이 다가오고 있음을 계산해 보이면서 두려움을 부추기는 것이다.

시간도둑들은 모모와 가장 가까운 친구인 관광 안내원이자 이야기꾼 기기에 대해 신문기사를 내보냄으로써 사람들이 앞다투어 그의 이야기를 듣고 싶어 하게 만든다. 그리하여 기기는 점점 더 많은 돈을 벌고, 교외의 멋진 집으로 이사하며, 마침내는 텔레비전에까지 출연한다. 이제 그는 정신없이 일정을 소화하고, 가장 빠른 비행기를 타고 다니며, 짧은 시간도 더는 마음대로 쓸 수 없는 형편에 이른다. 그리고 결국 새로운 이야기를 지어낼 시간도 없고 상상력은 고갈되어버린다. 그리하여 이미 들려주었던 이야기를 등장인물만 살짝 바꾸어 반복하지만, 그것을 눈치채는 청중은 아무도 없다. 기기는 얼마 지나지 않아 허탈하고 불행해진다. 그러나 어떻게 해야 그런 악순환에서 벗어날 수 있는지 알지 못한다. 그도 그럴 것이, 이제 명예를 포기하면 그는 가난뱅이로 돌아갈 뿐 아니라 상상력도 고갈되고 소진된 상태가 될 것이기 때문이다. 그것은 견딜 수 없는 일일 것이다. 따라서 기기는 그의 운명에 복종하여 계속 바쁘게 돌아다닌다. "그는 아무것도 얻지 못했다. 오히려 모든 것을 잃어버렸다."

기기가 점점 더 바쁘고 불행해지는 동안 모모는 느린 걸음으로 신기한 거북을 따라 나이를 초월한 시간 관리자인 호라 박사의 집으로 간다. 호라 박사는 모모에게 자기는 모든 사람에게 지정된 시간을 나눠주고, 그 시간들은 다른 누구의 것이 아닌 그 시간을 받은 사람의 것임을 알려주는 일을 한다고 설명한다. 그러나 사람들이 자신에게 주어진 시간을 소중히 여길지, 아니면 시간을 저축하라는 터무니없는 소리를 믿고 자신의 시간을 도둑맞을지에는 전혀 영향을 끼치지 못하노라고 말한다.

호라 박사는 모모를 자신의 가슴속으로 인도하여, 진정한 시간이 어디서 어떻게 생겨나는지를 보여준다. 모모는 자신의 심장박동이 순간순간마다 우주의 리듬과 조화를 이루는 가운데 귀중한 삶의 시간이 생겨난다는 것을 경험한다. 아주 개인적이고 독특한 시간은 매시간 새로운 꽃의 모습으로 피어나는데, 그 어떤 꽃도 다른 꽃과 같은 모습이 아니다.

호라 박사는 "빛을 보기 위해 눈이 있고, 소리를 듣기 위해 귀가 있듯이, 시간을 느끼기 위해 가슴이 있는 것"이라고 말한다.

뮌헨 대학의 연구 팀도 그와 비슷한 결론에 이르렀다. 뮌헨 대학의 의학심리학자들은 우리가 시간을 어떻게 지각하는지를 규명하고자 했는데, 거기에서 심장의 리듬이 중요한 역할을 한다는 것을 발견했다. 그들은 실험 대상자들에게 자기 자신 속의 소리를 듣는 가운데—심장박동을 측정하는 기계 같은 보조수단 없이—각자 자기 심장박동 수를 세어보라고 했다. 그러고는 어떤 음의 길이를 가늠해보게 했다. 그러자 "자신의 심장박동을 잘 느낄 수 있는 사람들의 시간감각이 더 정확한 것으로" 나타났다. 그리하여 2011년 뮌헨 연구 팀은 "이런 발견은 두뇌가 신체의 신호—특히 심장박동—를 활용해 시간을 가늠한다는 것을 보여준다"고 연구 결과를 정리했다.[195]

뮌헨의 연구에도 참여했던 프라이부르크의 정신물리학자 마르크 비트만은 자기 저서에서 시간심리학의 최신 연구를 소개했는데,[196] 그에 따르면 특정 시간에 다양한 감각을 활용하여 더 많은 자극을 지각할수록 우리가 느끼는 시간의 주관적인 길이는 더 길어진다. 그리고 지각하는 자극이 적을수록 인생은 더 빠르게 쏜살같이 지나가버린다.

이상하다는 생각이 드는가? 어떤 일을 몰두해서 할 때는 시간이 쏜살같이 지나가버리는 느낌이 드는데, 하고? 하지만 그런 느낌은 속이는 것이다. 시간은 우리에게 현재로서뿐 아니라 회상으로서도 존재한다. 우리가 뭔가에 몰두하면 시간을 잊어버리는 듯하다. 그러나 기억 속에서 그 시간은 연장되어 있다. 강렬한 체험으로 인해 많은 인상이 우리에게 남아 있기 때문이다.

우리 삶의 시간은 시계의 시간과는 다르다. 우리가 경험한, 그리하여 우리에게 본질적인 시간은 신체의 리듬(예를 들면 심장박동이나 호흡 리듬), 느낌의 강도(예를 들면 다양한 감각적 지각과 감정의 깊이), 외부 세계의 리듬(예를 들면 사회의 의사소통과 움직임의 속도) 사이의 관계로 구성된다. 이런 요소들 사이의 관계가 우리 삶의 시간을 결정한다.

신체는 개인적인 삶의 시간을 측정하는 도구다. 신체는 감각의 민감성, 감정의 강도, 외부 세계와의 관계를 조율한다.

내적인 리듬이 오랫동안 외부의 요구들과 조화를 이루지 못하고 그 요구들에 발맞추지 못하면 우리는 우리의 감각을 닫는다. 우리는 계속해서 우리의 과제를 해결하지만, 우리는 더 이상 보고 듣고 냄새 맡고 느끼지는 못한다. 삶을 통과하여 서둘러 달려나가지만, 우리의 감각은 뭉툭해진다. 시간이 절약되기는커녕 부지불식중에 다 새나가버린다. 계절들도 이런 방식으로 우리에게서 멀어져버린다.

그러나 또한 우리가 실제로 경험하는 삶의 시간을 더 집중적으로 경험하고 이런 방식으로 더 연장할 수 있는 방법들이 있다. 신체 느낌을 좀 더 주의 깊게 지각한다든지, 더 강렬한 감정적 자극을 경험한다든지, 자신의 필요와 외부 세계의 요구 사이에서 균형 감각을 회복한다든지 함으로써 말이다.

목숨이 위험한 지경에 놓였을 때 신체는 행동하는 데 더 많은 시간을 확보하기 위해 신경세포의 흥분 수준을 높임으로써 순간적인 시간들을 연장할 수 있다. 그러면 그런 순간에 우리의 신체는 평소보다 '더 빠른 리듬'을 얻게 되어, 외부 세계의 진행이 느려지는 것처럼 느낀다. 몇몇 연구자들은 사고나 죽음에 직면했을 때(6장 참조) 경험하는 '슬로모션 효과'를 그렇게 설명한다. 물론 그런 극한상황에서 겪게 되는 스트레스를 실험실에서 유발하기는 힘든 까닭에 이런 효과를 학문적으로 연구하기는 힘들지라도 말이다.

반대로 우리의 신체는 지각을 강화하기 위해 신경의 흥분 수준을 낮추기도 한다. 뮌헨 연구에 참가한 실험 대상자들은 심장박동을 주의 깊게 세는 동안 심장 리듬이 느려졌다. 자신의 심장박동을 잘 감지할 수 있었던 실험 대상자들에게는 이런 효과가 특히나 두드러졌다. 주의 집중을 통해 두뇌의 특정 부분이 활성화했고, 그 부분이 다시금 신체의 지각을 강화해서 더 많은 지각적 자극이 의식에 이를 수 있게 했다.

같은 효과가 이른바 마음챙김 명상에서도 입증되었다. 그 명상에서 사람들은 심장박동이 아니라 호흡 리듬에 집중하는데, 비트만에 따르면 자기 신체의 중심적인 리듬에 주목하는 동안에는 주관적으로 경험되는 시간이 연장된다.

애리조나의 배로 신경학연구소 신경해부학자 A. D. 크레이그는 자율신경계가 신체의 신호를 섬피질insular cortex이라 불리는 영역으로 보낸다는 것을 발견했다. 섬피질은 우리가 자기 신체와 그 메시지를 느낄 수 있는 두뇌의 영역이다. 섬피질은 신체가 움직이고 변화하는 동안에도 우리의 신체가 늘 동일한 '인간'을 대표하고 있다는 것을 알려준다. 따라서 섬피질은 우리가 신체를 '자기 자신'으로 느낄 수 있게 해주는 것이다. 비트만은 "이런 느껴지는 나는 점점 변해가는 신체상태, 또한 시간 경과와 떼려야 뗄 수 없게 연결되어 있다"며 "나-표상과 시간-경험은 함께 간다. 나를 더 강도 높게 지각하면 시간이 더 느리게 가는 듯한 느낌이 들고, 나를 그다지 강도 높게 느끼지 않으면 시간이 빨리 흐르는 듯한 느낌이 든다"고 말한다.

우리가 주어진 과제를 그냥 빨리빨리 처리해버리는 '해결 모드'에 있을 때 나를 별로 느끼지 못하는 것은 우리 삶의 시간을 잃게 할 뿐 아니라 우리의 감각을 차단해버린다. 반면 산책을 하거나 악기를 연주하거나 에로틱한 만남을 갖는 등등, 우리가 어떤 일에 온전히 몰두해서 '지금 여기'를 강하게 지각하느라 나를 별로 느끼지 못할 때는 당장은 시간이 빨리 흐르는 것 같을지 몰라도—자기 지각과 더불어 시간감각이 사라지기 때문에—사실은 그런 몰입을 통해 우리 지각의 틀이 확장된다. 그리하여 우리는 제한된 나-느낌을 잊어버리고 창조적인 순간의 일부가 되며, 이런 순간은 깊은 체험으로서 우리의 기억 속에 길이길이 남는다. 반면 우리가 처리해야 할 일이 너무 많아서 분주하게 기계적으로 마구 해결해나가는 바람에 나-느낌이 마비되면, 우리 삶의 시간은 상실된다. 이런 시간도 온전히 몰두하는 시간처럼 어느새 휙 지나가버리지만, 그러나 이런 분주한 시간들은 우리에게 아무것도 남기지 않는다.

마르크 비트만은 시간감각의 신비와 의식의 신비는 서로 밀접하게 연결되어 있다고 본다. 한마디로 정리하면 "우리는 시간이다"라는 것이다. 호라 박사의 말에 따르면 이렇다. "가슴으로 느끼지 않은 시간들은 모두 사라져버린단다. 장님에게 무지개의 예쁜 색깔이 보이지 않고, 귀머거리에게 새의 아름다운 노랫소리가 들리지 않는 것과 마찬가지지. 유감스럽게도 이 세상에는 심장이 뛰긴 하지만 아무것도 느낄 수 없는 눈멀고 귀먼 가슴이 수두룩하단다."[197] 장 겝서는 이렇게 정리했다. "'나는 시간이 없어요.' 오늘날 인간들은 이 말을 수없이 되풀이한다. '시간'은 오늘날 인간의 최대 관심사다. 시간이 없다고 말할 때 그들은 자신이 시계가 가리키는 시간을 말한다고 믿는다. 그러나 그 말을 하는 순간에 또한 '나는 영혼이 없어요' 또는 '나는 생명이 없어요'라고 말하고 있다는 점을 깨닫는다면 그는 소스라치게 놀랄 것이다."[198]

위기의 시대에 우리는 우리의 생명을 되찾을 기회를 얻는다.

빛을 보기 위해 눈이 있고
소리를 듣기 위해 귀가 있듯이
시간을 느끼기 위해 가슴이 있다
가슴으로 느끼지 않은 시간들은
모두 사라져버린다

〈Timelessness〉 Lisa Brewster, 2011

번아웃의 시대

다른 사람들은 자기 시간을 자유롭게 사용할 수 있으며, 자신이 삶의 순간순간 자신의 감각을 열지 못하고 시간을 마구 새나가게 하는 것은 순전히 자기 잘못이라고 믿는 것은 물론 순진한 일일 것이다.

우리는 또한 이 자리에서 우리가 개인일 뿐 아니라 사회의 일부이며, 우리가 스트레스를 받을 때 그것은 이 사회의 리듬과 관계가 있다는 점을 잊지 말아야 할 것이다. 아이들은 '제시간에' 학교에 가서 정해진 시간 안에 정해진 양의 단어를 외워야 하고, 콜센터 직원들은 정해진 시간 안에 정해진 양의 전화를 '해결해야' 하며, 기자들은 주어진 시간 안에 주어진 분량의 기사를 써서 넘겨야 한다.

따라서 우리는 개인적인 시간감각을 사회의 시간 또는 속도 규정에 맞춰야 하며, 사회의 이런 규정들에 별로 영향을 끼칠 수가 없다. 신체의 리듬, 즉 호흡 리듬, 심장박동, 호르몬 주기, 세포 재생 주기, 수면-각성 주기는 몇백 년 전부터 변함없이 유지되어온 반면, 사회적인 리듬은 훨씬 더 빨라졌다. 증권시장, 정보와 의사소통, 노동세계가 다 마찬가지다. 우리 모두는 점점 더 짧은 시간에 점점 더 많은 일을 해야 한다. 신체적인 리듬과 외부적인 시간 압박 사이의 도저히 메울 수 없는 간극은 종종 우리가 너무 힘든 나머지 우리의 감각을 모두 닫아버리게 하고 우리 삶의 시간을 잃어버리게 한다.

사회학자 하르트무트 로자는 사회 전반적으로 속도가 빨라지는 현상을 꼼꼼히 연구하고 우리가 심각한 시간 위기에 빠졌다는 결론에 이르렀다. "사회적인 평가가 경쟁원칙에 따라 이루어지기 때문에, 사회적으로 인정받는 데서 속도가 가장 결정적인 요인이 되었다. 우리는 사회적 인정을 얻고 유지하기 위해 빠르고 유연해야 하며, 동시에 인정을 얻으려는 우리의 경쟁이 끊임없이 구동바퀴를 가속시키고 있다."[199] 하르트무트 로자는 이제 우리에게는 묵묵히 생각할 시간조차 없다며, "용기를 내어 자신의 이성을 사용하라"는 계몽주의의 가장 위대한 이상은 그로써 체계적으로 무마되고 있다고 말한다. 어쩌면 그것은 우리 시대가 드디어 막바지에 이르렀다는 뚜렷한 표지일지도 모른다. 시대의 중심적인 가치 가운데 하나를 사실상 폐기하고 있으니 말이다.

사회적인 차원에서 비롯된 시간의 문제가 개인적인 저항이나 더 나은 시간 관리로는 해결되지 않는다는 것은 미하엘 엔데의 이야기에서도 나타난다. 처음에 이발사 푸지 씨나 관광 안내원 기기는 아직 시간도둑의 제안을 거절할 여지가 있었다. 그러나 이야기가 막바지로 갈수록 상황은 완전히 바뀐다. 사회 전체가 분주함에 빠져들고, 심지어 아이들마저 앞날에 필요한 것들을 되도록 빨리 배우기 위해 시간을 아낀다. 시간을 아끼는 일에 홀로 저항하는 모모는 사회적으로 고립되고 완전히 혼자가 된다. 조급함이 사회적 의무가 되어버린 것이다.

시간 저축은행의 회색 신사들은 아주 강력해진다. 그들은 호라 박사의 집을 포위하고 사람들의 시간을 전부 갖고 싶어 한다. 그들은 더 이상 한 시간 한 시간 도둑질할 필요 없이 시간들이 더는 인간들의 가슴에 도달하지 않게 하려고 한다. 호라 박사가 회색 신사들을 자기 집에 들어오지 못하게 하고 그로써 인간들의 가슴과 시간의 근원으로 접근하지 못하게 하자, 회색 신사들은 이제 인간들에게 보내지는 시간을 그들이 피우는 시가의 차가운 연기로 오염시킨다. 모든 시간이 시간의 연기로 오염된 채 본래 주인에게 가도록 말이다.

호라 박사는 이제 모든 사람이 병들게 될 거라고 걱정한다. 호라 박사는 모모에게 이렇게 말한다. "처음에는 아마 잘 모를 거야. 그런데 어느 날부터인가 갑자기 뭔가를 할 의욕이 나지 않을 거야. 아무것에도 관심이 없어지는 거지. 모든 것이 지루해져버리는 거란다. 하지만 이런 싫증은 없어지기는커녕 자꾸 더 심해진단다. …… 점점 기분이 언짢아지고, 속이 텅 빈 것 같고, 자신과 세상에 점점 더 불만이 생기지. 그러다가 이런 감정마저 점점 없어지고 급기야는 아무런 감정도 느끼지 못하게 된단다. 무관심해지고 생기가 없어지며, 세상이 낯설어지고, 아무것에도 상관하지 않게 되는 거야. 더 이상 화도 나지 않고 감동하지도 않고, 더 이상 기뻐하거나 슬퍼하지도 않게 되지. 웃음과 울음을 잊어버리게 돼. 그러고 나면 마음이 차가워지고, 더는 아무도, 아무것도 사랑할 수 없게 된단다."[200] 호라 박사는 이런 질병을 '견딜 수 없는 지루함'이라고 이름 붙인다. 우리는 그것을 '번아웃 burnout' '보어아웃 bore out' 또는 우울증이라 말한다.

물론 우리는 아직 심적으로나 신체적으로 병들지는 않았다. 그러나 조급함, 분주함, 뭔가를 놓칠 것 같은 두려움에 벌써 익숙해진 지 오래다. 오염된 시간은 이런 질병의 유일하고 본질적인 원인이며, 여전히 경시되고 있는 원인이다.

넘쳐나는 이메일함은 계속 "답장해줘요"라고 외친다. 그 외침은 지하철, 산책길, 심지어 잠자리까지 우리를 따라온다. 대부분의 기업은 효율성 증대를 위해 구조조정되어, 우리는 푸지 씨의 도제처럼 1분 1초도 헛되이 흘려보낼 수가 없다. 책 읽고, 노래하고, 빈둥거리고, 붓글씨를 쓰고, 장미를 키우고, 카나리아에게 먹이를 주고, 친구들을 만나고, 사랑하는 사람을 물끄러미 바라볼 시간? 그럴 시간이 어디 있나. 제대로 돌아가지 않는 상품이나 관계는 가차 없이 폐기처분된다. 그리고 이런 분주함에 적응하려 하지 않거나—어떤 이유에서든— 적응할 수 없는 사람은 사회적 보상체계에서 제외된다. 돈도 못 벌고, 인정도 못 받고, 관심도 못 받는 신세가 되는 것이다.

이런 분위기 속에서 자기 삶의 시간을 지키기란 어려운 일이다. 그러나 속도 늦추기 또는 느림을 향한 동경은 점점 커지고 있다. 점점 더 많은 사람들이 오래도록 고요히 걷거나 요가나 명상을 통해 자신의 신체 리듬을 느끼고, 그로써 주어진 삶의 시간을 한층 더 깊고 충만하게 경험하고 싶어 한다. 그리하여 요즘 순례여행이나 템플스테이가 유행이다.

그러나 외부의 모든 자극과 요구가 떨어져나가버리고 나면 많은 사람들은 우선은 아주 지루함을 느낀다. 지루함은 우리의 무뎌졌던 감각이 섬세해지는 첫걸음으로 나타나는 현상이다. 비트만은 "지루함은 불쾌한 방식으로 자기 지각과 시간감각을 강화한다"고 말한다.[201] 지루할 때 우리는 아직 시간이 주는 질적인 깊이에 열려 있지는 않지만, 누군가는 자기 삶의 시간을 가지고 있다는 것을 느낀다. 지루함은 더 깊은 지각으로 나아가는 통로가 되는 경우가 많다. 그리하여 우리가 지루함을 감수하고 견디면 우리는 한순간 우리 자신의 시간으로 돌아갈 수 있다. 역사의 흐름 속에서 경험하는 강렬한 현재로 말이다.

그렇지만 집단적 시간 위기의 원인들은 우리가 각자 분발하여 우리의 시간을 다르게 관리함으로써 없앨 수 있는 것들이 아니다. 유럽 사회는 르네상스 이후 공간을 정복하는 데 주력해왔고, 그러다 보니 시간이 대체 무엇인지를 깡그리 잊고 말았다는 것이 젭서의 말이다. 시간은 우리에게 단지 "시계가 가리키는 시간, 또는 기껏해야 공급기한, 유통기한 또는 수명이나 의미할까". 그러나 사람들은 이런 시간들에 대해서는 되도록 생각하지 않으려 한다. 이런 시간들을 두려워하기 때문이다.[202] 그러므로 젭서는 작금의 과도기에서 가장 중심되는 문제인 동시에 커다란 기회는 시간에 대한 우리의 제한된 사고를 넘어서는 것이라고 말한다.

젭서의 이런 분석은 옳을 것이다. 시간의 잊어버린 차원들은 이제 20세기 중반보다도 훨씬 더 우리에게 부담이 되고 있기 때문이다. 우리는 신체의 리듬을 무시하는 가운데 자기에게 주어진 삶의 시간들을 잃어버리고 있다. 또한 물고기, 나무, 지하자원, 전 지구의 재생 주기까지 무시하고 있다.

온전한 생태계에서는 서로 다른 재생 리듬들이 서로 조화를 이룬다. 땅속 균류부터 초파리, 인간, 그리고 별들까지 말이다. 몇십억 년 동안 조성된 자원을 우리가 짧은 기간 안에 써버린다면, 이런 섬세하게 조율된 생태계가 흔들려버리고 만다는 것은 자명한 일이다.

우주는 시간으로 된 예술작품

누가 모든 광물과 암석, 공기, 물, 모든 생물의 재생주기를 규정하고 그것을 위한 계획을 세워야 한다면 그는 절망할 것이다. 우주는 공간과 물질로 이루어진 예술작품일 뿐만 아니라 시간으로 이루어진 예술작품이기 때문이다.

생명은 시간의 조각품으로서 몇십억 년에 걸쳐 다양한 시간 차원 속에 전개되어온 유기체다. 우리 몸만 해도 여러 시간 주파수들이 서로 조화를 이루고 있다. 밀리초 주기를 갖는 신경세포의 방전에서 몇 초의 리듬을 갖는 심장박동 또는 호흡 리듬을 거쳐, 달 또는 년 주기를 갖는 호르몬 주기에 이르기까지 말이다. 게다가 우리는 태양과 달을 통한 빛의 주기, 계절의 변화, 그리고 우리 식량이 되는 식물의 성장주기 등 자연의 리듬에도 매여 있다. 모든 개별적인 생물은 생태적인 시간 리듬의 접점이다.

그러나 사회 전반에 걸쳐 우리는 생명이 시간으로 이루어진 살아 있는 예술작품임을 고려하지 못하고, 그로써 스스로와 주변 생물들을 위험에 몰아넣었다. 그리하여 인간은 '번아웃'에 놓여 있을 뿐 아니라, 전 지구가 병들어서 더는 인간이 살아갈 수 없는 곳으로 변모하고 있다.

지금 육지가 바다로 가라앉고 난민의 물결이 끊이지 않고 자원을 둘러싼 전쟁이 벌어지고 있고 물부족 현상이 심화하고 있는데, 우리는 어째서 주가 폭락이나 테러를 더 두려워하고 걱정할까? 나는 종종 이렇게 자문하곤 한다. 우리의 미래가 위험하다는 것을 다들 알고 있으면서도 왜 그럴까? 1972년에 출판되어 세계적인 반향을 불러일으킨 《성장의 한계》라는 책이 우리의 미래가 얼마나 위험한지 실상을 알렸고, 그 이래로 상황이 전혀 좋아진 것이 없는데도 말이다.[203] 왜 우리는 그렇게도 깨닫지 못하는 걸까?

가장 개연성 있는 대답은 모두들 행동의 결과가 몸소 느껴져야만 그제야 걱정하고 불안해하기 때문이라는 것이다. 사람들은 2050년에 무슨 일이 있을지에는 별로 관심이 없다는 것이다. 우리가 지금 다르게 행동한다고 해서 당장 혜택을 보는 것도 아니고, 생태적 재생에 필요한 시간은 꽤 길기 때문에 정치적 근시안이 더 지배적이라는 것이다. 배움은 보상체계를 작동함으로써만 가능하다는 것. 아이들만 해도 보상이 기대되고 그것이 실제로 주어질 때나 노력하지 않느냐는 것이다.[204]

틀림없이 일리가 있는 논지다. 그러나 그것만으로는 우리의 심각한 근시안을 설명해주지 못한다. 더욱이 역사를 돌아보면 지금의 우리와 달리 시간의 더 큰 차원을 고려하며 살았던 사회도 있었다. 이를테면 이로쿼이족은 모든 일을 결정할 때 7대 선조들과 7대 후손들이 과연 이 일에 대해 뭐라고 할 것인지를 염두에 두었다고 한다. 그리하여 사회 변화가 너무 빠르거나 너무 느리게 진행되지 않도록 했다고 한다. 그들의 혜안과 절제에 대해 물질적인 보상이 직접적으로 주어지지 않아도 시간의 생태에 대한 감각이 있었던 것이다. 그들은 개인을 전체보다 더 우위에 두지 않았다. 부족의 우리-의식이 개개 구성원들의 나-의식보다 더 강했다. 그들의 시간적 지평은 세대를 뛰어넘었다.

이렇듯 강한 '우리-의식'에는 확장된 시간 의식이 포함되어 있었던 것이 틀림없다.

모든 '우리-의식'은 우리가 인간으로서 끊임없이 서로 연결되어 있고 서로 맞추어간다는 사실에 기초한다. 시간관념뿐 아니라 행동에서도 마찬가지다. 예를 들면 레스토랑이나 콘서트장이나 자기가 일하는 회사에 들어갈 때 우리는 무의식적으로 자신의 옷차림을 살핀다. 우리가 지배하는 집단의식에 어울리게끔 적절하게 입었는지를 점검하기 위해서다. 다른 사람들의 감정과 보디 랭귀지를 통해 우리는 자기가 지금 적절하게 행동하고 있는지를 자동적으로 파악한다. 주변 사람들이 미소 지으며 고개를 끄덕여주는가, 아니면 거부하는 듯한 몸짓을 하는가? 스스로 불편한 마음이 들거나 거부당하는 듯한 기분이 들면, 우리는 다음번에는 옷차림이나 행동을 맞춘다. 그리하여 같은 집단에 속한 사람들은 보통 비슷한 옷을 입고, 비슷한 분위기를 풍기는 경우가 많다. 머리 스타일도 비슷하고 비슷한 색깔을 선호한다.

이런 공동체적 적응과정은 옷차림뿐 아니라 사회적인 가치에도 적용된다. 우리 문화의 중심되는 생각과, 나아가 외모와 신체 기능까지 좌우한다. 그리하여 1980년대에 미국의 사회심리학자 로버트 자욘츠는 부부가 실제로 세월이 가면서 점점 더 닮아간다는 것을 발견했다. 또한 캘리포니아의 심리학자들은 최근 같은 공간에 있는 연인들은 심지어 심장박동과 호흡 리듬까지 비슷해진다는 것을 발견했다.[205] 독일 프리드리히스하펜 소재 체펠린 대학의 심리학자 아른트 플로라크와 바젤 대학의 올리버 겐쇼는 이런 식의 무의식적인 모방과 동화가 또한 우리의 소비행동에 아주 큰 영향을 끼친다는 것을 보여주었으며,[206] 네덜란드 네이메헨 대학의 심리학자 아프 데익스테르하위스는 의식적으로든 무의식적으로든 우리가 지각하는 거의 모든 것이 우리 안에서 상응하는 행동을 유발한다고 보고 있다.[207]

따라서 우리는 다른 사람들이 생각하는 대로 생각하고, 다른 사람들이 믿는 대로 믿는다는 것이다. 다른 사람들이 구입하는 물건을 구입하며, 종종 다른 사람들이 느끼는 대로 느낀다. 일의 속도를 서로 맞추는 것은 물론이다. 또한 사회적 인프라 구조는 사회 구성원들을 어릴 때부터 서로 비슷해지게끔 한다. 학교, 패션 산업, 음악 산업, 텔레비전 시리즈 따위가 그런 역할을 하고, 성장이 복지를 만들어낸다거나 시간이 돈이라거나 하는 반복적으로 주입되는 신조들도 그런 역할을 한다. 그런 생각들은 부지불식중에 우리의 의식과 우리의 생활방식과 우리의 감정에 스며든다.

사회심리학자 하랄트 벨처는 그의 에세이 〈정신적 인프라 구조〉에서 성장이라는 생각을 예로 들면서, 문화적인 신조가 우리의 사고와 정신뿐 아니라 우리의 몸매까지 결정하는 면모를 구체적으로 기술했다. 우리는 공동체 차원에서 무한한 경제성장이 좋은 것이라고 믿고 있을 뿐 아니라 모든 면에서 스스로를 계발하고 스스로를 극복해야 한다고 믿는다. 그리하여 더 좋은 관계, 더 멋진 몸매, 더 높은 지위, 더 큰 자동차를 원한다. 우리가 미처 의식하지 못하는 사이 제한 없는 성장에 대한 생각이 우리의 피와 살이 되고, 우리를 만들어나가고 있다. 그것이 집단의식을 이루는 힘이기 때문이다.[208]

인간은 열린 체계다. 늘 스스로에게서 자극을 내보낼 뿐 아니라 외부에서 자극을 받아들이고 그를 통해 스스로를 변화시켜나간다. 우리는 다른 사람에게 영향을 주고 다른 사람들의 영향을 받는다. 감정적으로, 생각으로, 신체적으로 말이다. 이런 사실 자체는 좋지도 않고 나쁘지도 않다. 중요한 것은 우리가 그것을 토대로 무엇을 만들어내는가다.[209]

'나'와 '우리'의 시간을 함께 느낄 때

우리 문화의 집단의식은 이로쿼이족 같은 확장된 시간 의식을 포함하지 않는다. 먼 미래에 대한 책임감을 느끼는 것은 우리가 집단과 집단의 존속을 자신의 일부로 여길 때만 가능하기 때문이다. 그러므로 또 하나의 차이를 주목하는 것이 중요할 것이다.

내가 다음에서 '우리-의식'이라고 할 때 그것은 한 공동체의 구성원을 연결해 구성원들이 자신들이 연결되어 있음을 알고 그 의미를 시인하는 그런 집단의식을 말한다. 따라서 우리-의식을 가진 사람은 다른 생명들이 감정과 생각으로 그에게 영향을 끼칠 수 있음을, 그리고 그가 다른 생명에게 종속되어 있고 의존되어 있음을 안다. 자신이 절대 개별적인 존재로 존재하지 않는다는 것을 안다. 그는 이 사실을 의식하며 행동할 수 있고, 확장된 시간감각을 개발할 수 있다. 반면 나는 '우리-의식'과 대별하여 무의식적으로 영향을 펼치는 집단의식을 '우리-무의식'이라 일컫고자 한다. 사람들이 우리-의식이 아니라 우리-무의식을 지니게 된 이유는 우리의 문화가 사람은 저마다 개인 의식을 가지고 있을 뿐 아니라 공동 의식의 일부라는 사실을 까맣게 잊어버렸기 때문이다.

그러는 동안 세계 많은 지역에서는 개인 의식만 부각되고 우리가 공동의 소질을 지니고 있다는 사실은 그냥 묻혀버리고 말았다. 그리하여 대부분의 사람들은 자신들이 자율적이고 개별적인 존재라고 믿는다. 자기 생각과 감정과 행동을 스스로가 자율적으로 지배한다고 생각한다. 집단이나 가족, 교회가 아니라 개개인이 스스로 자신의 삶을 결정하며, 자신이 체험된 세계의 중심이라고 생각한다. 이런 사람들의 시간감각은 개인적인 실존이 끝나는 데서 함께 끝난다.

개인 의식이 성취한 큰 업적은 각 사람과 그의 인생 여정의 소중함에 대한 인식을 일깨워주었다는 것이다. 이것은 근대의 가장 중요한 업적이 아닐 수 없다. 그러므로 다시 한 번 강한 연대감을 되찾겠다고 역사의 바퀴를 거꾸로 돌릴 수는 없는 일이다. 공동체 의식이 강하다고 무조건 시간 의식을 '적절하게' 활용할 수 있는 것도 아니기 때문이다. 그도 그럴 것이, 여러 태곳적 사회에서는 아주 비인간적이고 잔인한 방법으로 공동체의 장기적인 생존을 모색하기도 했다. 예컨대 몸이 약한 신생아는 태어나자마자 죽이거나 병자들과 노인들을 굶겨 죽이기도 했다. 개인의 가치와 자유를 소중히 여기지 않는 집단의식은 이런 불행한 결과들을 초래할 수도 있다.

그러나 자신의 자아만 강조하는 것 역시 지각의 결핍을 낳을 수 있다는 점을 가볍게 생각해서는 안 된다. '오로지' 개인으로서만 존재한다는 잘못된 믿음은 우리를 집단의식의 그늘진 면에 특히나 취약하게 만들기 때문이다. 그렇게 되면 '우리-의식'은 '우리-무의식'으로 바뀐다. 우리-무의식은 예외적인 상황에서는 우리에게 기분 좋은 연대감을 선사해주지만, 평소에는 패션이나 음악적 취향 또는 정치적 견해나 선입견 같은 것으로 다가온다. 우리-무의식은 보통 '주류' 또는 '대중'이라는 모습으로 우리에게 영향을 준다. 축구 경기장이나 록 콘서트 또는 정치적 시위에서의 물밀듯한 또는 위험한 대중 감정으로 나타나기도 한다.

'우리-무의식'을 의식하지 못하는 한, 우리는 '우리-무의식'이 가져오는 부정적인 영향에 거리를 둘 수 없다. 그것은 주술적 시대의 공동체 의식처럼 우리를 사로잡으며, 우리는 결코 그런 마법에 대항할 수 없다. 집단의식에 사로잡혀 있다는 것 자체를 잊어버렸기 때문이다.

그리하여 우리는 물건을 구매할 때도 우리가 의식적으로 그 물건을 구매하기로 결정했다고 착각한다. 경제적으로나 생태적으로 말도 안 되는 캡슐커피 머신인 네스프레소 머신을 구매할 때조차 말이다. 대체 커피 1킬로그램에 100유로가 넘는다는 게 말이 되는가. 그리고 커피만큼의 쓰레기를 양산시키는데 말이다. 우리는 스스로를 꽤나 독립적인 소비자로 생각한다. 우리가 무의식적으로 서로 연결되어 있음을 생각하지 않기 때문이다. 그러나 주술은 바로 우리가 주술을 더 이상 믿지 않기 때문에 작용한다.

집단의식의 부정적인 영향에서 스스로를 보호하려면 아예 그 의식에 속하지 않는 길도 있겠지만, 더 낫게는 집단의식의 차원과 힘과 작용을 의식하고, 그럼으로써 자신의 개인적인 의식으로 돌아가야 할 때는 언제이며, 반대로 연대자를 물색하여 다른 생각을 함께 개진하고 확산해야 할 때는 언제인지, 어떻게 그렇게 해야 할지를 가늠하는 것이 중요하다. 단순히 무시해버리는 것은 도움이 되지 않는다.[210]

자, 이런 배경에서 생각하면 앞서 던졌던 질문에 더 나은 대답을 할 수 있다. 우리가 생태적인 재앙보다 주가 폭락을 더 두려워하는 까닭은 '공동체 전체'와 관련된 위험은 우리에게 전혀 감정적으로 다가오지 않기 때문이다. 그런 위험들은 테러 공격 직후의 대중적인 감정의 물결이나 자동차 사고의 직접적인 후유증 같은 것과는 비교가 되지 않는다. 그리하여 후손들을 잘 챙겨주고 염려해주는 조부모 세대조차 그들이 세상을 떠난 뒤 손주 세대에게 미칠 생태적 후유증에 대해서는 별 생각이 없다. 지금 손주들에게 둘러싸여 아주 큰 기쁨과 풍성함을 느끼고 있으면서도 말이다. 그들은 공간과 시간으로 이루어진 전 예술작품에 닥칠 위험에는 아무런 감각이 없는 것이다. 손주들에 대한 공감능력이 없어서가 아니라, 우리-의식이 결여되어 있기 때문이다. 스스로를 개인보다 훨씬 더 큰 공동체의 일부로 보는 의식이 없기 때문이다. 우리-의식이 동반하는 확장된 시간 지평 없이는 단지 손주들의 미래를 위해 작금의 직접적인 물질적 보상을 포기할 수가 없는 것이다. 하물며 우리와 상관없는 사람들이나 다른 동식물들을 위해서는 말할 필요조차 없다.

미국의 생태신학자 토머스 베리는 언젠가 이런 문제를 다음과 같은 적확한 말로 표현했다. "우리는 단지 우리 자신하고만 이야기를 나눈다. 강들과 이야기를 나누지 않고, 바람 소리와 별들의 소리에 귀를 기울이지 않는다. 우리는 이런 위대한 담소를 중단했다. 대화를 단절하면서 우리는 우주를 산산조각 내버렸다. 지금 우리에게 닥친 큰 불행들은 이러한 영적 자폐증의 결과다."[211]

강, 바람, 별, 행성은 우리와 다른 시간 지평을 가지고 있다. 그러므로 그런 대화는 우리가 우리의 시간 지평을 확대할 때 다시금 가능해질 것이다. 공간에 대한 생각을 시간에 대한 더욱 포괄적인 이해로 보충하는 것이 중요하다. 시간을 세계를 구성하는 조직이자 인간의 경험을 구성하는 조직으로 파악해야 한다.

시간적으로 제한된 나-의식에 새로운 우리-의식을 동등하게 세울 때 우리는 더 넓게 볼 수 있고 더 넓게 느낄 수 있다. 맹목적인 집단의식이 아니라 우리가 얼마나 서로서로 영향을 끼치는지, 우리가 얼마나 서로를 필요로 하는지를 깨닫고, 현 사회의 위기는 공동체의 힘을 결집할 때만이 극복할 수 있다는 점을 인정하는 집단의식이 중요하다. 우리는 그때그때 필요와 요구에 따라 나-의식과 우리-의식 사이에서 왔다 갔다 하는 것을 배워야 한다. 공동체의 강점을 활용하는 동시에 무의식적인 대중의식의 위험은 피하기 위해서 말이다. 우리 의식의 넓은 지평을 대중의 무의식적인 견인력, 즉 우리-무의식과 구분하는 것을 배울 때 우리는 벌써한 걸음 더 나아가는 것이다. 그러면 우리는 공동체의 힘, 사회적관계망, 시간의 확대된 지평 속에 존재하는 집단의식의 긍정적인면에 다시 접근할 수 있을 것이다. 확장된 시간 의식을 갖추게 되면 우리는 생태적인 보상이 미래에 주어질 것만을 기대하지 않아도 된다. 우리의 공동체적인 행동은 직접적으로 현재의 삶을 풍성하게 해줄 것이기 때문이다. 미래가 현재의 일부라는 것을 느끼면보상체계는 바로 작동한다. 확장된 시간 의식은 가치들의 우선순위를 뒤바꾼다. 미래를 현재로 가져올 수 있는 사람은 또한 희망을 작동할 수 있다. 희망은 알다시피 위기를 극복할 수 있게 하는결정적인 힘이다.

시간 지진

호라 박사는 시간을 멈추기로 한다. 자기 집을 포위한 시간도둑들에게 더 이상 시간을 공급하지 않기 위해서다. "별안간 강한 진동이 느껴졌다. 그러나 그것은 공간을 흔드는 것이 아니라 시간을흔드는 것이었다. 그러니까 시간 지진이었다. 그 느낌은 말로 표현할 수가 없는 것이었다. 시간 지진과 함께 특이한 소리도 났는데, 그것은 일찍이 어느 누구도 들어보지 못한 소리였다. 수백 년의 깊은 세월 속에서 흘러나오는 탄식이라고 할까."[212]

호라 박사는 모모와 거북 카시오페이아를 보내, 마지막 남은 시간의 꽃으로 시간도둑들의 냉동창고에서 사람들이 도난당한 시간을 풀어주게 한다. 순수한 아이와 태곳적 동물이 도시 전체 사람들을 제정신으로 돌아오게 한다.

미하엘 엔데는 《모모》의 작가 후기에서 이 이야기는 자기가 고안한 것이 아니라 어떤 사람에게 들은 것이라고 말한다. 자기가 밤기차를 타고 여행하던 중 호라 박사처럼 나이를 가늠할 수 없는 어느 남자 승객이 이 이야기를 들려주었노라고. 그리고 그 승객은 "나는 이 모든 일이 이미 일어난 일인 듯 이야기했어요. 그렇지만 이 일이 앞으로 일어날 일인 듯 이야기할 수도 있을 거예요. 내게는 그게 별 차이가 없거든요"라고 말했다고 한다.

우리는 미하엘 엔데의 이 말을 사실로 믿을 수도 있고, 이 역시 이야기꾼 특유의 트릭으로 이해할 수도 있을 것이다. 또는 ─제3의 가능성으로─이것을 신화적 의식으로 보느냐 이성적 의식으로 보느냐에 따라 두 가지 모두 진실이라고 받아들일 수도 있을 것이다.

이성적 의식으로 보자면, 어떤 일은 이미 일어난 것이거나 앞으로 일어날 것이거나 둘 중 하나다. 이성적 의식은 시간을 연속된 선으로 여긴다. 그 선 위에서는 그저 전진할 수밖에 없다. 진보에 관한 생각은 이성적인 사고에서만 의미가 있다. 이성적 의식 외에 다른 모든 의식에서는 이런 생각이 낯설다.

신화적 의식은 시간의 순환적인 면을 조명한다. 이런 시간에서는 아무것도 놓치는 것이 없다. 같은 이야기를 여러 번 경험할 수 있기 때문이다. 그 이야기는 반복되는 것이 아니라 이야기될 때마다 늘 새롭게 생겨난다. 신화적 의식은 시간을 순환으로 여긴다.

세 번째 가능성은 각각 다른 것을 비추고 받아들이면서 두 가지 시각을 포괄한다. 이런 시각에서 보면 시간은 그냥 흘러가버리는 것이 아니다. 우리는 더 깊은 이해를 위해 스스로에게 시간을 허락할 수 있다. 그러나 그럼에도 지금 행동해야 한다. 우리는 시간의 두 가지 특질을 염두에 두어야 한다.

따라서 우리는 행동하면서 같은 시각에 세계의 서로 다른 장소에서 행동하는 모든 사람들과 연결된다. 그러나 또한 달력이나 시계상에서 우리와 다른 시간에 우리와 비슷한 일을 하고 비슷한 것을 느낀 사람들과도 연결된다. 우리는 때로는 수평적인 시간을 더 명확하게 경험하고 때로는 수직적인 시간을 명확하게 경험한다. 어느 때는 시간의 신화적인 면을, 어느 때는 시계가 가리키는 시간을 더 명확하게 경험한다. 때로 우리는 모든 것을 포괄하는 시간 초월의 상태에 잠긴다. 그럴 때 시간은 무엇보다도 강렬함, 깊이, 삶의 질, 연관, 창조력, 변화의 능력이다. 시계가 가리키는 시간, 공급기한, 유통기한이기도 하지만 그런 것들은 조금 더 뒤로 물러난다.

시간의 한쪽 면에 맞추면 시간의 다른 특성들은 약간 흐릿해진다. 그럴 때면 우리 안에서 모든 것을 확실히 해두고 서로 명백하게 구분하고 싶어 하는 마음이 불만족스러워할 수도 있다. 자기가 원하는 대로 좌지우지할 수 없는 느낌이 들기 때문이다. 자기 삶의 시간도, 사회정치적·생태적인 문제들도, 하물며 커다란 전체―그것을 어떻게 정의하건 간에―도 말이다.

그러나 확장된 시간 의식은 우리가 마음대로 관리할 수 있는 성질의 것이 아니다. 그것을 통해 자극받고 실려갈 수밖에 없는 성질의 것이다. 마음먹고 그것을 움켜쥠으로써가 아니라, 스스로를 그것에 붙들리도록 허락함으로써 말이다. 우리가 시간을 활용하는 것이 아니라, 시간이 우리를 활용한다.

인간은 시간의 창조적 접점이다. 역사의 지킴이일 뿐 아니라 지금 존재하는 미래의 근원이다. 이런 세 번째 가능성은 장 겝서가 '통합적 의식'이라 명명한 의식의 방향에 있다. 통합적 의식은 시간을 구珠로 본다.

13

순환

지금 여기에서

나는 현재에 살고자 노력한다.
대부분의 사람들은 과거에 살기 때문이다.
내가 현재에 살면 사람들은
내가 미래에 살고 있다고 생각한다.
그들은 그들의 시간에 무슨 일이
일어나는지를 알지 못하기 때문이다.[213]

린 허시먼 – 리슨

사회적인 과도기에도 우리는 변화의 다섯 가지 힘을 신뢰할 수 있다. 자연의 힘에 대한 신뢰, 달갑지 않은 변화에 대한 전적인 수용, 함께 성장해나갈 수 있는 상호적인 형태의 사랑, 우리가 늘 새로 시작할 수 있게 하는 생명력, 무엇보다 미래에서 현재를 이끌어내는 능력으로서의 희망.

반복과 변화에 대한 신뢰

새의 노랫소리는 내 생각 속으로 파고들고, 내 가슴은 마치 사랑을 고백받은 것처럼 뛰기 시작한다. 창문을 열어젖히고 어스름 속을 바라본다. 작년과 똑같은 지빠귀야! 하는 생각이 든다. 그렇다. 꼭 1년이 지났다. 바로 1년 전, 나는 이 책을 쓰기 시작했다.

지빠귀의 모습을 볼 수는 없지만 나는 멜로디로 지빠귀를 알아본다. 지빠귀의 노래는 내게 마치 무슨 이야기를 전해주려는 듯하다.

해가 바뀌고 다시 봄이 왔다는 것을 달력이 아니라 바로 가까운 곳에 사는 지빠귀의 노래를 통해 실감한 것은 처음이다. 마치 친구들끼리 대화하듯.

지빠귀의 노래를 들으며 작년 봄의 탐스러웠던 목련들을 떠올린다. 한여름 프랑스의 세벤 협곡에서 봤던 늠름한 딱정벌레와 가을, 그루네발트의 부드러운 낙엽 양탄자, 얼마 전까지 내 창가를 스쳐갔던 탐스러운 눈송이도 떠오른다. 그러면서 신기하게도 다른 시간, 다른 장소에서 봄을 알리는 새들의 지저귐을 들었던 모든 사람과 이어져 있는 듯한 기분이 된다.

그러는 동안 지빠귀의 저녁 노래는 그쳤지만, 내 가슴은 여전히 뛰고 있다. 세상이 온통 사랑스러워 보인다. 차가운 밤공기가 들어오지 않게 창문을 닫으면서 나는 이 2월의 어느 저녁에 내 가슴에 닿기까지 얼마나 많은 지빠귀들이 이와 비슷한 노래를 부르며 세월을 거쳐왔을까 하는 생각을 한다. 또 얼마나 많은 지빠귀들이 수백 년 뒤까지 노래를 실어가게 될까?

봄은 오고, 또 오게 될 것이다.

수용, 새로운 시작의 전제

십 몇 년 전 미국의 생물학자이자 지리학자인 재러드 다이아몬드는 인류의 역사에서 왜 어떤 사회는 몰락했는데 어떤 사회는 비슷한 상황에서도 살아남았는지를 규명하고자 했다. 그러고는 마

자연의 힘에 대한 신뢰
변화에 대한 전적인 수용
함께 성장해나가는 형태의 사랑
늘 새로 시작할 수 있게 하는 생명력
무엇보다 희망
봄은 오고, 또 오게 될 것이다

〈Simplicity〉 Eleni Papaioannou, 2010

야 문명부터 이스터 섬의 문명, 그린란드의 바이킹에 이르기까지 여러 문명의 붕괴 역사를 연구한 뒤 문명의 붕괴에 무엇보다 결정적인 역할을 한 다섯 가지 요인을 찾아냈다. 먼저 숲 개간과 토양침식, 과도한 어획과 무분별한 사냥 등으로 인한 생태계 파괴를 문명 붕괴의 첫째 원인으로 지목했고, 둘째, 기후변화, 셋째, 이웃 나라들과의 전쟁을 꼽았다. 넷째로는 상대 국가가 어떤 이유로든 약해져서 무역 파트너를 잃게 된 것을 붕괴 원인으로 보았고, 다섯째로는 환경 문제를 인지한 뒤에도 거기에 적절히 대응하지 못한 사회적 무능력을 들었다.

재러드 다이아몬드에 따르면 예컨대 토양이 점점 황폐해지고 있다는 사실을 알았을 때 이스터 섬 주민들은 전통에 따라 거대한 석상을 만들었다. 석상이 불운을 막아준다는 미신 때문이었다. 그러나 이런 석상 하나하나를 세울 때마다 오히려 더욱 어려움에 빠진다는 생각을 하지 못했다. 석상을 만들기 위해 작은 섬에 서식하던 나무들을 차곡차곡 베어서 토양이 더는 재생될 수 없는 지경으로 만든 것이다. 결국 고깃배를 만들 나무조차 남지 않게 되어 그들은 굶어 죽고 말았다.

이스터 섬 주민들은 점점 더 커다란 석상을 세워서 자신들의 문제를 해결할 수 있다고 믿었다. 우리가 오늘날 지속적인 경제성장을 만병통치약으로 여기고 그것을 위해 물불 가리지 않고 자원을 죄다 노획하는 가운데, 우리 스스로의 생존 터전을 파괴하는 것과 비슷한 모습이다.

생존이 위험한 상황에서 대부분의 부족은 과거 그들에게 큰 성공을 안겨주었던 가치들을 고집스럽게 부여잡는다. 그동안의 관습을 사수하다가 파멸의 길로 들어서고 만다.

여기서 결정적인 문제는 상황을 있는 그대로 받아들이지 못한다는 것이다. 우리는 뭔가 본질적인 것이 바뀌었다는 사실을, 이 상황을 극복하기 위해서는 우리 스스로도 변해야 한다는 사실을 시인하지 못한다. 이처럼 상황을 수용하지 못하다 보니 적시에 적절하게 행동하기가 힘들어진다. 사실을 전적으로 시인해야만 그것을 기초로 해법을 찾을 수 있기 때문이다.

그린란드의 바이킹도 변화된 상황을 수용하지 못했다. 같은 조건에서 이누이트족 등 여러 부족은 기후변화를 딛고 살아남았지만 그린란드의 바이킹은 조상 대대로 고수해온 육식 위주의 식단을 고집하고 생선 먹는 것을 거부했는데, 그것이 그들에게 멸망을 안겨준 결정적인 요인이 되었다. 마야족은—우리와 비슷하게—생태적 불균형을 초래하는 과도한 경작으로 말미암아 땅의 지력을 고갈시켜버렸다. 인구는 늘고 땅은 점점 더 황폐해져만 갔으며 식량은 빠듯해졌다. 그런데도 그들은 자신들의 경작법에 의문을 품지 않고 더욱더 땅을 혹사했다. 그들 역시 사고를 전환할 준비가 되어 있지 않았던 것이다.

10년 전 다이아몬드의 《문명의 붕괴》라는 책이 나왔을 때 이 책은 하루아침에 베스트셀러가 되었다. 다이아몬드가 지적한 위험 요인들 대부분이 지금 우리의 상황에도 해당되기 때문이다. 환경 파괴, 기후변화, 전쟁, 무역 파트너 상실, 무엇보다 수용과 변화의 능력이 없는 것, 모두 현시대 우리의 문명에도 해당하는 이야기였다. 다이아몬드는 우리가 지금 유례없는 어려움에 빠져 있는 까닭은 무엇보다 다음 두 가지 때문이라고 지적한다.

첫째는 세계 인구가 60년 만에 20억에서 70억으로 늘어났다는 것이다. 70억 인구가 의식주를 해결해야 하니 필요한 자원과 에너지가 만만치 않고, 그러다 보니 환경이 파괴되고 자원이 고갈되고 토지가 점점 황폐해지고 쓰레기산이 쌓이고 있다는 것이다.

둘째는 글로벌화로 말미암아 세계에서 일어나는 모든 일이 직접적으로 우리에게 영향을 끼친다는 것이다. 난민의 물결, 정치적인 갈등, 빠듯한 자원, 원료 경쟁 등의 현상이 심화하고 있으며, 이로 인해 한 문화가 아니라 전 지구가 멸망할 위기에 놓여 있다는 것이다.

그러나 다이아몬드는 선조들과 달리 우리에게는 상황을 반전시킬 역량도 있다는 점을 강조한다. "역사상 처음으로 전 지구가 멸망할 위기에 놓여 있다. 그러나 우리는 역사상 최초로 세계의 다른 지역에서 벌어지고 있는 일들을 통해 배우고, 과거에 일어난 일들을 통해서도 빠르게 배울 수 있는 기회 또한 갖고 있다."[214]

따라서 수용의 힘을 작동시키고 외상 후 성장을 가능하게 할 것인지는 전적으로 우리에게 달려 있다. 미국의 환경운동가이자 생태철학자 조애나 메이시는 우리가 지금 해야 할 가장 급박한 일은 무엇보다도 세계에서 어떤 일이 벌어지고 있는지를 똑똑히 의식하는 것이라고 말한다.[215]

모든 것과 연결되어 있다

우리 시대는 이른바 네트워크 시대다. 이것이 우리 시대의 가장
중요한 특징이다. 세계화 시대, 모든 것이 모든 것과 연결되어 있다.
인터넷망이 장소와 사람들을 연결해서 우리는 편안하게 자기
집 거실 컴퓨터 모니터 앞에 앉아 아프리카의 친구와 티타임을 가
질 수도 있고, 일본의 거래처 직원과 회의를 할 수도 있다. 균류,
미생물, 식물, 동물로 이루어진 지하의 네트워크는 생태적 균형과
토양의 창조성을 유지시킨다. 이를 '지하망'이라고 불러보자. 이
런 지하망을 통해 경고 신호들이 전달되고, 도울 수 있는 동물들
이 소환되고, 동식물 사이에 공생적인 관계가 이루어진다. 이를
지구의 신경망이라고 일컬을 수도 있을 것이다. 이런 지하망 덕분
에 인간 역시 생존할 수 있고, 스스로 치유할 수 있고, 지성을 발
휘해 문화를 이루어갈 수 있다. 사회적인 지하망은―그것이 온전
한 경우―개개인이 공동체의 도움에 힘입어 살아갈 수 있게 해
준다. 전기망은 에너지를 공급해주고, 교통망은 여행을 하고 서로
오갈 수 있게 해주며, 상업망은 물품을 교환하게 해주고, 금융망
은 경제적인 동요를 진정시킬 수 있게 해준다.

이 모든 망은 사회구성원들이 여러모로 연결되어 있다는 표시
다. 망들은 공동체를 구조화하고 우리가 땅, 공기, 물, 에너지, 시
간, 나아가 의식을 공유하는 가운데 커다란 하나를 이루고 있음을
보여준다.

철학자이자 생물학자인 안드레아스 베버는 사랑을 넓은 의미

에서 생태적·사회적 실천이자 재능을 나누는 것이라고 정의했다. 그 나눔 속에서 양쪽 모두 자연스럽게 변화하며, 다른 사람과 균형을 이루는 가운데 홀로 있을 때보다 더 나은 사람이 되는 것이 중요하다고 했다.

다양한 네트워크는 우리로 하여금 사회에서 이런 사랑을 실천하게끔 도와준다. 그러나 네트워크는 그것이 개개인의 사리사욕을 위해 이용되지 않고 공동체 의식을 통해 유지될 때에만 이런 능력을 발휘할 수 있다. 시대에 맞는 새로운 우리-의식을 만들고 작동시키기 위해 벌써 많은 활동이 이루어지고 있다. 전기망이 다시금 시민들의 손으로 돌아가고 교통망이 민영화하지 않도록 투쟁하고 있으며, 인터넷에 대한 자유로운 접근권을 확보하고, 토지·물·숲·공기 등 전 지구민에게 속한 공공재화들이 공동체적으로 활용될 수 있도록 노력하고 있다. 이런 활동을 하는 사람들은 스스로를 '평민들'이라 부르며, 공공재화에서 생존에 필요한 만큼만을 최소한으로 착취하는 가운데 공공재화를 건강하게 유지하고 재생하기 위해 애쓰고 있다.

이런 활동은 사회적 변화의 밑거름이 된다. 우리의 미래가 어떤 모습이 되어야 하는지를 구체적으로 보여주기 때문이다.

그러나 이를 거스르는 흐름은 정말 거세다. 대기업들은 '문어발식 확장을 통해' 돈과 에너지를 더 신속히 자기들을 위해 끌어모으는 데 혈안이 되어 있다. 때로는 사회적 나눔의 탈을 쓰고 공동체를 위한다는 미명 아래 말이다. 이를 여실히 보여주는 것 중 하나가 바로 '공유경제 Share Economy'라는 것이다. 공유경제란 자신의 노동력, 집, 차 등을 단기간 인터넷을 통해 다른 사람이 사용할 수 있게 내주고, 그것으로 약간의 돈을 벌 수 있게 하는 것이다. 대규모 인터넷 포털이 공급자와 수요자를 이어주는 역할을 한다. 택시 포털 '우버Uber'는 운전자와 고객들을 이어주고, 주거 포털 '에어비앤비airbnb'는 개개인의 주거공간을 여행자들에게 일시적으로 빌려주는 일을 주선한다.

언뜻 보면 아주 실용적이고 모든 이들에게 유용할 것처럼 생각되는 제도다. 그러나 자세히 들여다보면 사회적 네트워크를 통해 인간들을 착취해서 기업만 치부를 하고 많은 사람들의 힘과 시간을 앗아가는 제도라는 것을 알 수 있다. 그래서 이제 내 친구 가운데 하나는 마음 편히 주말여행을 떠나지 못하고 꼭 자기 집을 빌릴 여행자를 물색하고야 만다. 그러지 않으면 공연히 돈을 낭비한다는 느낌이 들기 때문이다. 그래서 친구들과 만나 편안하게 커피 한 잔 하며 수다를 떨지도 못한다. 친구들을 만난 자리에서도 연신 휴대전화를 들여다보며 자기 집을 빌리겠다는 사람이 나타났는지에 신경을 쓴다. 그리고 자기 집을 빌리겠다는 사람이 나타나면 부리나케 집으로 뛰어가 청소하고 침대보를 가는 등 모든 일처리를 마쳐야 한다.

호텔 직원들이야 정해진 근무시간에 근무하고 또 정기적으로 휴가를 받고 유급 병가를 받지만, 내 친구 같은 사람은 적은 돈을 벌기 위해 여가시간까지 송두리째 빼앗겨가며 삶을 팔아치우는 꼴이다. 또한 전에는 종종 친구들이 그녀의 집에 묵어가곤 했지만, 이제 그런 일은 언감생심 꿈도 꿀 수 없게 되어버렸다.

정작 이 일로 부를 축적하는 것은 포털 소유주다. 그들은 소프트웨어 나부랭이를 관리하면 되고, 대여되는 집들에 대해서는 아무런 책임도 지지 않는다. 사회적 나눔이라고? 알고 보면 나눔은 고사하고 자본주의의 가장 뻔뻔한 민낯이 그 안에서 엿보인다.

공간과 시간을 통해 우리를 이어주는 네트워크는 벌써 오래전부터 존재해왔다. 우리 공동의 미래는 우리가 모두의 이익을 위해 이런 네트워크를 활용할 수 있는지, 이런 네트워크의 도움으로 우리 자신뿐 아니라 다른 모든 사람들이 더 충만한 삶을 살 수 있게 할 수 있는지에 달려 있다. 개인적인 이해관계를 앞세우면 우리의 네트워크는 사회의 파멸을 조장하는 방향으로 나아갈 수밖에 없다. 그러나 '우리'를 가장 중요하게 생각하고, 인간이 상호 간에 그리고 다른 모든 생물들과 긴밀하게 연결되어 살아가고 있음을 의식하면, 돈·에너지·지식·도움은 필요한 곳에 쓰이고 우리는 함께 세계를 변화시킬 수 있다.

지루함이라는 관문

위기의 시기, 살아 있음을 향한 동경은 고통 또는 공허감으로 느껴지고 때로는 중독의 모습으로 나타난다. 고통은 우리에게 뭔가가 맞지 않는다고 말해주고, 공허감은 뭔가가 잘못되었다고 신호를 보내준다. 중독은 충족되지 않은 욕구를 엉뚱한 곳에서 채우려 하다 보니 나타나는 현상이다. 일 중독, 섹스 중독, 약물 중독,

관계 중독, 쇼핑 중독, 더 크고 비싼 차를 원하는 자동차 중독, 전화 중독, 인터넷 중독, 정보 중독, 관심 중독 등등……. 중독은 우리 삶의 에너지를 갉아먹고, 살아 있다는 것이 무엇인지를 느낄 수 없게 만든다.

중독의 악순환에서 벗어나는 길은 대부분 지루함의 관문을 거쳐야 한다. 앞에서도 지적했듯이 지루함은 우리의 무뎌진 감각을 민감하게 하는 첫걸음이다. 섬세한 지각을 통해 우리는 비로소 우리가 '자신의' 삶의 시간을 가지고 있다는 것을 느낄 수 있다. 기분 전환거리만 찾아 헤매는 일을 중단할 때 비로소 자신을 풍요롭게 하고 의미를 주는 무엇인가를 시작하고 싶다는 마음이 들게 된다. 그런데 아직 그게 뭔지를 알지 못한다.

철학자 아리아드네 폰 시라흐는 "삶에 의미를 부여하는 모든 것은 자신의 자아와 욕구를 넘어서는 것들이다"라고 말한다. 공동체, 모험, 열정, 헌신, 용기, 사랑. "그냥 경직된 채 여기서 모든 것이 어떻게 나빠져가고 있는지를 응시하는 대신, 지켜야 할 것들은 지켜내야 한다."[216] 그러나 감각이 열리고, 자기 삶의 시간, 아니 삶의 시간의 조각이라도 그것이 얼마나 소중한지를 느끼기까지는 한참 시간이 걸린다.

무료함 대신에 두려움의 문이 열리기도 한다. 시대가 막바지에 이르면 다가오는 파국을 집단적으로 억압하기 위해 수많은 중독 현상이 번성한다. 우리는 실제로 뭔가가 변했다는 것, 더 이상 지금까지처럼 해서는 안 된다는 사실을 억압하고 보지 않으려 한다. 이런 집단적 억압의 감옥에서 빠져나올 때 비로소 우리의 문화가 정말로 어떤 상태에 있는지를 볼 수 있는데, 그것은 두려움을 불러일으킨다. 그렇지만 두려움의 문을 통과하는 자 역시 삶을 풍요롭게 하고 우리에게 꾸준히 다시금 일어설 힘을 주는 원천에 이를 수 있다. 바로 우리를 살아 있게 하는 힘, 생명력이다. 생명력은 우리의 생물학적·심리학적·정신적 지참금이며 언제 어디서나 활용할 수 있는 것이다. 그러나 그것으로 무엇을 할지 선택하는 것은 우리 몫이다. "세상의 모습을 결정하는 것은 개개인의 행동이다. 바로 그것이 우리가 이곳에 살아 있는 이유에 대한 답이며, 살아 있다는 사실이 동반하는 책임이다."[217]

미래를 현재로 가져올 것

희망과 더불어 이 책을 시작했으니 또한 희망으로 마쳐야 할 것이다. 왜냐하면 모든 것이 여기에 있기 때문이다. 아이디어, 자발적 활동, 후손에게 더 나은 세상을 물려주고자 하는 사람들, 문화적 변화 프로젝트에 함께할 학자들.

사회심리학자 하랄트 벨처도 그들 중 한 사람이다. 그는 미래를 기준으로 현재를 생각하라고 권한다. 따라서 진정 어떤 모습으로 살고 싶은지를 상상하고, 그러고 나서 그렇게 되기 위해 필요한 것들을 곧장 실천하라고 말이다. 미래를 현재로 가져오는 것이다. 비행기나 자동차 소음이 줄었으면 하는 사람은, 비행기 타는 일을 줄이고 자가용은 없애면 된다. 바다에 물고기가 더 많아지기를 바라는 사람은 이제 10년 동안 생선을 먹지 않으면 된다. 공기가 더 맑아지고 물이 더 깨끗해지기를 바라는 사람은 꼭 필요한 물건만 구입하고, 한번 구입한 물건은 오래오래 고쳐서 쓰거나 완전히 재활용하면 된다. 재활용하는 것보다 새로 물품을 만들어내는 쪽이 공기와 물에 더 부담을 주기 때문이다.

최근 기차를 타고 가다가 직장 여성 두 명이 나누는 대화를 들은 적이 있다. 그들은 아이패드를 얼마나 자주 사용하는지를 놓고 이런 대화를 나누었다. 한 사람이 말했다. "처음에는 여행할 때 가지고 다녔어. 그런데 지금은 그냥 굴러다녀. 무용지물이 됐어."

그러자 다른 여성이 이렇게 대꾸했다. "난 아직도 쓰는데. 축구 경기 두 개를 동시에 보고 싶을 때 말이야."

하랄트 벨처는 사실 이런 물건은 없어도 큰 불편이 없다고 말한다. 그런 물건들은 필요해서 만들어진 것이 아니라 팔기 위해 만들어졌기 때문이다.

미래에 빗대어 현재를 꾸려갈 때 중요한 것은 혁신적인 제품을 만드는 것이 아니다. 에너지를 덜 먹는 냉장고와 전기자동차를 생산하는 것이 아니다. 중요한 것은 바로 다른 삶을 사는 것이다. 구식이 된 기술을 더욱 첨단을 달리는 이른바 환경친화적인 기술로 전환하는 한, 우리의 문제는 더 나빠질 따름이다.

우리는 아직도 과거 지향적으로, 더 많은 상품, 더 좋은 상품, 더 큰 집을 갖고 싶어 한다. 제아무리 환경친화적인 기술이라 해도 그것을 활용하기 위해 점점 더 많은 자원과 에너지를 소모하며 살아간다. 하랄트 벨처는 미래는 그런 모습이 아니라고 말한다. "더 좋은 제품이 아니라 더 적은 제품. 새롭게 구입하는 것이 아니라 재활용하는 것. 아껴 쓰고, 나눠 쓰고, 돌려 쓰는 것."[218] 여기에도 모든 것이 이미 있기 때문이다. 미래 디자이너의 과제는 영리한 아이디어를 통해 옷, 건물, 가구 등을 어떻게 하면 지속적으로 사용하고 거기에서 아름다움을 창출할 수 있을지를 강구하는 것이다.

"절약Reduce, 재사용Reuse, 재활용Recycle". 나누기, 선물하기, 빌려주기, 아이디어 창출하기, 여러 번 재활용하기, 협력하기. 퍼머컬처의 이런 기본 원칙은 모든 사회생활에 적용된다. 그것들은 뇌세포를 자극하고 창조성, 의사소통, 지각능력, 미적 감각을 촉진한다. 수많은 사람들이 벌써 오래전부터 이런 일에 즐겁게 참여하고 있다. 이런 일은 그들의 제한된 자아를 넘어서고, 이런 일을 통해 삶의 의미를 느끼기 때문이다.

미래에는 'less'의 기술과 미학이 중요해질 것이다. 지구의 자원은 더 이상의 팽창을 감당할 수 없기 때문이다. 우리의 선택은 다만 우리가 불행을 겪고 어쩔 수 없어서 이런 감축에 돌입할 것인가, 아니면 미래를 기분 좋게 현재로 들여와서 삶의 각 영역을 하나하나 우리가 원하는 모습으로 탈바꿈시켜갈 것인가 하는 것밖에 없다. "재앙Desaster 대신에 재단Design". 이것이 바로 벨처의 미래 공식이다.

사회적인 문제와 관련해서는 우리 모두 공동의 책임이 있으므로, 다행히 삶의 모든 영역에 대해 저마다 자신의 전망을 만드는 수고를 할 필요는 없다. 우리는 일을 분담할 수 있다. 하랄트 벨처는 그의 책《변화 디자인》에서 문화학자 베른트 조머와 함께 경제, 물류, 영양, 시간 활용, 소유, 사회구조의 변화에 대해 많은 구체적인 조언을 한다. 우리에게는 이런 학자들의 아이디어 말고도 사회적 기업들의 실전 경험, 생태농업과 벌써 오래전부터 미래 지향적으로 사고해온 학교나 은행들의 입증된 지식들이 있다. 수많은 저술가들이 그들의 성공담을 모아 우리에게 전해주고 있다. 우리의 과제는 먼저 그런 이야기들에 관심을 두고 알아가는 가운데, 우리가 무엇으로 먼저 시작할 수 있을지를 선택함으로써 우리의 능력으로 미래를 좀 더 풍요롭게 하는 것이다.

우리는 아주 단순한 원칙을 따르기만 하면 된다. 매번 새로운 결정을 할 때마다 한 가지 질문을 던지기만 하면 되는 것이다. 이 결정으로 나는 우리 공동의 미래를 앞당기는 것인가, 아니면 이 결정으로 팽창 위주의 과거를 향해 퇴보하는 것인가? 올바른 방향으로 가는 작은 걸음들이 모여서 세계를 변화시킬 뿐 아니라 우리의 의식을 확장시키고, 시대를 새롭게 지각할 수 있게 해줄 것이다.

베를린의 저술가 우테 쇼입과 아네테 옌젠은 그들의 책《행복의 경제》를 준비하는 과정에서 이미 그들 자신이 변했다고 고백한다. 본래 저널리즘의 규칙은 자기가 보도하는 내용에 거리를 두고 감정에 휩쓸리지 않는 것인데, 그 책을 쓰면서는 그러기가 쉽지 않았다고 한다. 두 저자는 즐겁고 당연하게 다른 삶을 살아, 다른 사람들까지 전염시키는 고집 세고 의지력이 강한 사람들을 만났다.[219]

따라서 희망은 벌써 오래전부터 여기에 존재하는 미래에 사로

잡히는 것, 그것을 통해 현재를 비로소 제대로 향유하는 법을 배우는 것이다.

우리는 이 지구가 지닌 창조력의 일부이며, 변화하는 능력의 일부이다. 이 사실은 우리가 자기 삶의 시간을 더는 도난당하지 않을 때 비로소 다시 생생하게 느껴진다. 왜 지금 당장 시작하지 않는가. 그것이 행동하는 희망인 것을.

좀 더 실용적인 조언을 얻고 싶거나 관련 주제를 알고 싶은 독자들, 또는 단순히 흥미로운 책을 읽고 싶은 독자들을 위해 추천 도서를 소개한다. 책마다 특징과 적절한 독자층을 간단하게 정리해놓았으니, 각자 자신에게 알맞은 책을 선택할 수 있을 것이다.

1부 변신: 자연의 이행

데이비드 홈그렌, 《퍼머컬처》, 신보연 옮김, 보림, 2014
데이비드 홈그렌의 대표작으로 퍼머컬처의 토대와 원칙을 설명하는 책. 농업뿐 아니라 다르게 살고, 다르게 생각하는 데 관심이 있는 모든 독자를 위한 책이다.

마르코 심사 지음, 도리스 아이젠부르거 그림, 《사계》, 김서정 옮김, 우리교육, 2009
들판에 꽃들이 살랑대고 새들이 지저귀는 봄, 모기가 윙윙대고 소나기가 내리는 여름, 추수감사제가 열리는 가을, 추위가 닥치고 모닥불가에서 몸을 녹이는 겨울. 작은 고양이 밍카가 계절 특유의 소리, 계절의 변화에 친숙해지는 이야기와 함께 비발디 바이올린 협주곡 CD를 듣는 책. 아이들이 알아듣기 쉬운 해설이 곁들여진다. 6세 이상 아동에게 적합하다.

사비나 베르만, 《나, 참치여자》, 엄지영 옮김, 시공사, 2011
자폐증을 앓는 여성 카렌이 바다와 참치에 대한 사랑으로 세상에서 자신
의 자리를 찾고 참치 산업을 개혁하는 이야기. 용감한 아가씨의 특별한 시
각이 세상과 자연, 자신의 욕구를 새롭게 발견하도록 해준다. 내가 아주
좋아하는 소설이다.

헨리 데이비드 소로, 《월든》, 강승영 옮김, 은행나무, 2011
1845년, 28세의 소로는 대안적인 삶을 살기 위해 매사추세츠 주의 숲으로
들어갔고, 그가 기록한 일기는 은자 문학의 고전이 되었다. 소로의 세세한
자연 묘사는 그가 얼마나 많은 시간 동안 자연을 유심히 관찰하며 보냈는
지를 보여준다. 책을 따라가며 소로가 일깨워주는 느림과 마음챙김의 가
치를 내면화할 수 있다.

안드레아스 베버Andreas Weber, 《생명력, 에로틱한 생태학Lebendigkeit. Eine erotische
Ökologie》, Kosel, 2014
생물철학자인 안드레아스 베버에게는 생물권 전체가 다양한 생물의 관계
로부터 늘 새로운 것이 생겨나는 창조의 무대이다. 베버는 이 책에서 새들
과 강, 호수와의 만남을 통해 우리가 자연을 보다 감각적인 눈으로 바라보
게 하고, 스스로를 살아 있는 관계망의 일부로 경험하게 해준다. 진화론적
물질론자들에게는 도전으로, 다른 모든 독자에게는 즐거움으로 다가올 책
이다.

하랄트 레쉬Harald Lesch, 《원소, 자연철학, 상대성 이론과 양자 역학Die Elemente,
Naturphilosophie, Relativitätstheorie & Quantenmechanik》, Komplett Media, 2010
세계적인 자연철학자이자 천문학 교수인 저자가 경쾌한 문체로 자연철학
의 다양한 면모를 소개하고, 자연과학의 최신 상황을 알려준다.

2부 시련: 인생의 과도기

미셸 드 몽테뉴, 《수상록》, 손우성 옮김, 동서문화사, 2007
인문주의자 몽테뉴의 짧은 에세이들은 세계 문학의 백미에 속한다. 몽테뉴의 지혜는 여전히 우리의 가슴을 따뜻하게 해주고 정신을 밝혀준다.

바버라 파흘-에버하르트, 《애도, 어떻게 견뎌야 할까》, 신유진 옮김, 율리시즈, 2015
어려운 시기를 잘 넘길 수 있도록 따뜻한 위로를 주는 책. 파흘 에버하르트는 솔직하고 진정성이 담긴 글로 독자들을 사로잡는다. 자신의 절절한 이야기를 담은 자전적 일기 《4 빼기 3》(김수연 옮김, 에이미팩토리, 2011)도 함께 읽으면 좋다.

울리히 슈나벨, 《종교는 왜 멸망하지 않는가》, 이지혜 옮김, 열린세상, 2013
정확성을 요구하는 자연과학의 시대, 신앙과 종교는 왜 사라지지 않는 걸까? 그것을 알고 싶은 독자들을 위한 책. 믿음이라는 현상을 다양한 측면에서 조명하기에 종교가 있는 독자나, 무신론자들 모두에게 흥미로운 시각을 제공하는 책이다. 시야가 넓고 감성적이며 흥미롭다.

C. S. 루이스, 《헤아려 본 슬픔》, 강유나 옮김, 홍성사, 2004
애도를 다룬 책의 고전이라 할 수 있다. 아일랜드의 문필가이자 학자인 루이스가 애도하는 사람들이 어떤 마음 상태에 이르는지에 대해 허심탄회하게 써내려갔다. 그의 솔직함과 마음을 꿰뚫어보는 능력이 오늘날까지 독자들을 사로잡는다. 고독한 시간, 말 없는 동반자가 되어 주기에 충분한 책이다.

루이제 레데만Luise Reddemann 외, 《변화의 시간Zeiten des Wandels》, Kreuz, 2013
다양한 분야의 학자들과 실천가들이 과도기에 겪은 변화의 이야기를 모아놓은 책. 학교 입학에서부터 헤어짐, 중년의 위기, 노화에 이르기까지 과도기에 관한 다양한 주제의 이야기들이 펼쳐진다. 이외에 삶의 위기를 겪을 때 읽으면 좋을 루이제 레데만의 책으로는 《마음의 감기》(박성원 옮김, 율리시즈, 2005)가 있다.

미하엘 쿰프뮐러Michael Kumpfmüller, 《찬란한 삶Die Herrlichkeit des Lebens》, Kiepenheuer & Witsch, 2011
쿰프뮐러가 들려주는 프란츠 카프카가 보낸 마지막 해에 관한 이야기. 카프카는 이 시기에 관계에 대한 두려움을 극복했고, 친밀하고 위대한 사랑을 경험했다. 가난과 질병에 시달렸지만, 그럼에도 카프카 삶의 가장 충만했던 시절에 관한 기록이다.

이나 슈미트Ina Schmidt, 《우정을 위하여. 철학적 만남, 또는 인간을 친구로 만들어주는 것은 무엇일까 Auf die Freundschaft. Eine philosophische Begegnung oder was Menschen zu Freunden macht》, Ludwig, 2014
삶의 위기를 겪을 때 친구 없이는 참으로 견디기가 힘들다. 하지만 진정한 우정은 어떤 것일까? 우정의 가치를 사회적으로 정의할 수 있을까? 그럴 수 있다고 이나 슈미트는 말한다. 우정은 타인에 대한 약속이기 때문이다. 우정을 통해 삶은 새로운 국면을 맞을 수 있다. 우정을 삶의 원칙으로 삼는 책. 술술 읽히고 어렵지 않다. 이외에도 삶의 무질서를 껴안는 철학적 방법에 관한 이나 슈미트의 다른 책으로 《철학은 어떻게 정리정돈을 돕는가》(장혜경 옮김, 어크로스, 2012)가 있다.

자비네 렌츠Sabine Lenz, 《죽음의 기술Die Fähigkeit zu sterben》, Rowohlt, 2014
정신종양학자 자비네 렌츠가 들려주는 죽음을 앞둔 사람들의 이야기. 저자는 매우 감성적인 문체로 두려움과 절망 사이에서 어떻게 신뢰와 용서, 이해가 자랄 수 있는지를 들려준다. 얼마 남지 않은 시간 속에서 무엇을 길어올릴 수 있을까? 그러나 모든 사람이 죽음이라는 미지의 세계로 발걸음을 내딛기 전 자신의 삶과 화해를 하는 것은 아니다. 마음을 만져주는 보물과 같은 책. 많은 독자가 읽었으면 좋겠다.

3부 흐름: 불안의 시대

크리스토퍼 알렉산더 외, 《패턴 랭귀지》, 이용근 외 옮김, 인사이트, 2013
미국의 건축가 크리스토퍼 알렉산더는 우리 시대의 가장 흥미로운 사상
가 중 한 사람으로, 건물에 사는 사람들이 편안함을 느낄 수 있는 단순한
공간 건축 방법을 개발하였다. 그의 패턴 언어가 특별한 것은 그런 패턴
이 건축뿐 아니라, 삶의 여러 영역에 적용될 수 있기 때문이다. 그는 건물
과 도시부터 컴퓨터 시스템, 사회적 공동체, 생물학적 시스템을 더 친근하
게 바꿀 수 있는 다양한 가능성을 제공한다. 주변을 더 생동감 있게 만들
기 위한 영감이 필요한 독자들, 공간 속에서 활력을 얻고자 하는 독자들은
꼭 읽어보아야 할 책이다.

플로리안 일리스, 《1913년 세기의 여름》, 한경희 옮김, 문학동네, 2013
유럽이 20세기로 막 창조적인 발걸음을 내디뎠던 시점에 두 차례의 세계
대전이 이어졌다. 일리스는 톡톡 튀는 유쾌한 문체로 프루스트, 릴케, 카
프카, 조이스, 쇤베르크, 말레비치, 프로이트 등 현대 지성사와 문화사에
큰 족적을 남긴 이들에 대해 이야기한다. 이때의 폭발적인 창조성을 보면
인간의 의식 속에 모종의 변화가 있었음을 의심하기 어렵다. 아주 재미있
는 책이다.

피터 왓슨, 《생각의 역사 1: 불에서 프로이트까지》, 남경태 옮김, 들녘, 2009
인류의 생각과 발명품의 역사를 기록한 백과사전식의 책. 박학다식한 기
록으로 참고서적 삼아 곁에 두고 필요할 때마다 찾아보면 좋을 책이다. 지
식과 사실을 좋아하는 독자들에게 추천한다.

한나 아렌트, 《인간의 조건》, 이진우·태정호 옮김, 한길사, 1996
20세기 철학의 고전이라 할 수 있는 한나 아렌트의 정치론. 아렌트의 명
제들은 이 시대에도 매우 시의적절하다. 아렌트는 우리 일생이 노동과 소
유로 전락했다며 현실 속에서 시선을 좀 더 넓힐 것을 주문한다. 내용은

무겁지만 철학을 잘 모르는 일반 독자들도 충분히 이해할 수 있는 책이다.

칼하인츠 A. 가이슬러Karlheinz A. Geißler, 요나스 가이슬러Jonas Geißler, 《시간은 달콤한 꿀이다Time is honey》, Oekom, 2015

철학자이자 교육학자이며 시간 컨설턴트인 칼하인츠 가이슬러가 시간을 영리하게 활용하는 법에 대한 조언을 들려준다. 그는 세간에서 유행하는 '시간 경영'이나 '시간 관리' 같은 것에는 관심이 없다. 이런 개념 자체가 시간의 본질적인 중요성을 파악하지 못하고 문제만 심화시킨다고 보기 때문이다. 오로지 주어진 일을 빠르게 끝내고 하루에 더 많은 일을 하는 데에만 관심을 두는 것이 아니라, 시간을 정말로 소중히 여기고자 한다면 이 책이 도움을 줄 것이다.

프롤로그

1 Edward O. Wilson: Anthill, Norton Verlag, New York, 2010, S. 15f. Übersetzt von Natalie Knapp.

1장 봄의 메시지

2 Joseph Beuys: Gespräch mit Georg Jappe, 11. 02. 1985. In: Kunstnachrichten, Jg. 21, Heft 3, Mai 1985, S. 23. Zitiert nach: Beuys: Die Revolution sind wir. Hrsg. von Eugen Blume und Catherine Nichols, Steidl, Nationalgalerie Staatliche Museen zu Berlin, Ausstellungskatalog, S. 322.

3 Gespräch mit Reinhard Kahl am 19. 06. 2013 in Berlin.

4 Heraklit, Fragment 91, Diels/Kranz.

5 Hannah Arendt: Vita activa oder Vom tätigen Leben, Piper, München, 2002, S. 217.

6 Benjamin Franklin: Advice to a young Tradesman(1748). In: Works ed. Sparks, Vol. II, S. 87. Zitiert nach Max Weber: Die protestantische Ethik und der Geist des Kapitalismus. In: Gesammelte Aufsätze Religionssoziologie, Bd. I, Mohr Siebeck, Tübingen, 1920.

7 Friedrich Nietzsche: Fröhliche Wissenschaft. Alle Ausgaben, Aphorismus 329.

8 Rolf Verres im Gespräch mit Dagmar Munck, SWR2 Treffpunkt Klassik extra, 20. 7. 2013.

2장 창조적 오아시스

9 Franz Kafka: Tagebücher 1910-1923. Zwölftes Heft, Eintrag vom 18. Oktober 1921.

10 Salit Kark: Effects of ecotones on biodiversity, Bd. 3, Elsevier Sci-ence, 2. Auflage, Amsterdam, 2013, S. 147. Übersetzt von Natalie Knapp.

11 이행대의 경계는 명확하지 않고, 자연에서 일어나는 유전적 변화들 역시 직접적으로 관찰할 수 있는 것이 아니기에 가장 자리 효과를 학문적으로 이해하는 일은 쉽지가 않다. 그간 이와 관련하여 다양한 연구가 이루어졌는데, 어떤 연구에서는 생물 다양성이 증가하고, 표현형이 다양해지는 등 이행대의 특성들이 확인되었고, 어떤 연구에서는 그러지 못했다. 그리하여 가장 자리 효과가 나타나는 조건을 학문적으로 기술하려면 아직 많은 연구가 필요하다. 이에 대해서는 다음 책을 참조할 것: Effects of ecotones on biodiversity. In: Simon A. Levin (Hrsg.), Encyclopedia of biodiversity, Bd. 3, Elsevier Science, 2. Auflage, Amsterdam, 2013.

12 Masanobu Fukuoka: Der große Weg hat kein Tor. Übersetzt von C. Sprenger u. R. Steinmeyer, Pala Verlag, Schaafheim, 2013, S. 33.

13 Fukuoka, S. 38.

14 Fukuoka, S. 46.

15 Patrick Whitefield: Permakultur kurz & bündig: Schritte in eine ökologische Zukunft. Übersetzt von Helge Ruben, Organischer Landbau-Verlag, Lau, 1995, S. 15.

16 Bill Mollison und David Holmgren: Permakultur, Landwirtschaft und Siedlungen in Harmonie mit der Natur, Pala Verlag, Schaafheim, 1984, S. 10.

17 David Holmgren: Permaculture: Principles & Pathways Beyond Sustainability. Holmgren Design Services, Hepburn, 2011, S. 225.

18 Zdenka Babikova, David Johnson, Toby Bruce, John Picket und Lucy Gilbert: Underground allies: How and why do mycelial networks help plants defend themselves? In: BioEssays, Volume 36, Issue 1, 2014, S. 21-26.

19 Sepp Holzer: Der Agrar-Rebell. Mit einem Vorwort von Prof. Dr. Bernd Lötsch, Leopold Stocker Verlag, Graz, 2002, S. 13.

20 Andreas Weber: Lebendigkeit: Eine erotische Ökologie, Kösel Verlag, München, 2014, S. 276.

21 Ludger Lütkehaus: Damit ein Anfang sei. In: DIE ZEIT, Ausgabe 52, 2005, Ludger Lütkehaus: Natalität: Philosophie der Geburt, Graue Edition, Kornwestheim, 2006.

22 Augustinus: De Civitate Dei, Buch 12, Kap. 20.

23 Hannah Arendt: Elemente und Ursprünge totaler Herrschaft. Europäische Verlagsanstalt, Frankfurt a, M., 1955, S. 752.

24 Arendt, Vita activa, S. 317.

25 수정이 이루어지는 장소는 나팔관 보다 2도 정도 높다. 바이츠만 연구소의 연구 결과들은 다음 자료에 실려 있다. Michael Eisenbach, Anat Bahat u. a.: Thermotaxis of mammalian spermcells: A potential navigation mechanism in the female genital tract. In: Nature Medicine 9. 2003, S. 149-150. Doi:10 1038/nm0203-149. Vgl. auch Studie zum 《Ruf》 der Eizelle von Michael Eisenbach in: Proceedings of the National Academy of Sciences, U.S.A. 1991; 88; 2840.

26 Lynn Clark Callister und Inaam Khalaf: Culturally Diverse Women Giving Birth. Their Storys. In: Helaine Selin und Pamela K. Stone (Hrsg.), Childbirth across cultures: Ideas and Practices of Pregnancy, Childbirth and the Postpartum, Springer, Dordrecht, 2009, S. 35.

27 Brigitte Jordan: Birth in four cultures. A crosscultural Investigation of childbirth in Yucatan, Holland, Sweden, and the United States, Eden Press, 3. Auflage, Montreal, 1983, S. II.

28 한나 아렌트는 이런 생각을 그의 대표 저서 "인간의 조건"에서 논하였다. Hannah Arendt: Vita activa oder Vom täti-gen Leben, Piper, München, 2002, S. 17 ff.

29 Helaine Selin und Pamela K. Stone (Hrsg.): Childbirth across cultures: Ideas and Practices of Pregnancy. Childbirth and the Postpartum, Springer Verlag, Dordrecht, 2009, S. XVI.

30 Stephen Nachmanovitch: Free Play. Kreativität geschehen lassen. Übersetzt von Dan Richter, O. W. Barth Verlag, München, 2013, S. 177.

31 이런 특성에 대해서는 나의 책《새로운 사고의 나침반》에 상세히 기술한

바 있다. Natalie Knapp: Kompass neues Denken: Wie wir uns in einer unübersichtlichen Welt orientieren können, Rowohlt Verlag, Reinbek, 2013.

32 조산원이자 두개천골요법 치료사인 브리기테 레나테 마이스너는 탄생과 관련한 트라우마를 치료하는 단순한 방법들을 소개한다. Brigitte Renate Meissner: Emotional Narben aus Schwangerschaft und Geburt auf- lösen. Meissner Verlag 2011. 심리치료사이자 신학자인 테렌스 볼링[Terence Bowling]은 보다 복잡한 치료방법을 개발하였다. 그는 심층심리학, 심리드라마, 신체요법을 활용하여 성인들이 자신의 출산 경험을 새롭게 받아들일 수 있도록 돕는다. Essential Human Development Project: http://ehdp. eu/?page_id=108을 참조하라. 탄생심리학의 선구자인 미국의 심리학자 리처드 B. 체임벌린은 탄생과 관련한 트라우마 치료에 최면요법을 동원하기도 한다.

33 Nachmanovitsch, S. 118.

34 독일 신생아의 약 98퍼센트가 병원에서 태어나며, 그중 약 1/3이 제왕절개 수술로 세상의 빛을 보는 것으로 추정된다. 정확한 통계자료는 존재하지 않는다. 출산 장소를 파악하기가 쉽지 않기 때문이다. 다음 자료를 참조할 것: Qualitätsbericht 2012 der Gesellschaft für Qualität in der außerklinischen Geburtshilfe. S. 6. Onlineressource. http://www.quag.de/downloads/QUAG_bericht2012.pdf und Bertelsmann Stiftung: Faktencheck Gesundheit Kaiserschnitt: http://kaiserschnitt. faktencheck-gesundheit.de/interaktive-karten/

35 Jordan, S. 2. Übersetzung Natalie Knapp.

36 제왕절개로 태어난 신생아의 경우 자연 분만으로 태어난 신생아에 비해 소아 당뇨를 앓을 위험이 두 배이고, 호흡기에 문제가 생길 위험도 더 높은 것으로 나타났다. 수술 시점에 아기의 폐가 아직 완전히 성숙되지 않아 폐에서 양수가 남아있거나, 아기의 면역체계가 아직 완전히 충분히 기능하지 못하기 때문인 것으로 풀이된다. 예일대학의 한 연구는 자연 분만을 한 산모들이 아기들의 울음에 더 민감하게 반응한다고 보고하였는데, 그 이유는 제왕절개를 한 산모들은 수술하는 동안에 애착호르몬 옥시토신이 분비되지 않기 때문으로 보인다. 이외에도 수술을 둘러싼 일반적인 위험요소들이 더해지며, 이후의 임신에도 영향을 미칠 수 있다. 다음 책을 참조할 것: Sven Hildebrandt, Helga Blazy, Joanna Schacht und Wolfgang Bott (Hrsg.):

Kaiserschnitt. Zwischen Traum und Trauma, Wunsch und Wirklichkeit, Mattes Verlag, Heidelberg, 2014.

37 Callister und Khalaf, S. 37.

38 Christiane Jurgelucks: Wie Frauen die Geburt ihres ersten Kindes per Kaiserschnitt erleben—eine qualitative Studie. Onlineressource. http:// edoc.sub.uni-hamburg.de/haw/volltexte/2006/73/pdf/sp_d.pf.04340. pdf. Vgl. auch: Christiane Jurgelucks: Kaiserschnitt—Wunsch, Erlösung oder Trauma? Über das Erleben betroffener Frauen, Mabuse Verlag, Frankfurt a. M., 2004.

4장 인생의 막간, 사춘기

39 Benjamin Alire Sáenz: Aristoteles und Dante entdecken die Geheimnisse des Universums. Übersetzt von Brigitte Jakobeit, Thienemann Verlag, Stuttgart, 2014, S. 253.

40 Peter Sloterdijk: Zur Welt kommen—zur Sprache kommen. Frankfurter Vorlesungen, Suhrkamp Verlag, Frankfurt a. M., 1988, S. 12.

41 앞과 같은 곳에서.

42 Gespräch mit Lutz Jäncke in der Liechtenstein Academy auf Schloss Freudenfels im Juni 2014.

43 Peter J. Uhlhaas, Frederic Roux, Wolf Singer, Corinna Haenschel, Ruxandra Sireteanu und Eugenio Rodriguez: The development of neural synchrony reflects late maturation and restructuring of functional networks in humans. In: PNAS, 106 (24), 2009, 9866–9871. Advanced Online Publication May 28, 2009. Doi:10 1073/pnas.0 900 390 106.

44 Remo Largo, Vortrag in Bregenz 1. 11. 2014. Siehe auch Remo H. Largo und Monika Czernin: Jugendjahre. Kinder durch die Pubertät begleiten, Piper Verlag, München und Zürich, 2011.

45 Eveline Crone: Das pubertierend Gehirn: Wie Kinder erwachsen werden, Droemer Verlag, München, 2011, S. 56 ff., S. 86 u. S. 120 ff.

46 Sáenz, S. 254.

47 Lutz Jäncke: Frühförderung halte ich für überflüssig. Interview mit dem Migros Magazin, Ausgabe 38, 16. 9. 2013, On-lineressource 참조.

48 Der Marshmallow-Test: Willensstärke, Belohnungsaufschub und die Entwicklung der Persönlichkeit, Siedler Verlag, München, 2015. Daniel Goleman: Konzentriert euch! Piper Verlag, München, 2014 참조.

49 Ralph Dawirs und Gunther Moll: Endlich in der Pubertät! Vom Sinn der wilden jahre, Beltz Verlag, Weinhein und Basel, 2008, S. 176.

50 Curt Bondy: Pubertät als sozialkulturelles Phänomen. In: Charles Zwingmann (Hrsg.), Zur Psychologie der Lebenskrisen, Akademische Verlagsgesellschaft, Frankfurt a. M., 1962, S. 23 ff.

51 Ralph Linton: The Study of Man, New York und London, 1936, S. 119. Onlineressource. http://archive.org/details/studyofman-031904mbp.

52 Norbert Groeben: Kreativität. Originalität diesseits des Genialen, Primus Verlag, Darmstadt, 2013, S. 48 ff 참조.

53 Else Frenkel-Brunswik: Intolerance of Ambiguity as an Emotional and Perceptual Personality Variable. In: Journal of Personality, 18, 1949, S. 108-143.

54 Groeben, S. 78 참조.

55 Groeben, S. 83.

5장 애도의 시간

56 철학 소그룹 활동 중에 제기된 본질적인 질문 중 하나이다.

57 Clive S. Lewis: Über die Trauer. Übersetzt von Alfred Kuoni, Insel Verlag, Frankfurt a. M., 1999, S. 68.

58 Lewis, S. 32.

59 Lewis, S. 70.

60 Rainer Maria Rilke: Die Sonette an Orpheus, Insel Verlag, Frankfurt a. M. und Leipzig, 1991, S. 47.

61 Lewis, S. 70.

62 Barbara Pachl-Eberhart: Vier minus drei. Heyne Verlag, 5. Auflage, München, 2012, S. 338.

63 William Nicholson (Autor) und Richard Attenborough (Regie): Shadowlands. Price Entertainment Production, 1993. Übersetzt von Natalie Knapp.

64 Vladimir Jankèlèvitch: Der Tod. Übersetzt von Brigitta Restorff,

Suhrkamp Verlag, Frankfurt a. M., 2005, S. 552.

65 Jankèlèvitch, S. 24.

66 Tom Crider: Der Trauer Worte geben: Der Weg eines Vaters durch Trauer und Schmerz, Scherz Verlag, Bern, 1999, S. 82.

67 Crider, S. 165.

68 Crider, S. 36

69 Lewis, S. 25.

70 Lewis, S. 45.

71 Lewis, S. 75.

72 Crider, S. 162.

73 Pachl-Eberhart, S. 37.

74 Ulrich Schnabel: Die Vermessung des Glaubens, Blessing Verlag, München, 2008, S. 262 ff. Schnabel arbeitet asuführlich und erhellend den aktuellen Stand neurotheologischer Forschung auf.

75 Lewis, S. 80.

76 Lewis, S. 80.

77 Lewis, S. 72.

78 Schnabel, Vermessung, S. 499.

6장 삶을 위한 죽음

79 Wolfgang Herrndorf: Bilder deiner großen Liebe: Ein unvollendeter Roman, Rowohlt Berlin, Berlin, 2014.

80 Tobias Hürter: Der Tod ist ein Philosoph, Piper, München, 2013, S 34.

81 Hürter, S. 41.

82 Hürter, S. 34.

83 Jankèlèvitch, S. 336.

84 Platon: Phaidon. Apologie des Sokrates. 42a. Übersetzt von Friedrich Schleiermacher.

85 Zurück in Bismuna. Dokumentarfilm. Regie und Drehbuch Uli Kick. Filmworks, München, 2010.

86 Wolfgang Herrndorf: Arbeit und Struktur, Rowohlt Berlin, Berlin, 2013, S. 438.

87 Herrndorf, Arbeit und Struktur, S. 286.

88 Herrndorf, Arbeit und Struktur, S. 22.

89 Herrndorf, Arbeit und Struktur, S. 94.

90 Herrndorf, Arbeit und Struktur, S. 227.

91 앞과 같은 곳에서.

92 Sabine Lenz: Die Fähigkeit zu sterben: Meine psychologische Arbeit mit Krebskranken, Rowohlt Verlag, Reinbek, 2014, S. 92.

93 Christoph Schlingensief: So schön wie hier kanns im Himmel gar nicht sein! Tagebuch einer Krebserkrankung, Kiepenheuer & Witsch, Köln, 2009, S. 103.

94 Das denkende Herz: Die Tagebücher von Etty Hillesum 1941–1943. Hrsg. von J. G. Gaarlandt. Übersetzt von Maria Csollány, Rowohlt Verlag, 21. Auflage, Reinbek, 2009, S. 124.

95 Stefan Klein: Zeit: Der Stoff aus dem das Leben ist: Eine Gebrauchsanleitung, S. Fischer, Frankfurt a. M., 2006, S. 70.

96 Hürter, S. 35.

97 Hürter, S. 34.

98 Schlingensief, S. 254.

99 Lenz, S. 12.

100 Lenz, S. 180.

101 Lenz, S. 181.

102 Haim Ohmer: Stärke statt Macht. Vortrag zum Umgang mit Suizid bei Jugendlichen im Rahmen des Kongresses: 《Stärke statt Macht— Ermutigung für Bildung und Erziehung》 vom 20.–22. November 2014 in Zürich.

103 Lenz, S. 181.

7장 생의 안전벨트

104 F. M. Dostojewski: Der Jüngling. Übersetzt von E. K. Rahsin, Piper, München, 1922, S. 407.

105 Robert Seethaler: Ein ganzes Leben, Hanser, Berling, München, 2014, S. 147.

106 Erik H. Erikson: Kindheit und Gesellschaft. Übersetzt von Marianne von Eckhardt-Jaffé, 10. Auflage, Klett-Cotta, Stuttgart, 1991, S. 241 ff.

107 Niklas Luhmann: Vertrauen. Ein Mechanismus der Reduktion sozialer Komplexität, UTB, 4. Auflage, Stuttgart, 2000, S. 1.

108 Interview mit der taz vom 12. 12. 2014.

109 두려움을 없애고 신뢰를 키우는 방법은 뉴로피드백 트레이닝, 일반적인 심리치료, 신체 요법에 이르기까지 아주 다양하다. 모든 방법이 도움이 되는 것은 아니므로, 여러 가지 방법을 시험해 보고 자신에게 맞는 방법을 찾는 것이 중요하다. 대안적인 방법을 알고 싶다면 데이빗 세르방-슈라이버의 책을 참조할 것: David Servan-Schreiber: Die neue Medizin der Emotionen. Stress, Angst, Depression, gesund werden ohne Medikamente. Übersetzt von Inge Leipold und Ursel Schäfer, Goldmann Verlag, München, 2006. Erste Informationen zum Neurofeedbacktraining bietet Ines Possemeyer: Hirn, heile dich selbst! In: Wie sich der Kopf gesund trainiert, Geo Magazin, Heft 04/2015, S. 116-130.

110 Seethaler, S. 31.

111 Seethaler, S. 29.

112 Arendt, Vita acriva, S. 217.

113 Stephen Joseph: Was uns nicht umbringt. Wie es Menschen gelingt, aus Schicksalsschlägen und traumatischen Erfahrungen gestärkt hervorzugehen. Übersetzt von Gabriele Herbst, Springer Verlag, Berlin und Heidelberg, 2015, S. 18.

114 Joseph, S. 9.

115 Joseph, S. 199.

116 앞과 같은 곳에서.

117 Emma Brockes: Interview mit Michael J. Fox. In: The Guardian Magazine, 11. 04. 2009, S. 20-22. Zitiert nach Joseph, S. 178.

118 Viktor E. Frankl: Ärztliche Seelsorge, Grundlagen der Logotherapie und Existenzanalyse, Deutscher Taschenbuch Verlag, München, 2013, S. 246.

119 Joseph, S. 17.

120 Joseph, S. 18.

121 John Williams: Stoner. Übersetzt von Bernhard Robben, dtv, München, 2013, S. 246.

122 Seethaler, S. 33.

123 Seethaler, S. 49.

124 Stoner, S. 247.

125 Stoner, S. 248.

126 Alle Zitate aus: Alles Lebendige ist Eins. Interview mit Andreas Weber. In: RSV Betriebskrankenkasse (Hrsg.), BKKiNFORM, 4/2014, Wiesbaden, S. 12-17.

127 이 장면이 담긴 사진은 2014년 4월 29일 자 '음악의 힘'이라는 제목으로 하노버 알게마이넨 차이퉁에 실렸다. Juliane Kaune: Melodien gegen das Vergessen. In: Hannoversche Allgemeine Zeitung, 29. 4. 2014.

128 '소리와 인생: 순간을 위한 음악'이라는 이름의 프로젝트다. http://www.klangundleben.org.

129 Das Lied meines Lebens. ARD Reportage. EA 29. 3. 2015. Quelle: Das Erste.

130 앞의 방송.

131 Graziano Zampolin: Abschlussbericht zur Erfassung der Auswirkungen von musikalischem Arbeiten auf das Befinden von Menschen mit einer Demenz. Unterstützt von Eckart Altenmüller. Online Ressource. http://www.klangundleben.org/Download/Abschlussbericht.pdf.

132 Hartmut Rosa: Sich mit der Welt verändern. In: DIE ZEIT, 29. 3. 2015.

133 Ulrich Schnabel: Auf der Kippe. Interview mit Andreas Weber. In: DIE ZEIT, 1. 4. 2015. Vergleiche dazu auch: Andreas Weber und Francisco J. Varela: Life after Kant. Natural Purposes and the Autopoietic Foundations of Biological Individuality. In: Pheno-menology & the Cognitive Sciences, 1, 2002, S. 97-125.

134 Ulrich Schnabel: Auf Der Kippe. Interview mit Andreas Weber. In: DIE ZEIT, 1. 4. 2015.

135 앞의 인터뷰.

136 Andreas Weber: Lebendigkeit, S. 276.

137 Seethaler, S. 119.

8장 나를 해방하는 것들

138 Etel Adnan: Gespräche mit meiner Seele. Übersetzt von Klaudia Ruschkowski, Nautilus Verlag, Hamburg, 2015, S. 79.

139 Wassili Grossmann: Tiergarten: Erzählungen. Übersetzt von Katharina Narbutovic, Claassen Verlag, Berlin, 2009, S. 120.

140 앞과 같음.

141 Grossmann, S. 123.

142 Muriel Barbery: Die Eleganz des Igels. Übersetzt von Gabriela Zehnder, dtv, 9. Auflage, München, 2008, S. 364.

143 Ahmad Milad Karimi: Osama bin Laden schläft bei den Fischen. Warum ich gerne Muslim bin und wieso Marlon Brando viel damit zu tun hat, Herder Verlag, Freiburg i. Br., 2013, S. 13.

144 Karimi, S. 26 ff.

145 Barbery, S. 364.

146 Schnabel, Vermessung des Glaubens, S. 528 ff.

147 Heidemarie Bennent-Vahle: Mit Gefühl denken. Einblicke in die Philosophie der Emotionen, Alber Verlag, Freiburg, 2014, S. 109.

9장 사회적 위기

148 Martin Luther: Supputatio annorum mundi. Werke, Weimarer Ausgabe, Bd. 53, Nachdruck Akademische Druck und Verlagsanstalt Graz, 1968, S. 22-183.

149 Vgl. Lutherbibel: 2 Petrus, 3, 8 und Psalm 90, 4.

150 Luther, S. 171.

151 Zur Bedeutung von Verschworungstheorien in unsicheren Zeiten siehe auch: Natalie Knapp: Kompass Neues Denken, Rowohlt Verlag, Reinbek, 2013, S. 182 ff.

152 Heinz Schilling: Martin Luther. Rebell in einer Zeit des Umbruchs, C. H. Beck Verlag, München, 2012, S. 30.

153 Schilling, S. 31.

154 Schilling, S. 35.

155 Schilling, S. 36.

156 Vgl. dazu Peter Watson: Ideen. Eine Kulturgeschichte von der

Entdeckung des Feuers bis zur Moderne, Goldmann Verlag, 2. Auflage, München, 2008, S. 756.

157 Watson, S. 757.

158 Victor Hugo: Histoire d'un crime. Déposition d'un témoin, J. Hetzel & Cie., Paris, 1877, S. 300 (Geschrieben 1852). "On résiste à l'invasion des armées; on ne résiste pas à l'invasion des idées."

159 dazu Andreas Kleinert: Eine handgreifliche Geschichtsluge. Wie Martin Luther zum Gegner des copernicanischen Weltsystems gemacht wurde. In: Berichte zur Wissenschaftsgeschichte, Band 26, 2003, S. 101-111 참조.

160 Jean Gebser: Ursprung und Gegenwart, Teil 1 und 2, Novalis Verlag, Gesamtausgabe Band 2 und Band 3, Steinbergkirche, 1986.

161 겝서처럼 전체를 조망하고자 하는 사람은 커다란 줄기를 잡기 위해 역사 속에 나타나는 다양하고 세세한 모습들을 부분적으로 생략하고 단순화할 수 밖에 없다. 그리하여 역사 속에는 큰 틀에서 벗어나는 예들도 있기 마련이다. 또한 역사적 해석은 새로운 발견, 새로운 연구방법, 새로운 이론을 통해 보완되고 수정되기도 한다. 가령 이집트학자인 엠마 브루너-트라우트는 기원전 500년 경에 일어났던 문화혁명이 두뇌 반구의 변화에 기인한 것이라고 본다. 그러므로 '의식의 돌연변이'라는 겝서의 개념을 메타포이자, 줄기를 잡기 위한 방법으로 파악해야 할 것이다. Emma Brunner-Traut: Frühformen des Erkennens, Wissenschaftliche Buchgesellschaft, Darmstadt, 1990, S. 159 ff.

162 제일 오래된 발굴물은 에티오피아의 것이다. 연대 확인은 쉽지 않으며, 더 개선된 측정 방법이 등장하면 연대가 수정되기도 한다.

163 Herrndorf, Arbeit und Struktur, Prolog.

164 인류는 맨 처음 서아시아에 정착하여 농경 생활을 시작하였다. 변화된 기후 조건에 적응해야 했기 때문일 것이다. 얼마 뒤에는 중국와 뉴기니에서도 농경이 시작되었다. 북아메리카에서는 기원전 2천년 정도에 비로소 농사를 짓기 시작했다.

165 Gebser, Ursprung und Gegenwart, Teil 1, S. 116.

166 Gebser, Ursprung und Gegenwart, Teil 1, S. 118-119.

167 Richard Westfall: Never at Rest. A biography of Isaac Newton, Cambridge University Press, Cambridge, 1983, S. 301.

168 Gebser, Ursprung und Gegenwart, Teil 1, S. 30 ff.

169 Gebser, Ursprung und Gegenwart, Teil 2, S. 397.

170 Schilling, S. 52 ff.

171 Giorgio Vasari: Leben der berühmtesten Maler, Bildhauer und Architekten. Übersetzt von Trude Fein, Manesse Verlag, München, 2005 참조.

172 Tom Mueller: Brunelleschis Wunder. In: National Geographic, 2, 2014, S. 88 ff.

173 원근법이 자리매김하기까지 여러 예술가들의 노력이 있었다. 브루넬레스키의 스케치는 남아 있지 않다. 원근법(1점 투시도법)을 활용한 최초의 프레스코화는 마사초의 것이었고, 레오나르도 다빈치는 이 이론을 완성시켰다.

174 Gebser, Ursprung und Gegenwart, Teil 1, S. 56.

175 Gebser, Ursprung und Gegenwart, Teil 1, S. 57.

10장 세계의 끝에서

176 Daniel Smith: It's the End of the World as We Know It ······and He Feels Fine. New York Times Magazine, 17. 04. 2014. Auch alle folgenden Zitate von Kingsnorth sowie einige Details aus seinem Lebenslauf sind diesem Porträt entnommen.

177 앞의 기사.

178 Paul Kingsnorth: Real England: The Battle against the Bland, Portobello Books, London, 2008.

179 Intergovernmental Panel on Climate Change (Hrsg.): Climate Change 2014. Synthesis Report. Summary for Policymakers, Genf, 2014. Onlineresource.

180 Jochen Marotzke und Piers M. Forster: Forcing, feedback and internal variability in global temperature trends. In: Nature 517, 2015, S. 565-570. Doi:10 1038/nature14 117 참조.

181 Hans Jonas: Das Prinzip Verantwortung. Versuch einer Ethik für die technologische Zivilisation, Suhrkamp Verlag, Frankfurt a. M., 1984, S. 36.

182 Paul Kingsnorth und Dougald Hine: Uncivilisation: The Dark Mountain Manifesto. O nlineressource. www.dark-mountain.net. Dirk

Henn übersetzte die "Acht Grundsatze der Entzivilisierung" aus dem Manifest auf: www.52wege.de.

183 Paul Kingsnorth und Dougald Hine: The Dark Mountain Project. Onlineressource. http://dark-mountain.net/about/faqs/

184 Zur Ergänzung siehe auch: Natalie Knapp: Kompass neues Denken: Wie wir uns in einer unübersichtlichen Welt orientieren können. Rowohlt Verlag, Reinbek, 2013, S. 83 ff.

185 Pachl-Eberhart, Vier minus drei, S. 338.

186 Kingsnorth u. Hine, Manifesto. Übersetzt von Dirk Henn.

11장 또 한 번의 변이

187 Prediger/Kohelet 3, 1, Luther Bibel 1984.

188 Werner Heisenberg: Atomphysik und Kausalgesetz. In: Die neue Weltschau, Bd. II, Deutsche Verlags-Anstalt, Stuttgart, 1953, S. 132. Zitiert nach Gebser, Ursprung und Gegenwart, Teil 2, S. 668-669.

189 Max Rychner zitiert nach Gebser, Ursprung und Gegenwart, Teil 2, S. 653-654.

190 Gebser, Ursprung und Gegenwart, Teil 2, S. 605.

191 Gebser, Ursprung und Gegenwart, Teil 2, S. 398.

12장 무한한 순간

192 Marcel Proust zitiert nach Paul C. Berger: Marcel Proust, In: Das Buch, Jg. III, Nr. 2, Mainz, 1951, S. 19. Zitiert nach Gebser, Ursprung und Gegenwart Teil 2, S. 653 und Teil 3, S. 195.

193 Benjamin Franklin: Advice to a young Tradesman(1748). In: Works ed. Sparks, Vol. II, S. 87. Zitiert nach Max Weber: Die protestantische Ethik und der Geist des Kapitalismus. In: Gesammelte Aufsätze zur Religionssoziologie, Bd. I, Mohr Siebeck, T übingen, 1920. Vergleiche dazu auch Kapitel eins.

194 Michael Ende: Momo, Thienemann Verlag, 19. Auflage, Stuttgart 1973.

195 Der Puls der Zeit: Herzschlag und Zeitwahrnehmung hängen zusammen. Pressemitteilung der LMU München, 01. 04. 2011, Onlineressource. http://www.uni-muenchen.de/informationen_fuer/

presse/presseinformationen/2011/f-211-11.html Siehe auch: Karin
Meissner und Marc Wittmann: Body Signals, Cardiac Awareness, and
the Perception of Time. In: Biological Psychology, 86, March 2011, S.
289-297. Doi: 10 1016/j.biopsycho.2011. 01. 001.

196 Marc Wittmann: Gefuhlte Zeit. Eine kleine Psychologie des
Zeitempfindens, C. H. Beck, München, 2012.

197 Ende, S. 159.

198 Gebser, Ursprung und Gegenwart, Teil 2, S. 387.

199 Hartmut Rosa: Beschleunigung und Entfremdung. Entwurf einer
kritischen Theorie spätmoderner Zeitlichkeit, Suhrkamp Verlag, Berlin,
2013, S. 84.

200 Ende, S. 243.

201 Wittmann, Zeit, S. 131.

202 Gebser, Ursprung und Gegenwart, Teil 2, S. 390.

203 기후변화에 대한 정부간 협의체[IPCC]는 1950년 이래 지구 대기 및 대양의 온
도가 지속적으로 상승함으로써 인간과 동물에게 피해가 초래되고 있다고
발표하였다. IPCC, S. 1 und 6. 독일연방정부 학술 위원회[WBGU] 역시 인간
이 유발한 기후 변화가 사회 발전을 저해하고 있다고 우려의 목소리를 내
었다. WBGU: Welt im Wandel. Gesellschaftsvertrag fuer eine Grosse
Transformation, Berlin, 2011, S. 2. 나사는 예상했던 것보다 빠르게 감소하
고 있는 북극 얼음에 대한 현황을 정기적으로 공개하고 있다. NASA: 2014
Artic Sea Ice Minimun Sixth Lowest on Record, Press Release vom 22.
September 2014. 2014년 세계자연기금[WWF]의 보고서에 따르면 지난 40년
간 동물계의 50퍼센트가 사라졌다. WWF: Living Planet. Report 2014, S.
4. 유네스코에 따르면 물소비가 지금 수준으로 이어지면 15년 뒤에는 필요
량의 40퍼센트가 부족하게 될 것이라고 한다. UNESCO: United Nations
World Water Development Report 2015, 2015, S. 11. 상기내용은 모두 온
라인 자료들이다. 이와 관련하여 더 자세히 알고 싶은 독자는 다음 책을 참
조할 것. Jean Ziegler: Wir lassen sie verhungern, btb, Muenchen, 2013,
Karen Duve: Warum die Sache schiefgeht, Galiani Berlin, Berlin, 2014,
Harald Welzer: Klimakrieg, Fischer, Frankfurt a. M., 2010.

204 Wittmann, Zeit, S. 32.

205 Emilio Ferrer u. a.: Assessing cross-partner associations in physiological responses via coupled oscillator models. In: Emotion. American Psychological Association, 12(4), 2012, S. 748-762 und http://news. ucdavis.edu/search/news_detail.lasso?id=10 494.

206 Simon Ineichen, Arnd Florack und Oliver Genschow: The Influence of Observed Body Movements on Consumer Behavior. In: Advances in Consumer Research, 36, 2009, S. 997-998. Sowie: Arnd Florack und Oliver Genschow: Soziale Chamäleons. In: Gehirn und Geist, 4, 2010, S. 20 ff 참조.

207 Ap Dijksterhuis und Ad van Knippenberg: The relation between perception and behavior, or how to win a game of Trivial Pursuit. In: Journal of Personality and Social Psychology, Vol 74(4), 1998, S. 865-877 참조.

208 Harald Welzer: Mentale Infrastrukturen: Wie das Wachstum in die Welt und in die Seelen kam. Onlineressource 2011. www.boell.de/downloads/Endf_Mentale_Infrastrukturen.pdf.

209 집단적 사고의 효력에 대해서 역시 다음 책을 참조할 것. Knapp: Der Quantensprung des Denkens, Rowohlt Verlag, Reinbek, 2011, S. 176 ff. (Die Etikette der Gedankenformen).

210 Vergleiche dazu auch Knapp, Kompass, S. 249 ff. (Der Stoff, aus dem die Helden sind).

211 Llewellyn Vaughan-Lee (Hrsg.): Spiritual Ecology: The Cry oft the Earth, The Golden Sufi Center Publishing, Point Reyes, 2013, S. 44.

212 Ende, S. 248.

13장 순환

213 Lynn Hershman Leeson, zitiert nach Carmela Thiele: Katapultiert in die absolute Gegenwart. In: taz, 13./14. 12. 2014, S. 16.

214 Jared Diamond: Kollaps, S. Fischer Verlag, Frankfurt a. M., 2005, S. 23.

215 Joanna Macy, zitiert nach Dahr Jamail: On Staying Sane in a Suicidal Culture. Online Journal Truthout. Beitrag vom 3. Juni 2014.

216 Ariadne von Schirach: Du sollst nicht funktionieren. Für eine neue Lebenskunst, Tropen Verlag, Stuttgart, 2014, S. 178 ff.

217 Schirach, S. 181.

218 Harald Welzer: Beschränkt euch! In: Süddeutsche Zeitung Magazin. Heft 39/2012.

219 Ute Scheub und Annette Jensen: Glücksökonomie: Wer teilt, hat mehr vom Leben, Oekom Verlag, München, 2014, S. 10 ff.

몇 달 전 친구 부부가 집에 놀러 왔다. 이런저런 이야기를 하다가 자연스럽게 자녀교육과 노후 준비 이야기가 나왔다. 그 부부는 노후 준비도 철저히 하는 듯했고, 이제 고등학교에 들어가는 첫아이의 진로를 두고서도 무슨 과를 가서 어떤 직업을 택하는 것이 좋을지 등등 세밀히 계획하는 모습이었다. 내 남편은 우리 아이가 대학을 선택할 때 예상외의 길로 가서 그런지 그 부부에게 "다 소용없어. 아이들은 그냥 내버려두면 다 알아서 자기 길로 가!"라고 외쳤다. 그러자 그 부부는 "우리는 일일이 세밀하게 계획해야 마음이 편해지는 스타일이라서……"라며 쓴웃음을 지었다.

연말에는 한 친구랑 전화통화를 했다. 내가 친구에게 콜레스테롤 수치가 높다고 하자 그 친구는 자기는 바나나 식초를 먹고 콜레스테롤 수치를 떨어뜨렸다며, 바나나 식초 만드는 법을 열심히 설명해주더니 농담 반 진담 반으로 "나 오래 살 거야!"라고 말했다.

주변에서 흔히 볼 수 있는 평범한 모습들이다. 우리는 누가 조금 살이라도 찌면 "몸을 왜 그렇게 내버려두니?"라고, 누가 병에 걸리면 "그동안 건강검진 안 받았어? 몸을 어쩌다 그렇게 방치했어?"라고 말한다. 그래서 요즘 예기치 않은 질병에라도 걸린 사람은 마치 '루저'가 되는 분위기다. 게다가 하이테크 의학이 발달하면서 이제 우리는 죽고 사는 것마저 마음대로 할 수 있을 것처럼 생각한다. 자기 진로와 자녀교육, 건강은 물론이고 수명마저 통제할 수 있을 것처럼!

그러나 한 사람도 예외 없이 모든 사람은 어느 순간 인생이 자기 뜻대로 되지 않는다는 것을 경험하게 된다. 인생의 변화와 예기치 않은 일들, 스스로 좌지우지할 수 없는 일들을 겪을 때 우리는 자신이 바로 내일 일조차 내다볼 수 없는 약한 존재라는 것을 뼈저리게 실감한다. 이런 때에 현대인들은 옛사람들보다 훨씬 더 힘들어한다. 인생을 자기 뜻대로 꾸려갈 수 있을 것처럼 일거수일투족에 신경을 쓰며 살아왔기 때문이다.

그렇기에 우리 시대에는 두려움과 불안이 넘쳐난다. 이 책의 저자 나탈리 크납의 말처럼 "지나친 통제욕으로 말미암아 삶의 전반에 대한 신뢰와 여유가 사라지고 삶이 삭막해져가고 있는 것은 아닌지 돌아볼 일"이다.

이 책은 통제가 먹혀들지 않는 시기인 인생의 과도기를 다룬다. 불확실하고 불안한 시기, 익숙한 것과 결별해야 하고, 내일 당장 무슨 일이 있을지 알 수 없는 그런 시기들 말이다. 유대인 서정시인 힐데 도민의 시처럼 "장미 한 송이를 받침대 삼아" 자신의 발을 허공으로 내디뎌야 하는 시기다.

그러나 나탈리 크납은 그런 불확실하고 불안정한 날들에 담긴 잠재력에 주목한다. 나탈리 크납은 그런 과도기야말로 창조력과 생명력이 발동하는 시기이며 인격적으로 성숙하고 성장할 수 있는 시기이고, 시야를 넓혀 더 넓고 충만한 삶으로 나아갈 수 있는 시기라고 강조한다. 이런 불확실한 날들을 어떻게 보내느냐에 따라 이후 삶의 질이 결정된다고 말한다.

그리고 이런 불확실한 날들의 특성과 그런 나날들을 보낼 때 꼭 필요한 마음가짐과 방법들을, 불확실한 날들을 보낸 여러 인물들의 이야기와 함께 전해준다.

이 책에는 과도기와 관련하여 참으로 소중한 지혜들이 담겨 있다. 그중에서 내 경험과 연관되어 더 신선하게 다가온 지혜는 과도기에 자연, 예술, 문학, 학문처럼 변치 않는 것들을 향유하면서 정신의 면역력을 키우는 방법이다. 저자는《고슴도치의 우아함》이라는 책에서 주인공 소녀가 자신이 멘토처럼 따르던 수위 아줌마가 세상을 떠나 슬퍼하던 중 우연히 에리크 사티의 음악을 듣고서 살아 있음을 강렬하게 체험한 이야기를 인용한다. 그 소녀는 세상의 아름다움을 추구하며 살기로 마음먹는다.

나 역시 이따금 그런 경험을 하는데, 그중 가장 강렬했던 경험은 몇 년 전 도쿄에서였다. 내 인생에서 몹시 불안한 날들을 보내며 스산한 마음으로 여행을 떠났다가 우연히 들어간 미술관에서 서예가이자 시인인 아이다 미쓰오의 글을 보게 되었을 때! 일본어로 쓰여서 나로서는 해독이 어려운 붓글씨 작품 아래, 외국인 관람객의 이해를 돕기 위해 그 작품에 담긴 짧은 시들이 영어로 번역되어 있었다. 나는 그 시들을 읽으며 무척이나 놀랐다. 아이다 미쓰오는 불자였고 그의 시 또한 다분히 불교적이었는데, 종교적인 배경이 달랐음에도 그의 시 한 구절 한 구절이 바로 내 심정을 절절이 표현하고 있었기 때문이다. 나는 시를 읽어가며 깊은 위로를 받는 가운데 눈물을 펑펑 쏟고 말았다. 요즘도 가끔 그곳에 다시 가보고 싶다는 생각이 든다. 지금 가서 그 시들을 읽어도 그때의 그런 느낌이 들까? 아니면 그때는 불확실한 날들을 보내는 와중이라 나의 창조적인 '촉'이 더 예민해져 있었던 까닭에 한 구절 한 구절이 더 강렬하게 다가왔을지도 모른다. 어쨌든 그 경험은 내게 이후의 삶으로 나아갈 수 있는 힘이 되었다.

이 책의 후반부에서 나탈리 크납은 개인적인 과도기를 넘어 사회적인 과도기에 대해서도 이야기한다. 인류가 거쳐온 의식의 변화를 흥미롭게 서술하면서 현재 인류는 의식의 과도기에 와 있으며, 이제 새로운 의식의 시대로 넘어가야 할 시점이라고 진단한다. 그러고는 후손에게 더 좋은 세상을 물려주려면 확장된 시간 의식을 갖추고 의식과 시야를 넓혀야 한다고 주문한다.

또한 이 책 곳곳에서 저자가 시간에 크게 주안점을 두고 있다는 것을 느끼면서 시간과 관련한 보석과 같은 지혜들을 만날 수 있었다. 특히 《모모》를 인용하면서 현대인들이 얼마나 허위적인 시간 의식 속에 빠져 있는지를 지적하는 내용은 내 마음에 충분히 와 닿았다.

진실로 그것이 지금 우리의 모습이다. 현대 사회는 우리에게 시간을 더 효율적으로 활용해서 더 많이 일하고 더 많은 돈을 벌라고 주문하고, 우리는 친구 만나는 시간이나 노래하는 시간조차 아까워한다. 나탈리 크납이 1장에서 니체를 들어 말했듯, 우리는 순수하게 즐거움을 누리는 일조차 그다음 일을 잘하기 위한 '재충전'이라고 변호하며 효율적인 삶의 일환으로 만들어버린다.

여러모로 우리 자신의 모습들을 돌아보게 하는 책, 불확실한 날들을 보내는 사람들에게 따뜻한 위로와 깊은 철학적 지혜를 선사하는 책이다. 이런 책을 작업할 때는 따로 다른 책을 읽고 싶은 마음이 들지 않는다. 이런 책이 내내 마음을 충만하게 해주기 때문이다. 나 자신의 성장에 도움이 되는 책을 번역할 수 있어서 행복하고 감사했다. 불확실한 나날을 보내고 있는 독자들, 그리고 그들과 함께해주고 싶은 모든 독자가 읽고 힘을 얻었으면 좋겠다.

2016년 2월

유영미

옮긴이 유영미

연세대 독문과와 동 대학원을 졸업하고 전문 번역가로 활발하게 활동하고 있다.《스파게티에서 발견한 수학의 세계》로 과학기술부 우수과학도서 번역상을 받았다. 그 밖에 옮긴 책으로《왜 세계의 절반은 굶주리는가?》《감정사용설명서》《늙기의 기술》《나는 왜 나를 사랑하지 못할까》《여자와 책》등이 있다.

불확실한 날들의 철학

초판 1쇄 발행 2016년 2월 29일
초판 4쇄 발행 2022년 11월 15일

지은이 | 나탈리 크납
옮긴이 | 유영미
발행인 | 김형보
편집 | 최윤경, 강태영, 이경란, 임재희, 곽성우
마케팅 | 이연실, 이다영, 송신아
디자인 | 송은비
경영지원 | 최윤영

발행처 | 어크로스출판그룹(주)
출판신고 | 2018년 12월 20일 제2018-000339호
주소 | 서울시 마포구 양화로10길 50 마이빌딩 3층
전화 | 070-5080-4037(편집) 070-8724-5877(영업) 팩스 | 02-6085-7676
e-mail | across@acrossbook.com

한국어판 출판권 ⓒ어크로스출판그룹(주) 2016

ISBN 978-89-97379-81-1 03100

만든 사람들
편집 | 서지우, 김수경 · 교정교열 | 김미경 · 디자인 | 오필민 · 조판 | 성인기획

마음에 따르지 말고 마음의 주인이 되어라

마음에 따르지 말고
마음의 주인이 되어라

법정의 산중 편지

법정 글 ┃ 박성직 엮음

책읽는섬

한국전쟁 이후 1955년,
전남대학교 3학년 휴학 중이던 박재철은
출가를 결심하고 홀연히 길을 나섰다.
전쟁 직후 남과 북이 아닌 제삼국을 선택해 떠난 이들처럼,
마치 망명을 하듯 출가를 결심한 것이다.

부모자식 간의 연과 형제자매의 인정을 등진
그 마음이 얼마나 비통하고 비장했을까.
그 후 그는 사촌동생 박성직에게 편지를 보내와
고향 소식과 가족의 안부를 묻고는 했다.
다른 가족에게는 비밀에 부칠 것을 당부하면서……

이 책은 1955년부터 1970년까지
법정이 이 책의 엮은이 박성직에게 보내온 편지를 묶은 것이다.
그가 보내온 오십여 편의 편지에는
청년 박재철이 승려 법정으로 변해 가는 모습이 오롯이 담겨 있다.
또한 수려한 수필들의 모티브가 된 에피소드와
일상의 깨달음들이 새겨져 있다.

오늘의 나는
모든 것을 잊어버려야 한다

1955년 ~ 1956년

언제고
만날 날이 있으리라

1957년 ~ 1958년

전 우주가
우리의 학교 아니겠느냐

1959년 ~ 1960년

과거는 지워져 가지만
나는 나대로 살아가고 있다

1961년 ~ 1964년

가지를 떠난 잎들은 어디로 갈까? 바람에 여기저기 굴러다니다가 마침내는 어느 나무 밑이나 풀뿌리 곁에 누워서 삭아질 것이다. 그러다가 새봄이 오면 뿌리에 흡수되어 수액을 타고 새로운 잎이나 꽃으로 변신할 것이다. 그렇다. 가지에서 져 버린 나뭇잎처럼, 떠나지 않고는 변신이 불가능하다.

지난해 가을, 산으로 돌아온 나는 그 무렵 가랑잎 구르는 소리에 몇 번이고 한밤의 잠에서 깨어났다. 말없는 산이지만 뒤꼍의 가랑잎 구르는 소리 하나를 갖고도 나를 불러 깨우곤 했다. 그동안 세상에서 무뎌진 내 귀를 산바람이 맑게 씻어 주려고 그랬던 모양이다.

사람은 자기 환경을 몸소 개선해 보려는 의지를 지니고 있다. 이같은 노력은 개인이나 조직체나 다를 바 없다. 권력을 가진 사람은 조직의 힘을 빌려 자기 환경을 개선하려고 한다. 기존 질서에 막대한 피해를 끼쳐 가면서까지 자기네 의지를 밀어붙여 원하는 바를 이루어 낸다.

그러나 권력도 조직도 없는 개인이 자기 환경을 개조하거나 재구성하려면, 그는 자기 한계를 알기 때문에 이웃에게 폐를 끼칠 것도 없이 몸소 버리고 떠난다. 그 숨 막히는 조직의 쇠사슬에서 벗어나 자기 나름의 세계를 구축하려는 것이다.

출가란 이와 같이 버리고 떠남이다. 묵은 집, 집착의 집, 갈등의 집에서 떠났다고 해서 출가라고 이름한다. 또한 탐욕의 굴레에서 벗어났다는 뜻에서 이욕(離慾)이라고도 하고 먼지의 세상인 진개권(塵芥圈)에서 뛰쳐나왔다고 해서 출진(出塵)이라고도 부른다. 그러므로 출가는 소극적인 도피가 아니라 적극적인 추구요, 끝없는 생명의 발현이다.

(…)

자기답게 살려는 사람이 자기답게 살고 있을 때는 감사와 환희로 충만해 있지만, 그렇지 못할 때는 괴로워한다. 자기 몫의 생을 아무렇게나 낭비해 버릴 수 없기 때문이다. 그리하여 다시 버리고 떠나는 연습을 한다. 일상이 안이해지거나 무력해질 때, 이게 아닌데 싶으면 지녔던 것을 선뜻 버리는 일을 한다. 책을 정리해 흩어 버리고 옷가지를 나누어서 덜어 버린다. 그리고 범속한 관계들에 가지치기를 한다. 그리고 나서도 성에 차지 않으면 훌쩍 떠나 버린다.

_『서 있는 사람들』·「출가」에서

나는 세상에서 가장 용서받을 수 없는
죄인이 되어 버렸다. 할머니, 작은아버지,
어머니 그리고 너희들을 배반하였다.
출가가 나로서는 어떤 연유에서일지라도
집안에 대해서는 배반이 아닐 수 없다.

오늘의 나는
모든 것을 잊어버려야 한다

:

1955년 ~ 1956년

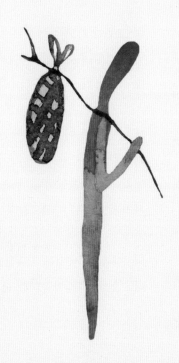

그 방이 그립다

무더운 여름철에 고생하였으리라. 내 책들도 잘 있는지 모르겠다. 편지는 안 왔기에 아직껏 아무 소식 없는 줄 믿는다만 궁금하기에 다시 묻는다. 그리고 서울 동섭이 형님도 아직 안 왔겠군. 아무런 소식도 없는 걸 보면.

내 그곳에 가고 싶어졌다. 내려올 적엔 도시의 여름철 풍속이 비위에 거슬려 뒤도 안 돌아보고 왔더니 이젠 내 숨결이 배어든 그 방―조용한 공간―이 그리웁다.

오늘 아침과 어제 아침에는 절 뒤에 너마지기 논을 휘갈고 다녔다. 매루벼에 생기는 병충해를 일컫는 전라도 방언를 떠느라고……. 비가 안 와 농가에는 야단들이다. 색다른 구름 한 오라기만 흘러가도 하늘을 우러르고 하는 어제오늘의 비 기다리는 농촌이다.

나, (특별한 일이 없는 한) 8월 20일 무렵에나 그곳에 올라갈 예정이다. 『현대문학』 9월호가 나왔거든 신자네 누님한테서 돈 꾸어서

사 보내 주었으면 쓰겠다. 대양 서점에 가서 내 이름을 말하면 250
환(이할인)20퍼센트 할인에 줄 것이다. 깨끗하고 험 없는 놈으로 골라
보내라. 8월호가 아니라 9월호다. 종이에 잘 싸서 보내 주라.

그동안의 그곳 소식 궁금하다. 무더운 계절에 몸조심하고 잘 있
거라. 낮잠은 건강에 해롭다고 한다.

제철
1955년 8월 12일 한낮

보낸 사람 이름에 '제철'이라고 적혀 있다. 스님의 본명이 박재철이므로 '재철'이라고 써야 하나,
스님은 지인의 이름에 다른 한자를 대입해서 뜻을 바꾸어 보는 일을 즐기고는 했기에 아마도 자
신의 이름에도 비슷한 유희를 적용한 듯하다.

마음에 따르지 말고
마음의 주인이 되어라

어쩌면 학창 시절로는 최후의 것이 될지도 모르는 이번 여행에서 잘 다녀왔겠지. 너 그동안 무척 커 버렸더구나. 실례인 줄 알면서도 성남이를 통해 어머니에게 보내는 편지를 읽어 보고 실로 눈물겨웠다. 내 학창 시절의 그것과 너무도 같았기 때문이다.

너를 만나면 할 얘기가 많을 것 같더니 막상 만나 보니 담담해지더군. 말은 없어도 마음과 마음끼린 다 통하는 바가 있어 모든 걸 잘 알 수 있었다. 나도 이번 길에 여러 가지로 자극받은 바가 많았다. 산으로 돌아가면 한층 분발해서 가족을 등지고 출가한 보람을 하루 속히 성취하기에 애쓰련다.

집에 있는 아희들에게도 한결같이 내 형제간으로 알고 친절히 하여라. 모두 인연이 아름다운 형제들이다. 어머니에게도 항상 마음 편히 해 드리고.

진학을 못한다고 비관은 말아라. 전혀 교육을 못 받은 사람들에게 비하면 우리는 얼마나 복 받은 사람들이냐! 마음을 안정하고 착하게 살아 나가면 무슨 길이 트이는 법이니라. 너희들을 대할 때 나는 양심에 무한한 가책을 받는다. 미약하나마 힘을 조금도 보탤 수 없는 무능한 나를 부끄러워할 뿐이다.

성직아,
고난을 겪는 사람은 행복하게만 사는 사람보다는 훨씬 인생에 대해서 경험이 많아서 자신이 생기고 또한 생활에 대한 저항력도 길러지는 것이다. 누구보다도 인생에 대해서 심각하게 체험한다는 것이다. 이렇게 자위를 하면서 살아가야 할 것이다.

할 말이 실로 많으나 한이 없겠기로 줄인다. 항상 몸과 마음이 함께 건강하여라.
"마음에 따르지 말고 마음의 주인이 되어라."

안녕히
목포를 떠나기 전날 밤
정혜원에서 철

집을 나온 그때의 심경은 그 어디에도 매이지 않는 자유인이 되고 싶은 마음뿐이었다. 휴전이 되어 포로 송환이 있을 때 남쪽도 북쪽도 마다하고 제삼국을 선택하여 한반도를 떠나간 사람들의 바로 그런 심경이었다.

집을 나온 나는 고향으로부터 멀리 떨어진 오대산으로 들어가기 위해 밤차로 서울에 내렸다. 봉익동 대각사에서 만난 월정사의 한 스님 말이 며칠 전에 내린 폭설로 교통이 두절되어 한동안은 갈 수 없을 거라고 했다.

아는 스님의 소개로 안국동에 있는 선학원에서 효봉 선사를 친견하고 출가의 결심을 말씀드렸다. 내 얼굴을 살펴보고 생년월일을 묻더니 그 자리에서 쾌히 승낙을 하셨다. 그날로 조실방에서 삭발, 먹물옷으로 갈아입고 선사께 인사를 드리자 선뜻 알아보지 못했다. 곁에서 누군가 방금 삭발하고 옷 갈아입은 행자라고 말씀드리니 "허허, 구참(舊參) 같구나!"라고 하셨다. 구참이란 오래된 중이란 뜻이다.

삭발하고 먹물옷으로 갈아입고 나니 훨훨 날듯 어쩌나 기분이 좋던지 나는 그 길로 밖에 나가 종로통을 한 바퀴 돌았다.

_「버리고 떠나기」・「아직 끝나지 않은 출가」에서

그동안은 죄인이다

성직아

미안하다, 죄스럽다.

네 입학 관계도 보지 않고 떠나와 버렸다. 세상일이 한바탕의 꿈이라더니 꼭 꿈속 같기만 하다.

나는 세상에서 가장 용서받을 수 없는 죄인이 되어 버렸다. 할머니, 작은아버지, 어머니 그리고 너희들을 배반하였다. 출가가 나로서는 어떤 연유에서일지라도 집안에 대해서는 배반이 아닐 수 없다.

그렇다고 일생 동안을 중노릇 할 것은 아니다. 얼마간의 수도를 쌓은 뒤엔 다시 세상에 나아가 살 것이다. 그동안만은 죄인이다. 죽일 놈이다. 할머님, 작은아버지 모두 나를 얼마나 원망하랴······. 오늘의 나는 모든 것을 잊어버려야 한다. 다 잊어버려야 한다.

성직아
미안하다. 죄스럽다.
네 입학 관계로. 보지 않고 떠나라 버렸다. 세상 일이 한 바탕의 꿈이라더니 꼭 꿈속 같기만 하다.
나는 세상에서 가장 용서 받을 수 없는 죄인이 되어 버렸다. 할어버지, 작은 아버지 에서 그리고 너희들을 배반하였다. 최(崔)家가 나로서는 어떤 연유에서 일자라도 집안에 대해서는 배반이 아닐수

없다.
그렇다고 一年동안을 종노릇 할것은 아니다. 열차간의 수도(修行)를 쌓은 뒤엔 다시 세상에 나아가 살 것이다. 그동안 만은 죄인이다. 죽일 놈이다.
할어버지, 작은 아버지 보다 나를 얼마나 원망하랴…
오늘의 나는 모든 것을 잊어 버려야 한다. 다 잊어 버려야 한다.

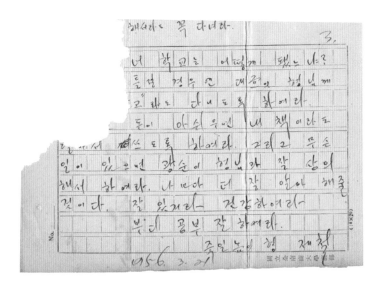

(…) 해서라도 꼭 다녀라. 너 학교는 어떻게 됐느냐? (…) 경우엔 대균이 형님께 (…)고라도 다니도록 하여라. (…) 돈이 아쉬우면 내 책이라도 팔아서 쓰도록 하여라. 그리고 무슨 일이 있으면 광순이 형님과 잘 상의해서 하여라. 나보다 더 잘 알아 해 줄 것이다. 잘 있거라. 건강하여라.
부디 공부 잘하여라.

죽일 놈의 형 제철
1956년 3월 21일

출가란 살던 집에서 몸만 떠나온다고 되는 일이 아니다. 순간순간, 하루하루 새롭게 시작하고 익히면서 거듭거듭 태어남으로써 새로운 삶을 이룰 때 '집착과 갈등의 집'에서도 벗어날 수 있다.

_「버리고 떠나기」・「아직 끝나지 않은 출가」에서

이곳에서의 모든 일이 기쁘기만 하다

네 편지 너를 만나 본 듯 반가이 받아 보았다. 그리고 더욱 기쁜 것은 내 꿈속에서처럼 네가 합격했다는 소식이다. 결코 낙담은 말아라. 아무 학교에서고 마음만 굳게 지니고 공부하면 되는 것이다. 그리고 이번 기회를 좋은 교훈 삼아 대학에만은 훌륭한 학교엘 가야 된다. 남의 앞에 부끄럽지 않게 '힘껏' 공부하여라. 한 평생을 두고 공부할 수 있는 기회는 얼마든지 있다고들 하지만, 학문을 전문으로 하는 기회는 학창 시절뿐이 아니겠느냐?

절 아래 동구길엔 벌써 벚꽃이 한창이다. 분명 봄인가 싶다. 이곳 절 주위를 빽빽이 둘러싸고 있는 숲(전나무 숲)에 들면 노루가 뛰어다니고 꿩이 푸덕이고, 산비둘기가 구구댄다. 그리고 비 개인 뒤의 개울물 소리가 사뭇 여물다. 밤이면 나무 사이로 내다보이는 밤하늘의 별들이 푸르게 초롱인다.

자연은 아름답다. 이런 곳에선 세상에서 부리던 거친 마음들이 깨끗이 사라져 버린다. 맑은 공기를 마셔 가며 공부하기가 실로 즐거웁다. 옷이 검어지면 누구에게 신세질 것 없이 제각기 빨래를 하고 또 풀을 해서 입는다. 아침이면 세 시에 일어나고, 밤 아홉 시엔 잠자리에 든다. 수면이 조금도 부족하지 않다. 모든 일은 습관에 달렸다. 잠은 잘수록 더 오는 것이니까. 한식날에는 진달래꽃을 따다가 화전 떡을 해먹기도 하고……. 이곳에서 하고 있는 모든 일이 내게는 한량없이 기쁘기만 하다. 진즉 이런 곳에 못 온 것이 후회된다.

내 출가에 대해서 어머님은 태순에게 원망하고 있는 모양 같은데 (너의 편지를 보면) 나는 오히려 태순에게 감사한다. 누구 때문에가 아니라, 내가 스스로를 이끌어 나가야 되지 않겠느냐? 그것이 올바른 일인 이상, 그러니까 이 뒤엘랑은 어머님더러 누구에게고 원망은 말라고 하여라. 불효한 나를 원망할지언정. 그곳에 있는 내 벗들은 다 훌륭한 벗들이니 높이 섬겨라.

종환이도 성남이도 이젠 그만 장난치고 열심히 공부해야 된다고 일러라. 저번 편지에도 그랬지만 너는 내 방에서 공부해야 된다. 학생들을 넣더라도 잘 알아보아서 공부 잘하고 착실한 사람을 택하여라. 내 책들 잘 있다니 마음 놓인다. 벽에 붙은 그림들에게도 안부 전해 주라…….

복이 어머님께도 안부 전하고. 그리고 대균네 형님, 형수 다들 평안하시대? 대균네 형수씨한테 내가 평안하신가 안부 묻더라고 꼭 일러 주라.

성직아,

네가 내 대신 어머님의 아들 노릇을 해 줄 줄 믿는다. 시키는 말
잘 듣고, 잘 섬겨 주기 바란다.

다시 한 번 부탁은, 절대로 내 거처(있는 곳)는 아무에게도 알리지
말아라. 서울이나 일본 같은 데 가 버렸다고 해 두어라.

네 사진 있거든 (없으면 그냥 두고) 한 장 내가 가지고 싶다.
그럼 장난들 말고 열심히 공부하여라. 잘 있거라.

철
1956년 4월 12일

이제는 내게 올 편지도 없으려니와 혹시 있으면 보내 주든지 귀찮으면 편
지 내용이나 이번처럼 적어 보내 쥐라 ─철

나 대신 네가 아들 노릇 해 다오

보고 싶은 아우 성직아

그동안 잘 있었느냐? 네 소식은 진즉 받고도 지금껏 게을러 버렸다. 네 사진 아주 잘되었더라. 네 얼굴 그대로더라. 네가 보고 싶을 때마다 여러 번 펼쳐 본다.

오랜만에 오늘 처음 시오리 산길을 걸어 시내에 내려왔다. 거리에는 벌써 여름이더라. 아이스케-키 집 치장이 사뭇 시원스레 보이더라. 요사이 산골엔 송홧가루가 안개라도 낀 듯 보오얗게 날린다.

너 공부 열심히 하느냐?

이젠 고등학생이고 하니 공부할 때다. 중학 시절에 실컷 놀았으니 이젠 공부할 때다. 열심히 쉬지 말고 꾸준히 하여라.

내 책장이랑들 잘 있다니 마음 놓인다.

성직아,

불쌍한 우리 어머님의 아들 노릇을 내 대신 네가 하여 주어야 한다.
성남이 종환이 모두 잘 있겠지. 그럼 잘 있거라. 안녕

형 철 쓰다.
1956년 5월 9일

내 답장 없더라도 아무 염려는 말아라. 마음대로 안 되는 경우가 더러 있으
니까. 철.

세상이 모르는 곳

성직아

그동안 공부 잘했겠지? 집안도 고루 평안할 것이고.

나는 오늘 이곳 미래사를 떠난다. 스님은사스님인 효봉 스님을 따라 지리산에 있는 조그마한 (세상에는 전혀 알려지지 않은) 암자지리산 쌍계사의 탑전로 가게 되었다.

나에 대해서는 조금도 걱정들을 말아 주기 바란다. 나는 언제고 잘 있으니까. 할머님, 작은아버님, 작은어머님, 어머님 너희들 모두 함께 안부 전해 드려라.

그럼 떠날 시간이 가까이 와 이만 논다. 내가 다시 너를 만날 때는 아무런 손색도 없는 훌륭한 고등학생이기를 고대한다. 또 그럴 줄 믿고 안심한다. 여름철에 몸조심하고 안녕히.

우리 어머님 말 잘 들어 드려라. 내 책들―그림들도 다 평안하겠지. 쓸데가 있으면 책장 위에 놓인 신문들 써도 좋다. 하지만 내 냄새를 맡고 싶거든 그대로…….

1956년 6월 17일, 충무시를 떠나면서 우체국 창가에서 철 쓰다.

1956. 6. 17.
患難을 떠나 面서
우체국 창가에서
철 쓰다

성직아

그 동안 공부 잘 했겠지?
장하는 그루 평안할 것이고

나는 오늘 이곳 羅東邑을 떠난다.
소년을 따라 지리산(智異山)에 있는
조그마한 (세상에는 전혀 알려지지 않은) 암자로
가게 되었다.

나에 대해서는 조금도 걱정들을 말아
주기 바란다. 나는 언제고 잘 있으니까.

할버님, 작은 아버님, 작은 어머님 어머님
너희들은 모다 함께 안부 전해 드려다—

그런 떠날 방향이 가까이 왜 이반
논다. 내가 다 너를 만났데는 아무런
손색도 없는 훌륭 고등학생 이기를
고대한다. 또 줄 믿고 안심한다.

애는 철에 몸 조심하고 안녕히
우리 어머님 받 잘 들어드려라.
내 책들 — 그림들도 다 평안 하겠지(
쓸데가 있으면 책장 루에 놓인 신문들 써도
좋다. 하지만 내 냄새는 맡고 싫거던 그대로…

며칠 전 줄기차게 쏟아지는 빗속을 옷이 흠뻑 젖어 찾아온 20대의 청년을 보자 선뜻 출가 희망자임을 알아볼 수 있었다. 긴장된 표정과 말이 없는 그의 거동에서 '전과자'인 나는 그가 찾아온 까닭을 감지할 수 있었다.

　자기 하나의 무게를 어쩌지 못해 몇 밤을 지새면서 햄릿의 고뇌를 치렀을 것이다. 그러던 끝에 일도양단(一刀兩斷) 집을 박차고 뛰쳐나왔으리라. 출가의 동기는 각자의 생활 환경에 따라 다를지라도 생나무 가지를 찢는 듯한 그 고통만은 누구나 거의 비슷하게 겪게 마련이다. 스스로 사주팔자를 바꾸지 않을 수 없도록 절실하고 철박한 물음 앞에 마주 섰을 테니까.

　'나는 무엇인가? 무엇 때문에 살고 있는가? 어떻게 사는 것이 나답게 사는 것인가?'

_「산방한담」·「출가기」에서

가을이 온다

성직아

이곳 지리산으로 들어온 뒤 오랫동안 소식 없어 무척들 궁금했을 줄 안다.

그동안 너 공부 부지런히 했을 것이며, 집안은 고루 평안하는지?

골짜기를 흐르는 시냇물 소리와 바람 소리에 내 마음을 맡겨 버리고 달빛처럼 조용히 있느라고 이제껏 침묵해 버렸다. 이렇게 멀리서 서로 아끼고 그리워하는 것도 이 한 아름다운 마음씨가 아니겠느냐?

영원히 이렇게 떠나 있다면 너무도 아득한 일이지만 얼마간의 이러한 생활이니까 오히려 아름다운 마음들을 기를 수 있을 것 같다. 이제 내가 다시 너희들이 있는 집에 찾아들 땐 '그 전의 형님'이 아닐 것이다. 내 못돼먹은 성질도 많이 가셔졌을 테니까.

나는 지금 아무런 걱정도 없이 평안히 지내고 있다. 올 여름엔 통 더운 줄 몰랐다. 옷 걱정도 없다. 여름엔 시원한 삼베(마포) 옷을 입었었다. 아무런 아쉬운 것도 없다.

지금 이곳에선 빨갛게 익은 홍시감이 산에 오르면 나무 밑마다 무더기로 깔려 있다. 나는 날마다 싫도록 주워 먹는다. 그리고 여러 가지 산열매가 많다. 은행, 잣, 호도…….

가을! 가을이 온다.
좋은 계절이다. 많이 읽어라.

성남이, 종환이, 또 길원이(집에 있다지?)도 떠들지 않고 공부 잘할 줄 안다. 귀중한 하루하루를 아무 보람 없이 헛되이 흘려보내는 것은 한 가지 자살 행위—자기를 죽이는 짓이 될 게다.

밀레의 〈만종〉이 있는 방 안도 잘 있느냐? 네가 있으니 마음 놓인다만.

대성동의 그 너절한 골목이 그리웁다. 지금도 이웃 방에 복이네가 사느냐? 안부 사뢰어 드려라. 그리고 대균네 형님 형수께서도 다들 평안한지? 사택집 구수나무에 올 여름도 아이들이 말썽들을 부렸을 테지.

귀뚜라미 소리, 풀숲에서 가을 풀벌레 소리가 어지러운 새벽이다. 일찍 자고 일찍 일어나 공부에 열심히 하여라. 새벽 네 시쯤에 일어나 (저녁 10시에 자고) 문 열어 공기 바꾸고 세수하고 숨쉬기 운동 좀 하고 책상 앞에 앉아 있으면 정신이 아주 맑아질 게다. 네 시가 무리하면 다섯 시도 좋다.

그러나 주의할 것은 다시 자서는 아주 몸에 해롭다. 지금이 아주 공부하기 좋은 나이고, 또 계절이니까 아무쪼록 열심히 하여라.

그럼 잘 있거라. 고루 안부 사뢰어라. 그곳 소식 궁금하다.

1956년 9월 6일 새벽

형 철 씀

이곳 주소 : 경남 하동군 화개면 운수리 쌍계사 (탑전) 법정(法頂) 스님 앞

법정이란 내 불명(佛名)이다.

반복되는 일상 속의 위대함을 보아라

성직에게

가을 비 개이고 하늘 높푸른 날 너의 비둘기'소식'을 뜻하는 비둘기를 잘못 쓴 듯하다. 엮은이의 편지를 일컫는다 맞아 반가웠다. 그동안 별 탈 없었다니 마음 놓인다. 너는 오늘도 착실하게 그 20분의 등교 코-스를 밟았을 줄 믿는다.

반복하는 생활에서 어떤 위대한 것을 발견해야 할 것이다. 날마다 되풀이되는 생활이라고 해서 조금이라도 소홀히 해서는 안 된다. 어제보다는 오늘이 더 새로워야 하고, 또 오늘보다 내일은 한 걸음 앞서야 되는 것이다. 여기에 훌륭한 삶의 보람이 있고 인간 성장이 있는 것이다. 저 하늘의 태양을 보아라. 흐린 날에도 제 갈 길은 꾸준히 가고 있는 그 위대한 모습을!

얼마 전에 스님 모시고 순천 송광사로, 구례 화엄사, 천은사 등지를 다녀왔다. 여기저기 다니는 것이 무척 재미있었다. 가는 곳마다 이젠 내 집이거든…….

추석! 이곳에서도 떡을 하고 적을 부쳐 먹고 했다. 명절 때면 그리운 사람이 많다.
며칠 안 있어 서울을 가게 되었다. 나의 가슴은 또 부풀어 오른다.
어쩌면 시월 중에 목포에도 한번 다녀오게 될지도 모르겠다.
너는 답장을 하지 말고 다음 내 소식이 있을 때까지 기다려라. 작은아버님의 건강이 염려된다. 조용한 틈을 타서 편지하련다. (큰아버님에게도)

나는 오늘도 기쁘지만 나의 마음은 항상 푸르르지만……
안녕히

가을이 여물어 가는 지리산에서
철
1956년 9월 27일

20대 중반 삶의 갈림길에서 훨훨 털어 버리고 입산 출가할 때, 가장 끊기 어려웠던 별리의 아픔은 애지중지하던 책들이었다. 그 때의 심경을 그대로 표현하자면, 부모나 친구들보다 책에 대한 애착과 미련을 끊어 버리기가 가장 괴로웠었다. 몇 날 밤을 두고 이책 저 책을 들추다가 세 권을 골라 산으로 가져왔었는데, 그런 책도 얼마 안 되어 시들해지고 말았다.

(…)

이제는 어떤 것이 진짜이고 가짜인지 가려볼 수 있는 눈이 조금 열린 것 같다. 사람을 대할 때도 그렇고 책을 대할 때도 그렇다. 좋은 친구란 말이 없어도 함께 있는 시간이 넉넉하고 충만하다. 좋은 책도 마찬가지다. 시간과 공간에 거리낌이 없어야 한다.

나에게는 좋은 책을 읽는 시간이 곧 휴식 시간이다. 좋은 친구를 만나 시간 가는 줄 모르고 담소하며 차를 마시는 그런 경우와 같다. 책은 탐구하는 일에는 부적합하다고 나는 생각한다. 탐구는 땀 흘려 일하는 데서 비롯된다. 순수하게 몰입하고 집중하는 그 일과 나 자신이 하나가 될 때 지혜의 문이 열린다.

_「버리고 떠나기」·「나의 휴식 시간」에서

중은 세상천지가 집이지

성직에게

이번 목포에 갔던 걸음에 차분히 앉아 얘기할 기회를 놓쳐 버려 못내 서운하다. 중의 신분이라 그리되었는지도 모르겠다.

이곳은 여수에서도 한 사십 리 산으로 들어온 흥국사다. 마음에 들어 이곳에서 올 겨울을 지내기로 했다. 중은 가는 곳마다 지낼 집이 마련되어 있으니까. 아주 멋진 일이지.

이젠 산도 쓸쓸해졌다. 단풍도 다 져 버리고 앙상한 가지만 허공 중에 외로웁다. 시월 보름날부터 겨울 결제(結制, 학교 같으면 개강 날이지)로 들어갔다. 앞으로 삼 개월 동안은 아무데고 갈 수가 없다. 보름날 하이마-트(고향)에서는 시제를 지냈겠구나? 이곳에서는 그날 결제라고 해서 떡, 과자, 과일 잘 먹는 날이다. 많이 먹었지.

복이 어머님께랑 안부 사뢰어라. 그럼 공부 잘하기를

안녕히

1956년 11월 22일 아침

법정 합장(合掌)

※ 자주 할 필요는 없지만 혹시 편지하려면 등기우편으로 해야만 받아 볼 수 있다. 단옥 군에게도 안부 전해라.

이곳 주소 : 여천군 삼일면 중흥리 흥국사 ○○ 앞

당분간 편지하지 말아라

얼마 전에 보내 준 네 소식 반가이 받아 보았다. 그동안도 학업에 열심일 줄 믿는 형의 마음 든든하다. 그런데 이번에 어떤 사정이 있어 부득이 이곳(홍국사)을 떠나게 되었다. 그러므로 다른 곳에 자리 잡아 다시 내 소식 있을 때까지는 편지하지 말아라.

어머님, 길서, 단옥이, 성남이 동무, 또 성남이에게 안부 여쭈어라. 그리고 방학에 고향에 가거든 집 식구들에게 특히 할머님, 작은아버님께 나에 대한 염려는 조금치도 하지 마시라고 말씀드려라. 또 귀선이 만나거든 내가 그러더라고 이따금 꿈에 본다고 일러라. 태순이 형님과 광순이 형님께 각각 소식 전해 주라. 광순이 형은 '행직이' 형 집에 가지고 가면 알 것이다. 그럼 몸조심하고 공부 열심히 하여라.

머지않아 X-mas가 오는구나…….

1956년 12월 12일 낮, 형 법정
홍국사를 떠나면서

성직에게

얼마 전에 보내온 네 소식 반가히 받아
보았다. 그동안도 학업에 열심일 줄 믿는
형의 마음 든든하다.

그런데 이번에 어떤 事情(사정)이 있어
부득히 이곳(흥국사)를 떠나게 되었다. 그러므로
다른 곳에 자리 잡아 다시 내소식 있을 때까지는
편지 하지 마러라.

어머님, 길서, 한주, 성남이 흥두, 또 성남이에게
~~그리고 방학에 운영~~ 안부 엿주어라.
그리고 방학에 고향에 가거던 집 식구들에게 특히
할머님, 작은 어머님께 나의 ~~에~~ 대한 염려는
조금치도 하시지 마르시라고 말씀드려라.

또 귀선이(초롱) 만나거던 내가 그러더라고
이따금 꿈에 본다고 일러라

태순이 형님과 광순이 형님께 각각 소식 전해주라.
광순이 형은 「행직이」형 ~~한~~ 집에 가지러 가면 알
것이다.

그럼 몸 조심하고 공부 열심 하여라.
머지 않어 X.MAS가 오는구나 ...
1956. 12. 12 밤
흥국사를 떠나 면서   형 准浚

벗과 책은 가려서 맺어라

이틀 전 흥국사를 떠나면서 보낸 소식 받아 보았을 줄 안다.
이곳은 다시 지리산 쌍계사 탑전이다. 지리산의 웅장한 산세가
내 마음에 든다. 옛날 있던 곳이라 모든 것이 익숙하다. 우리 스님
께서는 지금 북인도 네팔에 가 계시니까 한 분 스님^{수연 스님}과 함께
단둘이 즐거웁게 지내고 있다.

저번 네 편지 보면 나 있는 곳에 오고 싶어 했는데 와도 별일은 없
겠지만, 오고 가기 교통이 아주 불편하고 또 겨울철이라 여행에
장애가 많을 것이다. 그리고 새해부터 관영 요금이 오르니까 돈
이 많이 들 것이고……. 그러니 올 생각은 말고 겨울철엔 고향에
내려가서 집안일도 보살펴 주면서 공부하도록 하여라. 그리고 내
가 없으니 할머님 위안도 해 드릴 겸 집에서 있으면서 공부하기
바란다.

얼마 안 있으면 겨울 방학이겠구나. 집에 내려가더라도 착한 벗
들과만 놀도록 하여라. 동무의 영향이라는 것이 너희들만 한 때

가장 크니라. 그래서 어떤 사람의 사람됨을 알려면 그와 사귀고 있는 벗을 보면 알 수 있지 않더냐?

그리고 독서를 하더라도 함부로 말고 지은이와 책을 가려서 읽도록 하여라. 책이라고 해서 다 좋은 것은 아니니까. 헛 정력을 들여서 시간을 낭비할 필요는 없으니까. 그리고 될 수 있는 대로 외국어 특히 영어를 열심히 하여라. 어름어름 넘어가지 말고 확실히 알고 지나가거라. 너무 급하게도 말고, 그렇다고 쉬지도 말고 꾸준히 하는 데 진보가 있으리라.
그럼 겨울철에 몸조심하고 안녕히.

1956년 12월 15일
지리산에서 법정 합장

한 오십 일 전에 서울 영애한테서 온 편지 어제야 받았다. 진즉 왔던 걸 그동안 내가 없었기에 답을 해 주어야겠는데 방학으로 집에 내려와 있을 듯하니 목포 주소 좀 알려 주었으면 한다. 철수연(水然) 스님!

그는 정다운 도반이요 선지식이었다. 자비가 무엇인가를 입으로 말하지 않고 몸소 행동으로 보여 준 그런 사람이었다. 길가에 무심히 피어 있는 이름 모를 풀꽃이 때로는 우리의 발길을 멈추게 하듯이, 그는 사소한 일로써 나를 감동케 했다.

(…)

1956년 겨울, 나는 지리산 쌍계사 탑전에서 혼자 안거를 하려고 준비를 하고 있었다. 준비라야 삼동(三冬) 안거 중에 먹을 식량과 땔나무, 그리고 약간의 김장이었다.

모시고 있던 은사 효봉 선사가 그해 겨울 네팔에서 열리는 세계 불교도대회에 참석차 떠나셨기 때문에 나는 혼자서 지낼 수밖에 없었다.

음력 시월 초순 하동 악양(岳陽)이라는 농가에 가서 탁발을 했다. 한 닷새 한 걸로 겨울철 양식이 되기에는 넉넉했다. 탁발을 끝내고 돌아오니 텅 비어 있어야 할 암자에서 저녁연기가 피어오르고 있었다.

걸망을 내려놓고 부엌으로 가 보았다. 낯선 스님이 한 분 불을 지피고 있었다. 나그네 스님은 누덕누덕 기운 옷에 해맑은 얼굴, 조용한 미소를 머금고 합장을 했다. 그때 그와 나는 결연(結緣)이 되었던 것이다. 사람은 그렇게 순간적으로 맺어질 수 있는 모양이다. 피차가 사문이기 때문에 더욱 그랬다.

(…)

그해 겨울 안거를 우리는 무사히 마칠 수 있었다. 그 뒤에 안 일이지만 아무런 장애도 없이 순일하게 안거를 보내기란 결코 쉬운 일이 아니었다.

이듬해 정월 보름은 안거가 끝나는 해제일. 해제가 되면 함께 행각을 떠나 여기저기 절 구경을 다니자고 우리는 그 해제절을 앞두고 마냥 부풀어 있었다.

그런데 해제 전날부터 나는 시름시름 앓기 시작했다. 며칠 전에 찬물로 목욕한 여독인가 했더니, 열이 오르고 구미가 뚝 끊어졌다. 그리고 자꾸만 오한이 드는 것이었다. 해제는 되었어도 길을 떠날 수가 없었다.

산에서 앓으면 답답하기 짝이 없다. 사문은 성할 때도 늘 혼자지만 앓으면 그런 사실이 구체적으로 실감된다. 약이 있는 것도 아니고 가까이에 의료기관도 없다. 그저 앓을 만큼 앓다가 낫기를 바랄 뿐이다. 그리고 그때 우리는 철저하게 무소유였다. 밤이면 헛소리를 친다는 내 머리맡에서 그는 줄곧 앉아 있었다. 목이 마르다고 하면 물을 끓여 오고, 이마에 찬 물수건을 갈아 주느라고 자지 않았다.

그러던 어느 날 아침, 그는 잠깐 아랫마을에 다녀오겠다고 나가

더니 한낮이 되어도 돌아오지 않았다. 해가 기울어도 감감소식이었다. 쑤어둔 죽을 저녁까지 나누어 먹었다. 나는 몹시 궁금했다.

밤 10시 가까이 되어 부엌에서 인기척이 났다. 그새 나는 잠이 들었던 모양이다. 그가 방문을 열고 들어올 때 그의 손에는 약사발이 들려 있었다. 너무 늦었다고 하면서 약을 마시라는 것이다. 이때의 일을 나는 잊을 수가 없다. 그의 헌신적인 정성에 나는 어린애처럼 울어 버리고 말았다. 그때 그는 말없이 내 손을 꼬옥 쥐어 주었다.

암자에서 가장 가까운 약국이래야 40여 리 밖에 있는 구례읍이다. 그 무렵의 교통수단이라고는 구례 장날에만 장꾼을 싣고 다니는 트럭이 있을 뿐. 그러니까 그날은 장날도 아니었다. 그는 장장 80리 길을 걸어서 다녀온 것이다.

(…)

한동안 우리는 만나지 못한 채 각기 운수(雲水)의 길을 걸었다. 서신 왕래마저 없으니 어디서 지내는지 서로가 알 길이 없었다. 운수들 사이는 무소식이 희소식으로 통했다. 세상에서 보면 어떻게 그리 무심할 수 있느냐 하겠지만, 서로가 공부하는 데 방해를 끼치지 않도록 배려해서다.

(…)

내가 해인사로 들어가 퇴설선원에서 안거하던 여름, 들려오는 풍문에 그는 오대산 상원사에서 기도를 하고 있다고 했다. 여름 살림이 끝나면 그를 찾아가 보리라 마음먹고 있었더니, 그가 먼저 나를 찾아왔다. 지리산에서 헤어진 뒤 다시 만나게 된 우리는 서로 반겼다. 그는 여전히 조용한 미소를 머금고 있었다. 함께 있을 때보다 안색이 못했다. 앓았느냐고 물으니 소화가 잘 안 된다고 했다. 그럼 약을 먹어야 하지 않겠느냐고 했더니 괜찮다고 했다. 그가 퇴설당에 온 후로 섬돌 위에는 전에 없이 변화가 일기 시작했다. 여남은 켤레 되는 고무신이 한결같이 하얗게 닦이어 가지런히 놓여 있곤 했다. 물론 그의 밀행(密行)이었다.

노스님들이 빨려고 옷가지를 벗어 놓으면 어느새 말끔히 빨아 풀 먹여 다려 놓기도 했다. 이러한 그를 보고 스님들은 '자비 보살'이라 불렀다.

(…)

그는 공양을 형편없이 적게 하였다. 물론 이제는 우리도 삼시 세 끼를 스님들과 함께 먹고 지냈다. 어느 날 나는 사무실에 말하고 그를 억지로 데리고 대구로 나갔었다. 아무래도 그의 소화기가 심상치 않았다. 진찰을 받고 약을 써야 할 것 같았다.

버스 안에서였다. 그는 호주머니에서 주머니칼을 꺼내더니 창틀에서 빠지려는 나사못 두 개를 죄어 놓았다. 무심히 보고 있던 나는 속으로 감동했다. 그는 이렇듯 사소한 일로 나를 흔들어 놓았다. 그는 내 것이네 남의 것이네 하는 분별이 없는 것 같았다. 어쩌면 모든 것을 자기 것이라고 생각했는지도 모른다. 그렇기 때문에 사실은 하나도 자기 소유가 아닐 수도 있다. 그는 실로 이 세상의 주인이 될 만한 사람이었다.

(…)

그해 겨울 가야산에는 눈이 많이 내렸었다. 한 주일 남짓 교통이 두절될 만큼 내려 쌓였었다. 밤이면 이 골짝 저 골짝에서 나무 넘어지는 소리가 요란했다. 아름드리 소나무가 눈에 꺾인 것이다. 그 고집스럽고 정정한 소나무들이 한 송이 두 송이 쌓이는 눈의 무게에 못 이겨 꺾이고 마는 것이었다. 모진 비바람에도 끄떡않던 나무들이 부드러운 것 앞에는 꺾이는 묘리(妙理)를 산에서는 역력히 볼 수 있었다.

(…)

나는 슬픈 그의 최후를 되새기고 싶지 않다. 그가 떠난 뒤 분명히 그는 나의 한 분신이었음을 알 것 같았다. 함께 있던 날짜는 일 년도 못 되지만 그는 많은 가르침을 남겨 주고 갔다. 그 어떤 선사보다도, 다문(多聞)의 강사(講師)보다도 내게는 진정한 도반이요 밝은 선지식이었다.

(…)

그를 생각할 때마다 사람은 오래 사는 것이 문제가 아니다, 어떻게 사느냐가 문제라고 생각되었다.

_「무소유」·「잊을 수 없는 사람」에서

● ●

몇백 번 상하고 다치면서 괴롭고 절망하고
울부짖는 동안에 인간은 자란다. 자라면서 모든 것을 얻고
또 잃어버리고 그러는 동안에 인생을 알게 된다.
행복은 사금처럼 가벼이 날아가 버리지만 불행은 두고두고
네 마음속에서 인생의 문을 열어 주는 귀한 열쇠가 되리라.

언제고 만날 날이 있으리라

: 1957년 ~ 1958년

머지않아 이곳을 떠나

그 사이 겨울이 가고 봄으로 바뀌었구나. 공부 잘하였을 줄 안다. 나는 편안히 새로운 산의 정취에 잘 숨 쉬었다. 성남이의 진학 문제가 어떻게 되었는지 항시 궁금하다.

지금 이곳은 전라북도 고창군에 있는 선운사라는 절이다. 별로 마음에 흡족치 않아, 다른 곳으로 옮기려던 것이 이제껏 약간의 사정으로 머무르게 되었다. 그래서 차분히 자리 잡으면 편지하려던 게 지금껏 늦었다. 많이 기다렸을 줄 안다. 머지않아 곧 이곳을 떠나 다른 곳으로 옮길 판이다.

먼젓번에 가지고 오려고 했다가 놔두고 온 몇 권 책이 필요하여 광순이 형보고 찾아 보내 주라고 했다. 『문학개론』(백철 저), 『소설작법』(정비석), 『조선미술문화사논총』(고유섭), 『조선미술사연구』(윤희순) 그리고 노-트(씌어진-기록된) 두 권이다.

나에게 소식 전하려거든 이 편지 받는 즉시로 정혜원에 가서 성진(性眞) 스님을 찾아 전하면 될 것이다. 그 스님은 나와 한 지붕 아래서 재미있게 지내고 있는 분이다. (지금 내 곁에 앉아 이 글 쓰는 걸 보고 있다.) 목포에 무슨 볼일 보러 감으로 그 스님 편에 책도 부탁했다.

집안에도 고루 문안 살펴라. 복이네 아주머님께도 안녕 여쭈고. 공부 잘하여라. 성남이의 소식 듣고 싶다. 다시 차분히 자리 잡는 대로 편지하마. 안녕히.

1957년 3월 30일 새벽
법정 합장

세상일이라는 게 다 한바탕 꿈

성직에게

네 글을 반가이 받아 보았다. 다들 평안하시다니 반가운 소식이다. 산에서는 여름을 ─ 계절의 변화를 모르고 지낸다. 통 더웁지가 않고 모기 한 마리 구경할 수도 없다. 이런 환경에서 지냄이 오로지 불제자 된 은덕이 아닐 수 없다. 나는 무척 고맙게 여긴다.

이곳 해인사는 그 유명한 『팔만대장경』이 보존되어 있는 국보 사찰로서 이름난 곳일뿐더러, 한국 절 중에서 가장 질서가 잡힌 곳이다. 현재 스님네는 한 60명가량 계시는데, 목탁을 치고 염불을 하는 그런 절이 아니고 순전히 공부만 하는 곳이다. 그러기 때문에 비교적 규율이 엄격하다.

나는 어디에서보다도 더 명랑해졌고 또 친한 스님도 있어 서로서로 아끼고 돕는 아름다운 우정도 있다. 이번 네 편지도 함께 읽을 수 있는 그러한 사이니까! 이름은 원묵(圓黙) 스님이시란다. 광주가 고향.

방학에 집에 내려가거들랑 할머님, 아버님, 어머님, 동생들께 내 대신 무슨 일이고 도와드려라. 세상일이란 게 다 한바탕 꿈처럼 허무하니라. 한데 모여 있을 동안이라도 서로 돕고 아름답게 살아야 할 것이니라.

그리고 나라는 존재는 그저 먼 날에 죽어 버렸거니 생각하여라. 실은 죽어 없는 것이나 마찬가지니까 말이다. 편지는 될 수 있는 대로 자주 안 하는 것이 좋다. 이곳 여러 스님네들이 덜 좋아할 뿐 아니라 공부에 방해가 되니까⋯⋯.

이곳 해인사 풍경(사진)을 보낸다. 영애 누나에게 편지 전해라. 더운 여름에 몸 건강하고 공부에 게으르지 말아라. 안녕히.

정 합장
1957년 7월 26일

성진 에게

1.

내 글을 받아이 받아 보았다. 다른 영안 하시 내
받가운 소식이가. 나 에서는 애들은 ──제절의 변화를
모르고 지낸다. 통 끓음치가 있고, 보기 한 바리 구경
할 수도 있다. 이런 환경에서 지낸이 오로지 佛弟子가
된 음덕이 아불수 있다. 나는 무척 그 많게 되언가
이로 해인사는 그 유명한 『팔만 대장경』이 보존
되어 있고 국부 사찰로서 이름 난 곳인 뿐더러, 한국
절 중에서 가장 질서가 잡힌 곳이다. 현재 스님네는 한 60여 가량
계시고다. 동락을 치고 연불을 하는 그런 것이 아니고
순전히 공부만 하는 곳이다. 그리가 200분에 비교적
서 줄이 엄격하다. 나는 여기서 받는 더 영랑해 질고

2.

단 친한 스님도 있이 서로 서로 아끼고 도움을 아름
다운 우정도 있다. 이번 내 편지도 한게 읽을 수 있는
그런한 사이니까! 이름은 원묵(圓黙)스님 이시란다. 尖바가 고향.
방학에 집에 내려 가거든강 합너봐. 아내분, 미선, 동생 들게
내 대신 무슨 일이고 도와 드려라. 세상 일이가까 가 한 바람
곳이런 허우하버라. 한 때 통에 있는 동안 이라고 서로 도움고
아름감게 살아야 한 것이니라. 그리고 나라도 훗재는 그저 빈 손
에 죽어 바리었거니 한 생각 하버라. 실도 죽어 있음 것이나 바찬 까지
내게 없다. 편지는 될수 있는 대로 한글만 쓰는 것이 좋다. 이곳
여러 스님네 들이 더 좋아 할 뿐 이너라. 공부에 받게가 되니까...
이곳 海印寺 통경 (사진)을 보낸다. 英菁 누나 에게 편지 전하라.
다른 애들에 몬 건강하고 공부에 게을르지 마라라. 안녕히 頂 수술

1957.
7. 26.

네 글에서 내 방의 냄새를 맡을 수 있었다

성직아

어제 너의 글 기쁘게 받아 보았다. 두루 평안하다니 반가운 소식
이다.

중은 항시 잘 있다. 너의 간곡한 말이 다 옳다. 중도 그런 걸 잘 알
고 있다. 불교의 방향이 바로 그것이니까. 항시 산에 박혀 있으라
는 건 아니고, 흔들리지 않을 그리고 남에게 스승이 될 만한 경지
에 이르면 마을에 내려가 중생을 제도하는 것이 산 부처님의 진리
다. 그러니까 지금의 나는 그러기 위한 준비 과정에 있는 것이다.

이젠 가을도 점점 여물어 간다. 무더기 무더기로 코스모스가 피
어 있다. 구름처럼 가볍게 하늘거리는 코스모스를 나는 사랑한
다. 그 해맑은 생리를.

가야산의 단풍도 제법 노릇노릇해 간다. 머루, 다래, 어름, 잣……
이런 것들이 풍성하다. 아침저녁으론 쌀쌀한 정도가 아니고, 사
뭇 이가 떡떡 마주친다. 높은 산중이라서 구월달이면 수각에 얼

음이 언다는 곳이다. 한 가지 부탁은 내 속셔츠(지난봄에 맡겨 놓은 것)를 소포로 부쳐 주면 고맙겠다. 위아래 한 벌이니까.

너의 글에서 내가 거처하던 방의 냄새를 맡을 수 있었다. 다들 그리운 기억들이다. 적어도 자기가 사는 주위만은 '자기 색(色)'으로―자기 개성을 풍길 줄 아는 '멋'을 지녀야 할 것이다.

그제(24일)에서야 열흘만의 여행에서 돌아왔다. 경주로 불국사, 석굴암…… 신라 천년의 자취를 찾았더니라. 울산으로, 양산 통도사로, 동래 범어사, 온천, 부산, 김해…… 이렇게 닥치는 대로 흘러 다녔다. 중에겐 이런 멋이 있고, 자유가 있다.

요즘 독서를 하느냐? 가을은 독서의 계절이라는데 많이 좋은 것을 골라 읽도록 하여라. 어떤 것을 읽는지 알고 싶다. 지금까지 읽은 것은 무엇무엇인지……. 복이 어머니께랑 두루 문안 여쭈어라. 잘 있거라.
원묵 스님도 평안하시다. 너에게 안부를 전하라고…….

해인사 중 법정 합장
1957년 9월 27일

〈다시 한 가지〉

웃을 부칠 때 함께 『콘사이스』도 보내 주었으면 좋겠다. 종이를 한 벌 잘 싸서 옷 속에 넣어 보내 주었으면 한다. 책장 맨 아래 칸에 흰 종이로 책가위한 것인데 『영화(英和)사전』이라 펼쳐 보면 쓰여 있다. 일본 글로 된 것이다.

『영독(英獨)』은 보내지 말고 『영화(英和)』를 보내 주기 바란다. 두 권 다 똑같이 생겼으니까 (얼핏 보면) 어쨌든 흰 종이로 책가위한 것을 보내면 틀림없다. 소포는 두터운 종이(돌가벽 종이 — 시멘트 푸대 종이) 같은 걸로 잘 싼 다음, 노끈으로 묶어서 부쳐 주기 바란다. 수고롭겠다.

정

가을을 독서의 계절로 못 박아 놓고들 있지만 사실 가을은 독
서하기에 가장 부적당한 계절일 것 같다. 날씨가 너무 청정하기
때문이다. 그리고 엷어 가는 수목의 그림자가 우리들을 먼 나그
네 길로 자꾸만 불러내기 때문이다. 푸르디푸른 하늘 아래서 책장
이나 뒤적이고 있다는 것은 아무래도 고리타분하다. 그것은 가을
날씨에 대한 실례다.

그리고 독서의 계절이 따로 있어야 한다는 것도 우습다. 아무 때
고 읽으면 그때가 곧 독서의 계절이지. 여름엔 무더워서 바깥일을
할 수 없으니 책이나 읽는 것이다. 가벼운 속옷 바람으로 돗자리
를 내다 깔고 죽침(竹枕)이라도 있으면 제격일 것이다. 수고롭게 찾
아 나설 것도 없이 출렁거리는 바다와 계곡이 흐르는 산을 내 곁
으로 초대한다.

_ 『영혼의 모음』·「그 여름에 읽은 책」에서

너만 읽어 보아라

보내준 것들 잘 받았다. 앞으로도 좋은 책 많이 읽도록 하여라. 이태준 씨의 작품은 모두 훌륭한 것들이다. (지금은 북쪽으로 가 계시는 분이다.) 이름 있는 작가의 것을 골라 읽어야 할 것이다.

독서는—문학은 우리를 새로운 세계로 건전한 인간 발전의 길로 이끌어 주는 훌륭한 길잡이가 될 것이다. 그러나 좋지 못한 작품은 되려 우리에게 해독만 끼치게 된다. 내게 있는 것들은 비교적 건전한 것들이지만, 지금의 너에겐 정도가 좀 높지 않을까 생각된다. 그리고 외국 작가의 번역된 작품도 많이 읽어야 할 것이다.

한 가지 부탁인데 '책장' 속에 '나프탈렌'(옷에 넣는 소독약)을 각 단마다 두어 개씩 넣어 놓으면, 좀도 먹지 않고 책을 보존하는 데 도움이 될 것이다. 그리고 책장 서랍에도 두어 개씩 넣도록 하고. 나 때문에 또 한 가지 우엣 걱정을 보태게 되어 무어라 말할 수 없다.

요즘 단풍이 한창이다. 성급한 나뭇잎은 낙엽이 지기 시작한다.

가을! 생각 많은 계절이다. 책장 오른편 서랍 안에 졸작 「가을」_{출가} 하기 전 법정 스님이 쓴 단편 소설이라는 소설이 있다. 한번 너만 읽어 보아라. 안녕히.

1957년 10월 7일
정 합장

※ 특별한 일이 없는 한 답장은 없어도 좋다.

〈추신〉

될 수 있으면 '큰사전'을 계속해서 사 놓으면 공부하는 데 아주 필요할 것이다. 지금 큰사전이 간행되고 있다는 말을 들었다. 내 책장에 1, 2, 3권이 있으니까 앞으로 4, 5, 6권만 사면 된다. 정가(책값)가 비싸다고 해도, 아주 헐한 값이다. 부탁한다엮은이는 이 추신을 읽은 뒤 『우리말 큰사전』 4·5·6권을 구입했다.

이젠 가을도 저물어 가는 가. 날로 앞으로 이곳은

빈 뜻지만 늘어가는 걸 보면. 우물 가에 얼음이

얼기 시작한다. 오지음 山村가 市場의 소란 갈

다. 사간의 더미. 사투리와 心風景.

x 책을 잘 보존하기 바란다. 함께 있는 학생

들 에게도 인정을 과하여라. 순영의 중앙촌민교

전학문제는? 태순이가 잘 보아주었음을 믿는다.

10 (卿)山의 山情이 나를 이대로 머물까 한가

보다. 心身이 이 밤의 건강하여라.

가을이 멀어져 간다

이젠 가을도 저물어 가는가. 날로 잎을 잃은 빈 가지만 늘어 가는
걸 보면. 우물가엔 얼음이 얼기 시작한다. 요즈음 산사가 시장의
소란 같다. 사람의 더미, 사투리의 공개장.

책들 잘 보존하기 바란다. 함께 있는 학생들에게도 인정을 다하
여라. 순영의 중앙국민교 전학 문제는? 태순이가 잘 보아 주었을
줄 믿는다. 가야산의 산정이 나를 이대로 머물게 하는가 보다. 심
신이 더불어 건강하여라.

1957년 10월 25일

번민하고 사색하여라

가야산의 수목은 새잎으로 싱싱해 버렸다. 밤이면 두견이 적막한 산골에 주인 노릇을 하고. 날마다 무더기로 밀려드는 관람객 사태에 산승(山僧)은 또 골치를 앓아야 한다.

그 사이 공부 잘할 줄 안다. 어느새 삼학년! 고등학교 삼학년이라면 결코 순조로운 시기는 아니다. 여러 가지로 번민이 많을 때다. 선택의 갈래길에서 어쩔 줄 몰라 헤맬 시기니까. 많이 번민하고 사색하여라. 불우한 생활 환경에서 괴로워할 어린 심정을 눈물겹도록 안타까워한다.

세상이란 한마디로 말해서 고해(苦海, 괴로움의 바다)이니라. 그러기에 삼천 년 전 인도의 왕자는 그 호화로운 궁전을 박차고 출가 입산(出家入山)하여 일체에 걸림이 없는 '자유인'이 된 것이다. 중은 가만히 앉아서 목탁이나 치고 염불만 외우는 그런 소극적인 수행자는 아니다. 고행(苦行)이 곧 수행(修行)인 것이다. 죽고 사는 이 고해를 수행의 힘으로써 벗어나는(해탈하는) 것이다.

좋은 책들 많이 읽어라. 춘원님 지은 것은 대개가 (몇몇 통속 작품은 말고) 믿고 읽을 만하다. 내 책장에서 읽을 만한 것을 골라서 읽고 잘 보존하여라. 나프탈렌(옷에 넣는 소독약)을 넣어 두면 좀이 들지 않을 것이다. 『원효대사』를 구해 읽어라.

돌아오는 가을철쯤 될 수 있으면 한번 다녀올까 한다. 어머님이나 할머님께 집안사람들에게 모두들 안심시켜 드려라. 그리고 무슨 일이고 광순 형과 잘 상의해서 하도록 하여라. 좋은 형님 노릇을 해 줄 것이다. 성남이, 순애 학교에 다니고 있는지? 궁금하다. 작은아버지의 건강은 어떠신지?

한 가지 부탁은 책장 오른쪽 서랍 안에 있는 원고지 다섯 권(오백 매)만 사종 우편으로 보내 주었으면 고맙겠다. 모든 인쇄물은 사종 우편으로 하면 값(요금)이 헐하니라. 안녕히.

1958년 5월 13일
법정 합장

주소는 해인사로

문학이 스승이다

너의 글 두 번 다 잘 받았다. 그리고 원고지도. 사월 초파일의 분주함과 연이어서 어제까지 닷새를 산불 끄러 다니느라 미처 답을 못했다. 기다릴 줄 알면서도.

네가 『현대문학』지를 본다니 반갑다. 문학이란 어쩌면 건전한 생활을 위해서 제일가는 방편인지도 모른다. 문학에서 새로운 자기를 발견할 수 있고, 또한 삶의 보람을 느낄 수 있었다. 적어도 나의 경우에 있어서는. 나도 이따금 옛날의 버릇을 어쩌지 못해서 띄엄띄엄 『현대문학』을 받아 보고 있다. 유월호도 사 놓고 아직 여가가 없어 읽지 못했다. 『원효대사』를 읽은 뒤의 소감을 어디 꾸밈없이 솔직하게 내게 말해 보아라.

아침이면 꾀꼬리 노랫소리 어지럽고 한낮 영 넘어 뻐꾸기 울음……
안녕히.

〈추신〉

설경 사진 한 장 보낸다. 무더운 여름날에 혹시나 위로가 될까 하여. 그리고 일주문에서 찍은 사진은 지난 사월 초파일 나를 따르는 스님이 함께 찍자고 해서 촬영한 것이다. 나이는 네 또래나 될 것이다.

고통은 완성을 위한 시련

즐거워야 할 방학이 어쩐지 무섭고 두려움이 앞선다는 너의 그 불안한 마음을, 어디로고 훨훨 떠나고 싶다는 어린 마음을 나는 충분히 알 수 있었다. 너의 글에서 학창 시절의 내 모습을 읽을 수 있었음이 심히 서글펐다.

마음하는^{마음을 다해 사랑한다는 뜻으로 쓴 말인 듯하다} 아우야!
마음 기댈 곳 없이 안타까이 헤매는 너에게 나는 무엇을 줄 수 있을 것인가? 나는 무능하다. 힘이 없구나. 그지없이 안타까워할 뿐이다. 그러나 결코 실망하진 말아라. 우리들의 앞길은 아직도 멀다. 지금의 고통은 우리들 인격을 완성해 가는 데 하나의 시련으로 봄이 좋을 것이다. 종교개혁자 마틴 루터^{다음의 말은 루터가 아니라 네덜란드 철학자 스피노자가 한 말이다}는 이렇게 말한다.

'아무리 세계의 종말이 명백하다 하여도 나는 오늘 능금나무를 심는다'고.

여유 있는 인생의 태도다. 어떠한 고난에 부딪힌대도 자기 할 일은 꾸준히 해 나가는 건전한 생활인의 자세를 배워 봄직도 하지 않겠는가?

아우야!
항시 줄기찬 의욕을 지니고 모든 고난을 박차고 싱싱하게 즐겁게 살아가자. 편지로라도 좋으니까 무엇이든지 고민하고 있는 것, 혼자 생각으로는 어떻게 감당할 수 없는 것은 나에게 거침없이 물어라. 중에겐 아무런 흉허물도 없으니까…….

앞마당에 화단이 생겼다니 참 고마운 일이다. 꽃을 가꾸는 그 고운 마음씨는 얼마든지 높이 찬양할 수 있는 것이다. 무기 대신에 아름다운 화분과 꽃씨를 국제 간에 서로 교환할 수 있는 시대가 와야만 세상도 가히 살아갈 만한 세상일 게다.

고향집에 내려가거든 할머님과 작은아버님…… 고루고루 문안 여쭈어라. 성남이, 순애들도 무얼 하고 있는지. 인연이 다가오면 언제고 만날 날이 있으리라.
잘 있거라. 많이 읽어라.

1958년 7월 24일 밤, 파초 잎이 후두기는 빗소리 들으면서
법정 합장

지금 돌이켜 생각해 보면, 내 20대 출가할 무렵에도 우주고를 혼자서만 치른 것같이 여겨진다. 몇 밤을 뜬눈으로 지새면서 회답도 없는 물음을 토했던가. 카인의 후예들이 날뛰던 동족상잔의 저 6·25 전쟁. 모든 질서와 가치의식이 뒤죽박죽 흩어져 버린 틈바구니에서 어떻게 살아남을 수 있었던가.

　그 무렵 어떤 친구들은 바다를 건너가기만 하면 신천지가 전개될 줄 알고 그저 밀항에만 들떠 있었다. 우리는 몇 차례나 가난한 학생의 처지에서 주머니를 털어가며 송별연을 베풀었던지. 또 어떤 친구는 그 우주고를 이기지 못해 나머지 생애를 스스로 반납해 버리기도 했다. 남들은 말짱한데 어째서 우리들은, 우리 친구들은 그런 고뇌를 겪어야 했던가. 지금 생각하면 크느라고 홍역들을 호되게 치렀던 모양이다.

_「산방한담」·「출가기」에서

바다에게 안부 전해 다오

사전과 호적 초본 고맙게 받았다.

고향! 기억에서 영원히 지워질 뻔했구나. 아름다운 곳이었지. 꿈 많은 시절엔 가난한 고향의 자연에 제법 친숙했었지. 산으로 들로 섬으로 또 저 눈 쌓인 길—눈 나리는 밤을 혼자서 호젓하게 즐기곤 했지.

겨울 방학과 더불어 손주(손자)를 지극히 아끼시는 할머님의 따사로운 인정도 있었다. 밤늦게 독서하는 손주에게 고구마를 구워 놓았다가 주곤 했어. 나는 배가 부른데도 할머님의 그 정성을 차마 물리칠 수 없어 달게 먹었고. 여름 달밤 비각으로 가는 뚝길. 물 긷는 여인네의 행렬. 아름다운—소박한 한 폭의 풍경화가 아니겠는가.

고향의 자연과 친해 보아라. 지금은 더러 변했겠지. 무엇보다도 메말라 가는 인정을 안타까워했느니라. 고향과 함께 떠오르는 얼굴이 있다. 규선이! 지금은 어데서 무얼 하고 지내는지?

집에 있을 적에나 집안일 두루 돌보아 드려라. 될 수 있는 대로 진학하도록 하여라. 졸업을 앞두고 초조할 줄 믿는다.

해질녘의 호수처럼 잔잔한 고향의 '앞바다 양(孃)'우수영 양도 앞바다에게 안부 전하여라. 할머님께랑 두루 문안 여쭈어라. 더위에 몸조심하여라.

1958년 8월 9일
법정 합장

술은 먹지 말아라

또 가을이 온다. 산에는 머루, 다래, 어름, 이런 산과일들이 여물어 간다. 하늘은 저렇게 높푸르고…….

가을!
가을은 아무래도 식물성 기질인 내 계절만 같애. 가을바람이 우수수 나뭇잎을 스칠 때 내 마음은 그만 허전해서 그대로 배길 수가 없어. 그래서 그 허전을 메꾸노라고 머언 날의 기억을 되씹고 하지.

가을의 병든 바람 속에 나비 나래는 무거워 가고…….
이 가을에 우리도 저런 열매처럼 실컷 여물어 보자. 우선 많이 읽고, 또 사색도 해야겠다. 철학을 해야지.

한 가지 부탁은 술은 절대로 먹지 말아야 한다. 구태여 여러 가지 해독을 말하진 않지만, 우선 작은아버지의 건강과 우리 집의 곤궁을 보더라도 술에서 온 것이 아니더냐? 그리고 무엇보다도 내

속세에서의 경험이 있다. 부처님 말씀에도 술을 마시면 우리의 지혜종자(知慧種子)가 없어진다는 것이다. 그래서 손으로 술집을 가리키기만 해도 오백 생 동안을 손 없는 보(報)를 받는다는 것이다. 물론 이것은 나의 지나친 염려이기를 바란다. 절대로 우리를 망치는 술은 안 먹기!

졸업하고 어떻게 하려는지 궁금하다. 될 수 있는 대로 진학해야 한다.

안녕히

1958년 8월 27일
정 합장

맹목적인 신앙은 미신보다 더한 것

9월 3일에 보내 준 네 글 잘 받았다. 지금 네가 체험하고 있는 하루하루의 생활이 마치 지난날 내 자취를 되풀이하는 것만 같아 심히 서글프다.

그러나 자기가 현재 겪고 있는 운명에 대해서 스스로 위안하는 철학을 갖는 것도 현명한 생활 태도일지 모른다. 말하자면 나는 이처럼 인생에 대해서 남이 겪지 못한 풍부한 체험을 하고 있다는 자부심 말이다. 그런 때 나는 베토벤에게서 혹은 그 밖의 훌륭한 인격들의 생애에서 위안들을 받곤 했었다.

'괴로움을 뚫고 기쁨으로!'라는 베토벤의 철학. 고난 속에서도 훌륭한 음악을 탄생시킨 베토벤! 나의 젊은 날의 스승이여! 책장 속에 로맹 로랑이 쓴 『베토벤의 생애』가 있을 것이다. 아직 안 읽었다면 읽어 보아라. 재독(再讀)도 좋다.

그래, 좋다. 크리스챤! 사람은 종교적인 생활을 가져야 할 것이다. 거기에서 생활의 정화가 올 것이기에. 어릴 적부터 예수 씨와 너는 인연이 깊었으니까. 아무것도 신앙하지 않는 것보다는 얼마나 장한 일이냐. 영세를 받아도 좋고, 세례를 받아도 좋다. 한 가지 명심할 것은 이 우주 주인은 항상 '나(자기)'라는 걸 망각해서는 안 된다. 그리고 아무런 비판 정신도 없는 맹목적인 신앙은 인간 성장에 오히려 큰 해독을 끼칠 우려성이 없지도 않는 것이다. 모든 것은, 어떤 신격화 혹은 우상화된 대상에서가 아니고, 나로부터 비롯한다는 걸 잊지 말아라. 이런 태도가 없는 맹목적인 신앙은 미신보다 더한 것이다.

불가에서는 '내가 곧 부처'라는 것이다. 이 말은 무슨 인간의 모양이 잘났다는 데서가 아니라 내가 닦아(수행해서) 깨치면 똑같은 부처가 된다는 말이다. 또한 누구에게나 부처가 될 수 있는 성품을 다른 것이 아닌 나 자신이 본래부터 가지고 있다는 것이다. 우리가 수행하는 구경究竟, 지극한 깨달음 목적이 내가 깨달아서 고해의 일체 중생을 제도하는 데(건지는 데) 있는 것이다. 이런 문제에 대해서는 앞으로도 말할 기회가 있을 것이다. 생활의 주체는 항상 '나'다.

전 신문에서 목포 지방의 수해가 심했다는 걸 보고 저윽이 걱정이 되었다. 어떻게들 지내는지.

해제(解制)도 했으니 걸망 바람도 쏘일 겸 전라도를 가려고 했던 것이 아직은 막연하다. 인연이 닿으면 갈 길이 있을 것이다. 앞으로 얼마 동안 어데 좀 다녀와야겠다. 너무 단조해서 권태가 달라붙는다.

잘 있거라.

산승 법정 합장, 1958년 9월 19일

성직애게

9월 3일에 보내준 네 글 잘 받았다. 지금 내가 體驗(체험)하고 있는 하로 하로의 생활이, 마치 지난날 내 生活(생활)을 되풀이 하는 것만 같에 실히 서로도다.

그러나 自己(자기)가 헌제 겪고 있는 수영에 대해서, 스스로 위안하는 뽕뿔을 갖는 것도, 현명한 생활 태도 일지 모른다. 반화자면, 나는 이처럼 人生(인생)에 대해서 남이 겪지 못한 풍부한 체험을 하고 있다는 자부심 받이다. 그런고로 나는 내로로뻔 에게서 혹은 그빡의 훌륭한 人格(인격)들의 생애에서 위안들을 받고 했었다. "괴로움을 뚫고 기쁨으로!" 라고 배토뻔의 받조. 고난 속에서 훌륭한 音樂(음악)을 탄생시킨 배도뻔! 나의 젊은 날의 스승이여! 책장에 로란·로랑이 쓴 "배토뻔의 生涯(생애)"가 있을 것이다. 아직 안 읽었다면 읽어 보아라. 再讀(재독)도 좋다.

그래 좋다. 그리스찬! 사람은 宗敎(종교)的(적)인 생활을 갖어야 할 것이다. 거기에서 생활의 정화(淨化)가 올 껏이기. 이 적부는 예수氏(씨)와 나는 인연이 깊으니께. 아무것도 信仰(신앙)하지 않는 것 받는 얼마나 잔한 일이냐. 영세를 받어도 좋고, 세례를 받어도 좋다. 한가지 명신할 것은, 이 우호人(인)은 받상 "나"(自己(자기))라는 걸 방각해서는 안된다. 그리고 아무런 비판정신도 없는 맹목적인 신앙은, 人間疏愛(인간소애)에 우리가 큰 해탈을 꾀칠 우래성이 있지도 않는 것이다. 믿는 것은, 어떤 神格化 혹은 우상화 된 대상 (相對) 에서가 아니고, 나로 부터 비롯한다는 걸 잊지 말아라. 이런 태도가 맹목적인 신앙은 미신 보다 더 한 것이다. 佛家에서는 내가 곧 부처라는 것이다. 이 말은 무슨 人間의 모양이 꼭 같는 부처가 된다는 말이다. 단한 누구에서나 부처가 된 수 있는 성품은 나로 것 아닌 나 자신이 본래 부처 가지고 있다는 것이다. 우리가 수행하는 구경 목적이 내가 깨달아서 고래이 일체 중생을 제도 (건지는데) 하는 것이다. 이런 문제에 대해서는 알으로 밝힐 기회가 있을 것이다. 生活의 主體는 항상 나다.

□ 昨 신문에서 木浦地方의 水害가 심했다는 걸 보고 저으이 걱정이 되옵다. 어떻게들 지내는지.

解割도 참으나 결망 바람도 쏘이고 全羅道를 갈래 했던 것이 아직은 막연하다. 인연이 닿으면 갈수이 있는 것이다. 알으로 몇바 동안 이데 좀 머니 와야 겠다. 너무 간조해서 친태가 탈라 붙는다.

잘 있거라.

山僧 法頃 合

1958. 9. 19

빈 가지가 허공 중에 외롭다

오늘 네 글 잘 받았다.

이젠 가을도 저물어 가나 보다. 잎을 잃은 빈 가지가 허공 중에 외롭다. 지난 25일(10월)에는 첫눈이 내렸고 우물가엔 얼음이 얼곤 한다. 앞으로 얼마 동안은 산에서는 한 해 중에도 가장 분주한 때다. 화단을 정리하고, 방을 바르고, 김장, 낙엽 긁기, 추수 등……

한 가지 귀찮은 부탁—생활의 안정을 갖기 위해서 갖추어야 할 것이 있다. 승적수속(僧籍手續)을 해야 하는데 또 호적 초본이 세 통 필요하다. 귀찮겠지만 먼저와 같이 해 보내 주었으면 긴요하게 쓰겠다. 전번에 신청한 도민증은 최근에 발급받았다.

환절기에 몸조심하여라. 어머님께 문안 여쭈고 복이 엄마에게도 안부 사뢰라. 함께 있는 고향 벗들에게도 고루 안녕. 오늘 영애에게도 답장 보냈다. 이곳에 올 적에도 내 겨울 내의를 준비해 준 고마운 누이다.

안녕히

중노릇이란 어떤 것인가? 하루 스물네 시간 그가 하는 일이 곧 중노릇이다. 일에서 이치를 익히고 그 이치로써 자신의 삶을 이끌어 간다. 순간순간 그가 하는 일이 곧 그의 삶이고 수행이고 정진이다.

(…)

사람에게는 저마다 주어진 상황이 있다. 남과 같지 않은 그 상황이 곧 그의 삶의 몫이고 또한 과제다. 다른 말로 하면 그의 업이다. 그가 짊어지고 있는 짐이다. 할 일 없이 지내는 것은 뜻있는 삶이 아니다. 그때 그곳에 할 일이 있기 때문에 그를 일으켜 세운다.

처서를 지나면서 하루 걸러 다시 군불을 지핀다. 훨훨 타오르는 아궁이 앞에서 내 삶의 자취를 되돌아본다. 늦더위의 뙤약볕에 청청하던 숲이 많이 바랬다. 초가을 냄새가 여기저기서 풍기기 시작한다.

_「아름다운 마무리」·「아궁이 앞에서」에서

울지 마라, 울지를 마라

새해에는 집안이 두루 평안하고 더욱 큰 뜻을 이루기를 부처님 앞에 빈다. 나무아미타불!

네 글, 눈도 내리지 않던 크리스마스 날 잘 받아 보았다. 너의 초조한 마음은 잘 알 수 있다. 조그마한 힘도 보태지 못한 산승의 무능을 슬퍼할 따름이다.

─죽는다는 건, 죽는다는 건 이 지상을 유지하던 하나의 의식이 꺼져 버리는 것. 촛불처럼 꺼져 버리는 것. 아! 이것은 해결이 아니다. 다만 중단일 뿐.
울지 마라. 울지를 마라. 몇백 번 상하고 다치면서 괴롭고 절망하고 울부짖는 동안에 인간은 자란다. 자라면서 모든 것을 얻고 또 잃어버리고 그러는 동안에 인생을 알게 된다.

울지 마라. 행복은 사금처럼 가벼이 날아가 버리지만 불행은 두고두고 네 마음속에서 인생의 문을 열어 주는 귀한 열쇠가 되리

새해에는 집안이 두루 평안하고, 더욱 큰 뜻을
이루기를 부처님 앞에 빈다.
나 무 아 미 타 불!

　　　　　　　×

네 글 눈도 나리지 않던 ~~크리스마스~~ 크리스마스 날 잘
받아 보았다. 너의 초조한 마음은 잘 알 수 있다.
조그만한 힘도 보태지 못한 나(我)의 무능(無能)을
슬퍼할 따름이다.
── 죽는다는 건, 죽는다는 건 이 지상을 유리하던 하나의
의식이 꺼져버리는 것. 촛불처럼 꺼져버리는 것.
아 이것은 해결이 아니다. 다만 종언일 뿐.

울지 마라, 울지를 마라. 몇 백만 상처로 다치면서
괴롭고 절망하고 울부짖는 동안에 인간은 자란다.
자라면서 모든 것을 알고 또 잃어버리고, 그러는
동안에 人生을 알게 된다.

울지 마라. 행복은 사춘처럼 가볍게 날라가 버리
지만, 불행은 두고 두고 내 마음 속에서 人生의 문을
열어 주는 귀한 열쇠가 되리라. 부디 불행에 굴하지
말고 살아라.

라. 부디 불행에 굽히지 말고 살아라.

일전 책을 읽다가 너에게 꼭 들려주고 싶은 나의 뜻이 있기에 메모했던 것이다. 물론 이런 말이 너에게 얼마쯤의 위안을 줄지 알 순 없다. 배고픈 사람에게 억만 마디의 좋은 말보다는 우선 한 조각의 빵만이 요구된다면, 사람과 짐승이 어데 다를 수 있을까?
나는 언젠가 '논리학' 강의에서 들었던 J. S. Mill의 다음 같은 말을 상기도 생생하게 기억한다.

— 배부른 돼지보다는 배고픈 사람이 되고 싶고, 배부른 사람보다는 배고픈 소크라테스가 되고 싶다—고.

우리 고향에 내려가겠구나. 할머님과 어머니, 아버지에게도 고루 문안 살펴 드려라. 성남이, 순애 애들에게도 따뜻한 지도를 해 주어라. 성안 고모님 댁, 기미네 고모님 댁, 우체국 큰아버님 집에도 문안 살피고.

부디 몸조심하여라. 안녕히

1958년 12월 27일
해인사에서 법정 합장

일전 책을 읽다가 너에게 꼭 들려 주고 싶은
나의 뜻이 있기에. 배로 했던 것이다. 물론 이런
말이 너에게 얼마쯤의 위안을 줄지 알 순 없다.
배고픈 사람에겐 역시 바다의 좋은 말 보다는. 우선
한 조각의 빵이 요구 된다면, 사람과 짐승이 어떻게
다를 수 있을까?

나는 언젠가 "논리학" 강의에서 들었던 J. S. Mill
의 다음 같은 말을 상기도 생생하게 기억한다.

—— "배부른 돼지 보다는 배고픈 사람이 되고 싶고.
배부른 사람 보다는 배고픈 소크라테스가
되고 싶다." —— 고

우리 고향에 나려 가겠구나.
할머님과 어머니 아버지에게 으레 문안 살
대드려라. 성덕이 순애 애들에게 지도를
해 주어라. 성안 고모님 댁, 기미네 고모님 댁. 우체국
큰 아버님 집에 문안 살피고.

부디 몸조심 하여라.   안녕히
1958. 12. 27
海印寺에서   淸頂 향장

어떤 위치에 있더라도 사람으로서 성실을
다할 것이며 내가 나를 키워 가야 할 것이다.
먹고산다는 이 엄숙한 사실 앞에서 직업의 귀천은
결코 있을 수 없다. 이 수확의 계절에 우리들은 또
얼마나 여물는지……

전 우주가
우리의 학교 아니겠느냐

:

1959년 ~ 1960년

고통 바다에서 헤매는 내 이웃을 건지리라

착한 아우에게

여기는 진주, 논개의 넋이 강낭콩 꽃보다도 더 푸르게 흐른다는 남강의 진주. 한 보름 전에 해제를 하고 해인사를 나와 내 마음의 고향인 경주—신라 천년의 꿈이 어린 서라벌을 찾았더니라. 석굴암에서 부처님을 뵈옵고, 동해 바다와 향수에 맺힌 수평선을 실컷 보았다. 통도사에서 일주일간 비구계 살림을 마치고 부산, 김해, 마산을 거쳐 여기 진주에 어제 도착했다. 해인사에서 나온 스님(성진 스님—단 하나인 나의 도반이란다) 편에 네 글월 두 통 다 잘 받았다.

이제 새삼스레 또 무슨 말을 하랴! 세상일이란 모두가 다 덧없는 것(무상). 어디서 와서 어디로 가는지…….

너도 커 감에 따라서 차차 알겠지만 우리들이 부모형제를 팽개치고 산중에 들어와 세상과 인연을 끊고 수도하고 있는 뜻은 그 나고 죽는 바다에서 뛰어내리려는 더없이 큰 욕심 때문이란다.

거짓 없이 너에게 말하마. 형아는 금생뿐이 아니고 세세생생(世世

生生) 수도승이 되어 생사해탈(生死解脫)의 무상도(無上道)를 이루리라. 하여, 고통 바다에서 헤매는 내 이웃을 건지리로다.

아우야, 산승의 생활이 결코 평안한 기생충의 생활은 아니란다. 하나에서 열까지가 죄다 고행이다. 여기에서 배겨 나는 기질이 드물다.

중생(이웃)을 건진다는 일이 얼핏 듣기에 막연하고 우스운 소리 같지만 우리가 구경에 할 일이라곤 자기의 존재를 크게 깨달아서 남을 이롭게 하는 일이 아니겠느냐? (많은 말을 줄인다.)

봄, 우울한 봄일 줄 안다. 졸업이라곤 하지만 인생학교에 새로운 입학이라는 게 분명하리라. 고난에 처할수록 더욱 용기를 내어라. 중인 형아가 하고 싶은 한 마디다.

내일이면 길을 나서 동해안을 따라 '낙산사'까지(강원도 양양) 유랑하련다. 구름처럼 뜻 없이 흐르다가 지치면 가야산으로 되돌아오련다. 내 가슴은 항상 푸르르다. '멋'은 내 길벗이다.

어머님, 할머님, 두루두루 문안 살펴라. 너 부디 심신이 더불어 건강하여라.

아듀

1959년 3월 10일

진주에서 법정 합장

인생학교

무얼 하며 어떻게 지내느냐? 졸업 뒤의 네 생활이 산에서도 궁금하다. 설교적인 말을 않더라도 선악을 분별할 너이기에 많은 말을 줄인다. 어떤 위치에 놓여 있든지 책과 펜만은 놓치지 말아라. 학교라는 게 꼭 무슨 형식에 사로잡힌 곳만이 아닐 게다. 보다 넓은 의미로라면 이 사회가, 나아가서 전 우주가 우리 학교가 아니겠느냐? 인생학교 말이다. 인생에 성실한 학생이 되자.

한 가지 권하고 싶은 것은 유달영 씨의 『인생 노트』라는 책을 읽어 보아라. 전에 『사상계』지에 실렸던 것인데, 얼마 전 단행본으로 나왔을 것이다. 너에게 좋은 스승이 되어 주리라 믿는다.

앞으로 어떻게 할래? 결코 일시적인 감정에 사로잡히는 어리석음은 피해라. 건강하여라.

법정 합장, 1959년 4월 15일 해인사

책을 보낸다

어제 아침 목포 고등학생들이 이곳 해인사에 왔었다. 목포에서들은 이곳에 발걸음이 드문데, 모처럼들 왔더군. 그중에 영일과 수남이도 섞여 있어 반가웠다. 시간 여유도 없고 해서 할 말도 채 하질 못했다.

책을 좀 보냈다. 『인도철학사』, 『시지프스의 신화』, 『까뮈의 사상과 문학』, 『싸르트르의 사상과 문학』 또 『마하트마 간디』, 『문학원론』.
이 가운데서 뒤의 두 권은 네가 보고 앞의 네 권은 광순 형한테 내가 보내 드리는 연유를 얘기하고 부쳐 드려라. 영일 군의 행장이 무거울까 봐서 더 못 보냈다.
일전에 네 글도 잘 받아 보았다. 어제는 마침 내가 안내 차례가 되어서 다행하였다. 지금 이곳 가야산은 밤이면 다시 두견새의 울음이 있고 신록이 멋지다. 관람객들의 왕래가 빈번하다.

'마하트마 간디'는 내가 존경하는 인격 가운데 하나다. 너에게도 많은 공감이 있을 줄 안다. 유달영 씨의 『인생 노트』는 읽었느냐?
읽은 뒤의 느낌은?
안녕히

1959년 5월 1일 해인사 사문(沙門)

법정 합장

단단히 공부하리라

성직아

오랫동안 적조해 버렸다. 별일 없이 다들 평안한지 산에서 궁금하다. 신승은 예나 다름없이 건전하다.

지난 봄 영일이 이곳을 다녀간 뒤 그곳 소식 알 수 없구나. 태순의 편지에서 함께 일하고 있다는 말은 들었다만 요즘은 무얼 하고 있느냐? 독서 쉬지 않고 하느냐? 먼저 말했던 유달영 씨의 『인생노트』는 읽어 보았느냐? 아직도 읽지 않았다면 내가 있는 걸 보내 주리라.

나도 음력으로 칠월 보름을 지내고는 이곳을 떠나 다른 곳으로 옮겨 볼 뜻이다. 단단히 공부해서 출가한 보람을 하루속히 이루어야겠다.

마을은 지금쯤 심히 무더운 날이겠다. 비는 잦지만 산에도 공양

시간이면 장삼 속으로 촉촉이 땀을 흘리고 있다. 부디 몸과 마음
이 더불어 건강하여라.

마음에 따르지 말고 마음의 주인이 되어라 _불타(佛陀)

1959년 칠월 육일
해인사에서
법정 합장

속히 이루어야 겠다.

마음은 지금쯤 심히 무더운 날이 겠다. 비는 장차뻔

山에도 공양시간이면 장삼 속을 촉촉히 땀을 흘리고

있다. 부디 몸과 마음이 더불어 건강하여라.

마음에 따로지 말고

마음의 주인이 되라 ── 佛陀

1959.

靑 宗

海印寺에서

法頂합장

성직아

오랫 동안 적조해 버렸다. 별일 없이 다들 평안한지

산에서 궁금하다. 山僧은 베나 다름 없이

지난 봄 영일이 이곳을 다녀간 뒤 그곳 消息(소식) 알 수

있구나. 대순의 편지에서 함께 일하고 있다는 말을 들었다만.

몸치음을 무열하고 있느냐? 독서 쉬지 않고 하느냐? 먼저

말했던 柳達永씨의 人生노-트는 이리어 보았느냐? 아직도

이러지 않었다면 내게 일러 꼭 보내주리라.

나도 음력으로 七月 보름을 지내고는 이곳을 떠나 다른 곳으로

옮겨볼 뜻이다. 단단히 工夫해서 出家한 보람을 하루

나그네 길에 오르면 자기 영혼의 무게를 느끼게 된다. 무슨 일을 어떻게 하며 지내고 있는지, 내 얼굴을 들여다볼 수 있다. 그렇다면 여행이 단순한 취미일 수만은 없다. 자기 정리의 엄숙한 도정이요 인생의 의미를 새롭게 하는 그러한 계기가 될 것이다. 그리고 언젠가는 이 세상을 하직할 그 연습이 될 수도 있을 것이다.

_ 『영혼의 모음』·「나그네 길」에서

내가 나를 키워 나가야 한다

성직아

네 글 기쁘게 읽었다. 막혔던 소식이었기에도 그렇겠지만 '크고 있는 아우'를 발견했기에 형은 기뻤다. 유달영 씨의 사상은 자라나는 젊은이에게 좋은 거름이 되어 주리라 믿는다.

서울 법대에 계신 황산덕 교수께서 지난해 여름부터 나에게 『사상계』지를 보내 주고 있다. 거기에서 유 선생님^{유달영}과 함께 함 선생님^{함석헌}의 글을 감명 깊게 읽을 수 있었다.

우리들이 훌륭한 사상에 공감하는 것은 누구에게나 있을 수 있는 일이다. 그러나 그를 실생활에 옮기기란 여간 어려운 일이 아니다. 행(行)이 없는 이론은 공론(空論)에 지나지 않는다. 남이 행하기 어려운 것을 내가 행하는 데 뛰어난 인생의 보람이 있는 것이다.

성직아!

하나부터 행해라. 네 주위에 있는 일부터 행으로 옮겨라. 우리 인격 수행에는 무엇보다도 '실행'이 기둥이 되어야 할 것이다.

그리고 너에게 형으로서 유산을—생활신조를 주고 싶다. "진실하라"는 것이다. 일체의 생활에 '진실'이면 통한다. 설사 눈앞에 손해 볼 일이라 할지라도 진실이면 그만이다. 결코 거짓된 것과 비굴에 타협하지 말아라. 가령 연애에도 진실이 아니면 그건 죄악이다. 무슨 일이고 처음부터 끝까지 진실하여라. 여기 비로소 인간 성장의 싹이 틀 것이다. 내가 나를 키워 나가야 한다. 깊이 명심하고 실행하여라.

태순과 하는 일이 어떠한 일인지는 알 수 없으나, 진실하게 거들어 주면 그릇된 일이 없을 줄 안다.
성남이는 지금 무얼 하고 있니? 나에게 편지 더러 하라고 해라. 그리고 네가 독서를 권해라. 좋은 서적은 읽은 뒤에 성남이에게 주어서 읽도록 하여라.
이십 전후에 독서하지 않고 지나가는 인생처럼 적막한 삶은 없을 것이다. 그리고 좋은 글은 몸에 배이도록 다시 되풀이해 읽어라. 원래 좋은 것은 밥맛처럼 담담하느니라. 하지만 한시도 먹지 않고선 살 수 없지 않느냐? 동서양의 고전이란 것들이 다 이 밥맛 같은 것이다.

광순 형에게 전하라는 책이 왜 그리 늦었느냐? 주소를 몰랐다는 게 네 성의의 부족이다. 앞으로는 되풀이가 없기를.
그리고 형님의 벗들을 친형과 다름없이 여기고 잘 섬기어라. 모두 훌륭한 벗들이다. 내가 마을에 있을 적에 벗들에게 여러모로 신세를 많이 입었다. 갚을 길이 망연하다. 마음으로라도 감사히 여겨라.

산은 요즘 한가하다. 그 귀찮은 K.N.A부대(관람객들)들도 요즘은 좀 멈춘 듯하다. 산골 물소리 요란하다. 비 개인 숲에서는 한낮 매미 소리 시원스럽다. 밤이면 두견이 울음이 끊이지 않고.

어쩌면 초가을쯤 목포에 한번 들릴지도 모르겠다. 자, 그럼 여름 철에 몸조심하여라. 너 술, 담배는 먹지 않겠지? 절대로 멀리하여라. 너는 결코 사회악에 병들지 말아라. 기울어져 가는 우리 집안의 대들보가 바로 너다!
어머님에게나 복이 엄마, 순이 그리고 영일이 진용이 한 방 벗들에게도 안부 사뢰라.
안녕히

1959년 7월 12일
산승 법정 합장

우리는 얼마나 여물었는지

날로 짙어 가는 산색(山色)을 바라보며 산승은 가을하고 있다. 건강하게.

어떤 위치에 있더라도 사람으로서 성실을 다할 것이며 내가 나를 키워 가야 할 것이다. 먹고산다는 이 엄숙한 사실 앞에서 직업의 귀천은 결코 있을 수 없다.

이 수확의 계절에 우리들은 또 얼마나 여무는지…….

1959년 10월 11일 아듀

법정

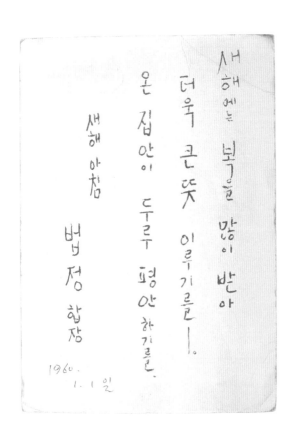

새해에는 복을 많이 받아
더욱 큰 뜻을 이루기를—.
온 집안이 두루 평안하기를.

새해 아침, 법정 합장

사실 부끄러운 일이다

산승은 오늘 눈 내리는 산길을 혼자서 거닐면서 이런 걸 생각했다. '우리 하이마아트(고향)에서는 요즘 김(해위)이 참 많이 날 거라고. 나와 한솥밥을 먹고 있는 도반들에게 우리 하이마아트의 겨울의 미각을 보여 주었으면 좋겠다'고.

성직이 너에게 그만한 실력이 있을까? 김을 소포 같은 길로 좀 보내 줄 수 없을까? 백여 명 대중 스님네가 공양하려면 한두 톳 가지곤 어려울 테고 적어도 대여섯 톳은 있어야 할 텐데. 한번 출가한 주제에 생가에 신세를 진다는 것은 사실 부끄러운 일이다. 너에게만 알리고 싶다. 혹시 가능하다면, 품질은 최고로, 포장은 단단히, 그리고 신속히 해 주었으면 더욱 고맙겠다.

괜한 망상인지도 모르겠다. 결코 무리한 일은 하지 말기를—. 안녕히

1959+1 1월 7일, 염체 없는 중 법정 합장

인간의 일상생활은 하나의 반복이다. 어제나 오늘이나 대개 비슷비슷한 일을 되풀이하면서 살고 있다. 시들한 잡담과 약간의 호기심과 애매한 태도로써 행동한다. 여기에는 자기성찰 같은 것은 거의 없고 다만 주어진 여건 속에 부침하면서 살아가는 범속한 일상인이 있을 뿐이다.

(…)

자기의 인생을 처음부터 다시 시작해 보았으면 좋겠다는 별난 사람이 있었다. 나는 그를 데리고 불쑥 망우리를 찾아간 일이 있다. 짓궂은 성미에서가 아니라 성에 차지 않게 생각하는 그의 생을 죽음 쪽에서 조명해 주고 싶어서였다. 여지가 없는 무덤들이 거기 그렇게 있었다.

망우리!

과연 이 동네에서는 모든 근심 걱정을 잊어버리고 솔바람 소리나 들으며 누워 있는 것일까. 우뚝우뚝 차갑게 지켜 서 있는 그 비석들만 아니라면 정말 지극히 평온할 것 같았다. 죽어 본 그들이 살아 있는 우리에게 하고 싶은 말은 무엇일까? 만약 그들을 깊은 잠에서 불러 깨운다면 그들은 되찾은 생을 어떻게 살아갈까?

사형수에게는 일 분 일 초가 생명 그 자체로 실감된다고 한다. 그에게는 내일이 없기 때문이다. 그래서 늘 오늘을 살고 있는 것이다. 그런데 우리는 오늘에 살고 있으면서도 곧잘 다음날로 미루어 내일에 살려고 한다. 생명의 한 토막인 하루하루를 소홀히 낭비하면서도 뉘우침이 없다.

바흐를 좋아하는 사람들은 그의 음악에서 장엄한 낙조 같은 걸 느낄 것이다. 단조로운 듯한 반복 속에 깊어짐이 있기 때문이다. 우리들의 일상이 깊어짐 없는 범속한 되풀이만이라면 두 자리 반으로 족한 '듣기 좋은 노래'가 되고 말 것이다.

일상이 지겨운 사람들은 때로는 종점에서 자신의 생을 조명해 보는 일도 필요하다. 그것은 오로지 반복의 깊어짐을 위해서.

_ 「무소유」· 「종점에서 조명을」에서

자꾸만 널 괴롭히는구나

어제 까뮈 씨가 교통사고로 인해 별세했다는 소식을 신문에서 읽고, 산승은 다시 한번 무상을 마음했다. 앞으로 좋은 작품을 많이 쓸 분이었는데 심히 애석한 일이다.

또 한 가지 너에게 부탁이 있다. 어떤 조화(調和)를 갖춘 수도를 해야겠다는 것이 요즘의 내 심경이다. 하여, 참고할 서적들이 필요해졌다. 이 편지 받는 대로 곧 목포엘 가서 소포로 책을 부쳐 주었으면 고맙겠다. 직무상 곤란할 줄 안다만 큰아버지에게 산승의 급한 용무라고 좀 보아 달라고 하면 어떨는지 이 무렵 엮은이 박성직은 8촌인 큰아버지가 우체국장으로 있는 우체국에서 근무하고 있었다. 결코 다른 사람에게 시키거나 하지 말고 성직이 네 손수 수고해 주었으면 한다.

보낼 책은 『문예지』 창간호부터 폐간호까지 전부와 『현대문학』지는 다음 번호(통권 번호)대로 골라서 부치면 된다. 1호, 2, 3, 4, 5, 6, 7, 8, 9, 11, 14, 15, 16, 21, 22, 23, 24, 25, 45(이상 19권).

통권 번호가 틀리지 않도록 잘 보아서, 그리고 소포의 짐꾸리는 단단히 하기를 부탁한다. 소포의 한정 중량이 6kg까지니까 두 뭉

치로 나누어 묶으면 될 것이다. 이런 것은 인제 산승보다 네가 더 잘 알겠구나.

엊그제는 김을 보내 달라는 너무 무리한 부탁이었다. 자꾸만 널 괴롭혀 안됐다. 목포에 올라가면 어머님께랑 오해 없도록 잘 말씀해 주기 바란다. 그럼 많이 수고하겠다. 오 참, 송료(送料)는 어떨까? 하다 못하면 어머님께 여쭈어 보아라. 안녕히

1960년 1월 8일 밤
법정 합장

성직에게 ———
그리고 이태준 지은 단편집으로 『돌다리』와 『복덕방』 그리고 『상허문학독본』 이렇게 세 권 책도 함께 부쳐 주기 바란다.

동해 바다가 보이는
한적한 암자를 꿈꾸어 본다

오늘로 두 번째 소포도 감사히 받았다. 수고가 많았을 줄 안다. 보내 준 김은 대중 스님네게 공양 올리려고 원주 스님에게 드렸다. 산간에서는 진귀한 것이다.

요 며칠은 겨울 맛이 난다. -17~18도를 오르내리는 걸 보면. 겨울의 산은 무엇보다 한적해서 좋다. 이따금 눈으로 단장을 하고.

정월 보름 해제 뒤에는, 다른 곳으로 옮겨 보고 싶다. 한곳에 삼년 넘어 있으니, 도심이 평범해지려 한다. 그리고 이곳은 관람객때문에 항상 분주해야 하니 수도하는 데는 큰 장애다. 멀리 동해바다가 내다보이는 한적한 암자 같은 곳을 꿈꾸어 본다.

요즘은 무얼 더러 읽느냐? 책을 항상 가까이 하여라. 어떤 위치에서나 인간 성장을 쉬어선 안 될 것이다. 아무런 노력도 없이 바람을 하는 일처럼 어리석음은 없을 것이다. 언제고 꾸준히 네가 네자신을 키워 가야 할 것이다.

돈 천 환을 동봉한다. 소포 요금이라곤 생각지 말아라. 다른 식구
들에겐 이런 말도 않도록. 수고가 많았다. 감사한다.

엉뚱한 생각이 하나 떠오르는군. 결혼 같은 것은 일러도 27~28
세 정도의 연령에서 하도록 미리 마음먹어라. 한 너댓 아래의 인
품과 ─. 이런 중대한(일신상뿐 아닌) 문제를 어떤 불순한 것과 타협
해서는 안 될 것이다.
안녕히

1960년 1월 25일 밤
산승 법정 합장

얼마만큼 많이 알고 있느냐는 것은 대단한 일이 못 된다. 아는 것을 어떻게 살리고 있느냐가 중요하다. 인간의 탈을 쓴 인형은 많아도 인간다운 인간이 적은 현실 앞에서 지식인이 할 일은 무엇일까. 먼저 무기력하고 나약하기만 한 그 인형의 집에서 나오지 않고서야 어떠한 사명도 할 수가 없을 것이다.

무학(無學)이라는 말이 있다. 전혀 배움이 없거나 배우지 않았다는 뜻이 아니다. 학문에 대한 무용론도 아니다. 많이 배웠으면서도 배운 자취가 없는 것을 가리킴이다. 학문이나 지식을 코에 걸지 않고 지식 과잉에서 오는 관념성을 경계한 뜻에서 나온 말일 것이다. 지식이나 정보에 얽매이지 않은 자유롭고 발랄한 삶이 소중하다는 말이다. 여러 가지 지식에서 추출된 진리에 대한 신념이 일상화되지 않고서는 지식 본래의 기능을 다할 수 없다. 지식이 인격과 단절될 때 그 지식인은 사이비요 위선자가 되고 만다.

_ 「무소유」·「인형과 인간」에서

우리의 봄은 우리가 마련하는 것

산에도 봄이 오나 보다. 골짝엔 얼음이 풀리고 노고지리란 놈은
또 저렇게 제멋대로 하늘을 날으며 우짖는 걸 보면. 우리에게도
어서 봄이 와야겠다. 자연의 계절과는 달라, 우리의 봄은 우리 몸
소 마련하는 데서 오는 것일 게다.

자작자수(自作自受)!

무엇이 주는 것이 아니다. 내가 짓고 내가 받는 것이다. 모처럼 너
의 보람을 무너뜨려 섭섭했다니 그 뜻을 알 것 같다. 고맙다. 삼월
초순엔 보다 나답게 살기 위해 다른 산으로 옮길 예정이다. 안녕히

정 합장 1960년 2월 19일

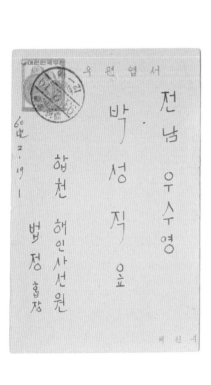

살아 있음의 의미

또 가을!

때가 되면 철새들도 그 옛 깃을 찾아 날아든다는데, 아쉽게도 산 승은 철새의 생리를 날로 벗어나고 있단다.

들어 알았겠지만 지난 이른 봄에 이곳 통도사로 옮겨 왔었다. 까 닭은 『불교사전』을 편찬하는 데 도와 달라는 청을 받고. 지금까지 다른 세 스님과 함께 원고 정리에 여념이 없었지. 얼마 전에 원고 는 탈고되어 지금은 그 교정을 보고 있다. 수일 안으로 서울에 가 서 조판, 인쇄에 착수할 것 같다. 그새 광주의 광순하곤 더러 서신 의 왕래가 있었을 뿐이야.

지금도 내가 제일 싫어하는 건, 하나의 무표정한 직업인이 된다 는 것이다. 해서 나는 초연한 수도승이기보다는 하나의 자연인으 로서 진리를 모색하는 철학도가 되고 싶을 뿐이다.

불교 중에서도 종교적인 면은 나를 질식케 하지만 철학의 영역만 은 나를 언제까지고 젊게 하고 있지. 물론 사회인에겐 살아가는 데 직업이 필요할밖에. 하지만 인간 본래의 양심이라든가 의지를

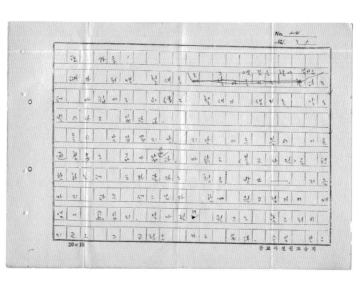

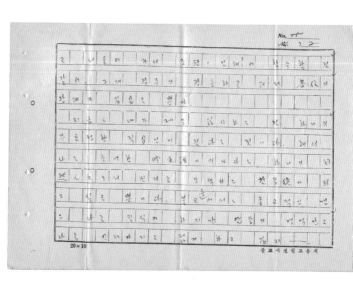

잃어버리고까지 거기에 얽매일 건 없을 줄 안다.

어쩌면 이 말은 빵의 존엄성을 모르는 철부지의 말일지도 모른다만. 항상 하는 말이지만 우린 생존만으론 살고 있는 보람이 없어. 줄기찬 생활이, 창조적인 생활이 있어야 해.

한자리하여 요즘의 모습들을 보고도 싶은 마음이지만, 이 사전 일 때문에 가을엔 겨를이 없겠군.

너의 생애에서 중대한 지점이 부딪쳤을 때는 (가령 결혼이라든가 그 밖에도) 광순 형과 의논하여 주었으면 싶어. 그는 좋은 형님 노릇을 해 줄 거야. 가끔 서신으로라도 인사를 잊지 말어.

성남이, 순효 모두 잘 있겠지. 아듀

1960년 10월 21일

산승 법정 합장

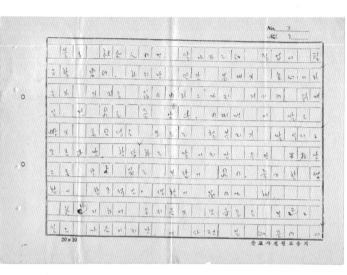

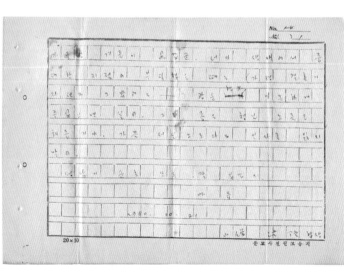

집을 떠난 지 오래될수록
자신의 수행을 위해서 지난 일들을
하나하나 잊어 가고 있는 것이다.
사실, 지금 나는 옛집의 주소조차
다 잊어버렸다.

과거는 지워져 가지만
나는 나대로 살아가고 있다
:
1961년 ~ 1964년

산승의 거처를 알리지 말아라

그새 잘 있었니? 집안에도 별고 없는지. 지난 가을 성남이 집을 떠나겠다는 소식이 있었는데, 지금은 집에 있는지. 사람이란 어쩌면 공리적(公利的)인 생물인지도 모르겠다. 한동안은 잊어버렸다가도 아쉬움이 오면 다시 기억하게 되니 말이다.

난 서울에서 『불교사전』 출판을 끝내고 이십여 일 전에 다시 이곳 산사로 내려왔다. 이 여름엔 다시 한문으로 된 경전을 하나 우리말로 옮겨 볼 예정이다.

올해 농사는 어떻게 되었을까? 이젠 하이마아트의 기억도 까마득하군. 더운 여름철에 부디 안녕히. 주소는 경남 합천 해인사. 다른 이에겐 산승의 거처를 알리지 말아라.

1961년 6월 15일, 법정 합장

읽고 생각하고 쓰는 동안 나는 살아 있다

성직에게

더위에 별 탈 없느냐? 산에는 요 며칠 새, 또는 가을이 온다는 촉감이 아침, 저녁으로 스치고 지난다. '가을'이라는 어감은 '독서'라는 의미를 동반시킨다. 읽고 생각하고 쓰고 하는 동안, 나는 분명히 살고 있다. 보다 넓은 시야에서 살고 싶은 의욕이 내겐 가시지 않았다.

아득히 있는 못난 형을 위해서 수고를 좀 해 주어야겠다. 책장에서 책을 찾아 보내 주었으면 해서. 모두가 일본글로 된 책이다.

일, 광사림(廣辭林) (두꺼운 일본말 사전)
이, 독화사전(獨和辭典) (일본글로 된 독일어 콘사이스)
삼, 선(善)의 연구 (西田幾多郎 著, 케이스에 들어 있음)
사, 철학의 근본문제 (西田幾多郎 著, 소형 케이스 내)
오, 속편 철학의 근본문제 (西田幾多郎 著)

육, 동양윤리 (위와 같은 크기, 체제)

칠, 철학통론 (田邊元 지음)

팔, 학생과 선철(先哲) (日本 評論社 발행)

구, 학생과 독서 (日本 評論社 발행)

우선 이만 적는다. 혹시 칠, 철학통론은 있는지 없는지 기억에 희미하다.

한 가지 부탁은 빳빳한 곽대기 같은 걸로 단단히 싸서 보내 주었으면, 덜 상하겠더라. 그리고 남아 있는 '일본책' 목록을 죄다 적어 보내 주었으면 한다만. 직장에 지장이 없도록 쉬는 날을 골라 하여라. 송료 필요하겠기에 보낸다. 안녕히

1961년 8월 21일

해인사에서

법정 합장

그저 성실하게, 부끄럽지 않게 사는 것만이

책은 며칠 전에 받았고, 편지는 어제 받았다. 책을 부쳐 주느라고 수고가 많았을 줄 믿는다. 상하지 않고 잘 닿았다. 옛날 익숙했던 책들을 대하니, 잊어버린 얼굴들을 만나는 기분이 드는구나.

시시로 자기 존재에 대해서 자각한다는 것은 적어도 살아가는 사람에게는 중요한 사실인 것이다. 흔히 시체에서 쓰는 실존의식이라고나 할까…….
그렇다! 우린 단명한 사람이 되어서는 안 될 것이다. 우리들이 얼마나 오래 살았느냐는 문제가 아니다. 얼마나 보람 있게 살았느냐가 문제인 것이다.

네 글을 읽고 강을 건너기 전의 내 얼굴을 보는 것 같아서 난 차라리 슬펐다.
그러나 한 가지 기억해 둘 것은, 인생이 상품 거래와 같은 장사일 수는 없다는 사실이다. 얼마의 밑천을 들였기에 얼마를 벌어들여야 한다는 것은, 정말 인간을 생명이 없는 상품으로 '오산'하고 있는 것이 된다. 그저 성실하게—하늘을 우러르고 땅을 내려 봐도 부끄럽지 않게 살아가는 것이 문제인 것이다.

무엇 때문에 살고 있는가는 생명의 존엄 앞에 문제가 되지 못한다. 어떻게 살아가는가가 문제인 것이다.

하이네는 이렇게 말했더군.

'인간이란 무엇일까? 어디로부터 와서 어디로 가는 것일까? 찬란히 반짝이는 수많은 별들 너머로는 누가 살고 있을까? 그 해답을 기다리는 자, 그는 바보다'라고.

언제, 어떠한 환경에 놓여 있더라도 '인격적인 자기'로서 충실해야 할 줄 안다. 직업의 귀천—이것은 문제 밖이다.

나는 언젠가 『파우스트』에서 읽었던 다음 같은 말을 늘 기억하고 있다. '모든 이론은 회색이다. 그리고 산 생명의 나무는 푸르다'를.

산은 날로 가을이 짙어 가고 있다. 보내 준 책들을 이 가을에 성실하게 읽으련다. 우표는 요긴하게 쓸 것이다. 안녕.

1961년 9월 12일
법정 합장

사실 나는 옛집의 주소조차 잊어버렸다

군에서 보내 준 두 번째 소식 잘 받았다. 주어진 운명에 굽히지 않고 자신의 젊음을 가꾸기 위해 스스로 선택했다는 길에 축복 있기를 먼저 빈다.

우리들이 언제 어디서나 문제 될 것은 '사람'이어야 할 것이다. 어떤 의미에서 온갖 환경은 '나'를 길러 가는 데 살아 있는 스승의 일을 하여 줄 수도 있을 것이다. 이러한 뜻에서 군이나 산이 함께 인간 수도장이라면 궤변이 될는지.
아무쪼록 '나'를 항상 잃지 말기를 당부하고 싶다. 그리고 여가 있는 대로 독서하는 버릇을 쉬지 말기 바란다. 물론 병영이 도서관일 수는 없겠지만.

네 말마따나 우리 주변에는 계절과 푸른 하늘과 별과 태양이 있기에 그런 것을 받아들일 만한 '체온'이 있는 동안 우린 결코 불행할 수가 없는 것이다. 어쩌면 모든 자연은 '나'를 위해서 마련되어 있는 것인지도 모르겠다.

산은 이제 신록의 계절. 아침 꾀꼬리, 한낮의 뻐꾸기, 밤이면 소쩍
새들이 있어 첫 여름 산사의 운치를 한결 더해 주고 있는 그러한
계절이다. 산에서 사노라면 산을 닮아 무심하게 되는가 보다.

집을 떠난 지 오래될수록 자신의 수행을 위해서 지난 일들을 하
나하나 잊어 가고 있는 것이다. 물론 떠나 버린 아들을 그리워하
는 홀어머니의 심정을 이해하고도 남음이 있다.
출판 일로 이삼일 뒤면 다시 산사를 떠나 상경할 예정이다. 그러
한 인연이 된다면 오는 가을쯤 옛 살던 고장을 다녀왔으면 싶다.
그렇게 전해 주기 바란다. 사실, 지금 나는 옛집의 주소조차 다 잊
어버렸단다.

그럼 늘 성성하기를―.
몸과 더불어 너의 마음도.

1962년 5월 19일
법정 합장

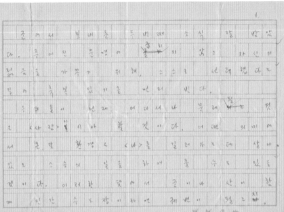

문득 네 얼굴이 떠오르는 가을날

또 가을이 짙어 가고 있다. 그새 군무에 별고 없이 건강한지. 문득
네 얼굴이 떠오르는 가을날 산사의 황혼이다. 자꾸만 과거가 희
미해 가는 산중 생활에 나는 나대로 살아가고 있다. 수도인으로
서 부끄럽지 않을 자신을 길러 가며.

가을은 만물이 여문다는 계절. 성직이도 많이 여물어야 할 것이
다. 주소가 아직도 바뀌지 않았는지 몰라 자세한 말은 다음 기회
로 미룬다. 안녕히

1962년 10월 11일, 법정 합장

해마다 이 무렵에 듣는 뻐꾸기 울음소리지만 그 소리를 들으면 숙연해집니다. 그것은 엄마의 음성 같은, 영원한 모음(母音) 같은 그런 소리로 들리기 때문입니다. 들어도 들어도 싫지 않고 새롭기만 합니다.

(…)

그 소리가 있기까지는 이슬이 밴 5월 아침과 맑은 햇살이며 풀꽃 내음뿐 아니라, 지난밤의 별과 두견새까지도 눈에 띄자 않은 어떤 관계를 이루고 있는 것입니다. 그것은 우주의 조화입니다.

그 아득한 소리를 듣고 있으면 모든 존재에 대해 새삼스레 연대감을 느끼게 됩니다. 이 세상 모든 것은 시작도 끝도 없이 흐르는 강물처럼 합일을 향해서 흘러가고 있음을 알 것 같습니다. 누구의 말을 빌릴 것도 없이 나는 확신합니다. 눈에 보이지 않는 영역이 눈에 띄는 영역보다 뚜렷하게 비쳐 오고, 영원한 것이 현실적인 것보다 더 가깝게 다가서고 있음을.

_ 「영혼의 모음」·「아득한 모음」에서

벗은 우리 인격의 얼굴

한동안 수다를 떨던 단풍들이 바람에 실려 흩날리고 있는 그러한 계절이다. 안으로 안으로만 침묵하던 녹색의 정열이 불타오르다가 마침내는 제물에 겨워, 뚝뚝 지고 마는.

할머니 무덤가의 소식을 듣고 나는 새삼스레 불효 같은 것을 느꼈다. 육친의 정이란 정말 무엇으로도 가시게 할 수 없나 봐.

이 가을에도 산에서는 줄곧 바빠 버렸다. 불교성전에 실릴 원고들을 손질하느라고 창 앞에 다가선 가을도 모른 체했으니 말이다. 요즈음은 조금 한가해졌지만, 앞으로 추수를 비롯해서 김장, 낙엽 긁기, 화단 정리…… 등등 월동 준비로 산중에서는 한 해 가운데서도 가장 바쁜 시절이다. 그리고 음력 시월 보름부터는 겨울 결제. 다시 오는 봄으로나 호남행을 미룰 수밖에 없구나. 기다리는 마음들에게는 안됐지만, 산의 형편은 사실 겨를이 없단다.

며칠 전 광주농고에 다닌다는 성일이(홍일이의 동생)가 수학여행으로 이곳에 들러 나를 찾더구나. 칠팔 년 전의 얼굴을 기억하기 어려웠다. 대강 소식들은 들었다.

현대라는 벅찬 계절을 온몸으로 이해할 그러한 시기가 지금 성직이의 환경일 줄 믿는다. 나는 가끔 자신을 반성할 때가 있다. 직업인인 수도인은 되지 않겠노라고. 지금의 너에게 하고 싶은 말이 다만 개성을 잃어버린 무표정한 군인이 될까 싶다는 것이다. 물론 단체생활의 규율 같은 것은 존중되어야 할 것이다. 그러면서도 푸른 하늘을 즐길 수 있는 맑고 여유 있는 눈망울을 잃지 말아달라는 말이다.

제주도에 있는 아는 도반한테서, 그곳 섬에 와서 수평선과 갈매기를 보며 쉬어 가라는 유혹의 서신도 언제부터 있었지만, 아직 가지 못하고 있다.

다가오는 추위에 부디 몸 건강하여라. 어느 때 어디서나 착한 벗이 하나쯤은 있는 법이라더라. 벗은 어쩌면 자기 인격의 얼굴일 수도 있을 것이다. 산에서는 아직도 마음을 허락할 수 있는 벗을 갖지 못했다만, 너는 될 수 있는 대로 그러한 고독에서 벗어나거라.

나무 관세음보살

1962년 10월 31일
해인사에서, 법정 합장

기다리마

네 글 방금 받았다. 유월 십칠일에 부친 편지가 이십오일인 오늘
에야 닿은 걸 보면, 장마에 편지도 갇힌 모양이다. 우체부 가기 전
에 간단히 적는다. 귀대할 때에 이곳에 들러 가거라. 한번 만나 보
고도 싶다. 그럼 기다리마. 안녕

1963년 6월 25일, 법정 합장

※ 광주에서 대구행(첫차) 광주여객을 타고서 '분기'라는 데서 내려 가지
고 해인사 오는 걸 바꿔 타면 쉬울 것이다.

세월이 만들어 놓은 여백

카렌다에 박힌 칠월 바다의 그림이 자꾸만 쳐다보이는 그러한 여름날…….

편지 받았다. 안착 여부가 사뭇 궁금했다. 어린애를 보낸 뒤처럼 마음이 놓이지 않더라. 이제는 군인이 되어 늠름한 모습이 믿음직스럽기도 했는데. 유니폼을 서로 달리한, 형제의 대화에서, 나는 그 사이의 여백(세월이 만들어 놓은)을 메꾸기에 칠팔 년 전의 모습들을 확대하느라고 사뭇 비약을 했더니라. 목포, 광주, 우수영 등지로 오늘 사진과 함께 발신하련다.

오는 가을에는 어김없이 목포 지방에를 다녀올 생각이다. 사진은 아래쪽에 광선이 들어가, 이렇게 되었다고 하더라. 산사를 다녀간 기념이니, 그런대로 지녀 두어라. 무더운 여름철에 늘 건강하여라.

1963년 7월 19일, 소소산방笑笑山房에서 법정 합장

세월이 덧없이 흘러가는 게 아니라, 우리가 그 세월을 덧없이 흘려보내고 있다는 말이 더 적절할 듯싶다. 잠시도 멈추지 않고 밤낮없이 흘러가는 저 개울물 소리에 귀를 모으고 있으면, 아하 저게 바로 세월이 지나가는 소리로구나 하고 되새기게 된다.

_「산방한담」・「가을바람이 불어오네」에서

고향을 다녀와서

네 상상대로 이 가을에 산승은 '말빛'을 갚게 되었다. 광주 광순의 집을 거쳐 목포 다시 바다와 버스로 고향에까지 다녀왔다.

십 년이면 강산도 변한다는데 우수영은 십 년 전이나 조금도 변함이 없더라. 세월에 실려 익은 얼굴들은 가고 그 자리에 새 얼굴들이 있을 뿐……

할머님의 무덤도 찾아보았다. 순효랑 같이. 가을 농사는 가는 데마다 풍성해서 마음 흐뭇했지만. 그곳은 정말 가난한 농가더라. 납작한 집들에 퇴락해 가는 살림살이들. 고향 사람들의 눈동자에는 한마디로 해서 미래가 없더라. 모두들 알코올로 안개가 끼어 있더라. 사람들이 못산다는 데는 물론 경제적인 탓이 크겠지만 한편 살 줄을 모른다는 데도 까닭은 있다. 정말 그 고장이야말로 젊은 '상록수'심훈의 소설 『상록수』를 말함의 힘이 있어야 하겠더라.

얼마 동안 그 고장의 우물가에서는 십 년 만에 옷 빛깔을 달리하고 불쑥 나타난 산승으로 하여 가난한 화제를 메꾸어 주리라 짐작이 간다.

순효는 내년에 고교에 진학하도록 말했다. 입학금에 대해서만은 산에서 마련하기로 하고. 아이들이 진학할 수 없는 것을 보고 산에서는 어떤 죄책 같은 것을 느꼈다. 순효만이라도 진학하는 게 우선 마음의 부담이 덜릴 것 같았다. 사람의 눈을 띄워 주는 게 무엇보다도 긴요한 일이 아니겠느냐?

성남이는 추석을 쇠고는 입대한다고 하더라. 네가 제대하기까지는 집에 얼마쯤의 공백이 있겠지. 아버지의 건강은 금주를 해야겠던데 주변이 그래서 걱정이다. 제대한 뒤엔 상록수의 소임을 해야 하겠더라.

우수영에 옥남이 부처가 없었던들 나는 정말 이방인의 고독을 체험할 뻔했다. 이번에 잘 다녀왔다고 생각한다. 고향 사람들의 승려에 대한 인식도 달라졌을 게고 또 마음에 걸리던 것을 얼마쯤 풀어 버릴 수 있는 계기가 됐을 테니까.

산에는 지금 코스모스가 한창이다. 창을 열면 감미로운 꽃향기가 방 안에 스며든다. 나는 이 가을에도 필경(筆耕)의 일로 줄곧 바빠야겠다. 환절기에 몸조심하고 늘 건강하기를.

1963년 9월 29일
산에서 법정 합장

세상과 인연이 있으면 다시 만나겠지

어제 해인사를 아주 떠나오고 말았다. 너무 오래 한군데서 살아왔기 때문에 이제는 수도하기에 너무 평범한 곳이 되고 말았다. 내가 이제 갈 곳은 교통도 통신도 들어가지 않는다는 아주아주 궁벽한 산중일 것이다. 그러한 곳에서 철저하게 수도해야겠다. 그저 편히 살기 위해 출가한 것은 아니니까 말이다.

어제 떠나오면서도 해인사에다는 내가 갈 곳을 일부러 알리지 않았다. 세상일과 이제는 정말 반연을 끊고 싶기 때문에. 몇 년이고 수도만 하다가 세상과 인연이 있으면 다시 만나게 될 것이다.

전에 부친 편지와 책들은 잘 받았는지? 부디 남은 기간을 건강하게 그리고 무사히 지내다가 귀가하기 바란다. 그럼 잘 있거라. 연락이 된다면 성남이에게도 소식 전해라. 우수영과 목포에다도 이 편지와 함께 알렸다. 안녕히

1964년 1월 14일, 대구에서 법정 합장

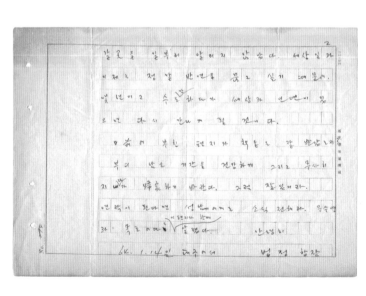

이제 해변사를 아주 때나고 그 말씀다.
너무 오래 한곳에서 살아 갔기 때문에
이제는 수도 하기에 너무 편안한 곳이
되고 말았다.

내가 이제 갈곳은 괴롭고 통신도 잘
이가지 앓곳이라고 아주아주 궁벽한 서녘
땅 갔이다. 그러한 곳에서 철리까게 수
도해야 젊다. 그래 편히 쌀기 되려는 뜻
가 한 것은 아니니가 쌌다.

이제 때나가면 서로 해변사에오로 내가

갈곳을 일부러 알어지 앓았다. 세상 일가
비제는 정말 반연을 꿈고 싶기 때문에.
앞언이고 수도하다가 세상과 인연이 앃
으면 다시 만나가 될 것이다.

다 좋이 부친. 편지가 책들은 갈 반았그지
부디 앞은 기간을 건강하게 그리고 무사히
지내가 歸家하기 바란다. 그럼 잘 있게라.
연락이 되려면 연락에게도 소식 전하라. 임숙영
과도 묵고 어매랴 할 앃었다. 안녕히

66. 1. 14일 대구에서   법정 합장

1964년 1월 14일의, 궁벽한 산중으로 들어가 수도하겠다던 편지 이후로 스님은 6년 동안 편지를 보내지 않았다.

오늘은 법당에 들어가서 많이 울었다

_1970년의 편지

성직에게

아버지 돌아가셨다는 전보(십일월 이십칠일)를 오늘 오후에야 받아 보았다. 마음 같아서는 당장이라도 달려가고 싶은데 요즘의 내 건강과 주위의 여러 가지 형편이 나를 부자유하게 만들고 있다. 이 세상에서 내게 가장 은혜로운 분은 작은아버지시다. 나를 교육시켜 눈을 띄워 주신 분이기 때문이다. 할머님 돌아가셨다는 소식을 들었을 때는 그렇지 않았는데 오늘은 법당에 들어가서 많이 울었다. 이 일 저 일 생각하니 내가 진 빚이 한량이 없구나. 불효하기 그지없고.

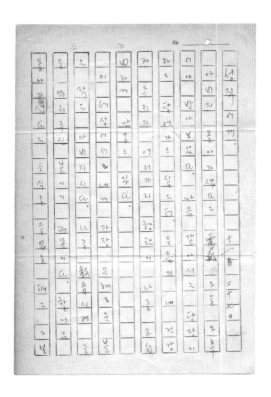

아버지를 여읜 애통과 장례 일로 네 수고가 많을 줄 믿는다. 이제
는 홀로 되신 어머님을 모시고 가사도 보살펴 드려야 할 것이다.
출가외인이라더니 가는 길이 서로 달라 어쩌지 못함이 안타깝고
죄스러울 뿐이다. 어머님을 잘 위로해 드려라.

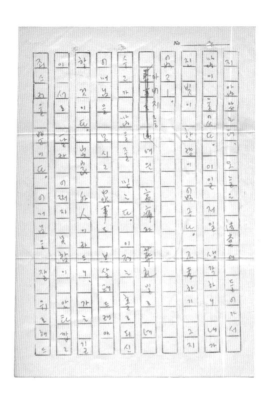

나는 오늘부터 아버지의 명복을 불전에 빌기로 작심했다. 사십구
일 동안 불교 의식에 따라 기도를 드리는 일이다. 가신 분의 은혜
에 보답하는 내 도리와 정성인 것이다.

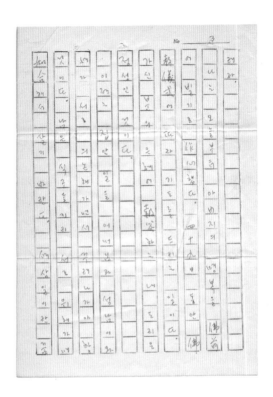

이제는 집안일을 어머님과 성남이와 네가 서로 의논해 가면서 꾸려 나가야 할 것이다. 남은 식구들끼리 서로 위해 가며 화합해서 살기 바란다.

세상일이란 꿈결처럼 덧없고 기약 없기 때문에 후회 없도록 떳떳하게 살아야 할 것이다.

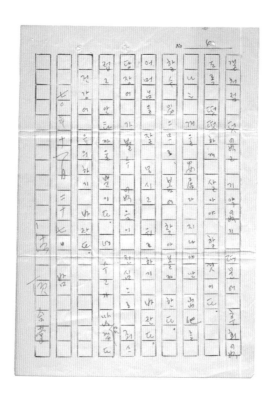

나는 겨울 안거가 지나야만 출타를 할 수 있으므로 봄에 찾아볼
까 한다. 어머님을 잘 모시고 위로하기 바란다. 당장에 가 뵐 수
없음이 진심으로 죄스럽고 안타까울 뿐이다. 네 수고가 많았겠다.
건강에 유의하기 바란다.

1970년 11월 27일 밤
법정 합장

법정의 산중 편지

마음에 따르지 말고
마음의 주인이 되어라

초판 1쇄 발행 2018년 3월 9일
초판 10쇄 발행 2024년 3월 15일

지은이 법정
엮은이 박성직
펴낸이 정중모
펴낸곳 도서출판 열림원
임프린트 책읽는섬

출판등록 1980년 5월 19일(제406-2000-000204호)
주소 경기도 파주시 회동길 152   전화 031-955-0700
홈페이지 www.yolimwon.com   팩스 031-955-0661
이메일 editor@yolimwon.com   인스타그램 @yolimwon

● 책읽는섬은 열림원의 임프린트입니다.
● 저자와 출판사의 서면 허락 없이 내용의 일부를 무단 인용하거나 발췌하는 것을 금합니다.
● 이 도서의 국립중앙도서관 출판예정도서목록은 서지정보유통지원시스템 홈페이지(seoji.nl.go.kr)와
   국가자료공동목록시스템(nl.go.kr/kolisnet)에서 이용하실 수 있습니다. (CIP제어번호: CIP2018004690)
● 책값은 뒤표지에 있습니다. 잘못된 책은 구입하신 곳에서 교환해 드립니다.

ISBN 979-11-88047-35-2 03810

만든 이들 _ 편집 이양훈   디자인 강희철   감수 🔲 맑고 향기롭게

이 책 본문에 쓰인 그림들은 모두 적법한 절차에 따라 shutterstock과 계약을 맺은 것들입니다.